普通高等教育精品规划教材

高等学校出版科学专业系列教材

国际图书与版权贸易

尹章池 张麦青 尹 鸿 编著

WUHAN UNIVERSITY PRESS

武汉大学出版社

图书在版编目(CIP)数据

国际图书与版权贸易/尹章池,张麦青,尹鸿编著.—武汉:武汉大学
出版社,2011.3(2018.1重印)
普通高等教育精品规划教材
高等学校出版科学专业系列教材
ISBN 978-7-307-08523-7

Ⅰ.国… Ⅱ.①尹… ②张… ③尹… Ⅲ.①图书—国际贸易—高
等学校—教材 ②版权—国际贸易—高等学校—教材 Ⅳ.①F746.86
②F746.18

中国版本图书馆 CIP 数据核字(2011)第 015671 号

责任编辑:詹 蜜 责任校对:刘 欣 版式设计:詹锦玲

出版发行:**武汉大学出版社** (430072 武昌 珞珈山)
(电子邮件:cbs22@whu.edu.cn 网址:www.wdp.com.cn)
印刷:虎彩印艺股份有限公司
开本:720×1000 1/16 印张:22.25 字数:388 千字 插页:1
版次:2011 年 3 月第 1 版 2018 年 1 月第 3 次印刷
ISBN 978-7-307-08523-7/F·1471 定价:36.00 元

前　言

中国对外图书和版权贸易在加入 WTO 之后呈现出从未有过的深度和广度，"请进来"从改革开放伊始就一直是出版业国际化的主旋律。

而在近几年，国家文化软实力和国家形象力受到重视，加之我国出版业改制、集团化、股份制、上市等阶段性战略，国有和民营出版单位不同程度上实现了华丽转身，数字出版技术促成新型出版单位异军突起并且角逐出版领域，中国出版业的整体实力和国际竞争力在一定程度上得以提升，一些知名出版单位有意识、有实力、有计划地开始进军国际市场。国家新闻出版"走出去"战略及国内各出版单位紧锣密鼓的实际行动表明，向国外出口出版物、输出版权、合作出版、在国外办图书公司、兼并重组及国际营销渠道整合等已开始成为我国出版业国际化的重要内容。有理由充分相信，国内出版单位借助国际图书与版权贸易这个越来越大的舞台，内练功力，外拓市场，整体提升出版单位和行业的操作规范。出口优秀出版物以及输出优秀出版物的版权永远是出版业国际化的目标，任何新的国际化动态都是它的手段。

从欧美发达国家来看，它的中小出版社都把国际化选题看做自身的生存发展之道；现在国内一些业绩较好的出版工作室，也把国外版权引进作为他们的经营策略和合作出版的重心；国内知名出版社绝大多数是版权引进输出的佼佼者，在一定意义上，外向型出版选题其实是站在了一个更高的高度对全球优秀资源的选择和整合转化，因此规避了一部分试错的成本浪费，同时在制度的移植中，很快地锻炼了人才队伍。编辑出版人才是现代出版最活跃、最重要的变数，国际图书与版权贸易人才其实更多地取决于实战和国际化运作，这类人才必将成为出版单位的中坚力量。

有关这一领域的研究和有关人才的培养等获得了学界和业界的迅速反应。几乎所有高校编辑出版专业开设了"图书与版权贸易"等类似课程。武汉理工大学自从 2004 级学生中开设这门课程，至今历经 7 届。这本教材就是在汇集作者近 7 年的教学研究和学术研究的成果基础上，历经十余次较大的修改，参考相关领域的最新成果才完成的。

　　教材《国际图书与版权贸易》本着适应传播学学科建设和出版业复合型人才培养需要的原则，融合新闻出版学、知识产权、法学、国际贸易学等学科知识，教材内容新颖、独特、先进。教材体系融入可操作性、实践性的国际化内容，突出国际惯例，使得学生就业从事相关领域有一个标准的范本和适用的拓展基础。既要吸取有关研究的最新成果，又要保证教学实习实践过程中的可操作性和可训练性。

　　尹章池、张麦青、尹鸿负责制定教材的大纲和各章节的主要内容撰写，完成教材的初稿、统稿和定稿。另有几位老师和研究生参与了部分章节的撰写。具体分工如下。第一章，尹章池、罗曼撰写；第二章，尹鸿、黄一撰写；第三章，尹鸿、朱时姗撰写；第四章，张麦青、张天竹撰写；第五章，张麦青、李凯撰写；第六章，张麦青、刘凯撰写；第七章，张麦青、焦阳撰写；第八章，尹章池、刘凯撰写；第九章，尹章池、刘凯撰写；第十章，尹章池、刘凯撰写；第十一章，尹章池、荣苓撰写；第十二章，尹鸿、夏颖撰写。2009 级研究生刘凯同学对本教材通读了一遍，更改了个别字句和符号。

　　本教材编写期间，得到了武汉大学出版社副社长何皓编审、责任编辑詹蜜老师和曾建华编审的热情支持和鼓舞。在此表示由衷的感谢！

　　如上所述，教材融合了出版学、版权学和贸易学的最新成果，对所付参考文献的作者以及在此领域辛勤耕耘的同仁表示崇高的敬意！

编著者
2010 年 11 月 8 日于武昌

目　录

第一章 国际图书与版权贸易概述

第一节 文化领域中的版权贸易

2001 年 12 月 11 日，中国正式加入 WTO，成为世界贸易组织的第 143 个成员国，从此真正实现了与世界的全面接触与碰撞。这意味着我国的各行各业都应遵循世界贸易组织所倡导的原则，积极进行自我调节和更新，努力与世界接轨，融入到世界经济一体化的浪潮中。以民族文化为单元的多元文化在世界范围内也加快了融合与互动的进程。

近 20 年来，随着高新技术的发展及其在文化领域的推广和应用，以版权、影视、演出、会展、动漫和游戏等为代表的文化产业已被国际学界公认为朝阳产业，并且在许多发达国家已经从国家经济体系的边缘走向了中心，由文化产业的兴起而引发的世界范围内的文化贸易也蒸蒸日上。图书及版权贸易作为文化产业的主要内容，在国际经济贸易格局中扮演的角色也越来越重要。

美国的图书与版权产业已经超过批发产业和建筑业，其产值大约是制造业的一半。2001 年版权产业增加值已经达到了 7 912 亿美元，占美国 GDP 的 7.1%，该产业在 1977—2001 年产业增加值的年增长率达 7%，是美国经济年增长率 3%的 2 倍多。

在英国，以版权产业为主体的文化创意产业是英国发展得最快的产业，1997—2001 年年增长率达到 8%，是同期英国总体经济增长率 2.6%的 3 倍多，产业增加值占 GDP 的比例超过 8.2%，创意产业值 2001 年达到 1 125 英镑。在伦敦，创意产业是该市第二大产业，仅次于商业服务业，已超过制造业、零售业等行业，产值达到 250~290 英镑。

当今文化产业的巨擘贝塔斯曼就是在 19 世纪以出版起家的，图书出版与版权贸易产业现在仍是其主要利润来源，目前贝塔斯曼在全球 60 多个国家拥有 300 多家下属公司和 8 万多名雇员。

综上所述，在如今复杂的国际环境中，要赢得国际竞争，不仅需要强大的经济实力、科技实力和国防实力，同样需要强大的文化实力。因而，发展文化产业就变成具有战略意义的政策抉择。而国际图书与版权贸易是文化产业的一个重要组成部分。

第二节　国际图书与版权贸易基本范畴

一、国际图书实物与版权贸易概念

国际图书贸易是指各国对外图书贸易的资本总和。国际图书贸易实际上是由两部分组成的，即图书实物贸易与图书版权贸易。

国际图书实物贸易是图书实物的有形贸易，即图书作为商品所进行的贸易活动，包括图书进口和图书出口。图书进口是指一国或地区向其他国家或地区购进图书商品，以满足国内读者生产、科研、教育和文化需要的全部贸易活动。图书出口是指一国或地区向其他国家或地区，输出本国（本地区）编著或者翻译出版的图书产品的全部贸易活动。

图书版权贸易，主要是指在版权许可或者版权转让过程中产生的贸易行为。它属于许可证贸易范畴，也是无形财产贸易。

图书版权贸易包括版权引进和版权输出两个方面。版权引进是指一国或者地区的版权受理者按照一定的交易条件，与另一国的版权所有者或者合法代理人磋商，获得相应的图书的版权使用权的交易行为。版权输出是指一个国家的版权所有者或其合法代理人，按一定的交易条件，将其版权中的经济权利转让给另一个国家的版权受让者或许可另一个国家的版权使用者使用的交易行为。

著作权中的财产权利，对作品而言是一种使用作品的方式，或者说是对作品的一种使用权利。它的前提一是使用要经许可，二是使用要支付报酬。这样就形成了版权贸易的核心。版权贸易既是一种贸易活动，又是实施版权保护的一种手段，即通过正常贸易的方式对所涉及的有关版权权利给予保护，同时通过版权保护又促进版权贸易的发展。依照我国《著作权法》①第十条第五款及该法实施条例第五条的规定，版权中的经济权利概括起来有以下种类：复制权、发行权、出租权、展览权、表演权、放映权、广播权、

---

① 中华人民共和国著作权法［M］. 北京：法律出版社，2010：4.

信息网络传播权、摄制权、改编权、翻译权、汇编权等。此外，欧美等国的著作权法中的著作权保护的客体还规定了同文种地区版权、图书俱乐部授权、平装本版权等，这些和上述权利一起都可以作为版权贸易的客体内容进入版权贸易。

图书实物贸易与版权贸易的区别有以下几点：

（1）所有权是否转移：图书实物交易一旦发生则所有权转移，即图书的使用、支配和处置权利全部转移，供方失去所有权；而版权贸易的主体（著作权人）对其作品所拥有的权利不会因为作品载体的转移而发生转移。如某作家将其创作的小说授权给某出版社出版，读者购买了该书，拥有了该书的所有权。随着载体的转移，该载体所涉及的物权也随之发生转移。但被授权的出版社并不拥有该作品的著作权，该书的著作人仍享有该书的著作权，可以向第三方再许可。

（2）贸易主客体：实物贸易的主体从数量上来说，有多少个载体，就可能有多少个物权人。仅从物权使用时间看，只要载体（图书）存在，进行物权交易的权利就存在。版权贸易的主体是文学、艺术和科学技术作品的著作权人和作品使用者。依照我国著作权法的规定，著作权人包括：作者和其他依法享有著作权的公民、法人或者其他组织。一般情况下，著作权人都可以作为版权贸易的主体从事版权贸易活动。著作权人在同一时间里一般是固定不变的（可以是一个人，也可以是几个合著者），其行使贸易权利的时间一般是作者有生之年加死后 50 年（欧美一些国家目前已增加到 70 年）。而作品的使用者，即贸易的受让方，目前主要是图书出版者、音像、电子出版物制作者、广播电视组织、广告制作商、信息网络传播者（网站）等。图书实物贸易客体是记录知识信息的载体，即有形的图书；而图书版权贸易客体则是版权贸易的客体，是指版权中的财产权利（也称经济权利）。

（3）交易价格：图书实物贸易以静态的价值为基础，价格由价值加利润再加其他相关费用构成；而图书版权贸易的价格是以动态的版权作品销售额为基础，价格（即版税）是版权作品销售额与一定比例（通常为 6%～10%）的乘积。

（4）交易履行：图书实物贸易在买卖双方一次性交割完毕之际即是合同履行完成之时；而对版权贸易而言，合同的签订只是交易行为的第一步，版权受理方按版权合同要求出版并发行作品，在销售过程中要如实地将销售情况告知版权授予方，并支付版税。

（5）报关与非报关：图书实物贸易需要报关手续；版权贸易则不需要。

（6）贸易统计：图书实物进出口贸易会对图书的种次、数量和金额等进行统计。由于价格因素，种次顺差，金额可能是逆差。图书版权贸易则是对输出品种、引进品种和输出引进比进行统计。

二、国际图书贸易产生和发展的社会基础

国际图书贸易的产生和发展必须具备一定的历史条件，也只有在一定的历史条件的作用下，国家图书贸易领域的基本矛盾才能形成，并不断地发展变化。也就是说，只有在图书的生产足以提供所交换的产品并且有可能在各自独立和自主的社会实体（国家和地区）之间进行图书交换的时候，国际图书贸易才能产生。

1. 国际图书贸易产生的历史条件

图书产品的大量生产必须以一定的经济和文化发展水平为前提，而图书的国际交换只有在各国图书生产存在差异的情况下才有必要。经济、文化的发展和图书生产的社会差异，是国际图书贸易产生和发展的基本条件。

人类文明发展到一定的历史阶段，由于传递信息、记录知识、交流思想和积累文化的需要，创造了文字和图书。但是它出现的早期却为统治阶级所占有，并为统治阶级的利益服务。"学统于官，书出于史"，"私门无著述文字"，在这个时候，图书贸易，特别是国际图书贸易是不可能产生的。

到公元前 5 世纪前后，社会发生大变动，劳动、生产的社会分工进一步扩大，经济和文化也有了发展。在西方，"文字被教士阶层所垄断的局面被打破"。在东方，教育始及于平民，私人著述产生了。图书的需求和图书的复制（传抄）有了一定的社会基础。在图书借用和赠送的同时，有可能出现初级形式的图书交换。

公元前 2 世纪到公元前 1 世纪之间，在东西方几个文明国家里，图书生产已具备一定的条件和基础。中国早在春秋战国时代，诸子百家争鸣，产生了像孔子、庄子、孟子、韩非子这样的思想家、教育家，留下了宝贵的文化遗产，大批学术著作传世。此后，从汉武帝到汉成帝，曾多次派专使四处高价搜求图书，以至"百年之间，书如山丘"。从公元 1 世纪到公元 2 世纪，不论东方还是西方，图书交易均已出现。

就在这一时期，中国经中亚通往西亚、欧洲的"丝绸之路"已经开通，欧洲以及阿拉伯各国的经济、文化交往也日益频繁，国际图书贸易的条件已经初步具备。从公元 3 世纪到公元 8 世纪，随着纸张的使用和印刷术的发明，一些国家的对外图书交流活动已经相当普遍。仅中国通过各种渠道流向日本的图书已有 1 579 种，16 790 卷。

从公元 10 世纪到公元 11 世纪，中国的出版业已有相当规模，北宋布衣毕昇发明了木活字印刷术，图书生产达到了一个新水平，无论在生产的数量和速度上都是前所未有的。大都市的书铺鳞次栉比，拥有固定经营场所的"书商阶层"已经形成。

17 世纪以前，中国的经济、文化和出版印刷业一直处于世界前列，与东西方各国的图书贸易日益增多。在西方，早在 15 世纪，德国美茵兹金匠古登堡受中国印刷术的影响，发明了铅活字印刷术（约 1440—1450 年），不久斯特拉斯堡、科隆、巴塞尔等城市，成为德国的书业中心。后来纽伦堡的安东·科贝尔很快成为一位杰出的商业出版家。他拥有 24 家印刷厂，并与巴塞尔、斯特拉斯堡、里昂、巴黎以及欧洲其他许多城市建立了书业联系，经营着一个庞大的国际图书贸易事业。

公元 1550—1770 年，荷兰一度在欧洲的出版发行行业中居领先地位，法国、英国的出版发行行业也在 18 世纪后期崛起。但德国仍处于西方书业的中心地位，首先是法兰克福，1650 年以后转移到莱比锡，成为欧洲图书交易的重要场所。菲利普·艾拉斯莫斯·里希被称为 18 世纪的"德国书业王子"，他创立了图书实价原则，并于 1756 年提出了建立书商协会的思想。

19 世纪，世界各国之间的图书贸易得到加强，书价和版权成为图书出版与发行行业的一个重大问题。为了协调各出版商与书商之间的关系，解决非法翻印的问题，德国出版者里希于 18 世纪中叶就提出了"净价"原则，直到 1887 年才被德国书业界所采用。"根据这一原则，书商只有在不低于出版者规定的纯出版价格向公众出售的条件下，才被允许打批发折扣。"与此同时，许多国家建立了出版商和书商协会，并制定了版权法。欧洲大多数国家于 1885 年在伯尔尼签署了统一的国际版权公约，即《伯尔尼公约》。该公约规定外国作者的作品与本国作家的作品同时受到保护，从而在迅速发展的国际图书贸易中维护了作者和原出版者的权利。

第一次世界大战的爆发，使世界书业界遭到极大的破坏。许多国家纸张费迅猛上涨，为满足士兵们所需要的大量"轻松读物"，出版商粗制滥造，图书质量下降。由于中产阶级购买力的急剧下降，使欧洲书业市场举步维艰。但是，由于美国教育事业的发展和中产阶级的兴起，图书出版公司骤然增多，出版业呈繁荣兴旺景象。然而，1929 年开始的资本主义世界经济大萧条也使美国图书业迅速衰退，欧洲国家如英国的图书无法大批向美国倾销。所以，他们也同样经历了一个困难时期，销售量下降，利润骤减，破产情况屡见不鲜。在这种情况下，1935 年由英国企鹅出版社的艾伦·莱恩先生率先推出了一套平装纸皮书，以廉价的纸张、优良的印刷、精美的装帧设计、6 便士一册的低价受到广泛欢迎。这种袖珍型的书为其他国家纷纷效仿，被认为是图书出版史上的一个创举。

2. 图书生产的民族特点

国际分工是社会分工向外延伸而形成的各国在劳动上的分工，是国际贸易存在的基础。只有随着生产力的不断发展，国际分工的不断深化，国际市场的不断扩大，以及商品的国际交换日益频繁，国际贸易才能得以不断发展。国际图书贸易是整个国际贸易的一个方面，国家与国家之间图书产品的交换是图书生产社会差异的必然结果。譬如，世界各国在出版图书的文字和内容方面有着明显的不同，这是由历史和现实的客观条件决定的。于是也就有了各国之间不同语言文字和不同内容图书的贸易。同时，由于各国生产力和科学技术发展的不平衡，任何一个国家都不可能完全解决有关图书生产的一切技术、设备和原料。一部书的印刷出版，其纸张、油墨、印刷机械等可能同时来自不同的国家，或者在一个国家编辑而在另外一个国家印刷，甚至某国作者的著作由另一个国家出版。从图书生产的社会化来看，其实就是国际社会分工。

但是，图书的生产毕竟与其他物质产品的生产不同，它是分为两步完成的。第一步，"图书产品就其内容来说，是在非物质生产领域中创立的"。①马克思曾经指出，非物质生产有两种情况：一种是"产品与生产行为不能分离"，如艺术表演、教师讲课、医生看病、牧师传教等；另一种是创造"使用价值，它们具有离开生产者和消费者而独立的形式，因而能在生产和消费之间的一段时间内存在，并能在这段时间内作为可以出卖的商品而流通，如书、画及一切脱离艺术家的艺术活动而单独存在的艺术作品。"图书的生产属于后一种情况，它可以再细分为两个阶段：首先是精神生产，包括构思设计、文字表述，即脑力劳动及其物化过程；其次是图书的印刷、装帧，即图书的物质生产阶段。也就是说，图书的内容是在非物质生产领域创造的，而图书的物质形态是在物质生产领域创造的。不论是图书内容的生产还是物质形态的生产，都与各个国家和民族的经济、政治、社会、哲学、科学、艺术、道德等，即民族文化有着密切联系。各民族文化的差异，决定了

---

① ［苏］库兹列佐夫. 图书发行经济学 ［M］. 武汉：武汉大学出版社，1989：9.

各国各民族图书产品内容和形式的差异。

图书生产的社会分工和民族文化的差异，体现在各国图书产品及其使用价值的不同，首先表现为图书的思想内容、学术观点的不同，其次是艺术风格、语言文字、装帧设计、印刷质量等的差异。因而，也就为图书产品的国际交换提供了必要性和可能性。

各国图书生产的差异是在各种社会和自身条件的作用下形成的。影响各国图书生产出现差异的主要因素有：

一是生产力。生产力代表着一个国家的综合实力，特别是其中的科学技术，对各国图书生产具有重要的影响。科学技术不仅影响一个国家图书生产的设备和技术条件，决定着图书生产规模、速度、印刷质量，也影响着图书的内容。图书，特别是科技图书，是科学活动和科研成果的记录。科学技术先进的国家，其生产的图书，特别是一些非贸易性文献资料，一般都具有较高学术水平和重要实用价值。当今国际图书市场上高科技方面的书刊，大多来自科技先进和经济发达的国家。生产力和科学技术的发展不仅使各国图书产品的差异扩大，而且也决定了各国在国际图书生产和交换中的地位。一般来说，生产力和科技发达国家处于有利地位，而经济落后国家则往往处于劣势，甚至处于从属地位。

二是文化传统。一个民族的文化传统，是聚集在某一地区的人类群体所创造的文化的长期积淀，由于各种环境条件的影响就形成了各民族不同的文化传统。相对独立的文化传统，会一代代地延续下去，影响几代甚至几十代人的思想、感情、性格和行为。图书作为人类文明的物化产品，必然具有鲜明的民族特点。这种特点不仅仅表现在书籍的印刷装帧等物质形态方面，更主要地表现在图书的思想内容方面。譬如在文艺作品方面，受儒、道、佛思想影响的中国古典小说和受人文主义思想影响的西方古典文学作品，就有很大的差异。

三是政治制度。政治制度作为上层建筑，不仅通过经济基础的反作用影响图书生产，而且还直接对图书生产的范围、内容和质量产生影响，使各国图书生产的特点和差异更为明显。资本主义国家对于宣传资本主义制度、资产阶级思想意识和生活方式的书刊，给予支持和鼓励，而对宣传马克思主义和社会主义制度的书刊却百般阻挠和压制，社会主义国家则相反。有的国家为了某种特定的目的，在武力干预、经济侵略的同时，进行文化渗透，干预和影响别国的文化出版事业，使其朝着对本国有利的方向发展。有的国家采用行政手段，限制进口某些图书，而更多的国家则是采取关税和非关税办法，迫使对方不得不停止或者减少某类书刊的输出。总之，由于受到政治因素的影响，使各国的图书生产和交换具有自己的特点，特别是在意识形态，道德标准方面。

3. 图书需求和供求关系的国际性、一体化

图书需求是一个复杂的社会现象。就某个社会成员个人来说，他们对图书的需求可能是比较单一的，范围是有限的，但是就整个国家来说，由于个人的劳动岗位、社会活动、教育水平和文化素质不同，图书需求的表现就千差万别了。

由于人们对图书需求的多样性、广泛性和一个国家图书生产的特殊性和局限性，使得一国的图书等出版物难以完全满足本国读者的需求，因而对国外图书的需求就是必然的了。正是由于各国图书生产的局限性和读者需求的多样性，为满足读者对外国图书的需求而进行的国际图书贸易也就是必要的。

国际图书需求是在国家图书市场上通过支付货币或者劳务而获得他国图书产品。这种需求都会不同程度地受到各国生产力、科技水平、文化传统和政治制度的影响。

各国为了本民族的生存和发展都必须努力发展生产力，这就必须加强科学技术研究和广泛吸取现有的科技成果。各国科学技术的发展是不平衡的，但是科学无国界，真正的科学和技术对每个国家每个民族都是有用的。通过书刊资料获得国外先进的科学技术以发展本国的生产力，是国际图书贸易产生的重要原因之一。

当今世界是一个开放的世界，任何一个民族或者国家不可能孤立地存在。国际社会成员既保持自己的独立性，又需要相互学习、相互借鉴。世界文化史表明，封闭的文化系统会使各国文化发展滞缓或畸变，而对外来文化的吸收和借鉴则会对本民族的文化发展起到促进作用。由于人类物质文明和精神文明的发展，人们对异国他乡文学艺术的欣赏和领略外国风光民俗的需要日益迫切。而国家之间政治、经济、文化的交往，也已经成为各国发展战略的组成部分。这一切都决定了作为信息载体的书刊资料国际需求的客观存在。

国际图书需求与世界图书需求不同。后者包括各国的国内图书需求，也包括对外国的图书需求，而国际图书需求只是各国对外国图书需求的总和。

各国对外国图书需求的种类、数量是不同的，它取决于各国的经济发展状况、科学文化水平和政治体制，也取决于相关国家图书生产的特点以及国家之间关系的密切程度。

国际图书需求是一个动态概念，需求总量、类别及地理方向都将随着各种条件的变化而变化。需求将随着物质文明和精神文明的发展而扩大；通过一定的努力，潜在需求可以转变为现实需求。当然，现实需求遇到一定的障碍也可能会出现需求的转移，回复到潜在需求，甚至暂时消失。

三、国际图书贸易的性质、特点与作用

国际图书贸易既具有经济贸易的性质，又具有文化交流的特点。与人类社会的各个方面有着密切的联系。国际图书贸易的产生和发展是以社会经济为基础的，各国之间的图书贸易活动也受到各国经济、政治和科学文化的制约和影响。反之，国际图书贸易又以其特有的功能作用于社会的经济、政治和科学文化，增强各国人民的相互了解，推动各国科学文化的发展。

1. 国际图书贸易的性质

国际图书贸易既然是图书商品的交换，本质上就是一项经济活动，是整个经济活动的组成部分，因而遵守一般的经济规律。经济是直接影响国际图书供求关系的决定性因素，也就是说，只有当人类社会的经济发展到一定阶段，达到一定的水平之后，国际范围内的图书供求关系才有可能产生。同样，随着各国经济的发展，国际图书供求矛盾不断变化，从而推动国际图书贸易的发展。在这一发展过程中，经济对于图书贸易的内容、规模、方式、体制等各个方面都有着直接影响。

国际图书贸易还具有文化交流的性质。文化，"广义指人类在社会实践过程中所获得的物质、精神的生产能力和创造的物质、精神财富的总和。狭义指精神生产能力和精神产品，包括一切社会意识形式：自然科学、技术科学、社会意识形态"。① 文化属于历史的范畴，每一社会都有和自己社会形态相适应的社会文化，并随着社会物质生产的发展变化而不断演变。作为观念形态的社会文化，如哲学、宗教、艺术、政治思想和法律思想、伦理道德等，都是一种社会经济和政治的反映，并又给社会的经济、政治等各方面以巨大的影响作用。在阶级社会里，观念形态的文化有着阶级性。随着民族的产生和发展，文化又具有民族性，形成传统的民族文化。社会物质生产发展的历史延续性决定着社会文化的历史连续性。社会文化就是随着社会的发展通过社会文化自身的不断扬弃来获得发展的。这是一个高度概括的关于文化的概念。文化是人类创造的，表现在人类社会的各个方面。文化积累包括两

---

① 辞海编辑委员会．辞海［M］．上海：上海辞书出版社，1999：2218.

个主要方面：民族文化积累和外来文化积累。而后者就是我们常常提到的各民族之间的文化交流和文化传播。国际图书贸易，现在是将来仍然是国际文化交流的重要方式之一。同时，国际图书贸易又是在"大文化"环境中进行的，语言、宗教、伦理、风俗、教育、学术、道德等文化传统，又制约着国际图书贸易。

2. 国际图书贸易的特点（与国内图书贸易比较）

国际图书贸易是位于不同国家的出版社和书商之间的交易活动，具有线长、面广、环节多、难度大、变化快的特点，要求从业人员具有多方面的知识。从本质上说，国际图书贸易是国内图书贸易在空间上超越国界的延伸，既要遵循国际贸易惯例和法规，也需要考虑到贸易对象国家的相关贸易法规和习惯做法。具体说，国际图书贸易与国内图书贸易相比，有以下几个方面的特点：

一是国际图书贸易相对国内图书贸易交易的难度要大。

国际图书贸易中双方分属于不同的主权国家，所处的市场环境，交易过程，贸易限制等不同，因此达成交易的难度比国内贸易大，表现在：

（1）国际图书贸易比国内图书贸易进行市场调研的困难多。对于出版社或者书商来说，进口或者出口何种图书，引进或者输入何种图书的版权，这些都得进行市场调查。若是国内图书贸易，则仅仅需要了解国内图书市场情况，出版单位可以通过便利而多样化的渠道进行案头调研和实地调研，较方便地获得所需资料。若是国际图书贸易，则出版社和书商面对的是国际市场，必须随时掌握世界图书市场动态，了解主要交易市场的行情，显然收集和分析这些资料不如国内图书贸易容易。此外，由于在国际图书贸易中出版社和书商更多地依赖二手资料进行案头调研，调研结果的及时性和准确性会受到影响，而且案头调研的渠道也不如国内贸易多。

（2）国际图书贸易比国内图书贸易进行交易磋商的障碍多。在确定交易对象后，贸易中的双方要经过磋商才能达成一项交易。进行国内图书贸易时，交易双方不存在语言障碍，文化背景和风俗习惯差异较小，双方面对共同的国内市场，对图书的供求状况和价格都比较了解，并遵循共同的商业法律，交易磋商的障碍少。进行国际图书贸易时，双方首先必须克服语言障碍，而且由于双方身处不同的国家和地区，商业习惯不同，对国际图书贸易规则的理解也可能不一致，这就需要双方进行沟通，取得一致。此外，在洽商交易的过程中还会涉及不同的经济制度、政策法律、商业惯例、风俗习惯、宗教信仰等问题，稍有疏忽就可能影响经济利益的顺利实现。

（3）国际图书贸易比国内图书贸易市场培育开发过程周期长。国际图书贸易相对国内图书贸易来说，因为对外国的市场情况、受众阅读习惯、偏好等诸多情况的不确定或者不了解，都需要时间进行调研，而一旦培育起了一小部分的读者，也需要花比相对国内更多的精力去维护和保持住这批读者。

（4）国际图书贸易活动比国内图书贸易活动受到的限制更多。国内图书贸易活动可以在本国市场上自由进行，不会受到国家经济政策的限制，而国际贸易则涉及不同国家之间的利益分配，各国往往采取关税壁垒与非关税壁垒来限制外国商品的进口。即使在 WTO 的贸易自由化环境中，显性和隐性的诸多限制，对贸易双方达成交易也造成不利影响。

二是国际图书贸易（主要指其中的图书实物贸易）相对国内图书贸易的程序比较复杂。国际图书贸易交易程序除交易双方当事人外，还涉及商检、运输、保险、金融、海关等部门以及中间商和代理商。与国内图书贸易交易程序相比，其复杂性体现在：

（1）国际图书贸易中若进行图书实物贸易要办理进出口通关手续。国内图书贸易在本国境内进行，不需要办理通关手续，国际图书贸易若是实物贸易，则需要经过进口国和出口国的海关。图书出口时，需要在出口国家口岸履行报关手续，应当符合出口国的海关规定，同时出口图书的种类、品质和商标还必须符合进口国家的相关规定。国际图书贸易的履约难度增加，要求交易者了解本国和对方国家的海关制度法规及通关手续。

（2）国际货物运输的托运手续比较复杂。国内图书运输在本国境内完成，而国际图书运输在时间和空间跨度上更长，需要考虑的因素更多。国际图书运输大多数情况下选择海洋运输；此外，还要考虑在不同贸易条件下运输合同的条款、运费、承运人与托运人的责任、装卸，以及卖方如何在保证己方利益的前提下将提单交与卖方。

（3）国际图书贸易货款支付方式复杂且需要考虑汇率问题。国内图书贸易的货款结算使用本国货币支付，通过本国两家银行的转账支付即可完成。在国际图书贸易中，货款的清偿多以外汇支付，会受到各国外汇管理制度、汇率制度以及汇率变动的影响。就参与者和支付方式而言，国际图书贸易结算涉及进口国银行、出口国银行甚至第三国银行，可采取汇付、托收、信用证等支付方式，出版商需要综合考虑多种因素，选择适合的支付方式。

（4）国际图书贸易中商检和仲裁问题需视不同国家的具体情况而定。

国内图书贸易中如果涉及图书商检和贸易仲裁问题，一般贸易双方遵循国内同样的商检标准和仲裁规则。国际图书贸易过程中，进口国和出口国可能有不同的商检标准和仲裁程序规则，交易双方在合同中必须明确以何地的检验证书为准，选择何地的仲裁机构进行仲裁等问题。

三是国际图书贸易相对国内图书贸易涉及的风险更多更高。国际图书贸易比国内图书贸易活动受世界政治、经济环境的影响更大，面临更大的风险和不确定性，主要有：

（1）国际图书贸易中的信用风险。国际图书贸易的交易双方处于不同国家，相距遥远，不易了解对方的经营和资信情况，而国际图书贸易的从业机构和人员情况复杂，因此更容易出现商业欺诈行为。另外，国际图书贸易签约履约的周期较长，在此期间，买卖双方的财务情况可能发生变化，对双方而言都存在信用风险。

（2）国际图书贸易中的商业风险。与国内图书贸易相比，国际图书贸易履约过程复杂，手续繁多，涵盖货、证、船、款四个领域的同时操作，一个方面出现问题，则交货时进口商可能因为交货期晚、单证不符等原因拒收货物，给出口商造成商业风险。另外，图书的国际市场价格波动，也会造成乙方的商业损失。

（3）国际图书贸易中的汇兑风险。国内贸易基本不涉及汇率问题，而国际图书贸易一般以外币计价。当前各国主要采取浮动汇率制，汇率波动很大时，计价货币的选择直接影响到交易者的利益。国际图书贸易从签约到结算时间间隔长，汇率的变化会形成汇兑风险。

（4）国际图书贸易中的运输风险。国际图书贸易图书运输的距离一般长于国内，有时需要经过两种以上的运输方式，运输途中可能遭遇到各种自然灾害、意外事故和外来风险，货物图书受损的概率高于国内图书贸易。一般来说，国际图书贸易中需要投保货物运输险来规避损失。

（5）国际图书贸易中的其他风险。国际图书贸易较国内图书贸易更易受到各国政策、经济形势等客观条件变化的影响，国际政治经济局势、贸易摩擦等因素都增加了国际图书贸易活动的不确定性和业务难度。

3. 国际图书贸易的作用

对外图书贸易的形成和发展与社会的政治、经济和科学文化发展有着密切的关系，国际社会对图书的需求推动和制约着国际图书贸易的发展。反之，国际图书贸易又以其特殊的内容和形式作用于社会的政治、经济和科学文化，为政治、经济和科学文化的发展服务，在人类物质文明和精神文明建设中发挥着重要作用。

在国际交往日益频繁的今天，包括知识产权在内的服务贸易越来越受到各国的重视。国际图书贸易涉及一个国家的政治、经济、文化、科技等各个层面，对国家的经济建设和文化建设影响很大，已经成为各国间不可或缺的贸易内容。国际图书贸易不仅对发达国家有着非常重要的作用与影响，对发展中国家的作用与影响也同样重要，甚至更加重要。我们必须从宏观和微观两个角度来认识、研究、重视国际图书贸易，繁荣新闻出版业，积极参与到国际图书贸易之中去，使其为社会主义市场经济建设服务。

国际图书贸易的作用从微观的角度来讲表现在两个方面。首先，国际图书贸易中对于版权贸易为保护著作权人的权利开辟了正规渠道。现实生活中的人天然需要交流，如果没有正规的渠道，那么人们只好求助于非正规的渠道，这样就不可避免损害著作权人的权利，进而挫伤他们的积极性；而有了正规的渠道，著作权人的智力成果就会得到有效的保护，有助于"给天才的创造力之火添加利益的柴薪"。其次，有助于使用者准确高效地寻找和使用自己需要的作品。面对"海量"的作品，在没有准确信息支持的情况下，任何出版机构都会感到无从下手；而在版权贸易的框架中使用者就可以非常容易找到所需的作品并进行迅速广泛的传播。

从宏观角度看，国际图书贸易的作用具体表现在以下几个方面：

（1）增进各国人民的相互了解。

相互了解是人们生活和工作的需要。如今，随着现代通信技术和交通技术的发展，各社会集团之间的距离大大地缩小，各国人民之间的合作也越来越密切。

各国人民间相互了解的方式很多，有直接了解的，如人员互访、旅游、留学、参加国际会议等；有间接了解的，如广播、影视、文化演出、各类展览、书刊传播等。其中，国际图书贸易是增强这种了解的有效方式之一。

图书特别是优秀的图书，是历史和现实的记录，是人类智慧的结晶。例如托尔斯泰的作品是 19 世纪俄国社会的一面镜子；通过美国作家鲁思·本尼迪克特的《菊与刀》，我们可以深入地了解日本人的国民性及其根源。

通过图书贸易以增强各国人民的相互了解，并不是抽象的，超现实的。相反，不同国家不同社会集团在不同历史时期所进行的对外图书贸易，都是有其具体的目的和特定的内容的。任何一个国家都懂得"图书比宣传大军更有威力"（奥斯特洛夫斯基《读书箴言》），因而都十分重视对外图书贸易的对外宣传工作。国际关系中所签订的文化交流协定，如中俄、中日、中韩文化年项目中都把图书展览、贸易活动作为重头戏。

（2）促进科技文化交流，加速科技整体进步。

对外图书贸易作为科学文化交流的一种方式，对各国科学文化的发展起着重要的推动作用。

马克思说过，科学研究的进步"部分地以前人的劳动成果为条件，部分地以他人的劳动成果为条件"。任何一项科学研究，在其选题初定之前，在其研究的整个过程中，都要认真分析和借鉴他人的研究成果，特别是一些新兴学科、新的研究领域，对国外的文献资料尤有迫切需要。

情报学家曾对科学交流的问题进行过深入的讨论。他们认为科学交流包括非正式交流和正式交流。非正式交流主要是通过科学工作者的口头、书信、会议等形式进行，而正式交流则是借助于科学文献进行的。

科学文献交流系统包括编辑出版和印刷过程、科学出版物的发行、图书馆书目工作和档案事务以及科学情报活动（前苏联情报学家米哈伊洛夫）。图书发行是科学文献交流的重要环节，它完成了出版物从生产到利用的传递过程，以此推动科学文化的发展。

科学是没有国界的。科学的国际性决定了科学文献交流的国际性。作为国际科学文献交流的重要方式和重要环节，图书的国际贸易对于促进各国科学文化发展的作用是不可低估的。

我国从 20 世纪 50 年代起就非常重视外国书的进口工作，尽可能地为科学文化的发展创造条件。进入 80 年代，党和政府的工作重心转移到经济建设方面，为了加快"四化"建设的步伐，建设社会主义精神文明和物质文明，进口图书用汇从 1976 年的 650 万美元增长到 1985 年的 6 000 万美元，为我国科学技术的进步、文化的繁荣、经济建设的发展做出了贡献。同样，中国图书向日本、欧美、拉美、亚洲等国家的出口，对世界的科学文化交流也起到一定的促进作用。

科学虽然无国界，但科学家创造的劳动成果首先是用来为本国、本民族利益服务的。特别是一些资本主义国家在与社会主义国家的文化交流和图书贸易中，对尖端科技文献采取保密政策，以保持他们在某些科学技术领域的垄断地位。因此，图书贸易对科学文化的促进往往受到人为的限制。

（3）促进本国和国际出版业的繁荣发展

从 20 世纪 70 年代中期到 80 年代初期，一些国家的出版业得到快速发展。近年来西方国家经济发展速度相对减缓，物价普遍上涨，国内图书市场销售不景气，库存积压，退货率上升，尤其是网络对传统出版的巨大冲击，使得一些出版发行机构陷入困境。

在这种情况下，各国书业界积极开展对外图书贸易，以缓解困境，求得自身的生存和发展。其一，为图书产品开辟市场，寻找销路。根据国外图书市场的需求，刺激出版企业精选主题，扩大品种，继续提高书刊出版质量。其二，通过图书出口贸易，赚取利润，更新先进设备，扩大再生产。其三，通过国家合作出版，加强出版界的国家联系，充分发挥各自所长，提高出版印刷质量，避开海关限制，以利于占领海外市场。在开展国际合作出版过程中，互相学习，取长补短。

对外图书贸易大大丰富了各国图书市场的品种，满足了不同类型读者的需求，使各国图书发行事业更加活跃。特别是有些国家的出版事业落后，出书数量少，品种单一，进口图书对于缓和市场供求矛盾起了重要作用。例如，加拿大每年出版图书 9 000 余种。图书市场销售额的 75% 靠进口图书。如果没有对外图书贸易，图书市场的萧条情况是可想而知的。其他如拉美、印度、新加坡等国情况也大抵如此，国内图书市场的销售有赖于进口图书。

而从中国单方面来看的话，通过国际图书贸易中的合作出版等诸多方式，我们可以学习出版业发达国家的先进的出版理念、出版技术。更重要的是学习他们培养出版管理、营销、策划人才的一整套模式。要知道，出版人才是我国出版业发展的源头活水。

（4）出版企业生存和发展的主要途径

如今，国际图书贸易已成为出版企业生存和发展的主要途径。据了解，国外中小出版商每年生产 5 种以上的图书产品，打入国际市场就可以盈利。而大型出版商（出版集团）的销售额的一半以上是通过国际实物贸易和版权贸易实现的。2001 年德国贝塔斯曼的总收入中，德国本土占 30%，其他欧洲国家占 42%，美国占 22%，其他国家和地区占 6%。

虽然图书进出口金额与其他商品进出口金额相比还很小，但它在整个国民经济收入中已经开始占有一定的比例，越来越多地受到各国政府的关注和重视。

我国图书出口和版权输出在创汇方面虽然很少，但在逐年增加，而且有很大的潜力。努力开拓中国图书的国外市场，增进与世界各国书业界的往来，始终是我国图书出口的重要目标。

第三节　我国与世界各国图书版权贸易概览

21世纪将是文化生产的时代，文化产业的发达程度将直接决定国家的整体实力。因此，发展文化产业就变成具有战略意义的政策抉择。文化产业的这种战略意义，已经被世界各国所接受，同时为了实现文化产业的这种战略意义，各国都制定了相应的方案。中国也认识到文化产业的战略意义，并积极地探索文化产业的振兴之路。

2007年10月9日至14日举办的第59届德国法兰克福国际书展共吸引了7 400多家参展商和近30万参观者。中国展团在本届书展上输出版权1 928项（2006年1 364项，2005年615项）。在本届书展上，中国出版集团成立了"中国出版（巴黎）有限公司"和"中国出版（悉尼）有限公司"，其下属的中国图书进出口（集团）总公司与世界最大的教育出版集团——培生教育出版集团共同签署了在美国合资建成"中国出版（纽约）有限公司"的意向协议备忘录。

尤其令人兴奋的是，中国图书出口已不再是单纯的图书贸易和版权输出，越来越多的中国企业开始与国外出版商共同策划选题或者合作出版发行图书。中国图书的国际市场之路呈现出梯次推进、多样化的特点。与外方成立合资公司创造了中国文化走出去的一个全新的商业模式。

一、我国图书进出口贸易情况概览

2005年，我国内地图书进口与出口的比例大致为9∶1，版权贸易进口与出口的比例为6.5∶1，图书现货交易进口与出口的比例为5∶1，与前几年相比，情况已经有所好转。中医、中药图书以及食品类图书的出口近几年来有所增加；随着世界范围内的"中国热"的兴起，汉语教材的出口也呈蓬勃发展之势。但是，我国出口的图书仍主要集中在《道德经》、《孙子兵法》、《论语》等传统文化经典方面；而且图书出口量与发达国家相比仍有巨大差距。

中国政府已经制定明确的政策措施，坚定地支持中国图书"走出去"。首先，将有组织地选择优秀图书，向国外推荐能代表中国文化特色的书目，供国外有关机构选择中国图书时参考；其次，国外出版社在选择出版中国图书时，中国可以补贴一定数额的翻译费和版权；再次，中国出版社出版面向国外市场的图书时，可以享受出口退税等优惠政策；最后，政府将提供资金或场所帮助中国出版社参加国家图书展销会。《国家"十一五"时期文化发展规划纲要》指出,"做大做强对外文化贸易品牌。重点扶持具有中国民族特色的文化艺术、演出展览、电影、电视剧、动画片、出版物、民族音乐舞蹈和杂技等产品和服务的出口","整合资源,突出重点,实施'走出去'重大工程项目,加快'走出去'步伐,扩大我国文化的覆盖面和国际影响力"。

与其他文化产品一样,我国内地图书的对外贸易一直存在着严重的逆差。据新闻出版总署和国家版权统计局统计,2005 年,我国内地进口书刊 16 418.35 万美元,出口书刊 3 281.19 万美元(其中图书为 2 920.87 万美元),进口与出口金额之比大约为 5∶1;引进版权 10 894 项,输出版权 1 517 项,两者之比高达 7∶1。2004 年我国内地图书进出口比例为 8∶2,2003 年为 15.4∶1。可见,图书对外贸易逆差有缩小的趋势。

2004 年,我国内地图书出口 1 800 多万美元,仅相当于内地发行量的 0.3%;而美国每年出口图书近 20 亿美元,德国和日本也各有 6 亿~8 亿美元。这种状况与中国经济发展状况和出版发展状况极不相称。

二、与其他各国版权贸易情况概览

随着全球范围内的文化交流的日益频繁和国内相关法律法规的逐步完善,特别是 20 世纪 90 年代初,我国颁布了著作权法,随后又正式成为《伯尔尼公约》和《世界版权公约》的成员国,这些都为我国全面展开版权贸易奠定了法律基础,完善了市场环境,为我国版权贸易走向正规化提供了必要的条件。至今,10 余年过去了,我国的版权贸易工作已经形成了一定的规模,积累了初步的经验。根据统计数据,欧美和东亚等国家和地区已经成为我国版权贸易的重要伙伴。我们以国家版权局对 2002 年版权贸易统计的数据为例来看一下双边贸易的情况。详见表 1~表 3 所示。

表 1   **2002 年全国版权贸易情况统计**   单位:种

项目	图书	音像制品	电子出版物	软件	电影	电视节目	其他	总计
引进	10 235	78	279	607	3		315	11 517
输出	1 297	30						1 317

表2　　　　**2002 年我国图书版权主要引进地和引进数量统计**　　　单位：种

	美	英	法	俄	德	加	日	韩	港	台	其他	总计
北京	3 536	1 214	57		178		403	130	72	793	397	6 780
上海	232	186	24		56		63		42	41	52	696
辽宁	97	35			21	38	18		18	112	10	331
天津	101	17	4		3	1	27	10		51	23	237
湖南	92	12	11		55		14	10	1	36		231
吉林	9	63	10		7		66	53		9	7	224
总计	4 544	1 821	194	10	404	9	908	275	178	1 275	619	10 235

表3　　　　**2002 年我国图书版权主要输出地和输出数量统计**　　　单位：种

	美	英	法	俄	德	加	日	韩	港	台	其他	总计
北京	9	5	1		2		11	59	104	320	21	532
上海							3	4	123	96	6	232
辽宁								1	20	93		114
湖北								15	18	59	7	99
江苏							1		13	50		64
广东								11	36	3		50
总计	9	6	1		2		18	103	352	755	51	1 297

　　从表2和表3可以看出，我国的版权贸易伙伴中，虽然引进地和输出地差别很大，但在地区上还是相对比较集中的。下面就以两表中的地区为主要对象谈一下双边图书版权贸易。

　　1. 中美图书版权贸易

　　中美之间关于版权贸易有正式规定的历史可以追溯到光绪二十九年（1903 年），在清政府与美国签订的《中美续议通商行船条约》第 11 条中规定："凡专备为中国人民所用之书籍、地图、印件、镌件者，或译成华文之书籍，系美国人民所著作，或为美国人民之物业者，由中国政府援照所允许保护商标之办法及章程，极力保护 10 年，以注册之日起，俾其在中国境内有印售此等书籍、地图、镌件或译本之专利。除以上所指各书籍、地图等件，不准照样翻印外，其余均不得享此版权之利益。"又彼此言明，不论美国人所著何项书籍、地图，可听华人任便自行翻译华文刊印售卖。

这之后的 1913 年 6 月，发生了一件有意思的事。当时，美国驻京公使要求我国与美国签订双边著作权协定。代表中国出版业的上海书业商会得知后，分别呈文教育、外交、农商三部，强烈要求政府予以拒绝。呈文中指出："美国至今未加入瑞士万国版权同盟（即伯尔尼联盟），亦因其国著作之多，不及欧洲，……今而要求我国，其为无理，尤属显然。"呈文中还申述，参加国际版权同盟"外既违反国际间平均之原理，内又阻碍教育及工商业之生机"，"其害有不可甚言者"。原来这是源自 1886 年的一桩公案，1886 年《伯尔尼公约》产生了，美国当时也派代表参加了这次大会，但因为当时美国的出版业远不如英法等欧洲国家发达，参加公约对美国不利，所以，美国代表以该条约的许多条款与美国版权法有矛盾，得不到美国国会的批准为借口，拒绝在公约上签字，以后也长期拒绝参加伯尔尼联盟。这次要求与中国签订双边著作权协定，被我国出版业"以其人之道，还治其人之身"。

中美两国政府发表联合公报并建立外交关系后，美国就开始向我国提互相保护著作权的问题。1979 年 5 月 14 日，我国和美国签定了《中华人民共和国和美利坚合众国贸易关系协定》，该《协定》的第 6 条规定："（一）缔约双方承认在其贸易关系中有效地保护专利、商标和版权的重要性……（五）缔约双方同意应采取适当措施，以保证根据各自的法律和规章并适当考虑国际做法，给予对方法人或自然人的版权保护，应与对方给予自己的此类保护相适应。"自此我国承担起根据我国的法律和规章保护美国的著作权的义务。1992 年两国又签订了知识产权保护备忘录，使得两国间的著作权保护更加规范。

美国是我国图书版权最大的引进地，从 1989 年起，在我国引进作品中美国作品数量无论种类还是印数始终处于首位。1989 年我国从美国引进图书 1 146 种，占引进总数的 33%，1995 年从美国引进 423 种，占当年引进总数的 21.96%。1998 年引进 2 236 种，占当年引进总数的 42%；2001 年引进 3 201 种，占引进总数的 38.99%。在图书的印数上，美国图书更是占了绝对的优势，比如在 1989 年，印数超过 1 亿册，占了所出版的外国图书总数的 83%。

从上述统计可以看出，改革开放二十几年来美国图书始终占据着中国出版外国图书的首席位置，并且数量还在不断上升。随着中美交流的进一步加深、市场的逐渐开放和服务贸易的繁荣，这一状况将会持续相当长的时间。

中国从美国引进的图书内容非常广泛，包括政治、经济、文化、科技、生活等几乎所有的领域。近几年引进的图书又有几个明显特点，第一是电子信息类、财经类书籍大幅增多，第二是其他畅销作品增多，第三是教材的引进大幅增加。由于我国电子信息产业的快速发展及计算机应用的普及，加上美国在此方面的领先地位，使得中国出版社引进此类书籍较之以往明显增加，不仅品种多，印数也很大。在美国新出版的一些电子类书籍，几个月后就会有中文版问世。财经类的图书也是如此。像 Philip Ketler，Reimer Thedens 等营销或管理方面大师的著作常常是刚在美国上市，随后就出现在中国的书架上。教材的引进与中国的"英语热"和美式英语在世界上影响越来越大不无关系。英语教学在中国的不尽如人意，使人们不但对教学模式提出质疑，也对以往所使用的英语教材提出质疑，于是英语教材的引进也就成为情理之中的事情。美国畅销书的引进速度和数量都有了很大提高，一些美国畅销书排行榜上的作品，很快就有了中文版。这方面的情况看一下克林顿夫妇和贝克汉姆等人的书，就可见一斑——不论是出书速度还是发行数量都令人瞠目结舌。其他一些较具学术水准和价值的人文科学书籍的引进也比以往明显增多，比如《不列颠百科全书》《爱因斯坦全集》《走向未来》《时间简史》等都属此列。另外，一些介绍美国历史和风土人情的图书在引进中也占有很重要的位置。这是一个新的趋向，与美国的国际影响和国人希望留学美国有关。

与此相比，中国向美国输出图书版权的数量则微乎其微，与引进数量不成比例。1998 年引进图书 2 236 种，输出 4 种；2001 年我国从美国引进 3 201 种，输出 6 种；2002 年引进 4 544 种，输出 9 种。基本上引进与输出比都大于 500：1。1999 年是特殊的一年，我国从美国引进图书 2 920 种，输出了 59 种。输出的图书内容多与中国文化有关，如《中国金鱼画册》《三十六计彩绘本》《气功图谱》《十四经穴图解》《神经科学百科全书》《三松堂》《中国历代名著全译》《英汉倒排词典》等，但翻译出版这些中文图书的出版社并不是纯商业的出版社，而是属于大学或科研机构的出版社，如夏威夷大学、耶鲁大学、加州大学、美国数学学会等。

2. 中英图书版权贸易

英国是世界上第一个颁布版权法的国家，早在 1709 年 1 月 19 日，英国议会下院有人提出一项法案，要求在该法案规定的时限内，将图书的复制权授予作者或作品原稿的买主，以鼓励学术创作活动。这项法案于 1710 年 4

月 10 日由英国议会通过,这就是有名的《安娜法令》。同时,英国也是国际著作权保护运动的发起国之一,从 19 世纪 40 年代起便积极地开展了谋求国际著作权保护的运动。

英国开展版权贸易也比较早,其版权贸易历史可以追溯到 19 世纪末,当时的版权贸易种类仅仅局限于传统性的版权贸易,如翻译权、美国版权和合作出版权等。版权贸易种类开始扩大是在 20 世纪 60 年代。当时,由于涌现出一批新的平装书出版社和众多报刊开办图书副刊或书评,从而促成平装书版权和报刊连载权交易渐成时尚。在这一时期,英国几家主要电视台也纷纷开办图书节目,比如当时的《十字军东征历史》和《新英语圣经》等都改编成了电视系列节目,从而也就开始了电视版权交易的历史。但是,包括翻译权、平装书版权、合作出版权、影视改编权和报刊连载权在内的版权贸易真正走向繁荣则是在 20 世纪 80 年代。这是因为随着图书出版品种日增,出版社投入的资金也越来越多,单靠图书销售本身已无法回笼资金和支付作者或其代理人索要的高额预付版税。这样,版权交易也就自然而然地成了出版社关注的焦点。版权也开始成为出版社在进行图书选题和出版决策时所必须考虑的重要因素之一。

自 1995 年以来,英国一直是中国引进外国版权的第二大贸易伙伴。1995 年中国从英国引进图书 208 种,1998 年引进 594 种,1999 年引进 860 种,2001 年引进 1 129 种,2002 年引进 1 821 种。近两年内,中国有可能成为英国图书出口对象的前 20 位之一(44% 的英国图书出口到欧盟,而美国是英国最大的图书出口市场)。近些年英国书业在中国的活动势头强劲,例如,培生集团(利用多种合作的方式出版形式,涉及书友会、网上书店、专业咨询、物流服务和信息技术等)进入中国出版业;牛津大学、剑桥大学等大学出版社则瞄准了中国的高校及图书馆,扩大其原版教材和学术专著在中国的销售。其他诸如麦克米伦出版社、英国皇家学会出版社、DK 公司等也为中国版权贸易市场的巨大潜力而吸引,纷纷来中国开展业务,成为中英版权贸易合作的杰出代表。国内与英国在版权贸易上比较密切的有北京大学出版社、外语教学与研究出版社、商务印书馆、上海版权代理公司等单位。

英国作为一个曾被称为"日不落帝国"的国家,在文化上表现出了博大的胸襟和宽广的眼界,是重要的图书出口国,进入 21 世纪,连续两年都是世界最大的图书输出国。2002 年,英国的图书出口额达到 12 亿英镑,而同年美国的出口额为 10.6 亿英镑。中国从英国引进的图书种类非常广泛,比较突出的有世界历史、语言、哲学等方面的社科类图书,比如"第二次世界大战丛书"、《世界百年掠影》、"当代世界前沿思想家系列"、"剑桥插图历史系列"、《大不列颠百科全书》等；还有经典文学作品和英国畅销书，近两年势头比较强劲的《哈利·波特》系列，基本上在脱稿不久就会出现在中国的图书市场。相对于版权引进，中国向英国输出版权的数量很少。1998 年输出版权为 1 种，2002 年为 6 种，一般都没有突破一位数。比较特殊的 1999 年向英国输出版权 20 种，是近几年数量最多的一年。

3. 中法图书版权贸易

法国作为历史上老牌的资本主义国家，在科学技术和人文社科方面都有着自己独到的优势。在世界范围内享有盛誉的著名哲学家和文学家灿若星河，他们的作品对全人类都产生过很大影响，许多优秀作品都曾在国外翻译和出版。在很长的时间内，法国一直是国外图书盗版的受害者。这促使法国积极参与了国际版权保护运动，成为《伯尔尼公约》的发起人和召集人之一。在法国国内，于 1777 年就颁布了 6 项印刷法令，承认作者有出版和销售自己作品的权利。在 1791 年和 1793 年分别颁布了《表演法令》和《复制法令》。《复制法令》规定：作者对其作品享有复制、发行或授权他人复制、发行的专有权，作者死后，此项权利可由继承人或权利受让人享有 10年。明确提出著作权的受益人是创作作品的作者，发展了著作权—人权的理论。1852 年，法国宣布，它不仅给本国作品而且给所有作品以著作权保护，不问作者的国籍和作品的首次出版地点。虽然法国一些做法的出发点可能是为了本国的作品能更好地受到保护，但在客观上却促进了国际版权保护运动的发展。

法国图书生产、销售和出口一直享有盛誉，不仅是图书出版大国，也是图书出口大国。根据法国海关和出版联合会统计，2000 年图书出口总额为 6.136 亿欧元，2001 年为 6.283 亿欧元，2002 年为 6.268 亿欧元。

随着中法交流日趋频繁，中法版权贸易活动的开展也相当活跃。法国方面非常重视中国的出版市场，法国文化与交流部、外交部、法国国家图书中心、法国驻中国大使馆等机构都对中国翻译和引进法国的图书提供了一定的方便。比如由法国驻华大使馆文化科技合作处主持的"傅雷图书数据库"，就为增加翻译作品的数量作出了很大贡献。傅雷图书数据库所提供的资助旨在由外交部帮助有关出版社购买法国的版权，并由法国驻华大使馆的文化科技合作处负责向出版社提供资助。法国的出版商也对中国的市场抱有很大的信心，他们认为，中国的出版商正在中文和英文之间寻找第三条道路。法国及其在欧洲的人文和社会学文化有可能被中国所选中。这一领域涉及的主题非常宽广，有哲学、历史、妇女研究、精神史、文明史、新闻文献、当地传记和社会学等。另外也包括一些思想家的作品，比如三联出版社出版了福柯、艾廷伯和本夫尼斯特的作品；商务印书馆出版了雅克·勒科夫和莫里斯·梅洛、蓬蒂的著作；人民文学出版社在 2005 年萨特 100 周年诞辰时出版了他的有关作品。

中法在历史上版权往来就非常频繁，傅雷就曾译过 30 余部法国重要作家的作品。近几年，中国从法国引进版权的数量虽然相对英美来说所占的比例不是很大，但数量也相当可观。1989 年中国从法国引进版权 165 种，1995 年 128 种，2001 年 181 种，2002 年 194 种。引进的种类包括文学、社会科学、科学技术、历史、地理、艺术和体育、哲学、宗教和语言等，文学与人文科学书籍占引进总数的约 80%。近几年，中法关系良好的发展势头也为中法间的版权贸易提供了有利条件。中国与法国联系比较紧密的出版社有海天出版社、接力出版社、中信出版社、上海世纪出版集团、译林出版社、人民文学出版社、三联出版社等。

中国对法国输出的图书版权非常少，1991—1999 年，共有 4 种，1998年 1 种，1999 年 3 种，2001 年为零，2002 年 1 种。

4. 中德图书版权贸易

德国在国际版权保护和版权贸易方面在历史上也一直走在前列，许多著名的哲学家都对版权问题发表过自己的看法。康德认为，作品不是一般意义上的商品，作品是人格化的商品，从某种意义上说，是作者的延伸，是对作者人格的反映。版权中人格权应与财产权等量齐观，甚至比财产权更为重要。德国巴伐利亚州在 1865 年颁布的著作权法，名为《关于保护文学艺术作者权法》，在立法中直接使用"作者权"的概念，明确提出著作权的受益者是创作作品的作者，进一步发展了著作权—人权理论，为以后许多国家制定自己国家的著作权法提供了较为成熟的模式。

在东西德统一之前，中国翻译东德的作品，一般是事先通报选题，出版后赠送样书。那时，中国翻译两德（东德、西德）图书约居中国翻译出版外国图书总数的第 6 位。20 世纪 90 年代，中国引进德国图书版权数量不断增加、范围不断扩大。引进的品种包括社科、学术、文学、生活指南、女性读物和少儿读物等，其中社科、学术和少儿读物又占了总数的绝大部分。根据统计，1989 年中国从德国引进图书 149 种，1992 年中国加入两个国际版权保护组织，翻译德国图书的数量较少，为 28 种，此后开始逐年增加。1995 年为 52 种，1996 年为 135 种。1998 年以来，中文图书市场（包括台湾地区）已是德国出版社出卖版权数量最多的市场。1998 年中国内地和台湾地区共从德国引进版权 369 种（内地为 301 种），将近占德国该年度输出版权总数的 9%，其中青少年书籍 93 种，文学类书籍 60 种，历史和艺术史类书籍 44 种。1999 年引进数上升到 471 种（内地 389 种），其中青少年书籍 157 种，哲学和宗教类书籍 52 种，文学类书籍 44 种，自然科学类书籍 27 种，艺术史类书籍 2 种。以后中国从德国引进的版权数量更是迅速增加。2001 年，中国内地从德国引进的图书就达到了 440 种；2002 年也超过了 400 种。

德国方面非常重视中国的图书市场，2004 年前来参加北京国际图书博览会的法兰克福书展主席福尔克尔·诺伊曼表示：长久以来，中国和韩国成为购买德国图书版权最多的国家。中国对德国图书的兴趣主要是在少儿图书、哲学和社会学图书方面。我们当然希望，中国出版社对德国图书的兴趣继续增长，也希望有越来越多的中国图书能够进入到德国。

德国历来是一个哲学家的国度，哲学宗教类图书一直是其图书出口的重要部分。现在许多重要的哲学家和社会学家，如阿多诺、鲁曼、布罗赫、哈贝马斯、布鲁门贝格、贝克等，都已签订了中文版的出版合约。另外，德国的小说近几年在中国的图书市场上也大出风头，《好女孩上天堂，坏女孩走四方》、《冒险小虎队》等作品在中国都取得了不错的业绩。中国内地许多出版社都与德国方面保持密切的联系，其中较为突出的有上海译文出版社、译林出版社、人民文学出版社、中国文联出版社、群众出版社、作家出版社等。

根据统计，中国向德国输出的图书版权非常少。1991—1996 年中国内地出版社共向德国输出了 27 种图书版权，1998 年 7 种，1999 年、2001 年都是 1 种，2002 年为 2 种。

5. 中俄图书版权贸易

中俄之间的图书版权往来也有着非常悠久的历史，鲁迅先生就曾翻译过法捷耶夫的日文版《毁灭》，曹靖华先生翻译过绥拉菲莫维奇的《铁流》。1949 年中华人民共和国成立后，在经济、文化等方面都遭到一定程度的封锁，那时中国的对外版权活动主要就限制在前苏联和东欧的一些社会主义国家之间。作为社会主义阵营中的一员，中国与上述国家之间存在着大量互相使用彼此作品的情况。就图书来讲，一般在使用时，不签约也不付酬，但事先要通报选题，出版后赠送样书。那时，中国曾出版过大量前苏联作品，前苏联也出版了少数中国作品。

作为超级大国的前苏联，在心理学、航天、生物学、艺术等领域都曾处于世界领先地位，各类图书品种齐全，再加上俄罗斯文学在世界文坛上也一直有着自己独特的地位，20 世纪 50 年代到 1991 年前苏联解体，所出版的图书品种和数量都保持世界首位。

因为历史和意识形态的问题，中俄间的版权贸易最具有特殊性，版权贸易数量的波动也比较大。1989 年中国出版前苏联图书 387 种，仅次于美国和日本，占出版外国图书总数的 11%。但中俄图书版权贸易的正式开始应从 1992 年、1993 年起，因为中国是在 1992 年加入了两个国际版权保护公约，原是世界版权公约成员国的俄罗斯在 1993 年才加入伯尔尼公约。1995 年中国从俄罗斯引进图书版权 139 种，1998 年为 334 种，1999 年为 30 种，2001 年为 104 种，2002 年为 10 种。在中国从俄罗斯所引进的作品中，文艺作品占了绝大多数。由于历史的缘故，前苏联时期的许多文学作品在中国有着极为广泛的影响，鼓舞和激励了几代中国人。进入 20 世纪 80 年代中期，前苏联作品的影响力才开始减弱。进入 90 年代中期，一些作品在中国又有了一定的市场。近些年中国引进的俄罗斯作品有肖洛霍夫的《静静的顿河》，法捷耶夫的《青年近卫队》、《毁灭》，绥拉菲莫维奇的《铁流》，费定的《早年的欢乐》，西蒙诺夫的《日日夜夜》、《战争三部曲》，爱伦堡的《暴风雨》、《解冻》，卡维林的《船长与大尉》，瓦里西耶夫的《这里的黎明静悄悄》，科斯莫米扬斯卡娅的《卓娅和舒拉的故事》，邦达列夫的《选择》、《岸》，帕斯捷尔纳克的《日瓦戈医生》，索尔仁尼琴的《古拉格群岛》和库尼亚耶夫的《叶塞宁》等。除了文学作品，还有一定量的传记类和人文科学类的作品被引进，比如《朱可夫传》、《巴甫诺夫传》等作品。

前苏联时期曾经从中国引进过少量的图书版权，但那时并不是正规意义上的版权贸易。比如王蒙的《活动变人形》在 20 世纪 80 年代被翻译时，就没有得到稿酬和其他一些正常情况下应得的利益。相对于引进，中国对俄罗斯的图书版权输出非常少，近几年仅在 1999 年输出了 4 种。

6. 中日图书版权贸易

日本作为中国一衣带水的邻国，在文化上深受中国的影响。历史上日本对中国文化一直非常推崇，在唐朝时就派留学生（当时称为遣唐使）到中国学习，很多日本人甚至死在中国、葬在中国。鉴真和尚几次东渡，为日本带去中国的特产和书籍；明末的朱舜臣、清末的康有为、梁启超和近代的许多中国名流很多都有过在日本生活的经历。历代以来的人员往来，为中日的文化交流架起了桥梁，促进了两国间的交流。虽然在 20 世纪中前期发生了日本侵华战争，但两国之间的交流却一直延续了下来。在版权贸易领域，日本和韩国一样也是中国版权贸易几个最重要合作伙伴之一，既是中国版权贸易重要的引进地，也是重要的版权输出地。据不完全统计，1989 年，中国从日本引进版权 629 种，在中国加入两个世界版权保护组织后，中国引进版权的数量减少，但总体的趋势却是一直在上升。1995 年，中国从日本引进图书版权 207 种，1998 年为 454 种，1999 年为 577 种，2001 年引进 776 种，2002 年为 908 种。总体来看日本在中国版权引进地排名中长久以来都处在美英之后的第三位，在中国版权贸易工作中所占分量举足轻重。中国不但从日本引进图书种类数量多，在引进日本图书版权范围方面，也十分广泛，除了一些文学类和漫画类图书外，电子信息、企业管理、财经、艺术、生活及语言类图书也占有很大比重。文学类的图书有大江健三郎、村上春树等人的作品；其他如《成败在此一役》、《全维操作——图解品牌运营 105 策》等则是正热销中国的财经类图书。中国与日本来往比较密切的出版社有中央编译出版社、科学出版社、海燕出版社等。

中国对日本版权输出的种类占输出总量的比例也非常大，1996 年，中国向日本输出 74 种，占所有输出版权总数的近 20%。这些年中国对日版权输出数量变化不大，但总体有增长的趋势。1991 年输出 4 种、1992 年 14 种、1993 年 9 种、1995 年 13 种、1996 年 13 种、1998 年 24 种、1999 年 10 种、2001 年 12 种、2002 年 18 种。就输出的种类讲，中国传统文化中的文学、历史、哲学、医药类图书的输出在对日本的版权输出中所占比例最大，典型的书籍有《中国禁书大观》、《权力塔尖上的奴仆——宦官》、《中国佛教史》、《中国民间秘密宗教》、《中国民间疗法》、《太极拳基本功》以及三国题材的一些作品。另一类日本出版界比较感兴趣的是关于中国传统艺术方面的图书，比如书法、美术、文博、服饰、民间艺术、民族风情等类别的图书。《中国书法史图录》、《中国篆刻大辞典》、《齐白石作品集》、《中国历代妇女妆饰》、《北京老天桥》以及《敦煌》等与文博相关的图书都属于此类。此外，日本还出版了有关中国当代政经类的图书。比如，有关中国当代的政治、经济和社会问题的图书，从领导人的著作到介绍领导人的传记，经济发展的现状与趋势以及中国各领域的改革趋向等内容的图书，也都在日本出版社的引进之列。已经输出的这类图书有《邓小平文选》、《邓小平的历程》、《中华人民共和国演义》、《中国高校大全》、《中国民工潮》等。老舍、钱钟书、王蒙、苏童、莫言、冯骥才等中国作家的作品在日本也很受欢迎。

7. 中韩图书版权贸易

中韩两国作为接壤的国家，友好往来的历史非常悠久。韩国一直以来都受到中国的很大影响，特别是在文化上，他们曾经主要是从中国吸收养料，所以两国在很多方面，尤其是在文化层面上有很大的相似性。比如现在韩国还保留着规模盛大的祭孔活动，这已经成为韩国全国性的节日。

现代以来，由于历史的原因，中韩之间的往来在20世纪50年代之后几乎完全断绝。这种关系一直到80年代有了明显松动，90年代各方面的交往才开展得热火朝天。

就版权贸易来说，韩国是中国重要的贸易伙伴，既是中国版权贸易的重要引进地，也是重要的输出地。近几年，两国之间的版权贸易数量一直高歌猛进、节节攀升。根据统计，1991—1996年，中国向韩国输出图书版权38种，在中国版权出口的国家中排名第三；2001年，中国从韩国引进图书版权数量97种，向韩国输出版权7种；2002年，引进275种，输出103种。因为这种良好势头有继续下去的希望，韩国最老牌的版权代理公司信元公司正投资建立北京代表处。信元公司与中国的业务开始于2001年，但它所代理的作品中国读者多是耳熟能详，比如韩剧小说《蓝色生死恋》、《冬季恋歌》、《我的野蛮女友》、《情定大饭店》等。此外该公司也代理过很多财经、漫画、美容、健康等实用书，最近在各大书店畅销书排行榜上居高不下的《那小子真帅》等也是信元公司所代理的作品。

中国对韩国输出的图书从内容上看，主要集中在有关中国传统文化艺术及语言等类别上，如《中国哲学史大纲》、"十二生肖系列童话"、《中国药膳大词典》等。与韩国联系密切的出版社有世界知识出版社、作家出版社、三联书店、长江文艺出版社等几家。

8. 内地与港澳台地区图书版权贸易

因为历史和制度的原因，内地与港澳台地区虽然同属华人、同使用华文，但内地与港澳台之间的版权贸易却是在中国内地实行改革开放政策后才正式开始的。20世纪80年代，有关部门制定了一系列有利于内地与港澳台地区之间版权贸易的具体政策，相继颁发了《关于清理港、澳、台作者稿酬的通知》、《关于出版台湾同胞作品版权问题的暂行规定》等文件。1987年12月11日，国家版权局发出《关于清理港、澳、台作者稿酬的通知》，通知中明确规定：各有关出版社、期刊社对1980年7月1日以后重印（包括字体繁改简）、发表、转载或改编港澳台同胞作品的情况，立即进行一次清理。凡未付酬的，应结算出稿酬，单列项目，予以保存，以备作者随时领取；有关单位还需将清理情况报国家版权局；从此时起，凡出版港澳台同胞作品，必须事先取得授权；未经授权，不得出版。以上种种规定，为中国内地与港澳台之间的版权贸易奠定了基础。这时的香港地区既是内地版权贸易的对象，也是中国内地与台湾地区版权贸易的中介地。两地出版界的接触，开始一般是经过香港间接进行，逐渐才发展到直接对话。20 世纪 80 年代末期，两地间的版权贸易发展非常迅猛，台湾地区的言情、武侠小说受到中国内地读者的钟爱；中国内地的一些文学、社科类作品在台湾地区也颇受欢迎。

20 世纪 90 年代，中国内地与港澳台地区之间的版权交流进入了一个新的时期。首先是各地都有一些更有利于开展版权贸易的法规政策出现，为中国内地与港澳台地区之间的版权贸易提供了更好的法律环境。其次是随着香港与澳门的回归，各地之间的交流途径更为通畅。这期间不但各地间的版权贸易更加活跃，交流也更加深入。据统计，2002 年中国内地从港台地区引进图书版权 1 552 种（台湾地区占 1 366 种），2002 年中国内地引进版权 1 453 种（台湾地区占 1 275 种）。2001 年中国内地分别向台湾地区和香港地区输出版权 187 种和 80 种，2002 年向台湾地区输出 755 种、向香港地区输出 352 种。

更为难得的是两地间的交流得到长足发展，各项活动逐渐制度化和规范化。这期间两地出版界交流的一个重要成果就是"华文出版联谊会"的举办。华文联谊会是中国内地、香港地区和台湾地区三地的出版界于 1995 年开始，共同举办的华文联谊活动。其目的是为了加强华文图书出版业的交流与合作，大力对外开拓华文图书市场，弘扬中华文化，增进中国三地华人及世界各地华人的了解与友谊。联谊会每年举办一次，由中国内地、香港地区和台湾地区出版组织轮流承办。第一届华文出版联谊会于 1995 年 5 月 15 日、16 日在香港举行，中国出版工作协会、香港地区出版总会和台湾地区图书出版事业协会 3 个机构 50 多名代表参加了会议。会议以"保护版权，加强交流"为主题，就如何保护版权、开展版权贸易及华文出版联谊会议以后的活动安排进行了探讨。2002 年 7 月，第七届华文出版联谊会议上决定自第八届会议起吸纳澳门地区作为正式成员。

华文出版联谊会的举办对于中国内地和港澳台地区的版权合作和信息交流都具有重要的意义。另外一些各种形式和级别的图书展销会、版权贸易交流会等活动，也在很大程度上促进了中国内地和港澳台地区间的版权合作和华文出版的发展。

总之，中国图书与版权贸易发展的前景广阔。之所以这样说，首先是因为改革开放以来，中国经济和社会的巨大发展既为中国图书与版权贸易的发展提供了良好的基础和条件，又对其进一步发展提出了新的要求，中国图书与版权贸易目前正处于发展的关键时期；其次，中国的图书与版权贸易具有发展中国家的显著特征，中国与世界出版强国相比具有巨大的差距，具有很大的发展空间；最后，中国图书与版权贸易产业应当抓住发展机遇，在推进中国经济社会发展和人类文明进步的过程中，争取其自身有更大的发展。

第二章　国际图书与版权贸易发展现状与趋势

第一节　中国图书贸易发展现状

一、中国图书实物进出口贸易的发展现状

（一）总体状态

中国图书进出口的总体趋势，根据中国新闻出版网的统计资料（其中，图书进出口的价格＝图书进出口金额/图书进出口数量），中国图书进出口呈现出以下几方面的特点：

第一，出口种次和进口种次有增有减，出口种次始终是大于进口种次。从图 2-1 我们可以看到，除 2006 年出口图书种次有上升外，近 2 年图书出口略有下降。但是我们仍不难看出我国图书出版的国际化步伐在不断加快，融入全球已是一种历史必然。

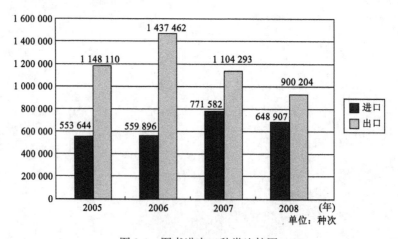

图 2-1　图书进出口种类比较图

　　第二，进口数量不断增长，出口数量略有下降。从图 2-2 中我们可以看出，出口数量从 2006 年的 735.63 万册下降到 2008 年的 653.42 万册，降幅较小；进口的数量从 2005 年的 403.65 万册增长到 2008 年的 437.65 万册，略有增长。

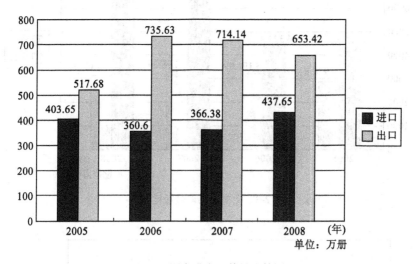

图 2-2　图书进出口数量比较图

　　第三，图书进口金额增长迅速，出口金额趋于平稳，进出口贸易逆差进一步拉大。从图 2-3 中我们可以看到，我国图书的出口金额从 2005 年的 2 920.87 万美元到 2008 年的 3 130.59 万美元，趋于平稳；进口金额从 2005 年的 4 196.96 万美元，增长到 2008 年的 8 155.24 万美元，增长迅速。贸易逆差从 1 276.09 万美元增长到 2008 年的 5 024.65 万美元，贸易逆差被拉大。

　　第四，进出口图书价格差距明显。从图 2-4 中我们可以看得出来，进出口图书每册的差价在 5~8 美元，进口图书的价格是出口图书价格的 2~5 倍。这也可以解释为什么在出口种次数量大于进口种次、数量的情况下，贸易逆差不断扩大的原因。价格的差距所反映出的是我国图书装帧设计、印刷质量以及编辑内容上可能存在的不足。而 2005 年贸易逆差有所缩小的原因中，出口价格的上升起了很重要的作用。2005 年，进出口价格之比首次低于 2∶1。

　　中国图书进出口的趋势可以概括为：进口和出口的速度都在不断加快，

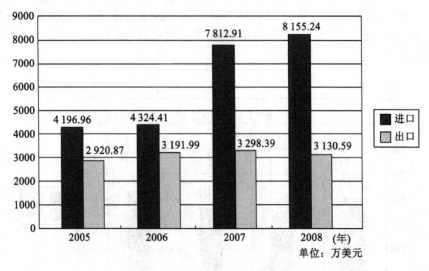

图 2-3　图书进出口金额比较图

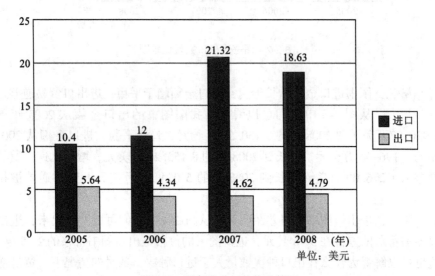

图 2-4　图书进出口价格比较图

进出口图书在价格上差距仍然比较大。出口与进口的贸易逆差保持稳定，并且表现出了缩小的势头。因为不同种类的图书有不同的装帧风格、不同的读者对象和不同的定价策略，因而也会呈现出不同的特点。

（二）按分类看图书进出口状况

《中国出版年鉴》把中国图书的进出口具体分为六类，分别是：少儿读物、文化教育类图书、文学艺术类图书、哲学社会科学类图书、自然科学技术类图书、综合性图书。下面我们具体来看不同种类的图书在进出口贸易上都呈现出的特点。

第一，少儿读物在进出口贸易上呈现出的特点是：出口的价格，出口的种次和量忽高忽低。与此相反，进口数量基本处于增长趋势，受价格的影响比较少，这说明国内少儿进口期刊已经形成了较为稳定的读者群。进口金额受进口价格的影响较大。少儿读物的出口在保证价格稳步增长的同时，应该形成自己较为稳定的读者群，这可能需要从少儿读物的质量抓起。如表2-1所示。

表 2-1　　　　　　　　　　　少儿读物进出口情况

年份	出口种类（种次）	出口数量（万册）	出口金额（万美元）	每册出口价格（美元）	进口种类（种次）	进口数量（万册）	进口金额（万美元）	每册进口价格（美元）
2005	106 810	55.44	124.13	2.2	43 368	39.12	210.53	5.4
2006	67 750	50.74	122.51	2.4	19 646	32.52	241.43	7.4
2007	50 338	71.49	137.32	1.9	52 719	42.25	407.22	9.6
2008	32 594	64	87.58	1.4	40 840	58.89	414.94	7.0

第二，文化教育类图书在进出口贸易上呈现出以下特点：文化、教育类图书的进口发展速度非常快。4年间，进口金额增长了288.88万美元，但是出口金额却有所下降。文化教育类图书的出口价格一直趋于平稳，进口价格则一直呈上升趋势。出口数量受出口价格的影响较小，这说明我国的文化教育类图书在国外已经初步具有了一个消费市场。如表2-2所示。

表 2-2　　　　　　　　　　文化教育类图书进出口情况

年份	出口种类（种次）	出口数量（万册）	出口金额（万美元）	每册出口价格（美元）	进口种类（种次）	进口数量（万册）	进口金额（万美元）	每册进口价格（美元）
2005	203 168	119.81	558.38	4.7	133 687	110.50	716.20	6.5
2006	222 210	140.79	563.51	4.0	97 684	87.18	745.38	8.5
2007	217 106	167.77	647.06	3.9	99 867	86.03	1 122.95	13.1
2008	132 481	104.29	419.66	4.0	76 805	69.93	1 005.08	14.4

第三，文学、艺术类图书在进出口贸易上呈现出以下特点：文学艺术类图书出口形势喜人，无论出口种次、数量、金额、价格总体上都在稳步增长中，但对出口数量的影响并不大。如表2-3所示。

表2-3　　　　　　　　　文学、艺术类图书进出口情况

年份	出口种类（种次）	出口数量（万册）	出口金额（万美元）	每册出口价格（美元）	进口种类（种次）	进口数量（万册）	进口金额（万美元）	每册进口价格（美元）
2005	251 353	108.18	584.63	5.4	90 189	66.43	470.46	7.1
2006	355 647	155.95	618.82	4.0	64 543	59.92	440.33	7.3
2007	253 035	157.8	749.8	4.8	130 027	87.77	1 292.56	14.7
2008	166 603	106	494.14	4.7	76 552	108.71	977.84	9.0

第四，哲学、社会科学类图书在进出口贸易上呈现出以下特点：进出口的价格都在不断的波动中，尤其是进口价格的增长幅度比较大，每册大约增长了15美元，而市场仿佛对出口价格十分敏感，鉴于这种情况，哲学、社会科学图书的出口价格应该在一段时间内保持稳定。但从总体来说，哲学、社会科学类图书的进出口贸易发展状况良好，进口发展速度快于出口速度，且在这几年之间基本是处于贸易顺差，同时差距有进一步扩大的趋势，这表现在价格增长的基础上，出口种次、数量、金额全面增长，并且首次从贸易逆差转为贸易顺差。如表2-4所示。

表2-4　　　　　　　　哲学、社会科学类图书进出口情况

年份	出口种类（种次）	出口数量（万册）	出口金额（万美元）	每册出口价格（美元）	进口种类（种次）	进口数量（万册）	进口金额（万美元）	每册进口价格（美元）
2005	290 405	113.92	753.53	6.6	84 574	43.66	578.14	13.2
2006	415 113	188.59	893.29	4.7	131 230	36.36	787.22	21.7
2007	213 147	144.93	762.85	5.3	136 518	42.8	1 222.78	28.6
2008	154 521	122	690.78	5.7	150 338	60.21	1 728.55	28.8

　　第五，自然、科学技术类图书在进出口贸易上呈现出以下特点：自然、科学技术类图书进出口存在着巨大的贸易逆差，并且这种贸易逆差有不断扩大的趋势。在2005—2008年的4年，自然科学类图书的出口额是下降的，而进口金额却增长了1 457.57万美元，出口金额与进口金额存在巨大的差距。由于以前的基数缘故，自然、科学技术类图书要达到进出口贸易的基本平衡，仍然任重道远。如表2-5所示。

表2-5　　　　　　　　　　**自然科学技术类图书进出口情况**

年份	出口种类（种次）	出口数量（万册）	出口金额（万美元）	每册出口价格（美元）	进口种类（种次）	进口数量（万册）	进口金额（万美元）	每册进口价格（美元）
2005	210 375	74.5	365.88	4.9	141 835	102.71	1 805.49	17.6
2006	129 167	74.79	327.14	4.4	184 654	88.79	1 517.52	17.1
2007	119 442	62.28	333.42	5.4	263 488	66.52	3 104.16	46.7
2008	46 769	30	155.95	5.2	219 356	83.55	3 363.06	40.2

　　第六，综合性图书在进出口贸易上呈现出以下特点：综合类图书的进出口数量受价格的影响加大，价格上升，数量下降；价格下降，数量上升。因此，如何在价格与数量之间找到利润平衡点，就成了一门很重要的艺术。在2005年，出口金额大于进口金额，实现了贸易顺差，而这与进口价格迅速降低、出口价格迅速提高有很大关系。但同时我们也要注意到，综合类图书出口价格的过快提高，也影响到了出口数量。如表2-6所示。

表2-6　　　　　　　　　　**综合类图书进出口情况**

年份	出口种类（种次）	出口数量（万册）	出口金额（万美元）	每册出口价格（美元）	进口种类（种次）	进口数量（万册）	进口金额（万美元）	每册进口价格（美元）
2005	85 549	45.83	534.32	11.7	59 991	41.23	416.14	10.1
2006	247 576	124.77	666.72	5.3	62 139	55.83	592.53	10.6
2007	251 224	139.87	667.93	4.8	88 964	41	663.25	16.2
2008	367 236	227.33	1 282.28	5.6	85 015	56.37	665.77	11.8

综合以上的分析，在 2005 年，除少儿读物和自然科学技术类图书的贸易逆差略有扩大之外文化教育类图书的贸易逆差缩小，而文学、艺术类图书的贸易顺差加大，哲学、社会科学类图书贸易逆差转为贸易顺差。我国各类图书的进出口表现出了良好的发展势头，贸易逆差被缩小。此外，在 2005 年，中国各类图书的出口价格都有所增长，这表明我们开始根据市场情况来决定图书的价格，而不是一味地走低价策略。与此同时，我国图书出口的形势依然比较严峻，这主要表现在，作为图书进口主要部分的自然科学技术类图书，尽管出口发展的速度很快，但贸易逆差仍在扩大。

（三）三大图书进出口企业组成概况

1. 中国国际图书贸易总公司

中国国际图书贸易总公司（原名中国国际书店），成立于 1949 年 12 月 1 日，是中国第一个书刊进出口公司，也是中国最大的专业性书刊进出口公司之一。公司在美国、英国、比利时、日本等国家设有驻外机构，在上海、深圳、广州等地设有分公司，业务网络遍及 180 多个国家和地区，与海外千余家发行机构、书店、出版社及数十万读者保持业务往来，60 年来累计发行书报刊近 13 亿册。公司始终以弘扬中华民族优秀文化、促进中国和世界各国之间的文化交流、扩大书刊和其他文化产品的国际贸易为己任。依托多年的书业积累与服务经验，通过电子商务平台整合公司丰富的图书资源与广阔的市场资源，公司书刊出口在全国居主导地位。

公司有一支较高素质的对外发行队伍，积累了丰富的行业经验，建成了一个相对发达、覆盖面广的海外营销网络。进入新世纪后，公司市场化运作水平有了很大的提高，出版物出口始终在我国处于领先和主导地位，2004 年出口贸易额首次突破 1 000 万美元；目前加上厦门对外图书交流中心，中国国际图书贸易公司年出口贸易额近 2000 万美元，占据了全国一半以上的份额。为扩大出口，公司采取了一系列新措施。与中国的大型出版集团建立出口战略合作联盟，在贸易条件、市场开拓、出版发行互动等领域深入合作，共同加大图书"走出去"力度。积极实施海外机构扩张，吸收国际出版发行资源，在英国出版汉语教材，成为当地汉语教材市场的主导力量，并收购伦敦光华书店，成立华语教学出版社伦敦分社；在法国准备收购百周年出版社，建立出版发行一体的业务架构。加强新技术应用和新业务开发，公司电子商务网站加速向全球推广使用，中国多语种图书数据库即将正式对外开放；增加数字出版物独家代理品种，与国内数字出版商广泛接触，探索介入数字出版产业链上游，以获取市场控制权；面向海外图书馆市场，提高增值服务水平，成立数据加工中心，数据深度加工和服务贸易正成为公司独特的竞争优势。

公司的主要海外市场是日本、美国、法国、英国、德国、澳大利亚、加拿大、韩国、新加坡、马来西亚和中国香港、中国台湾等国家和地区。中文专业书店是销售的主渠道；各类图书馆、研究机构是主要的团体最终用户；零售和书展是主要销售形式；华人、汉学家、学者和学习中文的人是主要读者群。

经过改革开放 30 多年的不懈努力，中国国际图书贸易公司出口业务实现了规模的大发展和质量的大提升。今天它继续肩负着扩大中国图书对外贸易、传播中华文化、增进中外交流和友谊的重任，在中国图书出口事业中发挥着主力军的作用。

2. 中国出版对外贸易总公司

中国出版对外贸易总公司（简称版图公司）成立于 1980 年 10 月，始建时是国家新闻出版总署直属单位。2002 年根据国家文化体制改革的要求，成为中国出版集团公司成员单位。经营范围包括：图书、报刊、音像制品、电子出版物、文化器材、印刷器材设备、机电产品进出口；新闻出版、印刷行业技术进出口；中外合资与合作；出版信息与广告代理服务；国内版及进口版图书、期刊、报纸及电子出版物的批发与零售；合作出版及对外版权贸易；图书、报刊、印刷行业的国内外贸易展览及技术交流等。

20 多年来，版图公司致力于发展出版对外贸易，并不断向其他领域拓展，形成了以书报刊进出口为龙头，以现代书店连锁店为先导，以图书出版、印刷机械器材和机电产品进出口项目为依托的多元化产品结构。版图公司在图书、期刊、报纸出口领域处于国内领先地位；在为新闻出版业引进先进设备、先进技术方面成效显著，是国内最大的印刷机械器材进口代理商之一，机电产品营销北美、南美、澳洲、英国、欧洲、阿拉伯等国家和地区。2001 年，版图公司进出口总额超过 1.2 亿美元，在外经贸部公布的中国进出口额最大的 500 家企业中名列第 468 位，成为我国出版行业首家进入中国进出口额最大的 500 强企业。2002 年通过了 ISO9001：2000 国际质量体系认证。

2009 年根据文化企业战略整合要求，版图公司与中国图书进出口（集团）总公司战略重组，成为其全资子公司。重组后的版图公司下设 7 个业务部门和 2 个职能部门，业务范围以国际综合进出口贸易和出版服务业务为主，主要从事印刷机械器材和机电产品进出口、化工材料进口代理、医疗器械进口代理、纸张装帧材料进口代理；图书、音像制品、电子产品、文化器材等文化信息产品进出口；广告经营和代理服务等业务。

版图公司的子公司有：中版广告有限责任公司、《现代阅读》杂志和现代书店有限公司，主要经营广告经营代理业务、刊物出版和海内外出版物销售、贸易公司。

版图公司还在中日合资上海明治橡胶制品有限公司、北京中新联数码科技股份公司、北京第 797 音响股份有限公司等多家企业内占有股份。

3. 中国图书进出口总公司

中国图书进出口（集团）总公司（以下简称中图公司）是一家与共和国同龄的国有大型文化企业。2002 年 4 月与新闻出版总署下属的 13 家事业单位共同组建中国出版集团，成为中国出版集团公司的成员单位之一。2009 年 1 月，中图公司与中国出版对外贸易总公司（以下简称"版图公司"）实施战略重组，形成了新的中图公司。重组后的中国图书进出口（集团）总公司，总资产超过 30 亿元人民币，在职员工总数达 2 000 余人，拥有海内外分支机构 37 家，专业化、多元化经营格局不断完善，业务资源更具系统性、完整性、互补性，形成了出版物进口、出版物出口、国内外会展、海外出版、国内出版和海外网点六大核心业务，是中国规模最大、实力最强的文化产品进出口企业。凭借良好的品牌信誉，中图公司已成为北京国际图书博览会承办单位、中国主宾国办公室、中国图书对外推广计划办公室所在地、联合国图书采购"特约供应商"和 2008 年北京奥运会书报亭项目合同商。

作为中国最大的出版物进出口商，中图公司在出版物进出口行业始终处于领先地位。在出版物进口方面，中图公司是国内经营进口出版物范围最大的进口公司，并具有音像制品成品进口业务和在涉外场所销售进口报刊两项独家经营权，现已拥有国内上万家团体客户，进口世界 110 多个国家和地区的 10 000 多家出版机构、学术单位及社会团体的出版物，进口出版物平均年经营品种 10 余万种，占国内进口出版物市场份额的 60% 以上。在出版物出口方面，中图公司积极为国家"走出去"战略服务，致力于搭建国内最大的出版物出口平台，已成立"中图出版物出口中心"和"中图海外出版发行中心"。目前，中图公司年出口图书 60 余万册，居行业领先地位；海外出版发行遍布美、英、德、加、日、俄等国家，海外公司、出版社、书店共有 20 家，年海外出版图书 100 余种，将逐步构建成集进口、出口、出版、批发、零售为一体的功能齐全、布局合理的海外营销网络。在国内出版方面，中图公司下属世界图书出版公司、现代出版社及《现代阅读》杂志，在购买版权及科技类、英语类、教材类、外向型、动漫时尚类图书出版方面形成了自身的品牌特色。截至 2008 年年底，累计出版图书 20 000 余种，购买国外科技期刊版权 6 500 余种、图书版权 2 100 余种，购权总量在全国名列前茅。

中图公司致力于搭建国内出版业最大的会展平台，于 2009 年 2 月成立的"中国图书国际会展中心（中国出版集团公司国际会展中心）"，是国内图书出版行业首家从事国际展览业务的专业机构。由中图公司创办承办的北京国际图书博览会，成功举办了十五届，现已成为国际出版文化交流的重要窗口和颇具影响力的国际书业盛会。同时，中图公司还负责法兰克福国际书展等 20 个国家和地区的重大国际书展项目的组团参展任务。

二、中国图书实物进出口贸易中存在的问题

目前，我国图书进出口贸易存在的一些问题主要集中在图书出口上，有以下几点：

1. 供销体制还不能适应海外市场的需要

分散式的管理方式，使几十万种可供书分散在 500 多家出版社中，出口专业公司没有哪一家能真正代表中国出版的全貌。在进口专业公司中，中国图书进出口公司、中国国际图书贸易总公司算得上是规模较大、实力也更为雄厚的翘楚之流，但其经营的图书品种还是极为有限，依然无法比较全面地满足国际市场对中国图书的需要。因此，所有从事图书出口的公司都是以外购为主备货为辅，给对外宣传促销，扩大自身影响造成诸多不便。

2. 我国图书国外发行网点数量有限，类型少，流通不畅，阻碍了中国图书的海外销售

我国已在 90 多个国家和地区设立发行网点 1 000 多个，图书可发行到 80 多个国家和地区。但是现有网点数量很有限，尚待扩建。而且，国外发行网点的类型构成也不合理。我国的此类网点主要是中小书店或个人代销户，资金薄弱，人力有限，铺面小，品种少，影响不大，未能打入这些国家传统的发行渠道，如大型书店、连锁店等。所以我国的图书品种虽多，但出不去，出去的不畅，使需要中国图书的读者买不到。如巴黎虽然是国际汉学研究中心之一，但买中国图书却很难，少数中文书店由于经营效果问题，已由 4 家减至 2 家——凤凰书店和友丰书店，而这两家也难有大的发展。

3. 可供出口的图书品种限制了中国图书出口贸易

我国图书品种越来越多，但平庸选题、重复选题、读者面狭隘的选题及大中小教育类图书选题占了大部分，选题无特色，外向型图书少，可供出口的品种极其有限，海外对中国哲学、历史、文化、文学，尤其是学术性、研究性较高的古籍图书需求量较大，但近两年来整理出版的古籍图书品种不多，加上再版率高，选题撞车，使海外同业可订书减少。此外，我国图书在纸张、印刷、装帧方面与国际出版业还存在着一定的差距，这也限制了我国图书走向世界。

4. 我国图书信息管理尚未达到书业发达国家水平，信息不畅，客观上阻碍了图书流通

各省市批销中心的集散、辐射能力有限，没有形成真正意义上的中盘，使图书进出口公司配货水平、服务时效大打折扣难以适应国际市场的要求。

5. 经济体制转轨过程中，图书企业在寻求自我发展道路的同时，自身还存在着一定的缺陷

主要有这样几点：①适应市场经济的贸易条件尚未形成，图书出口公司所获折扣率较小，与国际惯例不符，在一定程度上阻碍了出口的扩大；而且图书进出口公司还没有完全达到现代企业制度的要求，专业图书出口公司还没有形成中间商的优势，传统的运作模式没有得到根本改变。②身处信息化时代，一些出版发行机构尽管实行了电脑化管理，上了互联网，但基本上各自为政，没有形成资源共享的整体，提供的信息从数量到时效都难以满足海外读者的需要。比如，谁也说不清中国到底有多少种可供图书，更没有一本像样的可供书目，这在先进国家是罕见的。③一些出版社和出口公司缺乏对海外市场的了解，也缺乏培育市场的意识，正在自觉不自觉地冲击海外市场几十年来形成的市场布局和价格体系，不利于中文书刊出口的进一步发展。

三、中国图书进出口贸易的发展对策

1. 图书出口的价格要与国际图书价格接轨

中国图书的价格是由国人的人均收入、可支配的空闲时间、国民的阅读习惯等因素共同决定的。随着市场化的逐步深入，中国也开始出现了以白领为主干的中产阶层，但对整个国家来说，这个具有较高消费能力和消费欲望的群体，还是一个很小的社会群体。而中国人更多地把空闲时间用在看电视

上，而不是阅读图书上。因此，中国图书价格低于国际图书价格，尤其是低于主要的西方进口国图书价格是必然的。我国的图书价格比西方图书定价相对要低，但对中国人的人均收入来说，一本书的价格所占的月收入比例还是高于西方国家的。当然我们还有一个不能忽视的问题，中国图书的装帧设计与进口图书相比还存在着一定的差距。但是，在走向国际市场的时候，我们应该更多地考虑国外消费者对于产品价格的消费能力，使图书的装帧更加精美化，可以专门研发针对国外图书市场的图书，适当地提高图书价格（进口和出口图书的价格 1.5∶1 应该是一个比较合理的比例，既保持在国家市场上的价格优势，也不会因价格偏低而削减利润），避免因为过于低廉而带来的负面影响（在商品社会，低价往往意味着低品质）。因此，中国图书在出口问题上，应该坚持双重定价策略，即在国内市场一个价格，进入国际市场（装帧相对精美一点）则是另外一个价格，并且根据国际市场的需要，使刊物的装帧设计更加符合国际潮流。事实证明，在 2005 年，图书出口价格的整体上升，极大地刺激了出口金额的增长，削减了贸易逆差。当然，我们在制定价格时，也要兼顾到数量，在价格和数量之间找到平衡点，使出口利润最大化。

2. 针对各类图书不同情况，采取不同的发展策略

各类图书在进出口贸易上呈现出一些不同的特点，我们应该根据这些特点制定有效的发展策略。比如说自然、科学技术类图书出口巨大的贸易逆差是由于我国科技的落后现实造成的，这就要求我们在自然、科学技术类图书出版中站在学术前沿，把握学术动态，同时在图书的装帧设计上满足国际市场的需要。对于文学艺术和哲学、社会科学类图书，我们要重视对中国传统文化的挖掘、对古籍的整理，因为国外的许多研究机构以及对中国文化向往的人都对此抱有浓厚的兴趣。同时，这类图书的装帧设计一定要古朴典雅，具有较高的审美价值，在提高装帧设计的基础上，提高该类图书的出口价格。少儿读物要密切关注国际市场的变化，紧跟国际图书价格。而文化、教育类图书在价格基本稳定的情况下，应该力求量的突破。当然，对于任何一种图书，市场调研都是必需的。现代营销理论所强调的从 4P（Product，产品；Price，价格；Place，渠道和 Promotion，促销）转向 4C（Consumer，客户；Cost，成本；Convenience，便利；Communication，沟通），就是把客户是上帝的观念深入到生产的每一个环节。在具体操作上，一方面，从出版者的角度要尽可能创造条件，直接进行国际市场调研；另一方面，出版物中介

服务商要多提供市场信息，甚至从选题策划开始就应介入进来，使出版物从选题到各流程都能按照客户的需求来设计、运作。

3. 扩大目标市场

目前，我国的图书出口的对象，主要是研究人员、大学和研究机构的图书馆。其次，目标基本上集中在海外华人和华侨身上，虽然海外华人、华侨人数不少，但当港、澳、台地区都把目标市场集中于此的时候，竞争也是十分激烈的。事实上，在海外华人、华侨之外，还有着 3 000 多万的外国人在学习汉语，更有着难以统计的人对中华文化怀着神秘的向往，这些都是中国图书出口的潜在消费者。任何一个图书投资人都不应该对这个巨大的市场视而不见。我们需要创办学习汉语的图书，需要创办介绍中国传统文化、风土人情的图书，在形式上既可以是汉语繁体的，也可以是双语的，甚至纯粹是外国语言的。随着中国经济的发展，国外工商界人士也成为中国图书的潜在消费者。国外的公司要和中国进行贸易往来，就必须了解中国的政治、经济、文化及相关政策，如果不了解这些，它们就很难在中国市场上取得预想的投资回报。扩大目标市场，必然要求我们对国外的市场有所调查、有所研究、有所尝试，而这目前正是我国图书界所缺乏的。

4. 扩展融资与销售渠道

长期以来，我们都把出版行业作为意识形态的宣传部门，因而市场化程度相对比较低。这些年来，我们的认识开始有了很大的进步，认识到出版除了具有意识形态的特点之外，还具有满足人的精神需求的一面，应该隶属于文化产业的一部分。社会发展所带来的人的精神需求的膨胀与文化产业在国际范围内竞争的加剧，使得中国的出版业必须在体制上有所创新，在一部分出版物担负起意识形态传播任务的同时，另外有一部分出版物则应该积极地走向市场，成为市场的主体，而不再是某个行政单位的附属物。如果我国的图书出版集团成了市场主体，那么，一些图书出版机构在走向国际市场的时候，就可以在国际市场上进行融资，或者与国外公司合作，共同开发国外市场。近几年，由商务印书馆与中国台湾地区、中国香港地区、新加坡、马来西亚的商务印书馆合资建立的商务出版国际有限公司是我国与境外合资的出版企业，已经拥有了独立出版权。由人民邮电出版社与迪斯尼公司共同合资成立的童趣出版公司，由国外出版集团与机械工业出版社合资成立的华章公司等，或已成为独立的出版机构，或已经进行独立出版运作。中国出版还有一个独特的现象，就是可以汇聚中国内地和港台地区的力量，形成拳头，联合出击，共同协作，形成高质量的出版物打入国际出版物市场。而且，港台地区与国外出版界贸易往来的时间较早，在海外建立了很多销售网点，而中国内地则有着丰厚的出版资源，三方联手就可以扩大中国图书在世界的销量和影响，达到"四赢"的目的。

四、中国图书版权贸易的发展现状

我国现代意义上的版权贸易大概应从 20 世纪初算起。1899 年，时任南洋公学院院长的张元济曾与严复有过多次协商，最后就出版严复所译的《原复》达成了协议：2000 元买下《原复》的译稿，同时，此书出版之后再以二成版税付给严复。这是今天有据可查的最早的现代意义上的版权贸易。

20 世纪 60—70 年代，由于"文革"十年动乱，整个国民经济到了崩溃的边缘，包括版权法在内的整个国家的立法工作举步维艰、进展迟缓，既没有版权国内立法，也就不可能参加任何一个国际版权公约。虽然此间曾有过我国与前苏联及东欧等"社会主义阵营"国家间相互"友好"使用作品的行政规定和实践活动，但是真正意义上的涉外版权贸易总体而言可谓踪影难觅。

20 世纪 80 年代初至 90 年代初，随着国家工作重心转移到经济建设上来，版权贸易才开始有了生机。在我国加入国际版权公约前的这段时间里，虽然也有些出版社与日本、美国、英国、法国、西班牙、前南斯拉夫等国家开展了版权贸易，但数量不多，而且多限于合作出版的方式。这一时期数量多且影响大的港台贸易还是在中国内地与港台地区之间。例如，沈从文先生的《中国古代服饰研究》、王世襄先生的《明世家具珍赏》前后在香港出版；经中国内地作品版权人授权的《资本论》、《中国园林》、《中国美术全集》、《故事大王》等作品先后在台湾地区出版；而台湾地区作品《彩色世界童话全集》、《席慕蓉抒情诗选》、《琼瑶作品集》等也先后被中国内地引进。我国真正意义上的对外版权贸易的全面启动是始于 20 世纪 90 年代初。进入 20 世纪 90 年代以来，我国改革开放的深入发展和"科教兴国"战略的部署都已取得初步成效，国民经济增长、科技进步，对外科技文化交流日益活跃；特别是 1992 年 10 月我国正式成为《伯尔尼公约》和《世界版权公约》的成员国，为我国的对外版权贸易的大力发展提供了依据，而 1995 年《中美知识产权谅解备忘录》的达成，客观上进一步加强了知识产权的保护力度；加之，成长中的出版社和发育中的出版市场正日益成熟。

（一）引进分析（参见图 2-5，表 2-7，表 2-8）

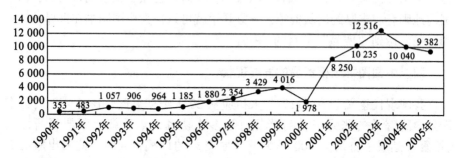

图 2-5　1990 年 9 月—2005 年中国内地 200 家出版社图书版权引进数量比较

表 2-7　　　　　　　2000—2004 年全国图书版权引进地情况统计

国家\地区 年份	美	英	德	法	俄	加	日	韩	香港	台湾	其他
2000	2 937	1 224	345	259	43	59	680	82	252	968	496
2001	3 201	1 129	440	181	104	26	776	97	186	1 366	720
2002	4 544	1 821	404	194	10	9	908	275	178	1 275	619
2003	5 506	2 505	653	342	56	39	838	269	335	1 319	520
2004	4 068	2 030	504	313	20	80	694	250	264	1 173	473

表 2-8　　　　　　　2000—2004 年全国图书版权引进情况统计

年份 地区	2000	2001	2002	2003	2004	总计
北京	4 480	5 550	6 780	8 798	6 702	32 310
上海	551	553	696	833	1 020	3 653
辽宁	425	346	331	275	212	1 164
广东	228	197	158	108	103	794
江苏	221	24	213	220	251	929
广西	168	226	136	455	192	1 177
湖南	143	105	231	161	110	750
天津	128	173	237	74	184	796
吉林	105	315	224	226	76	946
海南	94	100	86	257	112	649

依据国家版权局的上述统计，我国内地图书版权贸易在引进方面有如下一些主要特点：

1. 引进数量增长较快，特别是 2000 年之后，呈高速增长的态势

版权引进在 2003 年达到高峰，引进了 12 516 种。这说明，我国出版社经过进入国际版权公约后的短暂阵痛之后，很快就适应了国际版权贸易规则，标志着我国出版社版权贸易能力的快速提高。

2. 从引进版权的来源地看，前期以港台地区为主，后期转为以外国为主

中国内地与港台地区间的版权贸易数量，无论是引进还是输出，在 1991 年前一直占中国内地图书版权贸易的首位。但从 1992 年中国加入国际版权公约开始，引进情况开始发生两个根本性变化。一是引进数量开始超过输出，二是版权来源地从以我国的港台地区为主逐步转为以外国为主。美国、英国、日本、德国、法国、俄罗斯、加拿大、澳大利亚与韩国等十个国家已成为我国引进版权的主要来源地，其中美国、英国、日本、德国、法国与俄罗斯六国已成为我国图书版权贸易重要的伙伴国。

3. 从引进作品内容看，题材从相对单一到较为丰富，财经、科技、电子类图书数量逐步增多，引进热点与我国经济、社会发展的热点相吻合

在引进初期，引进作品以语言类、文艺类、生活类书籍为多，品种略显单调。到后期，这一情况开始发生变化，图书品种不断增多，领域日益扩大，学术类、财经类、科技类与电子类图书开始在版权贸易中占据重要位置。一些出版社还引进了许多外国原版教育类书籍。图书版权贸易出现了计算机热、财经热等新热点。计算机、经济管理与语言类图书形成引进书的三大板块，数量不断上升。大量文化、生活类作品的引进，极大地丰富了人民群众的精神生活；而大量学术类、财经类、科技类与电子类作品的引进，使图书版权贸易在我国的"科教兴国"战略中发挥的作用日益显著。

4. 涌现了一批版权贸易实力较强、社会效益与经济效益都取得较好收益的出版社

经过长期努力，一些版权贸易活跃、成绩显著的出版社开始出现，如中国大百科全书出版社、电子工业出版社、机械工业出版社、外语教学与研究出版社、人民邮电出版社、译林出版社、上海译文出版社、商务印书馆、中国轻工业出版社、北京大学出版社、世界图书出版公司、明天出版社、科学出版社、北京出版社、中国人民大学出版社、作家出版社、上海人民出版社、新华出版社、辽宁教育出版社、东北财经大学出版社、生活·读书·新知三联书店、华夏出版社、吉林美术出版社、漓江出版社、接力出版社、广

东科技出版社、上海外语教育出版社、重庆出版社、高等教育出版社、中国水利水电出版社、海南出版社等。一些出版社为自己的版权贸易工作制订了长远的规划，使版权贸易图书成规模、上档次、增效益、出品牌。一些领域的特色出版社已经形成，如计算机书籍"四强"(电子工业出版社、机械工业出版社、人民邮电出版社与清华大学出版社)、文艺书籍"四强"(译林出版社、上海译文出版社、作家出版社与漓江出版社)与外语学习书籍四强(外语教学与研究出版社、上海外语教育出版社、外文出版社与商务印书馆)等。在这些出版社中，版权贸易图书不仅带来了极大的社会效益，也带来了较好的经济效益，一些出版社版权贸易图书销售码洋已在出版社总销售码洋中占举足轻重的地位。

5. 从地区上看，近些年来引进版权实力较强的地区主要集中在京沪苏桂等 10 个地区以内

引进版权实力较强、成绩较突出的是北京、上海、辽宁、广东、江苏、广西、湖南、天津、吉林与海南等。这些地区的版权贸易量几乎占了全国版权贸易数量的绝大部分，其他地区则较少，更有近 10 个地区开展得极少甚至于尚未开展此项工作。

（二）输出分析（参见表 2-9，表 2-10，表 2-11）

表 2-9　　　　　**2000—2007 年我国版权贸易引进与输出数据**

年份	2000	2001	2002	2003	2004	2005	2006	2007
引进	7 343	8 090	10 235	12 516	10 040	9 382	10 950	10 255
输出	638	677	1 297	811	1 314	1 434	2 050	2 571

在中国的图书版权贸易中，较之引进图书，版权输出则大大不足，其最大的不足体现在版权贸易逆差非常明显，此外在输出地区和输出内容上也过于集中，具体分析如下：

1. 从输出数量来看，贸易逆差非常明显

2000—2007 年，中国版权输出总量为 10 782 种，相对于 78 811 种的版权引进数量来说微不足道。8 年间，引进与输出比例平均大约为 7.3 ∶ 1。造成这一状况的原因是多方面的，首先是机制问题，我国目前在版权贸易中缺乏有效的激励机制，引进版图书可以参加国家图书奖的评选，而输出版权的图书则没有相应级别的奖项可参评。国家对输出本国图书版权缺乏强有力的

资金和政策扶持；其次，是很现实的经济因素，一般来说，输出版权是前期投入较大、见效比较慢的工作，版权贸易输出收益很小且短期内效益不明显，挫伤了出版社的积极性。根据业内人士计算，很多版权的收益是象征性的，又由于版权贸易中存在海关关税等支出，1 000 美元的版权输出扣除各种费用后就只有 10% 的利润。人民出版社在版权输出上可算得上名列前茅，但据该社财务人员反映，"一本图书版权输出，按预付款平均 1000 美元计算，国外对等扣除 10% 的税款，代理费 10%（如通过代理），尚余 800 美元，按目前最低的标准与作者分配各 50% 计算，出版社尚余 400 美元，待扣完国内各种名目的税款，出版社最终能留 100 美元（这里还没有计算从事此项工作的人员成本及其他成本）。如果国外引进图书方没有提供扣税原始票据，则在国内税务中连扣带罚，最后还要赔上上千元"。而引进图书产生的效益则比输出快得多，这也就不难理解为什么出版社对引进国外版权趋之若鹜，而对于输出版权这种受累不讨好的方式避之唯恐不及了。

2. 从输出地区来看，主要集中于东亚和东南亚地区

2003 年全国图书版权贸易输出地统计（见表 2-10）显示，我国内地的版权主要输出到我国的港台地区和几个亚洲国家，市场范围也仅局限于东南亚一带的华文圈内，在欧美只有零星的分布。以 2003 年的版权输出地为例，811 个类别的输出图书中，输往台湾地区的占 472 个，香港地区占 178 个，韩国占 89 个，日本占 15 个，新加坡占 9 个。而出版物在海外的最终读者，也主要是华人和部分汉学家。

表 2-10　　　　2000—2004 年图书版权贸易输出地情况统计

国家\地区 年份	美	英	德	法	加	新	日	韩	香港	台湾	其他
2000	3	2	0	0	11	8	9	38	81	421	7
2001	6	1	1	0	10	1	12	7	80	187	330
2002	9	6	2	1	0	不详	18	103	352	755	51
2003	5	2	1	11	0	9	15	89	178	472	28
2004	14	16	20	4	0	30	22	114	278	655	67

资料来源：国家统计局网站（经手工整理而成）

3. 从输出内容来看，有关中国传统文化、语言类书籍受欢迎，其他类

别则较少见

　　有关我国传统文化、艺术语言类书籍主要集中于古籍整理、旅游风光、名胜古迹、古今建筑、工艺美术画册、文学、历史、医药等领域，例如，2003 年版权输出（见表 2-11）类别 811 种，其中历史、地理类 179 种，文教科体类 148 种，医药、卫生类 93 种，这三类就占了图书输出类别的一半以上。只是对于文化背景不同的国家和地区，输出内容又有所区别。例如新加坡、马来西亚对少儿、语言类图书感兴趣，引进的作品包括《中华民间故事大画册》、《绘图本中国古典文学》以及《汉语拼音彩图故事》等。而日本、韩国等国对中国的文学、哲学以及传统医学类图书感兴趣，则引进了《中国哲学大纲》、《中国武侠史》、《中国药膳大词典》等，欧洲国家的兴趣主要集中在中国传统医术及艺术方面，如德国引进了《西藏风貌》、《中医内科学》、《中国保健推拿图谱》，意大利引进了《中国瓷器绘画艺术》、《长寿之谜》，法国引进了《敦煌吐鲁番文集成》。美国引进内容则相对比较分散，如《气功精要》、《中国金鱼画册》、《三松堂》、《中国历代名著全译》、《企业信用的再创造等》，但美国的作品使用者相对集中，以大学、科研机构的出版社居多。此外，尽管有关我国当代政治经济与科技方面的图书在版权输出中也占有一定比例，如《经济白皮书：中国经济形势与展望（1994—1995）》，《中国国家能力报告》、《中国农业发展报告（1995）》等被日本、英国等国家的出版社翻译出版，德国与美国则分别引进了《孤立子理论与应用》与《非线性阶偏微分方程》，但仅限于有限的几个国家。至于文艺类作品，主要集中在现代鲁迅、巴金、茅盾、郭沫若、老舍、曹禺等大家耳熟能详的作家，当代作家方面比较受欢迎的只有王蒙等有限的几个人。

表 2-11　　　　　　　　**2003 年版权输出、引进类别情况**

类　　别	输出数量（种）	引进数量（种）
合计	811	12 516
A 马列主义	0	11
B 哲学	19	220
C 社会科学	13	997
D 政治、法律	58	604
E 军事	0	30
F 经济	10	1 896

续表

类　　别	输出数量（种）	引进数量（种）
G 文、科、教、体	148	1 463
H 语言、文字	54	982
I 文学	93	1 288
J 艺术	16	521
K 历史、地理	179	217
N 自然科学	39	166
O 数理科学、化学	2	138
P 天文学	1	11
Q 生物科学	5	126
R 医药、卫生	93	734
S 农业科学	24	88
T 工业技术	8	2 382
U 交通运输	3	48
V 航空、航天	8	4
X 环境科学	0	44
Z 综合性图书	38	546
其中：大学课本 GK1	0	37
中专课本 GK2	0	0
中学课本 GK3	0	0
小学课本 GK4	0	48

资料来源：国家统计局网站

4. 从翻译语种来看，以亚洲的日韩较多，而英语国家和地区相对较弱

6 年输出统计显示，亚洲的新加坡和马来西亚、日本、韩国位居前列。其中新加坡和马来西亚引进的图书有多达 111 种并未翻译成外语，只是买的中文重印权。也就是说，在 395 种图书中，翻译成外语的只占 72%。其中，日语、韩语两种语言又占了 39%，而英美等英语国家则总共只有 20 余种。当今世界英语读者数量众多，但我们的版权输出数量却与之极不相称，这有待进一步深挖潜力。

五、中国图书版权贸易发展的主要成就与问题

(一) 主要成就

经过了近三十年的发展，我国在版权贸易领域已经取得了长足的进步，版权贸易的实施现状主要体现在以下几个方面：

1. 版权贸易在业界受到更广泛的重视，版权贸易的数量和效益显著增加

越来越多的出版社尝到了版权贸易的甜头，开始把引进版的图书作为本社新的经济增长点，通过实行拿来主义，增强自身竞争优势，扩展出版资源，提升出版社的出版品牌和市场占有率。

近年来，我国的版权贸易，在数量上呈日趋增长的发展态势。版权贸易使国内不少出版社获得了客观的经济效益，大量引进海外出版物版权已经形成趋势。在版权贸易中，出版社都努力尽可能地缩小出版时差，引进国外最新、最权威的著作，有的甚至做到了和国外同步出版。

2. 版权引进的品种日益丰富，版权贸易合作的地域范围越来越广

版权贸易已从引进畅销的文学作品为主，转向以优秀科技智力成果的引进和精品书的引进为主，版权贸易中盲目引进的状况大为改观。

我国内地对外版权贸易刚起步时，合作伙伴还仅限于港、澳、台地区和东南亚的一些国家和地区。到20世纪90年代，版权贸易的合作范围迅速扩大，现已遍及亚洲、欧洲、美洲等世界主要国家和地区。

3. 进行版权贸易的途径增多，与西方出版社进行项目合作渠道宽广

版权贸易的"舞台"越来越宽，中国内地的出版社进行版权贸易可通过贸易，可通过参加国际图书博览会，联合组团赴海外举办书展，赴海外参观、考察、交流访问，邀请海外出版商来国内洽谈等多种途径。版权贸易的渠道增多，合作方式日益多样化。

从20世纪90年代中期开始，国外大型出版社纷纷通过各种渠道，探求在中国的发展方式。它们意识到，要进入中国市场，必须依靠中国的出版社，采取合作出版的方式。目前，这种合作方式已从单本书的合作延伸到大型项目的合作上，版权贸易从单本、小批量的简单贸易方式，向系列书、常销书的规模效益方式转变。这种转变表明我国的版权贸易正开始摆脱只注重短期经济效益的观念束缚，不仅注重短期经济效益，更考虑长期经济效益。

4. 版权贸易走向集团化，版权贸易逐步规范成熟

中国内地出版社在现有基础上，逐步通过有条件的、不同形式的联合，采取多元化的经营战略，组建起一些既有实力又有规模效益的联合体或集团，参与国际市场的竞争。版权贸易由单兵小群体作战转向大兵团合成作战，集团化、集约化的版权贸易组织正在形成规模，并取得了较好的经济效益。

在我国 500 多家出版社中，40% 以上有开展版权贸易的经验，很多出版社还成立了专门的版权工作部门，由专人负责版权贸易。大的出版社一般有专门的版权部或科室，中等规模的出版社设立了对外合作编辑室，小型出版社也有总编室专人负责，从业人员具备了一定的素质。

版权贸易服务平台正在建立，2004 年年底，上海版权研究中心和上海版权贸易中心同时成立，上海版权公共服务平台开通。新开通的上海版权公共服务平台，将向社会提供作品版权登记、版权保护、产业信息等多项服务。经过一段时间调试后，将为企业和个人的作品版权登记提供一条更为便捷的通道，为版权人提供有效的行政保护和优质的民事维权服务，甚至可以为企业制定版权保护方案等多种服务。

（二）存在的问题

随着版权贸易活动的不断深入，出版界在进行版权贸易时，产生的各种问题日益突出，需要各方努力加以解决。

1. 高水平版权贸易人才欠缺

版权贸易是一项政策性、专业性很强，又具有一定实际操作性的工作，因而要求从业人员必须具备较高的综合素质。从事版权贸易的人员需要多方面的知识技能：一是要具有熟练的出版业务知识，要掌握版权的基本知识和法规，还要有一定的书业进出口贸易知识；二是要对西方主要出版国家的出版业、图书发行业、印刷出版市场行情和读者需求有所了解；三是至少要掌握一到两门外语；四是要有较强的社交能力和沟通能力；五是能熟练掌握和运用国际贸易谈判技巧。

国外出版社一般都有经验丰富的专职版权工作人员，这与他们版权工作的高效率和市场份额的高占用率有非常大的关系，而我国的版权工作人员大多为兼职，与他们相比，我国从业人员的素质和能力也都有待提高。这样两种不同水平的贸易谈判人员走到一起，谁处优势就很清楚了。

2. 版权贸易生态环境还比较失衡

目前我国版权贸易缺少统一的操作规范和行业规则，哄抬版税的恶性竞

争现象依然存在，这种缺乏行业道德的做法，不仅会使国内的兄弟出版社和行业整体利益受损，同时也破坏了版权贸易市场的秩序和规范，阻碍了我国版权事业的健康发展。

我国在对外版权贸易的版权保护立法、执法和经营方面，与国外一些发达国家的差距还比较大，与WTO基本原则要求的差距还比较大。诸如，我国版权保护法律文本相对简单、可操作性不强，版权司法与行政管理透明度与效率不高，对外版权贸易逆差较大，版权贸易效益普遍低下，涉及版权代理不力以及国内外市场信息不够通畅等。

加入WTO的现实，无疑使我国参与版权贸易的局面有所改观，但也增加了人们对这些版权代理机构未来的担忧。一些有条件的国外代理机构、出版公司、律师事务所等，纷纷抢滩中国，设立代表处。尽管国家版权局至今未批准任何国外机构从事国际版权代理。一些未经国家版权局批准，也未在国家工商行政部门登记的版权代理个体户，包括一些有实力的出版社纷纷专门设立版权部、对外合作部或国际合作部，收集整理选题信息、洽谈签约、办理合同登记、制作销售报告、收汇等，令本已面临生存危机的国内版权代理机构雪上加霜。

我国内地对外版权贸易不论在版权贸易伙伴的国别与地区以及版权贸易主体分布上，还是在版权贸易的作品语言和作品类别分布上，都表现出不均衡性。

3. 版权输出能力弱

由于中西方文化存在着极大差异，认同起来有一定的难度，加上文字上的隔阂，使得我国的图书如果没有外文版，特别是通行的英文版，要向欧美输出版权是非常困难的。

此外，面对国际强强联合的大趋势，我国出版社显得势单力薄，版权贸易长期在较低层次上徘徊。

我国内地版权贸易逆差较大，虽然这种逆差在近一两年有所趋缓，但形势仍不容乐观。1995—2005年中国内地出版社图书平均引进与输出比为10.42∶1。

我国内地版权输出能力还相对较弱，版权输出发展很不稳定，输出数量时涨时落，而且输出种数的绝对值也很低。1995—2003年我国内地出版社图书版权输出种数年均只有591种，这还不及发达国家的一些大型出版集团年均输出种数。

从我国出版界参加国际书展的情况分析，中国展台与外国展台比较，存在两多两少的现象：参展书多、参展人少，守摊人多、洽谈人少。尽管我们每年在国际书展上的版权贸易额都有所增长，但与国外大书展的交易量相比，还是太少了。

4. 引进具有一定的盲目性，版权引进竞争日益激烈

利用现代信息手段进行交流不够，很少与国外出版社保持经常联系，不了解国外新著作的出版动态，开展版权贸易自然也就无从下手，必然导致引进缺少计划性。

尤其是国内出版业的不良竞争，影响了版权贸易市场的正常运行。如今，版权贸易已经从以输出为主转变为以引进为主，这在无形中加大了版权购买的难度。国内的出版社从 1994 年以前的卖多买少甚至只卖不买转而变为竞相购进国外版权，这种急速变化使某些出版社缺乏必要的准备，往往在对国外图书市场和版权状况缺乏全面、深入了解的情况下，就一哄而上，哄抬报价，结果导致国外版权代理商提出的条件越来越苛刻。

5. 信息不灵、渠道不畅

国内大多数出版社还不知道要定期编译适合版权贸易的图书目录，并根据海外出版商的特点和需要，主动地、有针对性地将这些书目发往海外，以拓宽接触面。此外，也不懂得利用各种机会向海外出版商广泛宣传自己出版社的实力，结果势必造成国内出版社缺乏品牌竞争力，很难获得畅销书和品牌书的授权。

据调查表明，我国内地大多数出版社认为目前对外版权贸易最大的障碍是信息不灵，寻找合适的作品或确认某作品之真正版权人都不容易。其次是贸易渠道不畅，效益与期望值相差甚远，还有涉外合同的签订与履行等方面的问题。

六、中国图书版权贸易的应对策略

2009 年 4 月，国家新闻出版总署印发《关于进一步推进新闻出版体制改革的指导意见》，标志民营出版与国有出版的新一轮深度融合的开始；国内出版集团在企业化基础上积极上市，迈出了做大做强的坚实一步；"走出去"战略得到扎实而稳定的推进；尽管我国的整体经济实力相对较弱，贸易逆差将在一个长期存在，但是出版界在图书与版权贸易中的有所作为的战略决策不能变，发展国际图书贸易和版权贸易既是出版集团（社）经济发展方式，也是出版企业的社会责任。我们应当积极践行和研讨我国对外图书与版权贸易的发展策略。

1. 确立对外图书与版权贸易的国家文化软实力发展战略地位，政府完善支持体系

版权贸易是版权产业的核心，版权产业是发达国家国民经济发展中最快的部类，一个新的经济增长点和重要支柱；从中美知识产权数次谈判过程的复杂形势与双方的尖锐交锋，我们可以看到，知识产权贸易在全球经济乃至文化较量和政治较量中都处于十分重要的战略地位，说白了，就是国家文化软实力的标尺。

（1）以优惠政策扶持我国版权产业与版权贸易的发展

我们可以参照一些国家的做法，从防止外来竞争强势的冲击与扶持本国出版业与对外版权贸易的发展这两个方面来制定相关政策与措施。

第一，设置"合法"壁垒，防止外来强势的过度冲击。

①贸易政策：关税保护措施。关税是由政府设置的海关向进出口商品所征收的赋税。征收关税的作用是增加进口商品的成本，使进口商品与国内相关商品竞争时不具有价格优势，以保护国内相关产业。

征收图书进口关税对版权贸易的意义在于：版权作品进入国内市场的成本增加，外国直接进入国内做版权图书实体贸易的利润不高，从而使本国对外版权贸易有更多的发展空间。对此，我们可以适当征收图书进口关税，减轻版权引进的压力。

②产业政策：非关税保护措施。各国在对国内产业进行保护时，更多地使用非关税保护手段，非关税保护措施的种类多种多样，有公开的、直接的，如进口配额、进口许可证制等；有隐蔽的、间接的，如以技术标准、卫生标准为"门槛"将进口商品拦于"门"外。

为保护我国的出版业和对外版权贸易，我国可以考虑坚持采取以下几方面的保护性政策和措施：

在出版业承诺开放过程中，应对"商业存在"开放方式进行限制，明确外资控股不能超过合资企业；在一定时期内，对于国外出版企业在中国的总数或其在中国总的经营额应限定在一定范围内。

对"自然人流动"开放方式进行限制，出版社、报社与杂志社的总编辑必须具有中国国籍。

第二，利用经济手段，扶持我国对外版权贸易的发展。

所谓经济手段，是指运用经济杠杆对出版业和对外版权贸易进行调控的经济措施，主要包括税收、资助、投资、信贷、经济处罚等具体方式。

税收，是各国政府管理出版业的重要手段，它通过对不同的出版企业，

不同的出版物规定不同税率，造成对有关出版经济活动有利或不利的条件，从而调节出版资源分配，引导出版业的发展。英国对出版物设置的"零税"即零增值税政策已有百余年的历史了；法国的图书税率为5.5%（一般商品为18.6%）。我国应积极利用税收手段，在一定条件下进一步调低书业税率，以扶持出版产业的发展。

另外，投资、低息信贷、图书出版与贸易活动的资助等也都是对出版业的发展从经济上予以扶持的有效措施。比如，为促进我国版权输出地发展，国家可以资助新闻出版部门在国外举办有关中国文化的宣传活动，在国内举办国际书展和版权洽谈会；对于图书版权输出，尤其是传统文化类的大型图书的版权输出，国家要积极鼓励并给予必要的资助。

（2）加强版权立法，强化版权意识

我们有必要通过对版权相关知识的宣传与普及，使各有关版权管理机构与经营实体深刻认识到发展版权产业在知识经济时代的重要性，真正将与版权相关的工作视为工作重点来抓，增强其危机感与使命感。与此同时，通过这种宣传与普及，强化公民的版权意识，增强维权责任感，拒绝盗版，在整个社会营造出一个维护正版的良好环境。

2. 构建高效便捷的图书与版权贸易信息交互平台

目前，全球电子版权与出版信息的网络化建设正成为版权贸易领域的特点。早在1992年日本就提出了建立新的著作权管理系统的方案，其目标是通过把著作权信息集中在一个巨大的服务器中，并通过信息的流通建立著作权市场。1999年上半年，WIPO在日内瓦举行了全球信息网络版权与邻接权管理顾问委员会第一次会议，拟建立的电子版权管理体系之内容是提供全天候的自动查询作品网络，通过网络取得授权并付酬，甚至可以直接从网上获得作品。这种无人介入的模式以其快捷方便的特点成为一个许可超市，既可以解决寻找作品与授权问题，同时可以大大降低授权的费用。2004年，美国兰登书屋也开始推出自己的数字版权管理系统。

基于网络技术的我国对外版权贸易信息（以图书为主）通道应由以下几个方面构成：第一，由作品数据库和作品版权信息库这两大数据库组成。第二，作品数据库应具有通过网上付费或契约方式许可复制（即网上阅读或下载）的功能，使作品数据库成为一个复制市场，增加作者作品的使用率，提高版权作品的经济价值。第三，该数据通道应具有版权许可或转让谈判和交易的机能。第四，与国外重点相关网站和大型书展网站相链接（通过契约），以方便国内出版社了解国际图书市场动态。

在具体实施上述"信息通道"时，可由国家版权局牵头或委托中华版权代理总公司具体执行，在现有的"中国版权信息网"的基础上改建、扩建，由国家投资或资助建设。同时要有一个稳定的组织专门负责系统的日常维护和信息更新工作。

3. 优先扶持版权代理业，培育版权代理市场

（1）深化改革，调整政策，优化版权代理业的发展环境

第一，进一步深化版权代理管理体制改革。

具体可以从以下两个方面着手进行：①将目前附属于版权行政管理机构的版权代理机构同主管部门脱钩，独立出来并进行企业化改制，使其在具体的经营上是一个市场经营主体，自负盈亏，独立经营。同时，鉴于涉外版权贸易的特殊性，涉外版权合同要获得国家版权行政管理部门的审核批准。②为了更好地借助业外和境外资金、管理手段和业务网络发展我们的版权代理业，国家可以适当放宽和明确业外和境外资金进入我国版权代理领域以及设立中外合资的版权代理机构的政策，以适应国际经济一体化的发展趋势。

第二，制定版权代理业的优惠的经济政策。

近期国家可考虑制定版权代理业的优惠经济政策，比如减免版权代理公司的税费负担，将营业税等项目减免，或者将收取的税费返还该领域，用于设立专项基金，资助版权代理公司的人才培训，提高版权代理人才的经济待遇和支持其参加各种重要的国际图书博览会等，以促使我国版权代理业的迅速发展，不断增强其参与国际版权代理市场的竞争实力。此外，国家有关职能部门（如银行、海关、版税局和税务局）之间要在整体上加强沟通，提高更加便捷高效的公告服务，简化工作程序，降低交易成本，使中国版权代理和版权贸易的政策环境和服务水平真正与国际规则接轨。

（2）设立"版权代理人资格证制度"，提高版权代理人员的素质

版权代理人资格证制度是国家对从事版权代理这一行业的人员进行资格认定，并通过版权代理人资格证的颁发与吊销对版权代理业进行管理的制度。凡经过一定考核，国家版权管理机构认定有资格从事版权代理的人，可获得版权代理人资格证书。

（3）采用多元化的版权代理模式，提高版权代理业务的附加值

包括参与出版社选题策划型版权代理；策划国际合作出版性版权代理；作者版权代理模式；与国外代理商合作代理模式

（4）建立版权代理信誉监管机制，形成版权代理诚信规范

4. 开发附属版权和网络版权，建设合理有效的出版产业链和价值链

在西方发达国家中，出版商把附属版权开发作为书业经营的一个重要组成部分，附属版权买卖十分活跃，名目繁多，已形成了较为成熟的附属版权市场。开发附属版权的方法很多，如图书俱乐部版权开发、商品化版权开发、多种媒体版权互动式开发。

在实现数字融合与业务融合当中开发网络版权。全球各大出版集团正在迎接数字融合所带来的业务融合。他们正通过技术提升来寻找发展其传统服务业务领域和拓展新的内容服务的机会。例如，培生、麦格劳·希尔、汤姆森三大出版集团向教育领域的大规模渗透，利用信息技术在金融服务领域大规模扩张，通过 B2B 所进行的大规模的、全面的信息服务，以及麦格劳·希尔利用数字电视所启动的对个人理财活动的报道，这些无不预示着基于数字融合基础之上的业务融合和产业融合时代即将来临。

在数字化时代，如何充分利用手中掌握的内容资源，通过对一般大众市场和特殊用户服务市场的综合开发和利用，实现版权增值服务以使自己的收益最大化，是优势企业集团追求的目标。

就中国出版业而言，应当从内容的角度选择产业链和价值链较长的领域进行突破，首先是教育出版，如教材和工具书的编纂、出版及数据库建设，其次是专业出版，如各种专业数据库的开发和建设。在这些数据库建成后，应该积极拓展特殊用户市场，如开设网上教育课程，提供网上培训及教育服务，为机构和个人提供各种收费的专业资讯和信息服务等。

5. 利用图书博览会，尤其是国际博览会推销自己

国际书展为各国出版商提供了一个文化交流的平台，不仅可以显示本国的文化实力，还可以发展文化外交。在出版实务方面，国际书展为版权贸易提供了最重要的场所。西方出版社一般参加的大型国际书展有法兰克福书展、美国书展、伦敦书展、波罗尼亚书展、东京书展以及北京国际图书博览会，其中法兰克福书展已经发展成为全球最大的版权交易市场。据统计，在法兰克福书展上达成的版权交易占世界全年总量的 75% 以上。同时由于合作出版有利于增加印数，减少生产成本，降低市场风险，所以在实践中应用很广。而国际书展为合作出版提供了最为直接交流的机会：寻找项目、共同拟订生产计划或者是交易条件的讨价还价等。此外，国际书展是一种有效的推销各图书的形式，参展商以看样订货、现场选购的形式促销图书，成为一种重要的图书直销形式。再者，国际书展为参展商在信息获取方面提供了更多的机会结识各地同行、选择合作对象，而且可以了解出版界的最新行业动

态以及国际趋势。当然，这种面对面地直接交流与时间、人力、物力的高度集中和以庞大的交通、展位支出为代价的，而这一切都要计入生产成本。我国的出版社也意识到了这一点，一些大的出版社尽可能参加国际上知名的图书博览会。然而，并非所有的中国展商都带来了适合"外卖"的图书，有些书的选择很成问题，不仅题材芜杂，而且摆在架上，旁边连一些简单的英文标签都没有，难免令不谙中文者望而却步。在这一点上，中国的出版社应该向韩国出版商学习，韩国出版商参加国际图书展览会，非常注重展台的布置和参展书籍的选择，韩国展区往往布置得非常亮丽，不仅有书，还有关于韩国图书印刷史的小型珍本古籍展览，以及多媒体演示，吸引了很多西方参展人员驻足观看。

6. 加强版权贸易人才的培养

要做好版权贸易，人才的选择和培养是关键。有人认为懂外语、法律就可以做版权贸易。虽然语言是版权贸易的前提，但版权贸易政策性、策略性较强且涉及面较广，一个好的版权贸易人才，不仅要能够熟练运用国内国际法规、公约，还要及时了解海外出版业动态，准确分析海外读者的阅读偏好，另外对国内出版动态也要有很好的把握，更重要的是还需要了解商务方面的知识。但目前精通版权知识，又能熟练进行版权贸易的人才凤毛麟角，现在，相关部门已经意识到培养版权贸易人才的重要性，除了引进人才之外，在行业内部，定期或不定期地举办了各种形式的研讨班、短训班，但从长远来看，要使版权贸易有充足的后备人才，可以考虑选择某些高校，设置版权贸易专业。

第二节　当代国际图书贸易的发展趋势

各国出版业和对外图书贸易的迅速发展，以及在国际图书市场的激烈竞争，使当今的国际图书贸易呈现出下列趋势：

一、集团化和国际化趋势

拓展海外市场是国际大型出版集团的一个共同特色。这主要是因为出版日益国际化。其次是因为国内市场已经不能满足这些集团业务发展的需要。在拓展国际市场方面，这些集团普遍采用的一种手段就是并购。在英国，1998 年发生的并购交易金额超过 70 亿英镑。在美国，1998 年堪称出版业的"兼并"之年。较大数额的兼并活动就有 15 次之多，交易额高达 111.4 亿美元。其中，德国贝塔斯曼出版集团斥资 14 亿美元收购兰登书屋给整个欧美书业造成巨大震动。由此也可以看出，并购已经成为企业国际化的重要手段之一。这些收购兼并活动有纵向的，也有横向的，还有跨行业的。

在贝塔斯曼出版集团的发展历史过程中，并购一直是其开拓市场的一个重要手段，也是其开拓国际市场的一个制胜法宝。这一点也可以从集团的经营收入上反映出来。1994 年集团的总收入中 64% 来自国外，仅在美国一国的经营收入就达到了 45 亿马克（25 亿美元）。20 世纪 80 年代初，集团兼并了美国最大的纸皮书出版社——矮脚鸡·双日·戴尔出版公司和奥地利的弗里茨·莫尔登出版社，将它们作为自己的纸皮书出版分部。美国 22% 的纸皮书市场控制在德国手中。1993 年，集团又与美国普特南·波克利出版集团合资创办了普特南新媒介出版集团，主要致力于出版 CD-ROM 版儿童读物。目前集团在国外拥有 10 余家出版公司。如今，集团的业务分布是德国本土 37%，欧洲其他地区 35.9%，美国 20%，世界其他地区 6.2%。1997—1998 年财政年度，集团在美国的收入占集团总收入的 28%。

总部设在荷兰的沃尔特斯·克鲁维尔集团是一家世界性的专业出版集团，市场主要分布在美国、法国、英国、德国和荷兰等国家以及亚太地区。其中美国市场占据集团销售总额的 32% 和总利润的 39%。集团除分公司外还有多家专业性子公司，包括学术出版社、国际法律出版社和专业培训公司等。

加拿大的汤姆森媒体集团是一家主要出版法律法规、金融、科技等方面书刊的专业出版媒体集团。它在 1988 年一共进行了 70 次并购活动，总额高达 8.3 亿美元，同时它又以 4.1 亿美元的价格卖掉了 30 个非核心企业，这样得以专注于教育和法律读物的出版，目前已经形成报业、金融信息和教育出版与培训三块并驾齐驱的结构。培生集团是总部设在伦敦的一家世界级的教育图书专业出版集团，业务遍及北美、欧洲、亚太地区等地的 53 个国家，经过数次购并和调整已经发展成为一家年销售额达 24 亿英镑，经营利润近 4 亿英镑的教育读物出版集团。

二、版权贸易和合作出版成为国际图书贸易的重要方式

早在 19 世纪初，美国曾大量翻印英国图书，欧洲国家之间也相互翻印和翻译出版他国图书。当时并不把这种行为看作侵权行为，反而认为是对文化传播有益的事，但出版商却从中牟取了暴利。19 世纪中期以后，许多国家试图在各国版权法基础上订立国际版权公约。1886 年签订了《伯尔尼保护文学艺术作品公约》。1952 年联合国教科文组织在巴黎发起的《世界版权公约》(1971 年修订于巴黎),提出了"国民待遇原则"、"自动保护原则"、"版权独立性原则"。这对未经作者、出版者同意而非法翻印或翻译出版的"海盗"行为,虽有一定约束和限制,但由于各国政治、经济情况不同,很多国家(如美国、前苏联等)很长时间未参加公约的签字,使"海盗版"图书有增无减。据国际出版商协会估计由于"海盗版"图书的生产,每年给作者和原出版者造成的经济损失超过 10 亿美元。又据国际唱片和音像制作者联合会统计,仅 1984 年市场销售的翻版密纹唱片和盒式录音带达 5.4 亿张(盒)。翻版者获利在 10 亿美元以上。这种侵权行为既存在于发展中国家,也存在于发达国家,大大影响了各国正常的图书贸易,损害了作者和原出版者的利益。所以,不少国家呼吁建立"反海盗行为"的全球联合阵线,通过制定严格的法律,严惩"海盗行为"。在这种情况下,作者或其他版权所有者,通过谈判,签订合同,获得一定经济收入,将版权或部分版权有偿转让,受权人即可合法地翻版、翻译、或复制、演绎有关书刊。如果这种版权转让是跨国的,就称为国际版权交易。

版权交易有很多形式。有的国家规定版权可以全部转让,并无时间限制,称为卖断版权;有的国家规定版权全部转让有时间限制,在一定时期内可以"收回";但更多的是在一定时期内,作者或其他版权所有人将自己版权中的一项或多项权利许可他人利用,即版权许可证贸易。在这种交易活动中,版权归属权并未改变。

大多数国家的版权法规定,作者和最初出版者享有版权,所以在版权交易中,作者和初始出版者可以获得一笔可观的版税收入。由于在版权许可证贸易中,初始版权归属不变。所以从理论上讲,原作改编为剧本、再改编为电影等,每一次演绎活动都应再一次取得原版权人的许可。但在版权贸易实践中,为了避免麻烦,许多演绎者在首次利用原作进行翻译或改编时,就花费较高的许可证使用费,以取得独占许可证,或其他有权由自己独立行使"从属许可"权的许可证,使后面的演绎人就无需再去找原作者版权人谈判版权交易问题。这种版权许可证贸易早在 19 世纪末已经存在,其办法越来越完善,每年的成交数量也越来越多。

版权交易的另一种重要形式是国际合作出版,即不同国家的数家出版商,通过协议,共同投资,共担风险,按投资比例分红。同时用多种语言联合出版同一种图书的贸易方式。国际合作出版易于发挥各自优势、选择著名作者的高水平著作,寻找价格低廉、印刷精良的承印单位,降低运输费用,并充分利用合作者的图书发行网，快速广泛地占领国际图书市场。

三、报刊及新型出版物经营受到重视

在国际图书贸易中，报刊及新型出版物经营的比例越来越大，也是今后发展的一个重要趋势。在许多国家，报刊及新型出版物的进出口额正悄悄取代图书的主导地位。如加拿大每年期刊进口额占总书刊进口额的40%。

将传统介质的内容扩展到电子格式进行传播是国际出版集团目前和长远规划的重点。荷兰沃尔特斯·克鲁维尔（Wolters Kluwer）集团将其所有经营的产品和服务分为四类，即：静态内容、动态内容、迅捷工具、定制解决方案。静态内容包括图书和散页读物；动态内容包括 CD-ROM 光盘、数据库产品以及在线产品；迅捷工具包括工作流程工具和配套应用工具；定制解决方案包括集成软件包和定制工作流程系统。通过对近几年不同种类产品的成长几率和利润增长率的分析，定制解决方案的成长速度非常迅速。另外，从介质来看，电子载体产品的增长速度为33%，而传统纸介质产品处于停滞状态，仅为1%。这些产品将改善国际集团的业务组成构成，并投放于国际图书市场。

四、服务方式多样，推销花样繁多

各国出版商、书商为了吸引更多的客户，都非常注意改善服务态度，提高服务效率和服务质量。

对外图书贸易服务主要对象是国外同业、图书馆、图书情报部门和个人读者。在图书贸易活动中，特别要注意为国外同业提供适销对路的充足的货源，给予较为优惠的贸易条件，及时提供样本、目录和推广宣传品，迅速处理订单，按时供货、信守合同，并及时处理来往信函和妥善解决业务往来中出现的各种问题，这样才能巩固和发展双方的合作关系，树立良好的企业形象。总之，优质服务和良好的商业信誉是进一步发展图书贸易的重要保证。

在国际图书贸易活动中，各种促销手段也同样受到人们的重视。它一方面为了书刊信息的广泛传播，另一方面是为了激发人们的购买欲望，并促使购买动机变为购买行为。商业经济学认为促销活动是扩大商品销售十分重要的因素。所以，各国出版商、书商都十分重视图书产品的推广宣传。美、日、法等国的书价构成中，每本书的推广宣传费一般占图书价格的10%左右，英国则高达10%～15%。

目前，图书促销的方式很多，如创办图书出版报道刊物、报刊图书广

告、广播电视媒介、出版各种书目、印发单页推广品、赠送试读样本、发行购书券、附赠礼品、旅行推销、举办首发仪式、组织读书座谈会、开展图书评论、签名售书、展览售书等。其中最重要的形式是图书展览会、博览会。

五、加强书业情报信息的搜集管理，争相采用现代化技术

对外图书贸易机构本身就是一个社会信息部门，而整个对外图书贸易活动即是发行企业对外的接触和交流，形成物流、商流、信息流。所谓流就是一系列决策和执行决策的过程。信息流是在人、财、物的流动和接触过程中产生的，但又起着组织和指导物流、商流运动的作用。

对外图书贸易不仅要了解国内图书市场情况，而且要了解世界各国图书市场情况，了解各国读者对本国图书的需求及各国版的图书中哪些是本国读者所需要的。同时还要对图书进出口贸易条件，以及贸易对象国的对外关系、政治形势、经济状况、文化政策、法律法规、语言文字、风俗习惯、海关管理制度、货币制度、汇率变化、运输条件等，进行全面的调查研究，有一个大致准确的估计，才能建立较为稳定的双边图书贸易关系，以使一宗图书贸易活动取得较好的社会效益和经济效益。

许多书业集团、书业协会、图书进出口公司都建立了商情信息部门，竞相采用现代化技术加强信息的搜集、加工和传递。美国贝克·泰勒公司已建立拥有 200 万种图书的书目数据库，拥有 17 000 家客户资料的用户管理系统以及 2 200 多种图书的"连续服务"数据库，成为美国有影响的出版物批发销售中心。

EBSCO 期刊预订服务公司建立了一个大型报刊中心数据库，在多伦多、里约热内卢、阿姆斯特丹、都灵、悉尼、墨尔本等城市设立了分公司，形成一个世界性的代购代订网。通过中心数据库每年接受客户预订各种期刊和其他连续出版物 19 万种左右。

日本的东京出版贩卖株式会社（以下简称"东贩"）和日本出版贩卖株式会（以下简称"日贩"）都花数千万美元建立了计算机网络系统，与全国 200~300 家地区中心书店计算机联网，除用于图书订货、储存、包装和传播信息外，还向用户提供进口外国书刊的信息并接受订货。利用电脑向客户及时准确地提供书刊出版最新情况，已成为批发销售的重要服务体系。日本最大的英语书刊进口商兼发行商和零售商丸善书店，1982 年就引进了图书馆的 UTLAS 系统，一直是日本有影响的能以日文和英文处理书目资料的数据库。

　　英国在开展计算机订购服务方面一直处于领先地位。1979 年以前只有布莱克威尔公司一家实行计算机管理，而今已相当普遍。英国电传订购公司的电传订购系统已被代表 170 余家出版商的 50 个批发中心接受使用，每年平均处理各种订单 1 400 万张左右，最多时一天可以处理 54 000 张订单。布莱克威尔公司存储有 60 万种图书的书目信息，凡拥有终端机者，随时可以得到所需要的书目资料。德国书业协会也于 1972 年建立了书业计算机中心，拥有一个在版书目数据库，编制在版书目和主题索引。连伯利（Libri）图书股份有限公司的计算机系统每天处理几十批图书订货业务，可提取数万册图书。

第三章 国内图书进出口贸易的建立和发展

第一节 中国古代图书交流和贸易

一、与古代西方各国的图书交流和贸易

1. 贸易通道

陆地丝绸之路，又称"西北丝绸之路"，是指西汉（前202年—前138年）时，由张骞出使西域开辟的以长安（今西安）为起点，经甘肃、新疆，到中亚、西亚，并连接地中海各国的陆上通道以区别日后另外两条冠以"丝绸之路"名称的交通路线。因为由这条路西运的货物中以丝绸制品的影响最大，故得此名。其基本走向定于两汉时期，包括南道、中道、北道三条路线。另两条丝绸之路，在南北朝时期形成。

海上丝绸之路（陶瓷之路），是古代中国与外国交通贸易和文化交往的海上通道，该路主要以南海为中心，起点主要是广州、泉州，所以又称南海丝绸之路。海上丝绸之路形成于秦汉时期，发展于三国隋朝时期，繁荣于唐宋时期，转变于明清时期，是已知的最为古老的海上航线。在陆上丝绸之路之前，已有了海上丝绸之路。它主要有东海起航线和南海起航线。海上丝绸之路是古代海道交通大动脉。自汉朝开始，中国与马来半岛就已有接触，尤其是唐代之后，来往更加密切，作为往来的途径，最方便的当然是航海，而中西贸易也利用此航道做交易之道，这就是我们称为的海上丝绸之路。海上通道在隋唐时运送的主要大宗货物是丝绸，所以大家都把这条连接东西方的海道叫做海上丝绸之路。到了宋元时期，瓷器的出口渐渐成为主要货物，因此，人们也把它叫做"海上陶瓷之路"。同时，还由于输入的商品历来主要是香料，因此也把它称作"海上香料之路"。

与西北丝绸之路同时出现，在元末取代西北丝绸之路成为陆上交流通道的南方丝绸之路。历史上，南方古丝绸之路就是由蜀道进云南，经印度再到

波斯。这是中国最早的贸易通道之一。

2. 历史事实

北魏时期，敦煌有一支官方批准的职业抄书人，以合法身份抄书，向国外商人和使节售书。到唐朝和五代时期，售书进一步发展，除了大量的佛经外，又出现儒家经典、文学、历史、方志、医学、历法等书籍。

佛教的东传促进了图书的交流。玄奘从印度带回书籍520篋，657部。

中国医药书籍也在东亚得到广泛传播。唐代孙思邈的《千金要方》在元代被译成波斯文。

明代中叶以后，随着欧洲殖民主义的扩张，罗马教廷希冀中国成为他的一个教区，许多传教士来到中国，一方面布道，一方面介绍大批西方天文、数学、水利、制造及宗教书籍。

中国书籍在西方得到较快的传播。1593年，利玛窦将"四书"译成拉丁文寄回意大利；1626年，金尼阁将"五经"译成拉丁文，刊于杭州；1711年，比利时人卫方济将他在中国传教时译成的《四书全本》和所著的《中国哲学》，在布拉格大学（捷克）刊印发行。

二、与古代朝鲜、日本的图书交流和贸易

1. 与古代朝鲜的图书交流和贸易

历史上，中朝两国的文化交流至为悠久。古代朝鲜的前三国与后三国时期就与中国有了图书交流和贸易。到公元前二三世纪时，两国的交往已相当密切。

公元372年，秦王苻坚遣使高丽，带去佛经、经文等，此后高丽也派僧人到梁、陈，佛教经典交流日多。高丽、百济、新罗先后仿汉制设立太学，以中国图书教授。

七世纪时，新罗统一了朝鲜半岛，那时正值中国的唐朝。新罗经常派学生来中国，朝廷发给购书费，这些学生回国时购买大批书籍，同时也学到包括印刷术在内的先进的工艺技术。公元682年朝鲜置国学，以中国的《周易》、《尚书》、《毛诗》、《礼记》、《春秋左氏传》、《文选》等作为教材。唐代文学作品在朝鲜十分受欢迎，白居易的作品运到新罗后被高价售卖。

宋朝时期，中国商人也把图书作为商品运往高丽，1027年商人李文通由海路将600多卷图书运到高丽售卖。除了经史、文学诗词外，数学、医学著作也为数不少。

与此同时，高丽的图书也流入中国。这些图书一是中国早已失传的汉

籍，二是高丽的刻本和抄本。

到了明朝，中朝关系日益密切。1392 年李成桂推翻高丽，建立李氏王朝，改国号朝鲜。朝鲜直接将中国图书刊刻出版，发行全国。1691 年，日本干脆从朝鲜购买这些中国书籍，既便宜又快速。朝鲜成为中国图书的海外印刷基地，不过没有版税或利润分成。

2. 与古代日本的图书交流和贸易

中国图书流向日本最早的文字记载为公元三世纪末。

隋唐时期，日本主要通过遣使和留学生收集、购买图书，如阿倍仲麻吕、吉备真备。国珍上人公元 858 年带回图书 1 000 余册。此时，日本崇尚汉风，除了佛经外，中国文字、律令、历法、医学、文学、书法等内容图书广泛。当时日本国家藏书中有汉籍 1 579 部 16 790 卷，是我国当时出版图书的一半。

宋代，中日商业贸易频繁，图书主要通过来往商船进行。随后日本进入五山文化时期，文化的东传主要靠寺庙的僧侣。获书方式主要是友人赠送、以钱购买、以物换物。

明清时期，日本在长崎设图书检察官，其实检查是形式，真正目的是方便江户的将军和幕僚们了解图书内容，据以购买图书。

江户时代的中日图书贸易特点明显，主要特点是：规模很大，43 艘船，运进图书 4 781 种（册数不明），按一种 10 卷计，数量巨大；速度很快，从中国写作出版到运抵日本只要 3 年，而过去需要几十年甚至几百年；商业贸易是主流，超越了朝廷或僧人、留学生的获得量。图书明码标价，然后竞标，最终竞标价格比该书的报价多一倍，如《剑南诗抄》。

第二节　中国近现代图书交流和贸易

一、图书贸易的主要内容是西方科学技术

西学东渐以及洋务运动、维新变法、资产阶级民主革命、新民主主义革命等客观上推动了中外图书交流和贸易，并决定了图书贸易的主要内容是西方科学技术。

1. 林则徐、魏源的译书

从 1839 年 2 月起到 1841 年，林则徐在他的钦差行辕，组织人力翻译西方报纸和书籍，借以了解"夷情"和学习自己迫切需要知道的知识。1840

年（清道光二十年），林则徐又命人从西方报刊上摘译评论中国的资料，编辑成《华事夷言》一书；由袁德辉和伯驾从瑞士人滑达尔 1758 年出版的欧洲近代国际法权威著作《国际法》摘译有关内容辑成《各国律例》，成了中国最早的国际法中译本，比美国牧师丁韪良 1864 年（清同治三年）出版的《万国公法》中译本还早了 25 年。林则徐还命人摘译了英国僧侣地尔洼的《对华鸦片贸易罪过论》。尤其重要的是，自 1839 年下半年至 1840 年，林则徐亲自主持翻译了英国人慕瑞（Hugh Murray）于 1836 年在伦敦出版的新书《世界地理大全》，并将其中译本定名为《四洲志》，这部世界最新政治、地理与国情著作是美国公理会传教士布朗牧师赠送给林则徐的。它的译著问世意义非同凡响，从此开创了近代中国探索研究西方的"西学东渐"之风。

1842 年年底，49 岁的魏源遵照好友林则徐的嘱托，在林则徐译编《四洲志》的基础上，增补其他材料，完成《海国图志》50 卷 57 万字的撰著工作，随即在扬州雕版印行。

2. 洋务派的同文馆和各兵工制造局引进西方图书

同文馆是清代最早培养译员的洋务学堂和从事翻译出版的机构。咸丰十年（1860）清政府成立总理各国事务衙门，作为总理洋务的中央机关。同时恭亲王奕䜣等人建议在总理各国事务衙门下设立同文馆。据统计，京师同文馆师生翻译的西书共有数十种，重要的译书有：美国传教士丁韪良译的《万国公法》和《格致入门》；法国人毕利干译的《法国律例》和《化学指南》、《化学阐原》；汪凤藻译的《新加坡律例》、《英文举隅》和《富国策》；联芳与庆常译的《公法会通》；德贞译的《全体通考》；卫三畏和学生译的《天学发轫》；俄文馆学生译的《俄国史略》等。从上可以看出，同文馆翻译的书籍以国际公法和各国律法为主。

3. 外国传教士的墨海书馆

墨海书馆是 1843 年英国伦敦会传教士麦都思、美魏茶、慕维廉、艾约瑟等在上海创建的书馆。书馆坐落在江海北关附近的麦家圈（今天福州路和广东路之间的山东中路西侧）的伦敦会总部。它是上海最早的一个现代出版社，为上海最早采用西式汉文铅印活字印刷术的印刷机构。铅印设备的印刷机为铁制，以牛车带动，传动带通过墙缝延伸过来，推动印刷机，因此在机房内看不见牛车。墨海书馆培养了一批通晓西学的学者如王韬、李善兰，他们和艾约瑟、伟烈亚力等撰写、翻译了许多介绍西方政治、科学、宗教的书籍。墨海书馆设有宿舍，当时麦都思和王韬都住在墨海书馆。墨海书馆在 1863 年停业。

4. 改良主义康有为、梁启超的书目表

19 世纪末，资产阶级改良主义者对东洋和西方图书在中国的传播起了推动作用。

1897 年，康有为编纂的《日本书目志》列举了许多日人译著的章节体世界史和国别史教科书。这些来自西方和日本的新体史著，无疑给中国学者以相当影响和启发，他们顺应改革的潮流，学习资产阶级的历史编纂方法，或译著、或改编、或自撰，章节体史书自此纷纷问世，突破了封建传统史书体裁独占史苑的局面，推动中国历史编纂学向前跃进了一大步，对中国史学的发展起着一定的影响。

19 世纪末，梁启超借鉴欧美自强途径，重视宣传图书，启迪民众，认为"国家欲自强，以多译西书为本，学子欲自立，以多读西书为功"。为了介绍西学，提倡变法维新，清光绪二十二年（1896）他在《时务报》上刊登《西学书目表》。

《西学书目表》著录译书约 300 种，分西学、西政、杂类 3 大类。西学类又分算学、重学、电学、化学、声学、光学、汽学、天学、地学、全体学、动植物学、医学、图学 13 类。西政类包括史志、官制、学制、法律、农政、矿政、工政、商政、兵政、船政 10 类，与其新政内容相符。杂类包括游记、报章、格致、西人议论之书、无可归类之书 5 类。该分类体系冲击了中国封建社会定为"永制"的四部分类体系，具有自然科学、社会科学、综合性图书 3 大部类的雏形，对中国近代西方图书分类法的输入和新分类法的产生有一定影响。《西学书目表》每书著录书名、撰译人、刻印处、本数、价值，表上加"圈识"，表下有"识语"，指出书的优劣、程度深浅等。《西学书目表》还收录了《通商以前西人译著各书》、《近译未印各书》、《中国人所著言外事书》。书后附《读西学书法》，介绍各书之长短及某书宜先读、某书宜缓读等读书方法，以指导治学门径。《西学书目表》中介绍的图书和编制这一目录的方法，在当时都有积极的意义。该书出版后在学术界引起很大反响，继作者不断。

5. 清政府的图书进出口管理

由于图书进出口贸易的增多，清朝政府开始注意对图书进出口的管理，曾规定在国外印制地图及书籍进口可以免税，但在中国印制地图必须纳税。1910 年上海书业商会批准地图、书籍出口可以免税。可见早在 1910 年以前，上海地区已广泛开展对外图书贸易活动。

6. 上海的近代图书出版发行

上海是现代出版中心，也是国际图书贸易的中心，拥有多个图书出版和发行机构。

（1）商务印书馆

商务印书馆是近代印刷出版机构中，规模最大、影响深远，是中国近代印刷出版事业中发展功勋卓著的民办印刷、出版企业，它的出现，打破了以美华书馆、申报馆为主的外国人垄断中国近代印刷业的局面，促进了中国近代印刷业的发展，是中国民族近代印刷业全面崛起的标志和动力。

商务印书馆创办于 1897 年（光绪二十三年），由夏瑞芳、鲍咸昌、鲍咸恩、高凤池四人集资创办于上海，馆址设在上海北京路。初创时的商务印书馆，合股集资 3 750 元，雇了十几名工人，备有三号手摇印刷机两台、脚踏圆盘机三台、自来墨手扳压印机三台、手揿压印机一台，还有一些中、西文铅字和零星器材。当时因设备简陋，只能印刷诸如商业簿册之类的简单印刷品。但由于商务印书馆的创办人夏瑞芳、鲍咸昌、鲍咸恩和高凤池于创办前都是基督教会设立的"清心小学"的工读生，先后在《字林西报》和《捷报》当过排字工，熟悉排字等印刷技术和业务，加之书馆采取当时先进的西方资本主义企业的经营方式和经营者的精明干练，使得商务印书馆的业务蒸蒸日上，企业规模迅速扩大，很快进入它的全盛期，成为全国规模最大，技术设备先进的、大型印刷出版企业。此时的商务印书馆，不仅在上海总馆设有制度完备、机构健全的总务处、编译所、发行所和技术设备先进完善的印刷总厂，而且还在全国各省市和重要商埠设有 85 个分馆以及相应的印刷分厂。同时还跨出国门，在新加坡、吉隆坡设立了分馆。职工总数多达 3 600 余人。规模之大，人员之多，为当时国内印刷出版企业之冠，为世界印刷出版界所罕有。商务印书馆的成功之路，不仅为当时同行所效仿，在中国民族近代印刷业崛起中发挥了积极、重要的作用，而且对中国印刷工业高速发展之今日，也颇有借鉴意义。

商务印书馆能得以迅速发展，除以夏瑞芳为首的经营者们的经营有方之外，还与当时的社会环境——中华有识之士在民族危亡之际为"救国富存"而发起的向西方学习的维新运动有着密切的关系。当时，全国处于维新运动日益高涨之中，到处学新学、兴学堂、谈维新。商务印书馆决策者瞄准新学堂的广泛设立急需大量新式教科书这一现实情况，迅即将英国人编写的印度课本翻译成中文并加上白话注解，印成《华英初级》和《华英进阶》出版发行，极为畅销，获利颇丰。随后，商务印书馆又于 1902 年（光绪二十八年）延聘张元济（菊生）先生担任编译馆的馆长，以日本明治三十七年教科书为蓝本，开始编辑国文、历史、地理等小学教科书，并于当年出版了《最新国文教科书》第一册，数月间，销售十余万册。可以这样说，这些教科书的出版发行，使商务印书馆居于全国新兴教科书出版之首，首战告捷，声利俱获，为商务印书馆在全国印刷出版业界中的中心地位的确立奠定了良好的基础。

于印刷出版新兴教科书之后，商务印书馆着眼于印刷出版颇具实用价值的西方学术著作、文学著作和各种工具书。翻译印刷出版了严复翻译的《天演论》、《群己权界论》、《社会通诠》、《群学肄言》、《法意》，林纾翻译的《巴黎茶花女遗事》、《黑奴吁天录》和日本鹈滨渔史撰写的《罗马史》、英国默尔他的《万国国力比较》、日本清浦奎吾的《明治法制史》、日本黑田茂次郎的《日本明治学制沿革史》、日本末冈精一的《比较国法学》……图书多种。这些图书，适应了当时中国社会之潮流，使因清朝政府长期闭关锁国而不谙世界情况的中国人耳目一新。合乎潮流，顺乎民意，为万千学子所欢迎。同时也使商务印书馆获利剧增，一跃而成为全国屈指可数、实力雄厚的印刷出版企业。

（2）中华书局

中华书局于1912年（民国元年）创办于上海，1954年迁至北京，现在位于王府井北大街的原中国文联大楼内办公，与商务印书馆同处一楼。中华书局是我国整理、编校、出版古籍读物的权威出版机构，在国内外知名度颇高，影响深远。

中华书局的创办人陆费逵，出生于出版世家，其祖父曾担任过《四库全书》总校官。清宣统年间，陆费逵在上海"文明书局"任职时，被商务印书馆用高薪挖走，委以出版部部长。当时，废除私塾，兴办新学的呼声很高，孙中山领导的推翻清朝封建王朝的革命运动，也如火如荼，"民国政府"建立在际。陆费逵以出版家的远见卓识，认清了这一形势，提出革新教材，重编一套适应新形势的教科书的建议，并联络一批同道者，着手编出了一套小学国文、算术、历史、地理的新课本教材。但其时主持商务印书馆出版的一些负责人，思想保守，对新的革命形势抱悲观态度，唯恐新教材不被世人接受，经济受损，否定了陆费逵的建议。加之陆费逵早已不满足寄人篱下之地位，于是，1912年，辛亥革命甫一成功，"民国"始建，陆费逵便联络了原商务印书馆的一批同仁，宣布脱离商务印书馆，成立了中华书局，并自任中华书局总经理。

　　中华书局一成立，当即出版了《中华新教科书》，为辛亥革命成功后普遍改制的学堂提供了各类新教材，受到各地欢迎，一时供不应求，中华书局一炮打响。这时，商务印书馆追悔莫及，也赶紧编印新教材，与中华书局展开竞争。上海"世界书局"等出版机构，也纷纷加入出版教科书的竞争行列。各家都在编辑出版中，力求精善，降低定价，争夺市场，这无形中促进了新教材的革新和普及。此后，中华书局又在编印工具书、辞书及整理古籍书方面，投入精兵强将，成绩斐然。他们于民国初年出版的《中华大字典》、《辞海》、《四部备要》、《图书集成》等辞书、工具书，编校严谨、印制精善，后经多次修订，已成为我国出版史上的经典之作。

　　到1937年春，资本扩充至四百万元，在全国各地和香港地区、新加坡开设四十余个分局，年营业额约一千万元，进入全盛时期。抗日战争爆发后，陆费逵赴香港，成立驻港办事处，掌握全局重要事务；上海方面由常务董事舒新城等主持日常事务，设在公共租界的印刷总厂以"美商永宁公司"的名义维持营业。1941年7月9日，陆费逵在九龙病逝。随后太平洋战争爆发，领导核心内迁，在重庆设立总管理处。此间，仍然印制教科书，编辑出版各种图书杂志。抗战胜利后，总管理处迁回上海，印制教科书的业务虽迅速恢复，但图书杂志出版业务逐渐陷入困境。

　　从创立至1949年的37年间，先后编印出版了《四部备要》、《古今图书集成》、《辞海》、《饮冰室合集》等重要书籍，卢梭《社会契约论》、达尔文《物种原始》等重要译著，以及几十种杂志，在学术界颇有声望。在新中国成立前的数十年里，中华书局和商务印书馆，在激烈的竞争中，艰难地生存，对我国的文化、教育事业，起到了积极的促进作用。

　　中华人民共和国成立后，1954年5月，中华书局实行公私合营，总公司迁至北京，同时在上海留有中华书局上海办事处，1958年改组为中华书局上海编辑所。同年，国务院古籍整理出版规划小组成立，中华书局被指定为该小组的办事机构，成为整理出版中国古代和近代文学、历史、哲学、语言文字图书及相关的学术著作、通俗读物的专业出版社，承担着国家级古籍整理的基本项目。历经20年时间，组织整理、出版的"二十四史"及《清史稿》点校本，被公认为新中国最伟大的古籍整理工程。相继编辑出版了《全上古三代秦汉三国六朝文》、《先秦汉魏晋南北朝诗》、《全唐文》、《全唐诗》、《全宋词》、《古本小说丛刊》、《甲骨文合集》、《殷周金文集成》、《资治通鉴》、《文苑英华》、《太平御览》、《永乐大典》、《册府元龟》、《清实录》、《光绪朝朱批奏折》、《中华大藏经》等一大批古代文史哲经典文献。

陆续推出的重点丛书如"中国古典文学基本丛书"、"历代史料笔记丛刊"、"二十四史研究资料丛刊"、"中国古代地理总志丛刊"、"中外交通史籍丛刊"、"中外关系史名著译丛"、"中华史学丛书"、"中国近代人物文集丛书"、"中国近代人物日记丛书"、"新编诸子集成"、"中国佛教典籍选刊"、"道教典籍选刊"、"理学丛书"、"学术笔记丛刊"、"古逸丛书三编"、"清人书目题跋丛刊"、"中国古典名著译注丛书"等,为学术研究提供了大量的基本典籍。中华书局还出版了梁启超、王国维、顾颉刚、陈垣、王力、钱钟书等著名学者的学术著作;中华书局编辑出版的学术集刊、文史类期刊《文史》、《文学遗产》、《书品》等,在学术界、读书界、教育界有着广泛的影响。

(3) 文明书局

文明书局于 1902 年(光绪二十八年)由俞复、廉泉(廉惠卿)、丁宝书等创办于上海,初名"文明编译印书局"。初创时备有从日本买来的石印和珂罗版印刷设备,1904 年又增设了彩色石印部。"民国"期间采用铅印技术设备印刷了《唐诗纪事》、《明清六才子文》、《宋元明文评注读本》等不少图书。创办人之一廉泉,号南湖居士,好尚风雅,家藏很多历代名画手册扇页,故对采用珂罗版影印书画手册颇为重视,并为其投入了大量精力和财力。该局赵鸿雪先生根据西文书刊登载的有关铜锌版的制作工艺和技术的文章,自行研制铜锌版,历数月而告成。此后,因日本人不肯传授珂罗版技术而自己潜心研究、试验,亦获得成功,为近代印刷史上颇受赞誉的一段佳话。

文明书局于印刷出版一般性图书的同时,根据清政府颁布的学堂章程,曾编辑出版过"蒙学教科书",极为畅销。然最有成效的,当属用珂罗版影印复制的书画,总数多达 570 余种。

这在珂罗版技术传入不久的清末民初,实在是难能可贵的,为珂罗版技术在中国的进一步发展作出了可贵的贡献。

1917 年之后,文明书局因业务萧条而盘给了中华书局。越十年,中华书局又盘给了傅湘臣。至此,原文明书局的印刷部分独立经营,改称"文明书局和记印刷所"。

(4) 开明书店

开明书店是 1926 年在中国上海建立的民营书店。主要创办人是章锡琛,主持编辑工作是夏丏尊、叶圣陶。该店有一批得力的编辑,如王伯祥、周予同、宋云彬、傅彬然、徐调孚、顾均正等。在教育、科学、文学、艺术等方面，团结了一批有名的作者。出版物以青少年读物为主，刊物有《中学生》、《开明少年》等，也出版了许多新文学作品。因作风严谨，倾向进步，受到教育界、文化界的赞誉。胡愈之在《纪念开明书店创建六十周年》中指出：在中国，"从办杂志开始，靠几个知识分子办起来的书店，开明书店是第一家"；"开明书店是新民主主义革命中诞生的一个进步的书店"。在编辑出版工作、团结作家、联系读者方面，开明书店积累了不少经验。

中华人民共和国成立后，该店于 1953 年与青年出版社合并为中国青年出版社，其发行部门并入中国图书发行公司。

（5）世界书局

世界书局是 20 世纪上半叶设于中国上海的一个大型民营出版机构。

世界书局由绍兴人、原中华书局副经理沈知方创办于 1917 年。1921 年规模扩大后改组为股份有限公司，沈知方任总经理。发行所设在上海公共租界中区福州路 320 号（山东路口怀远里口），1932 年迁入福州路 390 号。印刷所初设在闸北虬江路，1925 年失火，获得保险金后，在公共租界东区大连湾路建造总厂。1934 年，沈知方投资房地产失利，辞去总经理职务，由陆高谊接任。1937 年 8 月淞沪会战爆发，大连湾路总厂位于日本占领区内，被日本海军占用，损失严重。1938 年 11 月日军在福州路世界书局发行所制造爆炸案，造成职员一死一伤。1946 年，由李石曾出任总经理。1949 年，世界书局官股部分被没收；1950 年 2 月，私股部分参加公私合营，世界书局宣告结束。

世界书局先后共出版各类出版物达 5 580 种。初期以出版通俗小说为主。例如张恨水的言情小说《春明外史》、《金粉世家》，不肖生的武侠小说《江湖奇侠传》、《近代侠义英雄传》，程小青的侦探小说《霍桑探案》、《福尔摩斯探案全集》等，以及《快游》、《红杂志》、《红玫瑰》、《家庭杂志》、《侦探世界》5 种杂志，极为畅销，为世界书局打开局面。从 1924 年起，世界书局开始出版中小学教科书，形成与商务印书馆、中华书局三足鼎立的局面。同时出版《英汉四用辞典》等工具书，"国学名籍丛刊"（包括《十三经注疏》、《说文解字段注》、《四史》、《资治通鉴》等）、《四库全书学典》等古籍，朱生豪译《莎士比亚戏剧全集》等外国文学作品，以及一些丛书，如"ABC 丛书"、"生活丛书"、"世界少年文库"等，作者有陈望道、茅盾、傅东华、谢六逸、丰子恺、杨贤江等。还编绘出版了《三国志》、《西游记》、《水浒》、《封神榜》、《岳传》、《火烧红莲寺》等连环画。1920 年，世界书局还出过一些配合国民革命形势的宣传小册子，如《农民协会问答》、《三民主义浅说》等。

世界书局的标记是圆形地球，四周环绕云彩，正中竖写"世界"两字。世界书局的继承者为上海外文图书公司，仍设于福州路390号怀远里弄口。

可以看出，中国近代的图书翻译出版深入社会层面，并且为政府允许；地区仅限于上海、北京、南京、广州、重庆、汉口等少数大城市，有一定规模，大部分由民营资本和外商分散经营；只有商务印书馆和中华书局有较大规模的进出口量，其他微不足道。

二、中国图书流向海外

1. 外国翻译

德国人卫礼贤创办中国书院。将中国古代的《列子》、《庄子》、《孟子》等翻译出版，仅《周易》一书被译为英、法、荷、西、瑞典、丹麦等文字。他还撰写了论文和专著，介绍中国的哲学、社会、经济、文化和历史，被称为"小国在西方的精神使者"。此外，库思（F. Kunn）则译介了不少中国文学名著，如《红楼梦》、《水浒传》、《金瓶梅》、《子夜》等。

2. 商船运出国外

据今存日本《书籍元账》记载，魏源的《圣此记》刊印于1842年，1844年就由中国商船携入日本售出。《海国图志》于1842年刊出，1851年、1852年、1854年分别由中国商船运往日本，虽经检查官证明涉及天主教，却未被江户蔡府列为禁书，全被上层统治者所购买。购买价和拍卖价都较高。

3. 廉价收购

这一时期，我国的大量古籍和地方文献也通过廉价收购运往西方，收藏在西方各国图书馆。如我国的地方志，美国国会图书馆收藏2 000余部，哈佛大学收藏1 500余部，哥伦比亚大学收藏1 000余部，芝加哥大学收藏1 500余部，欧洲各国图书馆收藏3 000部以上。

4. 掠夺

1907年（光绪三十三年）6月，皕宋楼和守先阁藏书15万卷，由陆心源之子陆树藩仅以10万元全部售与日本岩崎氏的静嘉堂文库。这并不是正常的图书贸易，而是一种变相窃夺。

第三节　新中国对外图书贸易

一、改革开放前

1. 国际书店

1949 年 12 月，国际书店正式成立，隶属于新华书店管理处，是我国第一个对外图书贸易机构。1950 年，中国国际书店先后在北京、上海、天津、沈阳、西安、广州、武汉、重庆设分店，1955 年起各分店归所在地方领导。1952 年国际书店改由出版总署直接领导。1964 年 1 月改名为"中国国际书店"，对外加副名"中国出版物中心"（China Publications Center），划归新成立的外文出版发行事业局领导，专门经营我国出版物的出口业务。

国际书店建立之初下设进货、校务、发行等 8 个科室，主要经营前苏联、东欧国家的出版物。后来增设国际供应科，同资本主义国家出版发行商进行联系，进口各国科学技术书籍和文艺作品。先后与西方国家的书商及团体所开办的书店建立了图书贸易关系，向国外输出我国出版的中外文书刊。

2. 中国外文书店

1958 年，国际书店各地分店先后改名为外文书店或新华书店的外文门市部。1964 年 1 月，国际书店进口部划出，正式成立中国外文书店，负责经销进口的外文图书。1979 年以后，各省、市、自治区相继成立外文书店。主要任务是，为国内广大读者提供各种外文书刊资料、外语教材和外语教学磁带，并为来华工作和旅游的国外朋友以及来中国内地的台湾、港澳同胞、海外侨胞提供外文书刊、画册、录音、录像和磁带等。

1958—1966 年是国际图书贸易快速发展时期：出口图书是新中国成立至 1957 年的 6 倍，进口数量增长很快，以科技书刊为主，适应经济和科学的需要。

外文出版社是一家国际性的综合出版社，从事各类外文版图书的编译出版，读者对象主要为外国读者；同时还出版外语读物、工具书和部分中文图书以满足国内图书市场的需求。

外文出版社现隶属于中国外文出版发行事业局（中国国际出版集团）。

3. 中国图书进口公司

1973 年成立中国图书进口公司（原中国外文书店、新华书店外文发行所、科学出版社二部），由国家科委直接领导，统一经营书刊进口和外文图书经营，保证了"文化大革命"时期国家高端科学技术研究的需要，特别是国防科学，如火箭、卫星、核技术支撑学科的出版物的进口。

二、改革开放后

1978年中共十一届三中全会以后，国家坚持以经济建设为中心的基本方针，国民经济建设开始走上正常轨道，科学和文化教育事业迅速发展，中外文化交流日益频繁，这一切给对外图书贸易的发展提供了一个非常有利的环境。由于党和国家的重视，各图书外贸单位的共同努力，我国图书进出口贸易在经过一段整顿与恢复之后，进入了稳步发展的新阶段。

改革前主要弊端是一个口子经营，独家进口和独家出口难以满足国内外出版物市场的需要。改革思路主要有：增设进出口机构、扩大经营自主权、扩大经营范围、独立核算、引进竞争机制。改革分为两个阶段。

1. 初步确立市场体制阶段（1978—2000）

成立了五大国家级出版物进出口公司和一批地方进出口公司。国家级的有：中国出版对外贸易总公司（隶属国家出版局）、中国图书进出口总公司（原中国图书进口公司，隶属国家科委）、中国缩微出版物进出口公司（隶属中国国际书店）、中国国际图书贸易总公司（原中国国际书店，隶属文化部）、中国教育图书进出口公司（隶属国家教委）。地方级的有：上海图书发行公司、北京图书进出口公司、广东省图书进出口公司、天津出版对外贸易公司、福建省出版对外贸易公司、广东省出版对外贸易公司等。

2. 逐步完善市场体制阶段（2000—2010）

中国出版进入国际市场进程加快，进入方式多样。

（1）创办海外出版公司。中国出版集团公司已经创办中国出版（悉尼）有限公司、中国出版（温哥华）有限公司、中国出版（巴黎）有限公司、中国出版（首尔）有限公司，形成了英、法、德、日、韩5种语言的出版格局。2010年6月，盛大文学与旧金山政府商讨在美国建站。

（2）重组海外出版公司。2010年4月腾讯3亿美元对社交网站Facebook的投资方之一数码天空科技公司进行收购，实现曲线持股。8月，阿里巴巴网络有限公司继7月收购美国"全球速卖通"之后，第二次全资收购美国Auctiva公司。9月，安徽出版集团收购拉脱维亚S&G印刷公司，该公司为该国最大印刷公司。

（3）建设国外图书发行网点，力争进入西方主流渠道。中国图书进出口集团总公司海外拓展的步伐加快，2008年8月以来，先后在美国纽约法拉盛、圣地亚哥、新泽西、英国伦敦和美国纽约布鲁克林开办新华书店，美国纽约法拉盛已经实现赢利。2010 年 6 月 18 日，新华书店（北美）网上书店试运营后正式开通，可供应图书、期刊、音像制品及文化用品近 2 万种。9 月，中国出版东贩有限公司在东京组建，东贩是日本图书批发和出版物流的巨擘，有利于中国出版物"借船下海"。9 月 27 日，上海新闻出版发展公司与拉加代尔集团在爱尔兰签署国际销售服务协议，通过该集团公司在北美、欧洲、亚洲和大洋洲等地区的销售网络，在全球销售中国图书、期刊等文化用品，意味着中国出版物进军国际主流渠道方面取得重大突破。

（4）加强与优质资源的战略合作和深度合作。2010 年 9 月，《中华人民共和国国家版权局和英国知识产权局战略合作协议》在伦敦签订，标志中英版权交流与合作进入常态化、制度化阶段。时代出版传媒股份有限公司已经与全球 40 多个出版机构建立合作关系。旗下安徽教育出版社开全国出版先河，利用北京国际图书博览会平台，首次面向全球征集重大出版、教育类、大众精品读物等"走出去"优秀图书选题。中南出版传媒集团与麦格劳-希尔集团、凤凰出版传媒集团与法国阿歇特出版集团、南方出版传媒股份有限公司与亚东出版传媒股份公司、商务印书馆与荷兰维科出版集团的战略合作协议的签订，标志国内出版集团积极通过合作渗透、占领国际出版制高点的趋势逐渐明朗。8 月 31 日，中国出版集团公司主办的中外出版深度合作签约仪式在北京举行。合作方式是，邀请两国优秀作家在同一题材、同一体裁下创作，两部作品将被合并装订成一部完整的图书，分别以两种或以上的语言在各自国家出版发行，首先以希腊为起点，随后将与法国、澳大利亚、比利时、西班牙、俄罗斯等国家出版机构合作。

（5）主办、参加国际图书博览会。截至 2010 年 10 月，北京国际图书博览会自 1986 年创办以来，已成功举办 17 届。作为当今亚洲最大的国际书展，和世界最具有影响力的四大国际书展之一，一年一度的图博会以其国际书展品牌，吸引着各国出版界的关注，成为中国出版走向世界的最重要平台。

（6）实施中国出版"走出去"战略，不断扩大广度和深度。中国出版"走出去"是国家文化发展战略的重要组成部分，也是对外传播文化的主要途径之一，其关键是要将中国文化介绍到海外主流社会，形成较为广泛的影响，增强国家的软实力。为此，政府有关方面采取多种措施，积极推动中国出版"走出去"。"中国图书对外推广计划"是最先实施的工程，随后，"中国文化著作翻译出版工程"、"经典中国国际出版工程"、"文化出口重点企业和项目工程"紧锣密鼓地予以进行。正是在这个大背景下出台的 4 项重要政策，它有力地推动了中国图书版权输出和中外出版合作。

3. 今后有待注意的几个问题

加强政府指导作用，进一步发挥国内出版单位的积极性。中国出版"走出去"在现阶段更多体现的是政府意志和愿望，着眼国家长远利益，以提高国家软实力为主要目标，社会效益重于经济效益，出版单位只是执行者和实施者。因此需要从国家层面制订长远规划，以提高对外出版的规划性和政府的指导作用。

认真研究中外文化差异，寻找突破口。中外文化交流既是增加相互了解和信任的过程，又可能形成相互竞争与冲撞，特别是当这种交流蕴涵着政治、经济和特定民族的价值观时，问题会更突出。要以海外读者的兴趣点为突破口，在选题策划、图书编写和翻译处理上尽量符合他们的阅读口味，使他们自觉自愿地接受中国的东西，而不是宣传品。

按照经济规律办事，加快"走出去"步伐。中国出版的优势主要是区域成本低、本国出版资源丰富，同时中国经济发展刺激了海外市场对中国图书的需求等。但是在国际市场运作、渠道建设和推广宣传方面，我们的经验明显不足。这就需要我们学会利用自身的优势，有意识地采取合作、合资、独资和收购等多种方式在海外建立中国对外出版发行网络和基地，以重点国家和地区以及重点语种为基础，形成自己的产品线和市场份额，使中国主题的图书在国际市场占有一席之地。

不断扩大资助范围，全方位推动中国出版"走出去"。目前"中国图书对外推广计划"还仅限于资助图书出版。随着高新技术引入国际出版业，我们需要考虑兼顾其他新兴出版形式，如数字出版、网络出版、音像出版等。

处理好深度与广度的关系，设立国家重点出版项目。从"中国图书对外推广计划"已资助的图书看，除科技类图书外，大部分为介绍中国基本情况的图书，内容的深度还不够，经典图书不足。为此，需要组织有关专家有目的地选择一批重点图书，特别是与现代中国有关的、有较高学术价值和影响力的图书，制订国家级出版项目规划。

建立稳定的翻译人才队伍，翻译是制约中国出版"走出去"的瓶颈之一。要从根本上解决语言翻译问题，就要从中国文化对外传播的战略高度考虑翻译人才的培养，立足长远和厚积薄发。在国内重点外语大学建立翻译人才培养和培训基地，为对外翻译出版事业不断输送人才。

第四节　国际图书贸易体制

一、发达国家对外图书贸易管理体制与运行机制

（一）管理体制

1. 图书行业组织负责协调和管理

一些国家政府没有设专职的书业管理机构，其出版发行业的协调、管理由图书行业协会承担。美国就是这种管理体制的典型代表。美国有好几个书业协会，如美国出版商协会、美国书商协会、美国大学出版社协会、美国医学出版社协会、美国报纸出版商协会、全国图书委员会等。美国出版商协会成立于 1950 年，由美国教育出版商协会和美国图书出版商协会合并而成，拥有大中型出版企业会员 300 多家，是美国最大、最具影响力的出版商协会。美国出版商协会的国际部负责对国际图书市场的调查研究，积极推动美国图书出口业务的开展，加强国际合作出版，组织各出版社参加国际书展，制定和改进对外销售策略，代表会员参加国际出版商协会。

1989 年，美国书业界以美国出版商协会国际部为骨干，发起组织了"国际贸易集团"。国际贸易集团将世界分成几个市场区，建立 8 个地区委员会。地区委员会的任务是派遣贸易使团、保护版权、合作主办图书展览会、出版会刊、报道国外图书贸易情况，并开展信贷、统计、发货、合作销售等咨询活动。国际贸易集团还建立了一个"世界银行信息服务处"，以便掌握世界银行贷款动向，及时向会员提供信息。

除美国以外，德国、意大利、澳大利亚、韩国等也采用相似管理模式。

2. 书业组织和政府机构共同管理

法国采取政府机构与书业协会共同管理的体制。负责图书出版发行事业管理的官方机构是文化部所属的图书阅读司。图书阅读司负责法国国内图书出版发行的指导和图书进出口的宏观管理。它掌握一笔基金，用来资助翻译外国图书和法国图书的出口。法国政府还组织各方面人士成立了图书监督委员会，除监督国内市场，还对进口外国图书，特别是对儿童图书进行监督，只有获得准许才能进口。

此外，法国教育部和大学部，负责大、中学教科书和学术著作出版发行的管理，同时也涉及此类书籍的出口销售问题。法国外交部也较为关注图书的出口。

与美国模式相比，法国图书管理体制的计划性和集中程度相对大一些，既给了出版商、发行商、批发商等独立开展对外图书贸易的自由，又有国家机关和民间组织的宏观调控，使之与国家经济、文化政策保持一致，有利于消除对外图书贸易中的重复现象。

3. 书业组织为主，政府机构为辅

英国书业的协调管理主要是书业组织进行的。英国最主要的书业组织是英国出版商协会。该协会成立于 1896 年，年销售额占全国出版社销售额的90%左右。英国出版商协会下设图书发展委员会，相当于国际部，负责与欧盟及其他各国政府机构、书业组织进行联络，处理有关国际事务协调各出版社的出口业务，并及时向协会成员提供世界图书市场和世界银行贷款信息。

英国政府虽然不直接参与对外图书贸易的管理，但通过各种方式给予支持和鼓励。英国文化委员会是一个半官方的机构，经常给予出版商出口补贴。文化委员会的图书推广部活动范围极广，除组织会员参加国际图书博览会、筹备巡回书展外，还出版《英国图书新闻》，向东欧和发展中国家免费散发。

英国文化委员会还在政府海外开发局的资助下，开展一些战略性的图书推广工作。如帮助某些国家政府建立出版发行公司，培训业务人员；执行"英语图书学习计划"（即"教育低价图书计划"），向发展中国家的大学生提供低价教科书；实行"赠书计划"，向发展中国家一些无力购书的图书馆赠送图书。

其他资助英国图书出口贸易的政府机构还有英国海外贸易部和外交部。

与英国相似，瑞典政府也很重视出版发行和图书外贸事业，先后建立了国家文化事务委员会和报刊补助委员会。前者负责管理对文学图书出版和销售的资助，后者则负责管理对报纸和各种团体刊物的资助。这两个机构均向教育文化部汇报工作。

加拿大的民间行业协会如国家出版商协会、出版商理事会、加拿大大学出版社协会等起着重要的指导作用。近年来加拿大政府也越来越重视图书出版和发行事业的管理。政府在科技文化交流部下设立图书出版开发规划署以加强政府对图书出版发行和对外图书贸易的控制。

日本图书对外贸易管理体制与英国相似，以行业组织为主。日本出版发行业享有充分自主权，由出版商、批发商、进出口代理商等独立开展对外图书贸易活动。日本文部省和文化厅只是制定一系列有关书业发展的政策，而不干涉企业的经营活动；对外联络、组织参加国际书展、人员互访、推广宣传、促进图书进出口贸易等活动，均由日本书籍出版协会、日本出版批发协会等行业组织负责进行。

总之，世界各国图书贸易管理体制的发展趋势，是趋向于国家专职机构和行业组织的双重管理。原来未设图书贸易管理机构的国家，有一些已陆续建立了有关机构，加强宏观控制与协调；原来只有政府专职部门，而没有民间书业组织的国家，也先后建立了书业协会以协助政府部门加强对书业界的协调和管理。

（二）自由贸易经营机制

1. 自由贸易

图书完全成为商品，图书进出口贸易属于私人或合资企业所有，政府不直接投资或干预经营，国家政策鼓励和扶持企业走向国际市场。企业在法律范围内，只要申领进出口许可证，都可以独立自主地开展图书外贸，进行合理的竞争，所得利润归企业所有。

西方国家一般实行自由贸易的经营体制。图书进出口贸易属于私人或合资企业所有，政府对图书外贸经营活动不直接进行干预。图书进出口企业在法律规定的范围内可以独立自主地进行活动。在这种经营体制下，不管是图书生产者还是图书发行者，只要申领进出口许可证，都可以独自开展对外图书贸易业务，并且可以在法律允许的范围内进行合理的竞争，除按规定交纳进出口税金外，所得利润均归企业所有。出版企业或图书批发企业为了获取更多的利润，求得更大发展，大多采取积极措施，努力开拓国际图书市场，扩大发行渠道，并根据市场需求生产适销对路的图书产品，灵活、适时地调控对外图书贸易策略，因而有利于对外图书贸易额的扩大。

这种经营体制极大地刺激了自由资本主义的出版业的外向型发展，发达国家也都是国际图书贸易市场的主角。美国的几大出版公司如西蒙·舒斯特，麦格劳·希尔，时代华纳，既是美国主要的出版社，又是经营图书进出口的主要公司。

据欧洲信息评估机构 Euromonitor 发布的资料显示，1998 年图书销售额前十名的出版集团中，美国有 3 家（麦格劳·希尔、哈考特·布雷斯、时代华纳），法国 2 家（拉加德尔、哈瓦斯），英国 2 家（培生、里德·艾尔斯维尔），荷兰 2 家（沃尔特斯·克鲁维尔、里德·艾尔斯维尔），德国（贝塔斯曼）和加拿大（汤姆森）各 1 家。它们的销售总额占全球销售总额的 30%，而这些集团的国外市场销售总额占去了集团全部业绩的 70%。

案例一

贝塔斯曼是全球最国际化的传媒集团

早在 1994 年，贝塔斯曼集团的总收入中 64% 来自国外，仅在美国一国的经营收入就达到 25 亿美元，相当于我国当时国内图书销售总收入。

现在，集团业务分布状况，德国本土 37%，欧洲 36%，美国 20%，世界其他地区 7%。

案例二

荷兰的沃尔特斯·克鲁维尔集团

沃尔特斯·克鲁维尔集团又称威科集团（Wolters Kluwer），是全球最大的专业出版集团之一，市场主要分布在美国、法国、英国、德国以及亚太地区，其次才是荷兰本土。其中美国市场占据集团销售总额的 32% 和总利润的 39%。1987 年，沃尔特斯·克鲁维尔集团在 7 个国家设有分公司，63% 的销售收入来自荷兰以外。到 1998 年，集团在 26 个国家有分公司，而荷兰的销售额仅占集团销售收入的 18%。

2. 自由有限制

西方世界对外图书贸易经营体制的所谓自由是相对的。所谓图书外贸自由，是在不危害国家政权和民族利益下的自由，是在国家法律许可下的自由，是在书业道德规范下的自由。事实上许多国家都设立了书刊进出口检查机构，颁布了严格的检查制度，如印度不允许政治上对印度有害的书籍和宣扬色情暴力的书刊进口。

（三）**管理方法**

1. 法律方法

法律措施是各国普遍用来管理书业的方法。随着图书贸易的发展，各国政府通过制定有关外贸进出口管理和经济活动的法令、条例、规程，使之按照对外图书贸易的客观规律调节各种经济关系，维护本国的利益。随着图书外贸事业日益发展，有关法规也越来越完善。

出版发行业必须遵守一般法律的有关规定，如宪法、保密法及一般的经济法、商业法、贸易法等。必须贯彻有关出版者和著作者权利的法律，如知识产权法、著作权法。此外，还有指导出版物发行的法律，如中国的《出版物市场管理规定》，日本的《再贩卖价维持契约书》等。还有贸易管理、道德规范以及案件诉讼处理办法等。这些对图书外贸经营者的行为具有普遍的约束力。

2. 经济方法

经济措施是利用价格、汇率、税收、利润等经济手段，对进出口业务进行的调节活动。经济措施是对外图书贸易中最普遍、最重要的管理手段，不论其管理体制和经营体制如何，经济管理手段都是必不可少的。

关税是对图书外贸进行管理的重要经济措施之一。所谓关税，就是进出口货物通过一国国界时，由该国政府所设置的海关，向有关进出口商征收的一种税收。关税的主要作用在于增加收税国的财政收入，保护国内产业与市场，调节进出口商品结构。关税的征收也限制了外国的货物大批进口，保护本国厂商的生产和产品销售；对进口货物加收高税，将使消费者付出更高的价格，有时也会对本国经济的发展产生不利的影响。

进口税。世界上很多国家对书刊不征收进口税，特别是加入世界贸易组织的国家主张零关税。但是也有少数国家对部分出版物进口征税。如西班牙、希腊、葡萄牙、玻利维亚、印度尼西亚对外商用本国文字出版的出版物的进口征收进口税 2%，或 20%，甚至 100%。我国出口的艺术出版物及手工艺品，如绘画、剪纸、书签、贺卡等被一些国家征收进口税。

出口税。对于少数紧俏商品和原材料征收出口税，一般商品不收。

普遍优惠制。普惠制规定进口商品必须全部产自受惠国家，受惠国必须提供确切详细的"原产地证明书"。我国从 1979 年起已正式被允许享受普遍优惠制待遇。目前对我国实行普惠制的给惠国有欧盟国家、新加坡、澳大利亚、日本、加拿大、美国等。我国生产出口的艺术画册、明信片、书签等，可以向商品检验局申请签发"原产地证明书"，以取得进口给惠国对关税的减免。在大宗出口贸易中，运用普惠制可以适当提高出口价格，买方由于免付进口税，即便价格提高一点，也觉得比付进口税便宜，乐意成交。

进口许可证制。由进口国有关当局向提出申请的进口商颁发的一种许可证，否则一律不准进口。有些国家规定，申请进口的书商必须呈交进口书刊样本进行审查，甚至要求每种期刊的每一期都要提供样本。如马来西亚原则上同意进口《中国画报》，但必须逐期审查；西班牙和西非、北非一些国家，凡申请进口外国书刊，也必须先将样本送政府新闻部审查。埃及对阿拉伯文图书的进口审批，比对英文图书还要严格。这种只限于某类商品并逐次申请批准的办法，称为特种许可证制度。

经济援助。图书出版物普遍不收出口税，而且采用补贴、资助、出口信贷、邮资特许、运输优惠、出口奖励等鼓励出口。

（四）对我国图书贸易的启示

西方发达国家对外版权贸易历史悠久，拥有较完善的国际分销网络和较强的市场运作技能，并且形成了对涉外版权贸易的国内法保护体系，这对于版权贸易尚处在发展阶段的中国来说，可以得到一些有益的启示。

1. 版权贸易的主要形式：版权许可应多于版权转让

版权许可和版权转让是版权贸易的两种主要形式，二者之间有着很大的差别。版权许可是著作权人许可他人在一定期限、一定范围、一定条件下，对自己享有著作权的某一或某些特定作品，使用其著作权中的一项或几项权利；而版权转让是著作权人把自己享有著作权的某一或某些作品的著作权中的一项或几项权利出让给他人，出让后，受让人便成了该作品的一项或几项权利的所有者，出让人则失去了这些权利。版权转让有全部转让和部分转让之分。

在版权许可贸易中，由于版权所有权未发生转移，所以一次版权许可使用获得的利润较少，且著作权人需面临很多复杂的版权问题；但另一方面，著作权人可以通过多次发放许可使用证获取较大的利润。版权转让则不同。由于版权人在一定时期内将版权转让给受让人后，他自己不再享有已转让的版权所有权，所以可以获得较高的报酬；同时，在这段时期内，版权人可以不再关心权利是否被侵犯。与版权许可相比，版权转让是一种收益快、风险小、易操作的版权贸易方式。西方发达国家通常选择版权许可方式进行交易，通过多次许可使用版权来获取更高的利润。我国在进行版权输出时，由于版权贸易操作能力比较差，有些出版商甚至是急功近利，有一点利润就很满足，常常选择版权转让的方式进行交易。

纵观世界各国版权立法实践，西方有些发达国家是允许版权有偿转让的，但是作出了关于版权转让贸易的规定，如允许部分转让版权，禁止一次性转让全部版权，或者只允许版权中特定的几项财产权利的转让，其他权项禁止转让。我国现行的著作权法既未禁止版权转让贸易，又未明文允许版权转让贸易。但从西方国家立法及实践的经验来看，卖绝版权因难以合理确定转让价格，故极其损害作者利益，即使是在允许版权卖绝的国家，版权所有人卖绝版权的现象也很少。所以，从长远发展来看，我国在进行版权交易时，宜吸收西方国家的先进经验，版权许可应多于版权转让。

2. 版权贸易的信息渠道：重视与版权代理公司的合作

目前国际版权界常用的信息渠道有：版权代理公司、国际图书博览会、网络等。国际图书博览会是一个重要的信息渠道。西方出版商一般参加的图书博览会有法兰克福书展、美国书展、伦敦书展、意大利波罗尼亚书展、东京书展等。图书博览会是绝大多数出版社推销自己的重要场合，为获得西方出版商的书目提供了很好的机会。目前，我国书业界、版权界普遍开始重视图书博览会的积极作用，北京国际图书博览会（BIBF）和上海版权贸易洽谈会正逐年走向世界，参加法兰克福书展等国际图书博览会的热情也较高。

利用网络查找信息在我国出版界发展较快。利用网络寻找新书版权，已成为编辑经常做的一项工作。如《哈利·波特》一书，正是人民文学出版社的编辑在网络上看到此书在欧美疯狂畅销的消息，进而从行业报纸上获知具体的资料，最终决定竞买的。2006年，中国出版在线配合第13届北京国际图书博览会的召开，紧急上线了版权贸易平台——中国版权在线（copyrightonline）。中国版权在线开辟了中文简体版权、中文繁体版权、海外版权、原创书稿版权、影视剧本版权及图片版权六大版权交易平台，成为我国第一个全面关注版权产业、版权交易的综合性站点。

西方的版权代理业十分发达。版权代理首先出现在文学领域，一般称为文学代理人，在英国最为发达。著名的 A.P. 瓦特有限公司（A. P. Watt Ltd）成立于1875年，至今已有一百多年的历史，后来又在美国被广泛采用。欧洲其他一些国家也有版权代理机构。一部作品的作者及其他版权所有人在版权交易中必然面临诸多令人棘手、难以处理的复杂问题。例如自己辛辛苦苦创作完成的作品将销往哪国，在使用版权的各种合同签署后，对双方的义务履行情况如何监督，如果发生了侵犯作者著作权的行为如何提起诉讼等，这都需要由代理机构来代表版权所有人行使权利。近年来，随着出版专业分工越来越细，众多的出版社更加愿意集中人力、物力、财力投入出版主营业务，而把版权的引进和输出交给专业版权代理机构来做。这样，出版社可以节省精力，降低成本，提高工作效率，充分发挥出版资源的优势，多出书，出好书；而代理机构可以在此过程中不断积累资源，更好地为出版社服务。

与其他信息渠道相比，版权代理在我国版权交易中所起的作用是有限的。600（美国）：200（英国）：28（中国）——与人口和领土极不相称的比例，意味着中国的版权代理业仍处在起步阶段。这主要是因为：版权代理是一项对从业人员素质要求较高、前期投入大、收效又较慢的工作。所以，对它的前期工作要给予一定的扶持，国家应完善有关法律法规，为版权代理机构创造一个公平、合理、规范的发展空间；各出版社也应重视与版权代理机的合作，做到术业有专攻，各尽其职。

3. 版权贸易的营销策划：加大对外宣传力

西方的出版业同其他产业一样，在整体经营过程中，营销策划起着举足轻重的作用。

西方发达国家在图书营销方面往往投入大量的资金，用于宣传促销的费用，一般占图书发行总码洋的 5%~8%，新书宣传费用占其初版销售码洋的 10%~15%。美国著名出版人托马斯·沃尔在《为赢利而出版》一书中提到，美国出版公司的营销费用一般占到纯销售额的 13%~16%。

在宣传促销的方式上，西方国家已逐步摆脱了过去的单一化模式，朝着多样化方向发展。综合运用多种宣传媒体围绕某一既定的目标展开多样化、立体式的促销，已成为国外书业界较为普遍的做法。英国布鲁姆斯伯利出版社在畅销《哈利·波特》的营销上就同时运用了多种方式，如设计推出不同版本以适应不同层次读者群需要、开发衍生版权展开交叉促销、拍摄同名电影促销等。通过这些方式的综合运用，为《哈利·波特》的畅销创造了良好条件。

我国的出版社从单纯的生产型向生产经营型转变，其人员配备在相当程度上受到原有体制的影响，重编辑生产，轻宣传促销的现象还未完全得到扭转。虽然近年来这种现象有所好转，但问题还未得到解决，这方面同书业发达国家之间的差距依然存在。比如，在宣传促销的资金投入方面的比例太低。据有关资料统计，计划经济时期，我国出版行政机关规定出版发行单位的图书宣传费允许达到销售额的 2%，但实际执行的结果，大多数出版社都不超过 1%。近几年这种状况虽然有了很大改变，但宣传促销投入不足的情况仍普遍存在。

二、我国对外图书贸易体制的改革

(一) 中国对外图书贸易体制的特点

在改革之前，我国的对外图书贸易的管理体制存在一定的弊端，主要有：产销脱节、分属归口不一、产权单一等。主要表现为：

第一，国家决策部门权力过分集中，行政管理部门又统得过死，对外图书贸易单位缺乏经营自主机制，不能针对迅速变化的国外情况及时灵活地开展图书贸易活动，常常失去有利时机。

第二，长期以来，对外图书贸易机构一直实行事业管理体制，未能很好地按经济规律办事，对外图书贸易机构缺乏活力，难以充分发挥作用。

第三，我国图书出口和进口各是一个独立单位并且分属不同的领导机制，难以协调关系；进出口分离，失去了进出口相济、以进口带出口的可能，对于开拓市场、扩大出口不利。

第四，图书进出口渠道单一，缺乏竞争机制，企业缺乏活力和主动精神，服务效率和服务质量不高，难以适应国内外图书市场的需要。

2000年以来，我国的图书外贸体制改革进展较快，图书进出口机构出现了新的面貌，主要表现为：

第一，由过去的进出分开单一经营到进出结合多元化，有利于扩大对外图书贸易渠道，开拓中国图书的国外市场；有利于以进带出，以出补进，进出相济；有利于扩大经营范围，创造新的经营方式；有利于提高竞争意识，调动地方和单位对外经营的积极性。

第二，经营单位扩大经营自主权，减少繁琐的汇报审批制度，把握时机，灵活主办，决策迅速。一些单位根据市场需要和可能，在方针政策允许的条件下，开展多种经营，积极扩大经营范围，增加服务项目，加强与国外书业界的联系，以进带出，灵活成交。

第三，各单位加强内部管理，减少管理层次和业务环节；实行下属单位部门承包经营，独立核算，增加业务收入实行奖惩办法，把个人奖金所得同部门经营好坏和单位的整体经济效益结合起来，调动职工的积极性。

第四，各单位在开放形势下积极拓展新的业务，以应对新的竞争环境下的挑战。譬如，中国图书进出口总公司改组内部机构，扩大进口业务范围，设立音像部，成立出版部门和出口部门，开展宾馆代销进口书刊业务，并举办北京国际图书博览会，中国国际图书贸易总公司筹建朝华出版社和缩微出版物进出口公司，重新组建进口中心，使业务范围不断扩展。

（二）中国对外贸易管理的基本制度

外贸体制改革为加强对外图书贸易的宏观控制创造了条件，而要实现宏观控制目标则有赖于具体的管理措施。

1. 审批制和登记制

1979年，我国进行外贸体制改革，旨在改革高度集中的外贸经营体制，下放外贸经营权，建立外贸经营资格审批制，根据1994年颁布实施的《对外贸易法》第九条规定：从事货物进出口与技术进出口的对外贸易经营，必须具备法定条件，经国务院对外经贸主管部门许可，从而在法律上确定了审批制。

2001 年以后，我国对外贸易经营权的管理体制开始逐渐向登记制过渡。2001 年 6 月发布了《外经贸经营资格管理的政策与条件》，同年 7 月 10 日发布了《关于进出口经营资格管理的有关规定》，对进出口经营资格做出了统一规定。2003 年商务部发布了《关于调整进出口经营资格标准和核准程序的通知》，对进出口经营资格的标准进行了调整。2004 年 4 月修订、7 月 1 日起实施的新《对外贸易法》第 8 条、第 9 条进一步明确了对外贸易主体范围和备案登记制。所有这些努力都表明，我国的对外贸易制度已逐步完成了从审批制向备案登记制的蜕变。这也是我国履行加入 WTO 时关于对外贸易主体方面承诺的表现。

2. 许可证制

（1）进出口许可证的含义。进出口货物许可证是国家管理货物出入境的法律凭证。

（2）进出口许可证管理的含义、内容。进出口许可证管理是指国家限制进出口目录项下的商品进出口，必须从国家指定的机关领取进出口许可证，没有许可证一律不准进口或出口。

进出口许可证管理，是根据国家的法律、政策和国内外市场的需求，对进出口经营权、经营范围、贸易国别、进出口货物品种、数量、技术等实行全面管理、有效监测。

（3）进出口许可证管理体制。商务部是全国进出口许可证的管理部门，负责制定进出口许可证管理的规章制度，发布进出口许可证管理商品目录和分级发证目录，设计、印制有关进出口许可证书和印章，监督、检查进出口许可证管理办法的执行情况，处罚违规行为。

商务部授权配额许可证事务局、商务部驻各地特派员办事处和各省、自治区、直辖市及计划单列市外经贸委（厅、局）为进出口许可证发证机构，在许可证的统一管理下，负责授权范围内的发证工作。

（4）进出口许可证的签发原则

①实行分级管理原则。

②实行"一关一证"、"一批一证"管理。

③必须讲求时效性。

④出口商品价格必须符合商会协调的出口价格。

3. 海关检查制

（1）海关职能

海关是国家进出关境的监督管理机关，其基本职能是：进出关境监管，征收关税和其他税、费，查缉走私，编制海关统计，办理其他海关业务。

（2）海关体制

中国实行集中统一的、垂直的海关管理体制，即海关的隶属关系，不受行政区划的限制；海关依法独立行使职权，向海关总署负责。

①海关总署。国务院设立海关的最高管理机关，即海关总署，统一管理全国海关。海关总署与全国的海关是领导与被领导，管理与被管理的关系。

②海关设置。海关设置分为直属海关和隶属海关两个层级，直属海关直接由海关总署领导，隶属海关由直属海关领导。

（3）海关监管

①海关监管的含义

海关监管是指海关依据国家法律、法规对进出关境的货物、物品、运输工具实施报关登记、审核单证、查验放行、后续管理、查处违法的行政监督管理职能。

②海关监管的任务

执行国家外贸管制法规，监督管理运输工具、货物、物品合法进出境，保证国家对外经济贸易政策的贯彻实施；加强海关对市场经济的宏观监控，维护国家主权利益，促进经济、科技、文化交流；为海关征税、统计、稽查和查私及时提供原始单证、资料和线索。

报关是履行海关进出境手续的必要环节之一。报关是指进出口货物收发货人、进出境运输工具负责人、进出境物品所有人或者他们的代理人向海关办理货物、物品或运输工具进出境手续及相关海关事务的过程，包括向海关申报、交验单据证件，并接受海关的监管和检查等。

报关涉及的对象可分为进出境的运输工具和货物、物品两大类。由于性质不同，其报关程序各异。运输工具如船舶、飞机等通常应由船长、机长签署到达、离境报关单，交验载货清单、空运、海运单等单证向海关申报，作为海关对装卸货物和上下旅客实施监管的依据。而货物和物品则应由其收发货人或其代理人，按照货物的贸易性质或物品的类别，填写报关单，并随附有关的法定单证及商业和运输单证报关。如属于保税货物，应按"保税货物"方式进行申报，海关对应办事项及监管办法与其他贸易方式的货物有所区别。

报关工作的全部程序分为申报、查验、放行三个阶段。

进出口货物的申报。进出口货物的收、发货人或者他们的代理人，在货物进出口时，应在海关规定的期限内，按海关规定的格式填写进出口货物报关单，随附有关的货运、商业单据，同时提供批准货物进出口的证件，向海关申报。

进出口货物的查验。进出口货物，除海关总署特准查验的以外，都应接受海关查验。查验的目的是核对报关单证所报内容与实际到货是否相符，有无错报、漏报、瞒报、伪报等情况，审查货物的进出口是否合法。海关查验货物，应在海关规定的时间和场所进行。如有特殊理由，事先报经海关同意，海关可以派人员在规定的时间和场所以外查询。申请人应提供往返交通工具和住宿并支付费用。

进出口货物的放行。海关对进出口货物的报关，经过审核报关单据、查验实际货物，并依法办理征收货物税费手续或减免税手续后，在有关单据上签盖放行章，货物的所有人或其代理人才能提取或装运货物。此时，海关对进出口货物的监管才算结束。另外，进出口货物因各种原因需海关特殊处理的，可向海关申请担保放行。海关对担保的范围和方式均有明确的规定。

第四章　WTO 与中国图书的国际化

第一节　入世对中国图书的国际化的影响

一、WTO 的基本原则与相关文件

（一）基本原则

1. 非歧视待遇原则

非歧视待遇原则也称无差别待遇原则。它指缔约方在实施某种限制或禁止措施时，不得对其他缔约方实施歧视性待遇。任何一方不得给予另一方特别的贸易优惠或加以歧视。该原则涉及关税削减、非关税壁垒的消除、进口配额限制、许可证颁发、输出入手续、原产地标记、国内税负、出口补贴、与贸易有关的投资措施等领域。非歧视待遇原则是通过最惠国待遇和国民待遇原则实现的。最惠国待遇就是给予某一成员国的最新优惠政策同样给予其他所有成员国；国民待遇就是给予国内企业的政策同样给予国外企业。

非歧视待遇又称无差别待遇，是 WTO 的基本原则之一。它要求 WTO 成员方在实施某种优惠待遇和限制措施时，不要对成员方实施歧视待遇。非歧视待遇由无条件最惠国待遇和国民待遇条款体现出来。

（1）最惠国待遇条款在《关贸总协定》的第 1 条中被规定为"协定的各成员对于其他成员的产品，必须给予不低于任何其他国家的产品的优惠待遇"。最惠国待遇指一国在国际贸易问题上，不应在其贸易伙伴之间造成歧视，一国给予另一贸易伙伴的贸易优惠，必须给予其他所有 WTO 的各成员方。WTO 体制中的最惠国待遇原则具有多边、无条件、自动适用的特点。即凡是 WTO 的一成员方给予另一成员方的任何贸易优惠，原则上均应立即无条件的、自动给予其他各成员方。

最惠国待遇的基本目的是国家（地区）通过条约的法律形式来保证在国际经贸活动中处于比第三国（地区）更有利的地位或至少是不受歧视性

待遇。《关贸总协定》首次使最惠国待遇建立在多边协议的基础上。世贸组织建立之后，最惠国待遇扩及到新的多边协议中，如与贸易有关的投资措施协议、服务贸易总协定与贸易有关的知识产权协定等。

（2）国民待遇是指在外国产品、服务或具有知识产权的产品进入一成员国国内市场时，应给予其与本国的产品、服务或具有知识产权的产品相同的待遇。国民待遇与最惠国待遇相结合，可以有效地确保非歧视待遇的落实。《关贸总协定》第3条内容是"国民待遇"，它要求一旦货物已经进入某个市场，它们必须获得不低于相同的当地制造商品所获得的最优惠待遇。其本质是赋予与本国有特定关系的外国人享有与本国国民同等的民事权利的一种制度。《关贸总协定》所规定的国民待遇只适用于货物贸易及由此而产生的其他经济行为，而未涉及外国直接投资。世贸组织则把其拓宽到货物贸易中的原产地规则、动植物卫生检疫、与贸易有关的投资措施、服务贸易总协定与贸易有关的知识产权协定中。

2. 贸易自由化与市场准入原则

所有商品应该自由进出，放低国外企业在各成员国设立的限制条件。

贸易自由化是指世贸组织各成员在货物、服务与贸易有关的投资要逐步实现自由化，即各成员方保证履行世贸组织负责实施管理的乌拉圭回合和以后世贸组织成员达成的协议与协定，逐步降低关税，减少贸易壁垒，消除国际贸易中的歧视待遇，扩大货物、服务与贸易有关的投资方面的准入度。

所谓市场准入（Market Access），是指一国允许外国的货物、劳务与资本参与国内市场的程度。《服务贸易总协定》第16条规定，一成员方给予其他成员方服务和服务提供者的待遇应不低于其在承诺义务的计划表中确定的期限、限制和条件。它指在国际贸易方面两国政府间为了相互开放市场而对各种进出口贸易的限制措施，其中包括关税和非关税壁垒准许放宽的程度的承诺。

市场准入原则旨在通过增强各国对外贸易体制的透明度，减少和取消关税、数量限制和其他各种强制性限制市场进入的非关税壁垒，以及通过各国对外开放本国服务业市场所作出的具体承诺，切实改善各缔约方市场准入的条件，使各国在一定期限内逐步放宽服务业市场开放的领域。市场准入是国家对市场基本的、初始的干预，是政府管理市场、干预经济的制度安排，是国家意志干预市场的表现，是国家管理经济职能的组成部分。自然人的民事权利能力和行为能力是天赋的，法律给予普遍的、一般的确认，而自然人、法人和其他组织从事经济活动的权利能力和行为能力是由法律特别确认的，必须通过一定的程序获得，如登记、许可。

WTO 一系列协定或协议都要求成员分阶段逐步实行贸易自由化，以此扩大市场准入水平，促进市场的合理竞争和适度保护。主要表现在：

①《1994 年关贸总协定》要求各成员逐步开放市场，即降低关税和取消对进口的数量限制，以允许外国商品进入本国市场与本国产品进行竞争。这些逐步开放的承诺具有约束性，并通过非歧视贸易原则加以实施，而且一成员要承诺不能随意把关税重新提高到超过约束的水平，除非得到 WTO 的允许。

②其他货物贸易协议也要求各成员逐步开放市场。如《农业协议》要求各成员将现行的对农产品贸易的数量限制进行关税化，并承诺不再使用非关税措施管理农产品贸易和逐渐降低关税水平。这类协议还包括《海关估价协议》、《贸易的技术性壁垒协议》、《动植物检疫协议》等。

③《服务贸易总协定》要求各成员逐步开放服务市场，即在非歧视原则基础上，通过分阶段谈判，逐步开放本国服务市场，以促进服务及服务提供者间的竞争，减少服务贸易及投资的扭曲，其承诺涉及商业服务、金融、电信、分销、旅游、教育、运输、医疗与保健、建筑、环境、娱乐等服务业。

④有利于扩大市场准入的其他基本原则，即各成员还可利用争端解决机制，解决在开放市场方面纠纷和摩擦，积极保护自己；同时，贸易体制的透明度也有利于扩大市场准入。

3. 减少贸易壁垒原则

减少进口税直至取消进口税，不给进口数量设限。

（1）逐步削减关税原则。该原则除了要求通过谈判削减关税税率外，还要求在谈判期间不得提高现行税率；不得增减免税税目；固定现行各项税率，规定税率的最高限额。

（2）一般取消数量限制的原则。数量限制是国家对允许进口的商品数额采取的限制性措施。一般取消数量限制的原则，意味着根据 WTO 的要求，为了逐步促进贸易的自由化，在一般情况下，不允许国家对进出口商品的数量进行限制；已在实施的限制，应当逐步取消。

国家实施数量限制的主要手段是配额和许可证制度。根据一般取消数量限制的原则，WTO 规定：任何缔约国除征收关税和其他税费外，不得设立或维持配额、进出口许可证或其他措施以限制或禁止其他缔约国领土的产品输入，或向其他缔约国领土输出或销售出口产品。

关税减让是总协定的主要宗旨，总协定成员国通过多边贸易谈判减让关税；对于已列入关税减让表的商品关税，各缔约方不得采取任何形式进行变更。

在世贸组织中，除继续坚持以关税作为货物贸易的主要保护手段外，在一般取消数量限制方面取得了很大进展。

第一，采取"逐步回退"办法，逐步减少配额和许可证。通过"纺织品与服装协议"，逐步取消纺织品和服装贸易中的数量限制，最后实现这类商品的贸易自由化，使背离以关税作为主要保护手段的"多种纤维协议"消亡。

第二，从取消数量限制向取消其他非关税壁垒延伸。在世贸组织负责实施的货物贸易协定，诸如原产地规则、装船前检验、反倾销、贸易的技术壁垒、进口许可证程序、补贴与反补贴、海关估价、政府采购等协议中，通过制订新规则和修订原规则，约束各种非关税壁垒实施的条例。对实施非关税壁垒的标准和手段予以更加严格、明确和详尽的规定，提高了透明度。

第三，把一般取消数量限制原则扩大到其他有关协定，如服务贸易总协定。该协定在市场准入部分规定：不应限制服务提供者的数量，不应对服务的地域实行限制，不应采取数量配额方式要求限制服务的总量等。

4. 公平竞争原则

公平竞争原则又称为公平贸易原则，基本含义是：各成员方和出口经营者均不应采取不公平的贸易手段进行国际贸易竞争或扭曲国际贸易的公平进行。

根据这一原则，WTO 特别强调各成员方不得实行补贴的贸易策略，出口商不得采用倾销的方式在其他成员方销售其产品，如果倾销或补贴的商品给某一进口成员方的相应工业造成损害或损害的威胁，该进口成员方可以采取反倾销和反补贴措施。

在实施公平竞争方面，WTO 除了继续通过 GATT 体制下的反倾销、反补贴防止因倾销和出口补贴所形成的不公平竞争外，还将纺织品、服装和农产品贸易纳入 WTO 体制管辖范围之内。同时，通过加强对知识产权的保护，打击假冒、仿制、剽窃、盗用等不公平竞争行为，维护正当竞争秩序。此外，WTO 还通过约束政府采购金额，扩大公平竞争的机会。

5. 透明度原则

透明度原则是指 WTO 的各成员方正式实施的有关进出口贸易政策、法令及条例，以及成员方政府或政府机构与另一成员方政府或政府机构签订的影响国际贸易政策的现行协定，都必须公布。

国家有关出版业或其他行业的法律政策应该为国外公司所知道，没有隐瞒；出版业企业的经营业绩、数据要尽可能公开。

国民待遇和贸易自由化与市场准入将使我国出版企业竞争者大量增多，经营竞争加剧，争夺读者，甚至中文出版物读者；最惠国待遇、互惠待遇和贸易透明度等原则可以为我国出版企业营造良好的市场环境，有利于增强国内出版单位参与国内外市场竞争能力。

（二）与出版业有关的文件

1. 关税及贸易总协定

《关贸总协定》涉及的主要是出版物的市场准入问题，其实质是出版物关税的减让。

关税及贸易总协定（General Agreement on Tariffs and Trade，GATT）是一个政府间缔结的有关关税和贸易规则的多边国际协定，简称关贸总协定。它的宗旨是通过削减关税和其他贸易壁垒，削除国际贸易中的差别待遇，促进国际贸易自由化，以充分利用世界资源，扩大商品的生产与流通。关贸总协定于 1947 年 10 月 30 日在日内瓦签订，并于 1948 年 1 月 1 日开始生效。

自关贸总协定成立以来，在其存在的近 50 年的时间里共成功举行了八轮多边贸易谈判。随着经济全球化的发展，国际经济贸易关系进一步走向复杂，为了适应这一状况，关贸总协定处于不断变化之中。关贸总协定的变化发展主要体现在八轮多边贸易谈判的变化上；从单一的关税减让谈判发展为综合性谈判；谈判方式也趋向多样化：从基本的产品对产品的方式演变为线性减税方式和瑞士方式即公式法减税；谈判主体也从以当初的美国为中心发展转变为美国、日本和欧盟三足鼎立、发展中国家成一家之言的局面。

2. 服务贸易总协定

《服务贸易总协定》涉及的主要是出版业（包括印刷、出版、发行及与出版有关的服务）的市场准入，其实质是出版业对外开放的承诺。国内印刷和发行已经承诺并且执行了，即外资可以在国内创办这些领域的企业。

《服务贸易总协定》（General Agreement on Trade in Service，GATS）是世界贸易组织管辖的一项多边贸易协议。《服务贸易总协定》由三大部分组成：一是协定条款本身，又称为框架协定，二是部门协议，三是各成员的市场准入承诺单。《服务贸易总协定》本身条款由序言和六个部分 29 条组成。前 28 条为框架协议，规定了服务贸易自由化的原则和规则，第 29 条为附件（共有 8 个附件）。主要内容包括：范围和定义、一般义务和纪律、具体承诺、逐步自由化、机构条款、最后条款等，其核心是最惠国待遇、国民待遇、市场准入、透明度及支付的款项和转拨的资金的自由流动。《服务贸易总协定》适用于各成员采取的影响服务贸易的各项政策措施，包括中央政府、地区或地方政府和当局及其授权行使权力的非政府机构所采取的政策措施。

《服务贸易总协定》的宗旨是在透明度和逐步自由化的条件下，扩大全球服务贸易，并促进各成员的经济增长和发展中国家成员服务业的发展。协定考虑到各成员服务贸易发展的不平衡，允许各成员对服务贸易进行必要的管理，鼓励发展中国家成员通过提高其国内服务能力、效率和竞争力，更多地参与世界服务贸易。

《服务贸易总协定》规定国际服务贸易具体包括四种方式：

①跨境交付（Cross-border Supply）；

②境外消费（Consumption Abroad）；

③商业存在（Commercial Presence）；

④自然人流动（Movement of Natural Persons）。

《服务贸易总协定》列出服务行业包括以下 12 个部门：商业、通信、建筑、销售、教育、环境、金融、卫生、旅游、娱乐、运输、其他，具体分为 160 多个分部门。协定规定了各成员必须遵守的普遍义务与原则，磋商和争端解决的措施步骤。根据协定的规定，WTO 成立了服务贸易理事会，负责协定的执行。

3. 与贸易有关的知识产权协议

《与贸易有关的知识产权协议》（Agreement On Trade-related Aspects of Intellectual Property Right，TRIPS）是关贸总协定乌拉圭回合谈判的 21 个最后文件之一，于 1994 年 4 月 15 日由各国代表签字，并于 1995 年 1 月 1 日起生效由同时成立的世界贸易组织管理。自 2001 年 12 月 11 日中国正式加入世界贸易组织时对我国生效。《与贸易有关的知识产权协议》由序言以及七个部分共 73 个条款构成。首次将最惠国待遇原则引入知识产权的国际保护领域；要求成员对知识产权（限于其明文规定的七种客体）提供更高水平的立法保护；同时要求成员采取更为严格的知识产权执行措施；此外还要求成员的知识产权获权和维持程序必须公平合理；协议将成员之间知识产权争端纳入 WTO 争端解决机制，加强了协议的约束力。《与贸易有关的知识产权协议》涉及的是著作权的保护问题，实质是提高对国外著作权的保护水平和保护范围，进一步扩大图书版权贸易的范围。

这个文件将会成为知识产权保护的国际标准。"TRIPS"协议涉及的知识产权共有以下几个方面：著作权及其相关权利、商标、地理标记、工业品外观设计、专利、集成电路布图设计、对未公开信息的保护和对许可合同中限制竞争行为的控制。

（三）出版业的国际化内涵

出版国际化主要包括贸易全球化、生产全球化、要素全球化和制度全球化四个方面。贸易全球化或曰市场全球化是出版国际化的首要表现形式，"是出版业参与全球化进程的先导"，"是对全球出版资源的优势互补"；生产全球化是出版国际化的物质前提和基础，具体表现为出版分工合作及过程的全球化；包括资本、人力、出版资源等在内的出版要素全球化是出版国际化的核心，其在国际图书市场的自由流动是出版国际化的重要推动力；制度全球化是出版国际化的保证，这些制度涉及国际惯例、WTO 相关规则及国际版权保护规则。

1. 出版物实物贸易全球化

出版物实物贸易全球化，是出版业国际化的首要表现形式，但是，出版物的产品特征不适合大规模的全球销售，出版物实物贸易的全球化程度较其他行业低。如汽车的全球化程度就高，其市场基本不受民族地区限制，好的都可以接受。

图书生产的特征主要表现为：品种多、批量小、价值低、运输成本高、读者对阅读时效的要求等。而这些都使得图书出版业不适合进行国际化生产的，即集中由一国生产而面向全世界销售是不经济的。以计算机芯片为例，全世界每年主流芯片只有一个型号，如"P3"、"P4"等，一个型号可以生产几十亿片甚至几百亿片，加上产品价值高、体积小，最适合全球化集中生产和销售，类似的还有计算机、汽车、电视机等，都表现为品种少、批量大、价值高的特征。图书的生产则表现为另一种景象。全世界一年出版图书品种 80 万种以上，加上需求十分分散，所以出版业的生产和销售一定会有明显的地域特征。

2. 生产全球化

生产全球化，是出版业国际化的物质前提和基础，具体表现为出版业国际分工与合作、出版物生产过程的全球化。如某一出版物的选题、制作和发行分别执行于多个国家。跨国出版集团选题在发达国家，制作在印度或中国内地或香港地区，出版物又在多个国家同时上市销售。

伴随着不断加快的经济全球化进程，出版的生产要素将按照效益最大化原则，不可避免地在国际进行优化配置。一些大型跨国出版公司为了扩大市场份额，充分利用他国的廉价物资资源和人力资源以及自己的设备和管理经验，在异地建厂，进行异地（在其他国家）生产，以期实现生产要素的最佳配置和利润最大化。

现代高科技的发展及其在出版业的应用和跨国公司的迅速发展，大大加速了出版国际化的发展进程。信息技术、网络技术的发展和日臻完善以及出版技术的现代化（如网络支付手段、远程按需印刷技术的完善等），为加速出版生产的国际化提供了技术保障。

跨国公司是资本流动的载体，出版业跨国公司的发展既为出版业资本的扩张和流动提供了基础条件，又是出版国际化的集中表现。从一定意义上说，没有跨国公司作为载体，也就谈不上国际化，更谈不经济全球化。

3. 要素全球化

要素全球化，是出版业国际化的核心，包括资本、人力和出版资源（选题、作者、版权、设备和技术）的国际化。

人才的跨国流动。一个出版集团的成员来自许多国家，拥有不同的国籍，如香港的一家出版社员工共五个国籍。

出版资源作为出版生产的要素，必然随着出版生产的全球化而走向国际化轨道。出版资源中最为重要的当属人才和技术，当然还包括版权资源等。生产的国际化和资本的国际化，必定引起人才和技术的国际化，形成人才随资本流动、技术随人才转移的局面。因此未来出版业的竞争主要将体现在对人才和技术等生产力核心要素的竞争。这将是出版业未来国际化发展的重要趋势。

资本的跨国兼并、收购。如前所讲，跨国出版集团快速有效的扩展依靠的就是到海外直接收购，因此有人认为它是推进出版业国际化最强大的动力源。资本的国际化将是出版业国际化的重要特征。随着出版物生产的国际化和生产要素在全球范围内的流动与配置，资金在国际的流动成为必然。反过来，资金的流动又带动出版产业的发展，为出版业发展提供了资金保证。资本的国际化表现为跨国财团的资本的流动地域拓宽、国际金融市场的一体化、国际金融市场的资本流动速度大大加快以及债券市场空前活跃，从而使国际金融市场不断走向国际化。从资本的流向看，更多的是由发达国家流向发展中国家。这既为发展中国家出版业发展提供了条件，同时也与发展中国家出版业形成强有力的竞争。

在出版业中，市场要素的全球化最有潜力的是版权的全球化。广义的版权产业已经成为世界上最大的产业之一。根据有关方面的资料显示，美国版权业在1992年即达到3 250亿美元，占美国国民生产总值的5.6%，版权产品的出口和对外转让收入390亿美元。到2002年6月底，我国共批准外商投资企业405 180家，但我国至今仍然不允许外资进入出版业的核心环节，即出版社的编辑制作环节。据统计，全世界完全承诺开放出版社内容制作环节的只有20多个国家。

在我国出版业走向世界的进程中，版权贸易一直是最主要的方面，就全国范围而言，版权贸易持续大幅度上升，1998年，全国出版社引进版权5 469种，输出版权588种；1999年，我国引进版权6 461种，输出418种；据辛广伟先生统计，从1990年到2000年，我国出版社的版权贸易已超过30 000项，其中引进26 000多项，输出5 000多项。一批有眼光、有实力的出版社重视版权贸易工作，使我国通过版权贸易引进的科技、财经、外语类书籍及其他精品图书的品种逐渐增多，在国家科技发展和经济建设等方面的作用也日益明显。版权的引进成为国家知识创新工程的一部分，同时，版权贸易的繁荣与发展又为出版业的发展注入了新的活力，成为出版业的新的经济增长点。

4. 出版制度与文化的全球化

出版制度与文化全球化是出版业国际化的保证，也是最高境界。世界贸易规则和一流的版权保护规则是国际化的出版制度的基石，我国要加强政府职能的转变，制定和修改相应的法律法规，以开放的视角、国际化的视野指导和管理出版业，出版单位和出版人更要更新观念，以先进的出版理念提升与国际接轨的能力，铸造新的出版文化。

市场作为产品的交换体系，是经济发展的基础，是拉动经济增长的重要动力。市场的发育程度标志着经济的发展水平。在经济全球化的进程中，生产的国际化必然导致市场的国际化。事实上，生产国际化的目的就是实现产品在全球范围内销售，即生产的国际化以市场的国际化为最终目的。只有实现市场的国际化才能够从国际大市场上获得丰厚的利润，实现资本的增值，完成资本的扩张。市场的国际化是经济全球化的最终体现。

二、中国出版业国际化的趋势与困难

（一）中国出版业国际化的趋势

1. 必然性

提升国家综合实力、文化软实力，保持文化多样性，加强文化安全，实现出版强国之梦。

（1）出版业国际化是现代化建设事业的需求

第一，改革开放和科技进步作为实现我国社会经济发展第三步战略目标和社会主义现代化的动力，推动着我国社会生产力的发展，而出版物作为传播科学技术和文化知识的载体，在科技创新和组织创新活动以及科学技术向现实生产力转化过程中，具有不可替代的作用。

第二，在现代化建设的过程中，实行改革开放，加速科技进步，必然学习发达国家的先进技术和经验，这就不可避免地需要大量引进以先进科学技术为内容的出版物，满足我国经济建设的需要。

第三，随着对外开放的深入和发展，国外对我国出版物等文化产品的需求也将不断增加。

第四，从生产力的观点看，出版作为一个产业，只有坚持先进社会生产力的发展方向，以改革开放作为动力，大力拓展国际市场，走向世界，才能得到更大的发展，为我国的现代化建设和社会生产力发展发挥更大作用。

（2）对外开放政策要求我国出版业走国际化发展道路

强调实行对外开放是改革和建设必不可少的，应当吸收利用世界各国包括资本主义发达国家创造的一切先进文明成果来发展社会主义，这是邓小平理论的重要内容。江泽民同志也指出："实行对外开放，是中国推进现代化建设的一项重大决策，也是我国一项长期的基本国策"；"当今世界，任何国家都难以在封闭状态下得到发展。中国政府坚定不移地实行对外开放政策，以便更加积极地推进全方位、多层次、宽领域的对外开放，在更大范围、更深程度上参与国际经济合作与竞争。"我国的对外开放政策决定了我国出版业在经济全球化进程中必然走上国际化的轨道，包括积极合理有效地吸收利用外资，既积极参与国际竞争，同时也对外商提供市场准入机会，最终使我国出版业获得更大发展。

（3）人民日益增长的文化需要是推动我国出版业迈向国际化的重要动力

从 21 世纪开始，我国已进入全面建设小康社会。随着经济的进一步发展，人民的物质生活水平日益提高，人民对精神文化需求也提出了更高的要求。这首先表现为对文化产品的多元化需求。

这种多元化需求总的表现为对世界各国创造的先进文明成果的吸收和利用。这至少包括以下两个大的方面：一是对不同文化内涵的需求，包括对他国先进技术、管理知识、文学艺术的学习以及娱乐性出版物的需求，以及对他国历史的了解研究等。二是对不同形态的文化产品的需求。如对同一文学作品的不同表现形式的产品，如图书、期刊、激光视盘、e-book 等需求。特别是随着信息科学和数字技术的发展，对数字文化产品的需求将大大增加。广大人民群众日益增长的精神文化需要，在客观上要求我国出版业走向国际化。

（4）加入 WTO 为我国出版业迈向国际化奠定了基础

加入 WTO 就意味着出版市场的对外开放，也就意味着国外的资本、产品可以不受 WTO 规则以外的其他规则的约束进入我国的出版市场。与此同时，我国出版业也可以同样的条件向其他 WTO 成员输出出版物产品或参与其出版物生产。加入 WTO 为我国出版业的国际化创造了条件。一方面，我国出版业作为重要的一门产业，正处于迅速发展阶段，人们称其为朝阳产业，对资本具有强烈的吸引力和吸纳力。而资本为了实现其扩张的特性，哪里能获得最大利润，能使利润最大化，就会流向哪里。因此，随着我国加入WTO，出版业也将对外实行市场准入，未来可能会有大量的国际资本流向我国的出版产业。

另一方面，我国出版业与发达国家相比实力还比较薄弱，尽管出版物数量居世界各国之首，但经济效益还比较低，整体生产力水平还不高。特别是进行大规模扩大再生产所需要的资金比较缺乏，在一定程度上制约着我国出版业的发展。因此，我国出版业要获得发展，也不可避免地需要大量的资金，必然通过大量融资，吸纳大量的资金作为扩大再生产的基础。这是国外资本扩张和我国出版业发展的统一性所在。从实践的角度来看，加入 WTO之后，降低关税和减少非关税壁垒，有利于我国引进和输出出版物产品；开放部分出版物等文化产品市场，依照 TRIPS 的标准来保护版权，有利于我国发展版权产业，从而有利于我国出版业走向国际化。我国人口众多，是潜在的出版物产品消费的大市场，对国外出版商有着巨大的吸引力。我国加入WTO 之后，在承诺开放市场的同时，可以享受多边贸易体系长期推进贸易自由化的成果，为我国的出版业迈向国际社会奠定了基础。

2. 客观现实性

巨大的国际需求，国内生产成本低，深厚的文化积累，迅速成长的中青年出版队伍。中国是一个有着五千年悠久历史文化的文明古国，文化底蕴深厚，先人为我们留下了数不尽的宝贵艺术文化遗产，为众多国外读者所神往。在我国版权对外输出中，有关民族历史文化类的图书就占了图书输出品种的绝大多数。虽然我国的出版行业相比其他一些国家起步较晚，但是我国潜藏着巨大的发展潜力。

3. 另外一种声音

也有部分学者持反对意见，如陈昕认为从产业化和市场化看，国内出版走向世界的难度很大，代价很高，加之中国是中文图书的最大市场，因此应集中精力和资源开发好这一市场，不然顾此失彼，该做的却没做好，捡了芝麻丢了西瓜。更应该思考如何对付外资占领瓜分中文图书市场，而不是中国如何走向世界的问题。

4. 国际化的困难——请进来容易，走出去困难

主要体现在语言差异、政治文化差异、科学技术水平差异和实力不足。

（1）语言差异：世界上除了中国地区以外，只有少数东南亚国家和华人社区的读者能够阅读和使用汉语写作的出版物。随着中国国际地位不断提升国际上日渐掀起了一股中文学习热潮，但语言差异对我国出版行业国际化产生的影响在相当一段时其内仍难以消失。

（2）文化差异：中国出版走向世界的过程，是一个中国文化与世界文化交流、碰撞的过程，要让外国读者接受中国的出版物，需要克服由文化差异造成的隔阂和误解。这就要求我国的作者和编辑出版工作者有世界文化的视野，了解外国读者的文化背景以及在这种文化背景下形成的思想观念、思维习惯和表达方式，努力寻找中外文化相容相通的契合点和便于外国读者接受、理解的写作方式；否则，中国出版走向世界就会成为一句空话。

（3）科学技术水平差异：中国是一个发展中国家，现代科学文化相对滞后，是中国出版物缺乏竞争力的内在原因。我们需要着重从文化角度研究中国出版物走向世界的障碍，以及应该采取的措施。

（4）实力不足：海外市场观念淡薄，缺乏海外市场战略；缺乏雄厚的资金支持；缺乏有效的营销手段和营销渠道；缺乏完善的物流体系；国际选题水平不高。海外现实中文图书市场容量小，海外市场（除中国内地和港台地区）仅占全球中文图书市场的2%，应该说这个数据还很乐观。不了解国际市场，不研究客户需求，没有针对性，导致生产盲目，销售失利。我们还需要进一步整体把握并深入了解国际市场发展状况，进一步有目的、有计划、针对性的、对海外客户群体的需求展开深入细致的研究，以逐步减少、杜绝目前经常发生的由于盲目生产造成的销售失利及资源浪费等现象。

（二）中国出版产业国际化发展的现状

从20世纪末开始，中国出版产业的国际化进程开始加快。1992年中国先后加入《伯尔尼公约》和《世界版权公约》，2001年中国正式加入世界

贸易组织，这一系列事件标志着中国出版业的国际化进程正展开加速度运动。今天中国出版业的许多层面已被不同程度地打上国际化的烙印。

1. 出版理念的国际化

近20余年来，中国出版界在与国外同行接触、交流、合作的过程中，逐步确立了一些与国际接轨的出版理念和思维模式。例如，20世纪90年代，我国出版界引入了国际上将出版划分为大众出版、教育出版和专业出版的理念，这说明我国出版界的理念与操作方法开始与国际思维模式接轨，有助于扫清国际出版文化交流中因专业概念混乱而带来的沟通障碍。制定国际化发展战略，是中国出版界理念国际化的重要表现。

例如，高等教育出版社制定了"四步走"的国际化发展战略：第一阶段，用国际化的理念来改造出版社自身，这体现在开发企业 ERP 系统、重新梳理办社方针、送员工到海外学习等方面；第二阶段，参与国际出版公司的运作；第三阶段，努力成为一家国际型出版公司；第四阶段，引领世界教育出版的潮流。另外，外研社、机工社、中信社等出版机构也各有其国际化的理念表述和行动。

国际化的出版培训和教育，是中国出版界形成国际化出版理念的一个重要途径。中国的出版行政主管部门和许多出版机构组织了形式多样的国际培训，引进了欧美一些著名大学的专业培训项目，或直接将出版界人士派到国外研修学习，这些举措都极大地推动了中国出版业的国际化进程。

2. 出版市场的国际化

对于中国出版业来说，出版产业的国际化不仅意味着中国的出版市场、出版资源将更趋开放，而且意味着中国出版界具有越来越多的走向国际市场的机会。目前，越来越多的国外出版公司和版权公司以不同名义和方式在中国内地设立分支机构和代理机构。它们与中国出版界的合作，已不再限于输出版权、推销影印书或发展俱乐部会员。一些国外出版机构在中国市场拓展方面卓有成效，如中国已成为剑桥大学出版社最大的再版书和翻译书市场。再以出版资源开发为例，国际出版巨头纷纷在中国组稿，争夺中国的优秀作者资源，如英国的布莱克韦尔集团已在上海设立了编辑中心。

与此同时，在如何利用海外出版市场、出版资源问题上，中国出版界有了更加开放的心态。运用国内、国际资源充分开发国内市场，是中国出版产业国际化初级阶段的理性战略抉择。目前除了引进版权外，中国出版人也积极寻找国际战略合作伙伴来共同开发产品，以中国市场为目标，积极吸引海外作者参与合作出版，也是现阶段中国出版产业国际化的重要策略。不少中国出版社开始树立全球视野，积极开展版权贸易，尝试组建海外分社和进行国际组稿。如科学出版社等在海外设立了分社，对海外作者的开发力度越来越强，这些出版社派专人负责海外销售业务，加强与进出口公司和海外读者的沟通。在国际市场拓展方面，中国出版集团的国际化发展战略很具代表性。2004 年 7 月，我国第一个海外连锁经营网络——中国出版集团新华发行集团总公司海外连锁经营网络正式启动，它包括两大系统：一是在全球主要地区设立的中国出版集团海外办事机构，二是新华发行集团总公司的海外连锁书店系统，这一网络是目前我国最大的图书出口网络。

3. 出版营销的国际化

出版阅读与国际同步的趋势，是出版产业国际化的重要标志之一。现今的中国出版产业在这方面已有长足的进步，人民文学出版社的《哈利·波特》、译林出版社的《我的生活——克林顿回忆录》等图书均已实现了国内外同步阅读、同步畅销。而畅销书同步销售成功的一个重要因素是营销策划的成功，出版机构在最佳时间内向媒体传递参与全球同步发售等重要信息，引来了媒体的积极炒作。另一方面，在营销创意、营销投入和营销效果等方面，中国出版业正与国际先进水平缩短距离。中国一些出版社在引进版畅销书的营销上手法日渐成熟。例如，浙江少年儿童出版社在《冒险小虎队》一书的运作中就充分运用了市场梯度开发和节奏控制策略。

4. 出版管理的国际化

在宏观行业管理层面，中国入世后，国内外宏观环境和出版产业发展的内在要求，使得中国各级出版行政管理部门对国际和中国出版业发展趋势的认识更加清晰，能够以更开放的视角、更国际化的方法来指导和管理本国、本地区出版业发展。在微观企业管理层面，管理的重要性和遵循国际标准，已成为越来越多出版社的共识。质量管理、项目管理、企业资源管理等管理理念和方法被我国不少出版机构引入、运用。如上海书城、北方图书城、电子工业出版社等多家单位先后获得了国际管理体系认证委员会颁发的"认证注册证书"。质量管理认证达标的过程，是普及基础的管理知识和流程意识的过程，这对长期市场意识缺乏、管理基础差的中国出版业具有重要意义。当然，在管理的国际化方面，中国出版业仍有很长的路要走。

（三）关于我国出版业国际化竞争策略

一切竞争的关键在于提升我国出版产业的国际竞争力。国家的国际竞争力分为宏观竞争力和微观竞争力，整体的国民经济的国际竞争力属于宏观竞争力，各个产业部门和企业的竞争力则属于微观竞争力。企业的竞争力是国际竞争力的核心。

我国出版业国际化的积极后果主要有：促进人类知识信息资源的交流和充分利用；提高人口素质；促进人类进步。而消极后果主要有：对本国、本地区文化价值构成威胁。因此，在全球化进程中，我们既要充分利用全球化带来的机遇，又要避免其负面影响带来的风险，要通过控制与反控制、利用和反利用，争取在保证国内产业安全、经济安全和政治安全的前提下实现互惠互利。

1. 转变政府职能

改革国家对出版业落后的管理方式，初步建立和完善与社会主义市场经济体制相适应的新的出版管理体制、运行机制。

图书出版的生产组织形式僵化、单一，既缺乏占有一定市场份额、竞争力强、能够进行低成本扩张的大型出版机构，也缺乏有出版特色、运转灵活的中小型出版机构。盗版盗印猖獗，地方保护主义严重，国内统一、竞争、公平、有序的图书市场远未形成。其中很重要的一个原因是，我国所有出版社都还不是真正自主经营、自负盈亏的法人实体和市场竞争主体，没有建立现代企业制度，没有从根本上转换经营机制，管理粗放，水平低下。

2. 制定我国出版业发展的产业政策和竞争策略

竞争政策的目标是保护和促进竞争，竞争政策手段大体上可以分为三类：即法律手段、经济手段和必要的行政手段。在全部竞争政策手段中，法律手段是主要的，它是其他竞争手段的基础，或者说，其他竞争手段都是以法律手段为依据的。市场经济不仅是竞争经济，也是法制经济。经济政策是指运用税收、价格等经济杠杆来促进竞争，它包括：产业政策、财政政策、投资政策等。行政手段是指政府主管部门直接运用行政权力对企业的市场行为进行干预、监督和管理。

3. 打造中国出版业的航母，加快我国出版业的集团化建设

目前，我国各类出版集团、发行集团、出版发行集团，甚至一些跨媒体集团将迅速增多，但这些集团的组建多属于政府行为，离真正现代企业制度运作相距甚远，集团内部各子公司之间的磨合过程将是长期的。出版企业在集团化的同时，尤其要加快建立现代企业制度的步伐，切实转换经营机制，确立规范的法人治理结构。有条件的出版企业要争取上市，扩大融资规模，实现投资主体多元化。

4. 大力发展我国的电子出版和网络出版业，以高新技术改造我国传统的出版业

国内出版社只有 1/3 建立了自己的网站，即使这些已经上网的出版社，网上信息资源普遍缺乏，信息更新不及时，电子商务尚未开展，基本上没有发挥网络的应有功能。网络的兴起，降低了生产成本，同时为市场调研、分析提供了有力的工具。中国出版界要充分认识网络的作用，发布出版动态、新书评介、网上订单，乃至网上出版、网上销售。借助于网络的超时空特性，扩大宣传。

5. 引进国外资本及先进的现代技术和管理经验，提升国内出版业的竞争力

首先是资本的国际化，出版企业的跨国发展。除了版权贸易、出版资源、销售市场的国际化外，还有资本的国际化。我国加入 WTO 后，境外资本将会以多种方式参与国内出版领域的竞争。要逐步允许国外出版商在国内独资或合资办出版发行企业，同时我国的出版发行企业也应当走出国门，到国外设店办社。最终目标是实现出版资本的自由流动。

加入 WTO，走国际化发展道路，也是中国深化改革的紧迫要求。经过 20 多年先易后难的改革，改革的难度越来越大，国民经济运行中暴露出来的各种深层次矛盾从内部已很难突破，亟待一种外力的推动。

6. 大力开展图书进出口贸易和版权贸易，增强出版企业市场开拓能力，提高国际化经营水平

一方面，我们要增加图书产品进出口，更多地进入国际市场。另一方面我们要大力开展版权贸易，同时利用国内外两种出版资源。

第二节　中国出版物的海外市场

目前，我国从事对外图书贸易的机构主要是中国国际图书贸易总公司、中国图书进出口总公司、中国出版对外贸易总公司、中国教育图书进出口总公司以及各地方成立的 27 家书刊进出口机构，他们都在市场经济体制下运行，都在市场具有独立的法人地位，独立核算，自负盈亏。随着中国加入 WTO，特别是中国在出口方面没有限制，会有更多的出版力量如大型国营书店与民营书店加入进来，能够预见图书进出口市场的竞争肯定会更加激烈。

中国图书海外市场的概念，泛指中国出版物在国外流通的整个领域和过程，它既包括现实的市场，也包含潜在的市场，既包括国外出版商、批发商、代理商的销售渠道，也包含与消费者的直接往来关系，既包含现货交

易，也包含预订交易和版权交易。因此，可以对国外市场作如下的描述：中国图书在国外的销售网点、销售规模、销售方式和销售区域，构成中国图书的国外市场。

面对世界经济文化发展的一体化和多元化有机互动的大趋势，中国出版业与世界各国的交流合作日益扩大。相比较而言，东南亚国家和地区因为与我国的地缘环境和人文传统有着源远流长的密切联系，所以成为目前中文出版物在海外的最大市场。美国、澳大利亚由于近年来华人移民的数量增长较快，中文出版物市场呈现较好的增长势头。法国、德国以及欧洲诸国则因为东西方思想文化的巨大差异，以及华人数量与发展空间上的客观局限，中文出版物的发展难度较大。

一、地域市场分布

1. 亚洲市场

大体可以分为三类：

第一类：东南亚国家，是中文书刊的主要市场。过去以中国香港地区为集散转口地，目前逐步建立了直接贸易往来，如新加坡、泰国、菲律宾，主要供应对象是华裔、华侨。

第二类：南亚地区。以外文书刊为主要销售品种，是外文书刊对外销售的最大市场。主要发行的国家有印度、斯里兰卡、尼泊尔、巴基斯坦、孟加拉国等国。除英文书刊外，我国还出版了印地文、泰文、乌尔都文、孟加拉文、缅甸文等语种的图书，发行量都比较大。

第三类：蒙古、朝鲜、越南、老挝等近邻，曾是中文图书的市场，由于受这些国家的垄断经营的影响，品种和数量都有严格的控制，但上述国家对中国书刊的需要仍将有所增长。

2. 北美大洋洲市场

该市场国家图书贸易的特点：①中国出版物进入这一地区，一般无特殊障碍。中美建交后，尤其对外开放以来，中国书刊对美发行也不受限制，欧美各国对中国书刊的需求稳定增长。②经销中国书刊的书商大多是正规经营的书店，与传统销售的渠道保持联系，有一定的影响面，特别在欧洲一些国家，有为数众多的代销关系，分布较广，许多中小城市都有代销中国图书的书店。我国外文出版机构经常用英、法、德、意、西、葡等文字出版图书，选题也注意适应这一地区的需要。③该地区有众多的华侨和选修汉语的外国学生，从事对华经贸交往的人士，以及研究人员，对中文图书的需求量较大。④欧美图书市场属买方市场，顾客或书商对每一笔交易都很认真，付款有保证。⑤比较而言，在美国这个较大的市场里，中国图书的发行网点比较薄弱。美国文化毫无疑问具有扩张性。但是，美国作为一个生机勃勃的移民国家，民族的开放性和文化的兼容程度远在其他国家之上。美国出版物市场虽然是美国货的天下，但中国出版物也得到较快的发展，市场开拓前景看好，虽然只在华人社区的一些图书音像商店里，才有较多的华文图书和音像制品。近年来随着中国港台地区、内地和东南亚新移民的大量涌入和华人文化层次的大幅提高，华人社区的中文书店也成为发展迅速的行业。凡是华人购物中心，都有中文书店，而且经营面积越来越大，经营品种越来越多。其中有好几家已经形成了一定规模的连锁店，如中国国际图书贸易公司、香港联合出版集团、台湾世界书局和长青书局等都有多家连锁书店。

对中文电子音像出版物的销售，华人区的中文书店均有一定的兴趣。一些书店里销售着香港地区、台湾地区的多媒体光盘，尤其是很受华人青少年欢迎的游戏光盘，他们也希望能代销中国内地的光盘。网上书店在美国出现以来，曾经有过短暂的热闹，但目前生意不如其他网络商店那么兴旺。这对于中文书店也没多大影响，因为网上选书缺少在书店选书的那种随意性，你只能看到简单的目录，无法翻阅书的全部。只有那些附近没有中文书店的读者，才到网上选书。

在美的华人尤其是年轻一代新移民，非常希望国内的出版单位能够开发一批实用性强、民族味足的各种载体的出版物，以满足海外华人的实际需要和思乡情怀。中文图书和电子音像产品很有可能在美国开拓市场，应该引起国内出版社的关注，尤其应该引起国内电子音像出版社的关注。因为音像和电子出版物是现代化载体，比图书的传播更有优势，特别是在美国这样一个电脑普及、网络发达的国家。建议国内出版社在面向美国市场时，首先要考虑出版物内容的实用性，以提供满足新移民家庭生活需要和外国人学习汉语需要的产品为主。其次，要避免国内出版物在美国售价上的矛盾。如果国内定价低，到美国相对提高，这会使一些读者感到不如从国内直接购买合算；而另一方面，由于中国内地书价总体较低，又使中文书店感到投入产出不合算，不如卖港台地区出版的图书赚钱多。所以要有一个合理的定价，以调动海外中文书店销售中国内地图书和电子音像产品的积极性。

3. 欧洲市场

在欧洲，旅居的华人既没有美国数量那么多，也没有澳大利亚的发展那么快；偶尔见到欧洲的"唐人街"，其规模和声势也不能与美国和澳大利亚的唐人街相比。而且，生活在欧洲的华人，其成分和职业都比较简单。因此，中文出版物在欧洲各国市场需求量也很少；中文报刊大多数是小规模同类性质报刊，往往在中国人开的餐馆或者小商店里代销赠送；专门销售中文出版物的书店也很少，只有法国巴黎的友丰书店、凤凰书店等几家较有名气，并与中国国际图书公司、中国外文书店等单位保持业务联系。

法国人喜爱读书品画、聆听音乐。所以法国的书店特别多，书报摊点就更多。但除了大商场里的书刊音像超市规模较大、气象较新以外，其他的书店和音像商店一般格局都不大，多为老店旧铺，店堂里弥漫着轻轻的音乐。法国的书店和音像商店里图书画册、大小唱片，花色品种极为丰富，从 18 世纪经典名著到 21 世纪先锋音乐，从正统的意大利歌剧到荒诞的好莱坞电影，应有尽有。他们的唱片商店生意特好，还有专门回收和出售旧唱片、旧光盘的商店，有些旧唱片、旧光盘因为稀少，价格比新货还贵。法国人对音乐节目的选择以欧洲的为主，不太看重美国音乐，更少有亚洲音乐。价格方面，CD 唱片 25～75 法郎一张，录像带 40～60 法郎一盒，DVD 光盘 200～300 法郎一张，基本上看不到 VCD 光盘。

法国人对电子出版物的兴趣主要在多媒体艺术而不在技术载体，因为法国电脑普及，上网方便，很多信息从网上获取更快。所以热衷于游戏的青少年现在也不大乐意用光盘来玩游戏，他们更喜欢到网络世界去遨游，或者到游戏厅里过瘾。目前中法之间的电子出版物的交流合作，主要是法国方面向我们推销产品和制作技术，还无法做到中法之间电子出版物的双向交流。

我们从德国法兰克福国际书展这一书业最大的展览来看，也能看出中文出版物在欧洲的尴尬处境。书展上，中文出版物的展台一般都显得比较冷清，偶尔来的几位观众，不是亚洲人就是学过中文的欧洲人，来了也只是翻翻中国传统书籍或者美术画册之类。从版权贸易来看，大多数情况是欧洲人到中国展位来推销其图书版权，较少有洽谈购买中国图书版权的。

二、国外发行网点的分布与构成

中国图书国外发行网又称国外代销关系，是国外经营中国图书的各种发行力量的总称。它由各种类型的图书批发商、零售商、团体代销户、个体代销户及其他发行力量组成，分布广泛，构成多层次网络，故称中国图书的国外发行网。

中国图书国外发行网点主要分布在欧美、澳大利亚、新西兰、日本、亚、非、拉美等 90 多个国家和地区，其中欧美、日本约占一半以上。现分述如下：

1. 亚洲地区的中国图书发行网

亚洲（不含日本和西亚）20多个国家和地区中目前有一半左右有中国图书发行网点，其中印度较多，全国9个邦中有十几家代销中国外文书刊的同业，印度人民出版社系统"新书中心"是主要代销店，其他国家如巴基斯坦、孟加拉国、斯里兰卡、尼泊尔、新加坡、泰国、菲律宾、韩国等，有一家或几家书店经销中国图书，大多集中在首都。

印度和印度尼西亚曾是中国图书在亚洲的重要图书市场，自20世纪70年代以来我国在巴基斯坦曾发展较多的书刊代销关系，数量很大，但大多经营能力弱、资信状况差。孟加拉国自独立以来也曾有多家书店经销中国书刊，以发行英文版画报为主，用信用证付款。泰国、新加坡有几家经营中国传统书画及中文书的书店，业务往来较多、贸易额价高。香港地区曾是内地出版物转销东南亚的重要发行基地。

亚洲地区一些国家不乏经营能力较强、规模较大的图书发行商，对中国书刊的发行有一定的基础。随着我国同这些国家双边关系的改善，将会有更多的书刊贸易往来。

2. 中国图书在日本的发行网点

日本有中国图书发行网点30多家，大多分布在东京、大阪、京都等经济文化中心。日本的发行点大致可以分成三类。

第一类，友好书店，由友好友人创办，如东方书店、内山书店、中华书店、亚东书店等；

第二类是日本发行界较有实力、规模较大的大书商，如"日贩"、"东贩"、丸善书店等，在日本发行界有较强的实力；

第三类属于对华友好团体，如中日友好协会，日中文化交流协会及其成员主持的发行机构，以发行中国日文"三刊"为主，组织日文"三刊"普及会，并推动民间文化交流活动。

主要特点如下：

（1）中日两国文化出版界有着长期的交流历史，民间往来活动频繁，书刊贸易有良好的基础。

（2）友好人士主办的书店，虽然规模不大，资本较少，但经营颇具特色，逐步走上正规化，不断发展壮大，成为销售中国书刊有特色的书店，基本上可以满足日本读者的需要。

（3）日本发行网点都是当地书业组织的成员，成为日本图书传统发行渠道的组成部分，与日本社会各阶层有着广泛的联系。

（4）已建立的发行网点贸易往来比较稳定，对中文书刊订货稳步增长。

（5）日本发行网点分布的面还不够广，大多集中在大城市，销售网点达不到边远地区和农村。这说明对于中国书刊有广泛的发展空间。

3. 中国图书在欧美及大洋洲国家的发行网

中国图书在这一地区的发行网点遍布30多个国家，有近400家代销关系，多半是正规经营的书店或代理商。

欧美地区国家自20世纪70年代末期以来，许多爱国华侨和华人纷纷组建书店，经销中国书刊，与我国建立业务往来，成为一支重要的发行力量。欧美国家一批私人经销的图书代理进口商、图书批发商、报刊发行公司、零售书店以及代办商，也是中国图书出口机构的合作伙伴。还有一批专业团体代销户或个体代销户。

综上所述，欧美地区发行网点类型众多、分布较广，经营水平一般较高，是中国图书国外发行网点的重要组成部分，但各国分布很不平衡，西欧较强，美国比较弱。在欧美图书市场上，这些代销网点属中小型企业，力量仍然有限，大型垄断性企业对经营中国书刊缺乏信心和兴趣。

4. 中国图书西亚、非洲地区发行网

大体可以分为三种类型：

（1）由官方或半官方机构主办的书刊发行公司，属垄断经营性质，这里国家包括伊拉克、叙利亚、埃及、阿尔及利亚、摩洛哥、约旦、突尼斯等阿拉伯国家，发行网点约占西亚、非洲地区总数的25%。

（2）外资和本国私人资本经营的中小书商，分布在20个国家，以尼日利亚、坦桑尼亚、乌干达、扎伊尔、毛里求斯、马达加斯加、喀麦隆、加纳等国的书店为代表，发行网点约60余家，占总数的50%。

（3）个人代销户，约占发行网点的25%。

纵观西亚、非洲图书市场，是一个亟待开拓和加强的市场，这一地区民族矛盾复杂，连年战火，加之一些国家政局不稳定，经济文化发展缓慢，大众购买力不高，造成这一地区图书出版及消费水平较低，图书市场发育不是很成熟。

5. 中国图书在拉美地区的发行网

在拉美地区46个国家中，目前我国图书外贸机构只在15个国家建立了中国图书的代销关系，以墨西哥、秘鲁、哥伦比亚的代销网点较多，这一地区现有中国图书代销点70多家，其中友好人士集资创办的书店14家；纯商业性的出版发行企业 30 家；个人代销户 29 家，国家垄断经营的图书进出口公司 1 家。前两类是拉美发行网的主力。

总的来说，拉美国家经销中国书刊的发行网规模不大，资金很薄，不能适应这一地区广大人民对中国图书的需求。

开拓中国图书海外市场，需要从企业和政府两个层面展开。

在企业层面上，要加强同业整合、上下游企业整合、跨行业整合；渠道建设，建立境外经营枢纽机构，与海外中文书店、大批发商、大书店和图书俱乐部等同业机构以及行业协会和图书馆开展合作，拓展进入西方主流市场的途径；图书供货目录和备货适应外国客户的需要；用英语出版时加强翻译选题的针对性。

对于政府来说，要加大资金投入，对海外免费提供中文教学教材；实现出口图书生产差别税率；设立开拓海外主流市场基金，奖励在海外主流市场做得好的企业；设立国家对外出版发展基金，用于对外宣传、推广、销售、展示、翻译中国出版物；成立出版物出口行业协会；放宽出版物出口权限，鼓励企业从事出版物的出口。

第三节　图书进出口方式和品种

一、进出口方式

1. 出口方式

书商批销：是图书出口机构把从出版社购进的图书，以一定的价格和批销折扣销售给国外批发商、零售书店或代销商的图书出口贸易活动。

个人代销：是一种非正规的代销关系，实际上是个体流动书刊服务点。

寄销：是卖方委托卖方代销图书的一种合作方式。

邮购：直接向国外的研究机构、团体、学校、企事业单位、图书馆和读者供书，是图书出口贸易的一种传统销售方式。

报刊征订：报刊具有连续性和时间性强的特点，一般都以征订的方式吸收订户。

展销：在国外展览的现场附设售书服务，参观者可当场选购的一种销售活动。

2. 进口方式

目录征订：主要指图书、文献、丛书、丛刊统编目录征订和期刊年度征订。

零星代办购进：读者自找资料选购统订目录以外的图书，委托进口公司来办。

长期订单进货：国外一些连续出版物，如丛书、丛刊、美国政府部门的可研报告（PB、AD、DOE、NADA 简称四大报告）、专利、标准等，这类文献资料出版不定时，但其卷期和编号由连续性，需用一次订购长期有效的方式引进，故采用长期订单订货。

主动进货：对国内需求量较大或适合与公开陈列的图书、音像出版物，采取先购进后推销的一种进口方式。

代销进货：实际上就是进口书刊的寄销。

二、进出口出版物品种

1. 出口品种

中文图书：包括汉文及中国少数民族文字图书。列入出口中文图书的通常指汉文图书。

外文图书：我国用外国文字出版的图书，是相对于本国文字而言的。

中文报刊：新闻性强、出版周期短、报道及时、传播迅速、发行面广。

外文报刊：是对外宣传我国方针政策，传播科学文化信息的主要媒介。

书画原作及艺术品：书画类包括中国画、版画、油画、水彩画及中国书法等原作和木板水印复制品等。艺术品包括剪纸、书签、贺卡、麦秆画、通草画等。

2. 进口出版物品种（国际出版集团：荷兰的沃尔特斯·克鲁维尔集团的产品分类）

（1）静态产品，主要包括图书、期刊、丛书、丛刊和特种文献资料。其中特种文献资料包括政府出版物（government publication）、技术报告（technical reports）、专利文献（patents）、标准文献（standards）。

（2）动态产品，包括电子出版物、数据库产品、在线产品、超链接阅读产品。电子出版物 CD-ROM，又称为致密盘只读存储器，读取光盘片的设备就称为光驱。数据库产品，如高校图书馆购进的 SCI、EI、ProQuest、Nature 等数据库。

（3）迅捷工具，包括工作流程产品和配套应用产品。

（4）定制解决方案，一般为集成软件包和定制工作流程系统。

第四节　国际出版集团的出口品种

目前，国际出版集团已经形成了以图书出版为龙头，兼营报刊、印刷、影视制作、影像制品、娱乐媒体等多元化产品结构，因此其出口的产品不再局限于图书，品种极为丰富。

1. 贝塔斯曼集团（德国）

贝塔斯曼集团创建于 1835 年，是世界四大传媒巨头之一，也是全球最国际化的传媒集团。该企业品牌在世界品牌实验室（World Brand Lab）编制的 2006 年度《世界品牌 500 强》排行榜中名列第 236 位。该企业在 2007 年度《财富》全球最大 500 家公司排名中名列第 281 位。贝塔斯曼集团包括六个子集团：

在全球拥有 5 500 万会员的贝塔斯曼直接集团（成为全球客户和订户购买传媒和娱乐产品的首选）；

欧洲最大电视广播集团——RTL 集团（旗下拥有 23 家电视台、17 家广播电台、大量节目内容和美国以外的最大独立电视销售商等）；

全球最大图书出版集团——兰登书屋（旗下在全球拥有 150 多家出版社）；

欧洲最大、世界第二大杂志出版集团——古纳亚尔（旗下拥有 100 多家报刊杂志和专业网站）；

世界音乐和行业信息市场领袖、美国排名第一的单曲唱片发行公司——贝塔斯曼音乐集团（BMG）（旗下在全球拥有 200 多家唱片公司）；

欧洲最大传媒服务供应商——欧唯特服务集团。旗下拥有包括世界第二大 CD 生产商和欧洲第一大 CD-ROM 生产商、在欧洲处于领导地位的印刷公司、呼叫中心、数据管理、客户关系管理公司等。

从业务看，总部分成 6 个部。

图书出版部：经营图书出版和图书俱乐部，17 770 人，1996—1997 年营业额 71 亿马克，占集团总销售额的 27%。

娱乐部：集团发展最快的部门，11 740 人，主要经营音乐制作、音乐出版、可存储媒体、视频和其他娱乐。销售额 73 亿马克，占集团总销售额的 28%。

电视广播部：主要经营电视网络、广播电视、节目制作等业务，销售额 51 亿马克，占集团总销售额的 19%。

报刊部：12 432 人，系欧洲主要的杂志和报纸出版商之一，出版有 40 种德文报刊和 40 种外文报刊，销售额 51 亿马克，占集团总销售额的 19%。

工业部：包括印刷公司、光盘复制公司、储运公司，在西班牙、葡萄牙、意大利、哥伦比亚和美国等十五个国家和地区拥有 20 多家造纸厂和印刷厂，其技术居于世界领先水平，共有 13 846 人，1996—1997 年销售额 31 亿马克，占集团总销售额的 13%。

多媒体部：21 世纪着力开发的领域。

2. 汤姆森集团（加拿大）

汤姆森的组织结构图，可以清楚地看到业务组成的脉络和价值链的延伸，与此相连的出口品种因此极为多样。大致有以下 4 种：

（1）法律法规产品：主要为法律、税收、会计、知识产权和商业从业人员提供综合信息和解决方案，1.7 万员工，分布在北美、欧洲和亚太 30 多个国家，收入 28 亿美元，占全部的 39%，为集团第一大收入。品牌企业有法律图书公司。

（2）教育产品：为个人和继续教育机构以及类似业务提供综合性学习产品、服务和解决方案。它有 19 亿美元收入，占全部的 26%。品牌企业尼尔森 Nelson。

（3）金融产品：为全球金融机构和 17 万金融从业人员提供综合信息和业务流程解决方案，9 200 员工，分布世界 80 多个国家地区，收入 16 亿美元，占全部的 22%。

（4）科技与健康产品：为医疗、医学、科技等领域的研究人员和从业人员提供综合信息、服务和解决方案，3 800 人分布于全球 130 个国家和地区，收入 6.97 亿美元，占全部的 10%。

其他 3% 为媒体收入。

3. 里德·艾尔斯维尔集团

世界著名的专业出版商和信息供应商，在科学（医学）、法律和商业信息方面的强大优势使之立于出版的不败之地。

集团构成，1993 年由英国的里德国际公司和荷兰的艾尔斯维尔公司合并组成，并投资成立里德·艾尔斯维尔出版集团和艾尔斯维尔·里德金融集团 2 家合资公司。2002 年集团总收入 79.82 亿美元，利润 18.01 亿美元。其中科学与医学、法律、商业和教育分别占总收入的 26%、27%、27% 和 20%。集团一直坚持走国际化道路，在 2002 年收入中，北美市场占据了绝对比重，达 64%，欧洲市场 13%，世界其他地区市场 8%，荷兰和英国本土只占4%和11%，85%的收入（或利润）通过出口获得。

4. 沃尔特斯·克鲁维尔集团

沃尔特斯·克鲁维尔集团是荷兰一个活跃在法律、税收、商业、教育等出版领域的国际性大型专业出版集团。品牌创新延伸使其保持高速发展势头；购并是其挖掘海外资源、开拓国际市场的重要手段。而这与荷兰出版业的特色不谋而合。荷兰的出版业就国家产业而言属于"两头在外"，即资源在外，市场在外。

沃尔特斯·克鲁维尔集团是一个跨国信息服务集团，2001年销售额为38.87亿欧元，是Euronext100指数组成成员之一。沃尔特斯·克鲁维尔集团在全球有着不俗的市场表现，年平均增长率保持在6%左右。其业务涉及全球50多个国家和地区，全球雇员1.9万多人。沃尔特斯·克鲁维尔集团的业务主要包括三部分：法律、税收和商业；健康和科学；教育。以北美为例，在其涉及的六个市场领域中有五个占据了第一的位置。

沃尔特斯·克鲁维尔集团还是一个提供全方位信息的集团组织。其业务主要包括三部分：法律、税收和商业；健康和科学；教育。按照集团内部的一般划分方法，其业务可以分为：法律、税收和商业欧洲部分；法律、税收和商业北美部分；法律、税收和商业亚太部分；国际健康和科学；教育；职业培训。值得称道的是，沃尔特斯·克鲁维尔不仅规模巨大，而且其业务非常精湛。

跨国信息服务机构，2002年销售额（收入）38.95亿欧元，4.53亿欧元利润，雇员1.9万人，业务遍及全球50多个国家。主要提供法律、税收和商业，健康和科学，教育三大块的信息。它不断开发新产品，产品从性质分为内容（contents）、服务（services）和软件工具（software tools），在三者的交叉处寻找新产品和新服务。

收购重点放在发展势头良好的软件公司身上。国际健康和医学作为发展的战略重点，将所有与健康有关的内容全部归总到Ovid平台，包含集团的1 047种健康与科学杂志的25万篇文章，以及60多个出版社的309种杂志上的85万篇文章，1.8亿篇学术论文文摘。它服务于图书馆、医生、药剂师、出版商、网站等。

其产品的未来结构是静态产品（图书、活页读物）、动态产品（CD-ROM、数据库产品、在线产品、超链接阅读产品）、迅捷工具（工作流程工具、配套应用产品）、定制化解决方案（基础软件包、定制工作流程系统，后三种增长速度33%，静态产品增长速度1%）。作为科技出版集团，集团的发展方向是不折不扣地提供定制信息的内容供应商。从中可以窥见国际出版物贸易品种的新形态。

基于以上分析，我们可以对国际出版市场做一个基本判断。

（1）国内出版在海外市场还是有限的、有选择的，空间比较狭小，有待开发。

（2）国际出版集团的积极打造内容供应商角色，将产品投放国际市场，使得国际出版物实物贸易的品种结构，可以预见，以数据库和在线产品为代表的动态产品的进出口将是国际图书贸易的主要趋势；同时，贸易物的交接方式、支付方式和交易谈判方式因此发生根本性变化。

（3）国内进出口出版企业的出口品种仅局限于静态产品。要向国外输出我们的动态产品，我国出版企业必须要做内容提供商，必须要整合各类媒体。如出版社、网络企业、软件企业的跨媒介的战略重组的趋势已经在国内出版行业逐步显现。

第五章　图书版权贸易的基本理论

第一节　版权的基本概念

一、知识产权

知识产权，英文是"intellectual property"，原意为"知识（财产）所有权"或者"智慧（财产）所有权"，也称为智力成果权。通常，知识产权指公民或法人等主体依据法律的规定，对其从事智力创作或创新活动产生的知识产品所享有的专有权利，又称为"智力成果权"、"无形财产权"，主要包括发明专利、商标以及工业品外观设计等方面组成的工业产权和自然科学、社会科学以及文学、音乐、戏剧、绘画、雕塑、摄影和电影摄影等方面的作品组成的版权（著作权）两部分。

知识产权最早在 17 世纪中叶由法国学者卡普佐夫提出，广泛使用"知识产权"这一术语是 1967 年世界知识产权组织成立后出现的。我国法学界曾使用"智力成果权"的提法，1986 年颁布的《民法通则》开始正式使用"知识产权"一词，规定知识产权属于民事权利，是基于创造性智力成果和工商业标记依法产生的权利的统称。

1. 知识产权范围

知识产权范围有广义与狭义之分。广义的知识产权，指一切人类智力创作的成果，对于广义的知识产权的理解主要源自于两个重要的国际知识产权公约（协议）。1967 年 7 月 14 日在瑞典斯德哥尔摩签订的《成立世界知识产权组织公约》（World Intellectual Property Organization，WIPO）规定，包括：关于文学、艺术和科学作品的权利（即著作权），关于表演艺术家的演出、录音和广播的权利，关于人类在一切领域的发明的权利，关于科学发现的权利，关于工业品外观设计的权利，关于商标、服务标志、厂商名称和标记的权利，关于制止不正当竞争的权利，以及一切在工业、科学、文学或艺术领域由于智力活动所产生的其他权利。1994 年 4 月 15 日，《建立世界贸易组织协议》于马拉喀什签订。在该协议的附件中，正式发布了《与贸易有关的知识产权协议》（Trade Related Aspects of Intellectual Property Rights，TRIPS），TRIPS 依据国际新形势，重新划定产权的范围，认为知识产权应该包括著作权（含邻接权）、商标权、地理标志权、工业品外观设计权、专利权、集成电路布图设计（拓扑图）权、未披露过的信息专有权、对许可合同中限制竞争行为的控制。

狭义的知识产权是指传统意义上的知识产权，包括工业产权与版权（即"著作权"）两部分。权利涉及的对象包括文学作品、科学作品、发明创造、商标、服务标记、工业外观设计、厂商名称、货源标记等。随着新技术的发展，还出现了介于版权与工业产权之间的交叉权利，即工业产权。集成电路布图设计权就是这类权利的代表。

2. 知识产权的特征

（1）知识产权是一种无形财产。这是知识产权的本质属性，是最重要的特点，这一特点把它们同一切有形财产及人们就有形财产享有的权利区分开。

（2）知识产权具有专有性，除权利人同意或法律规定外，权利人以外的任何人不得享有或使用该项权利，因此也被称为独占性或排他性。权利人独占或垄断的专有权利受严格保护，不受他人侵犯。只有通过"强制许可"、"征用"等法律程序，才能变更权利人的专有权。

世界各国对权利人的这种专有权利都给予了严格的保护，专有性是知识产权的根本法律特征，是知识产权法律制度得以建立和完善的根本。它排除了对同一形式和内容知识产品的重复投入，减少了人力、物力、财力的浪费，有利于提高全人类的科学技术水平、丰富人民大众的文化生活。

（3）知识产权具有时间性，即只在规定期限保护，一旦规定的有效期结束，法律对该项知识产权的保护就宣告结束，该产权随即进入公共领域，任何人都可以使用而不会对权利人造成侵害。法律对知识产权的保护，都规定有一定的有效期，各国法律对保护期限的长短可能一致，也可能不完全相同，只有参加国际协定或进行国际申请时，才对某项权利有统一的保护期限。

知识产权的时间性是知识产权区别于物权的重要特征。通常，法律对于物权是没有时间限制的，直至保护客体消失，权利才会宣告终止。法律之所以没有将知识产权规定为一种"永久"的权利，而是给予了一个保护期限，是因为知识产权制度本身涉及知识产权所有人的权利与社会公共利益平衡的问题。这一制度既要能够保护知识产权所有人的合法权利，保护其发明、创造的积极性，又要能够促进文化知识的广泛传播。对于知识产权在时间上进行限定的意义，就在于知识产品对于社会的科学文化事业的发展有着非常重要的意义，只有规定一定的保护期限，才能使这些智力成果适时地从个人的私有财产转变为全人类共同拥有的财富。

（4）知识产权具有地域性，即知识产权只在所确认和保护的地域内有效。知识产品通过法律在一国获得了确认和保护后，这种确认和保护就只存在于该国，即只在该国范围内发生法律效力，其他国家并不受认可国法律的约束，没有保护该项知识产权的义务（除签有国际公约或双边互惠协定外）。因此知识产权既具有地域性，在一定条件下又具有国际性。知识产权的这个法律特征与有形财产权相比存在着很大的区别，一般来说，在一国获得确认的有形财产，在其他国家也都会予以认可，如在一国购买的房产、汽车，在其他国家通常都会给予确认。

二、工业产权

工业产权（industrial property），又称"工业所有权"，是人们依照法律对应用于商品生产和流通中的创造发明和显著标记等智力成果，在一定期限和地域内享有的专有权。它包括发明（专利）、商标、工业品外观设计以及原产地地理标志等。专利保护期一般为 20 年，工业设计保护至少 10 年，而商标则可无限期保护。工业产权的主要类型有商标权、专利权、商号权等。有些国家的法律和国际条约还将服务标记、厂商名称、产地标记和原产地名称以及制止不正当竞争（最常见的是以专利为依据的专利权）的权利包括在内。此权利不仅适用于工业本身，也适用于商业、农业、矿业、采掘业以及一切制成品或天然品，如酒类、谷物、烟叶、水果、牲畜、矿产品、矿泉水、花卉和面粉等。它是一种"独占权"，具有严格的地域性和时间性，即根据一国法律取得的权利，只能于一定期限内在该国境内有效。如要在别国境内得到承认和保护，必须通过该国的法律程序才能实现。为了巩固工业产权的权利和维护独占权的利益，国家可用商标法来规定工业产品及其他任何商品的登记。

《保护工业产权的巴黎公约》（Paris Convention for the Protection of Industrial Property，简称《巴黎公约》），是各种工业产权公约中缔约最早、成员国最广泛的一个综合性公约，也是当今世界社会保护工业产权的最基本最重要的一个全球性多边国际公约。它于 1883 年 3 月 20 日在巴黎签订，1884 年 7 月 7 日生效。巴黎公约的调整对象即保护范围是工业产权，包括发明专利权、实用新型、工业品外观设计、商标权、服务标记、厂商名称、产地标记或原产地名称以及制止不正当竞争等，基本目的是保证成员国的工业产权在所有其他成员国都得到保护。巴黎公约最初的成员国为 11 个，到 2004 年 12 月底，缔约方总数为 168 个国家，1985 年 3 月 19 日中国成为该公约成员国，我国政府在加入书中声明：中华人民共和国不受公约第 28 条第 1 款的约束。《巴黎公约》自 1883 年签定以来，已做过多次修订，现行的是 1980 年 2 月在日内瓦修订的文本。

工业产权属于无形财产权，与有形财产权相比具有以下特征：

（1）专有性　工业产权是国家赋予专利权人和商标专用权人，在有效期内对其专利和商标享有的独占、使用、收益和处分的权利。未经权利人许可，任何第三人皆不得使用，否则，即构成侵权。

（2）地域性　所谓工业产权的地域性是指工业产权的地域限制，即一个国家法律所确认和保护的工业产权，只在该国范围内有效，对其他国家不发生效力，即不具有域外效力。如想获得该国的保护，必须依照该国的法律取得相应的知识产权或根据共同签定的国际条约取得保护。

（3）时间性　所谓工业产权的时间性是指工业产权的时间限制，即工业产权的保护是有一定期限的，这也就是工业产权的有效期。法律规定的期限届满，工业产权的专有权即告终止，权利人即丧失其专有权，这些智力成果即成为社会财富。

工业产权不是自动保护原则，需要登记注册才能取得法律的保护。与著作权相比较，著作权是自动保护的，作品一完成就取得法律的保护。

三、版权

版权（Copyright），我国亦称著作权，是指作者依法对其创作的科学、文学、艺术等类作品所享有的人身权和财产权的总和，是创作者对其作品依法享有的专有权。版权和著作权都是经过日文转译的外来词汇。据史料记载，1875 年日本启蒙思想家福泽渝吉将 Copyright 翻译成"版权"传入中国；日本的法学家水野连太郎参考"作者权"（Author's right），将版权翻译为"著作权"，1899 年取代"版权"。中国的《大清著作权律》以及北洋政府和国民政府在有关的法律中沿袭了"著作权"一词。

确认和保护作者对其创作的作品享有某些特殊权利的法律就是版权法，

或称著作权法。如今，版权保护的范围极为广泛，几乎所有的精神产品都在版权保护之列，范围涉及科学技术、文学艺术、新闻出版、广播电视、电影和唱片、计算机软件、表演艺术家的演出等多个领域。

版权的取得有两种方式：自动取得和登记取得。在中国，按照著作权法规定，作品完成就自动享有版权。所谓完成，是相对而言的，只要创作的对象已经满足法定的作品构成条件，即可作为作品受到著作权法保护。在学理上，根据性质不同，版权可以分为著作权及邻接权，简单来说，著作权是针对原创相关精神产品的人而言的，而邻接权的概念，是针对表演或者协助传播作品载体的有关产业的参加者而言的，比如表演者、录音录像制品制作者、广播电视台、出版社等。

（一）版权的性质

版权包含作品的人身权和财产权两大部分。人身权利又称精神权利，是指作者对其作品所享有的以精神利益为内容的权利，一般包括发表权、署名权、修改权和保护完整权。它是版权人最基本的权利，受到许多国家尤其是大陆法系国家版权法的高度重视和严格保护。财产权是一种经济权利，包括使用权和获得报酬权。所谓使用权，是指作者有权使用自己的作品和许可他人使用自己的作品；所谓获得报酬权，是指作者有权从使用他的作品的人那里获得报酬。与各国著作权法对人身权内容相对统一和稳定不同，对财产权利内容的规定往往因不同的历史时期或不同的国家而有所不同。

版权是一种特殊的知识产权，具有以下几个主要的性质：

（1）版权的可转让性

作品的人身权，一般认为是不可转让的，因为作者的精神权利是不能成为交易对象的。我国的著作权法对人身权是否可以转让并未做出明确的规定。

对于作品的财产权，我国的著作权法认为作品的财产权是可以转让的，创作者可以自己使用其创作的作品以获得经济利益，也可以通过签订许可合同的方式，允许他人使用，从中获取经济利益，作者甚至可以将其作品的使用权赠予他人。我国著作权法中没有规定著作权转让合同一定要有期限，因此，我国的版权制度没有明确反对版权的买断，但一般在实践中不提倡版权的买断。

（2）版权保护的时效性

作品的人身权与创作人的切身利益密不可分，即使在某些特殊特定的条件下（如公民被依法剥夺某些政治权利和民事权利），作品的人身权相对于创作者来说，仍然是不可剥夺的。因此，作品人身权的期限是永恒的，它伴随着作者一生，在作者死亡后，这种权利仍然属于他。

作品的财产权，世界各国对于作品的财产权的保护都是有期限的。我国著作权法明确规定：对于公民的作品，其发表权，使用权与获得报酬权的保护期为作者终生及其死亡后 50 年；法人与非法人单位的作品，以及版权归法人或非法人单位享有的职务作品，其发表权、使用权与获取报酬权的保护期限为 50 年；电影、电视、录像和摄影作品的发表权、使用权与获得报酬权的保护期限也为 50 年。

（3）版权的可继承性

我国《著作权法实施条例》对作品的人身权作出明确规定，创作人去世后由继承人或受赠人行使或保护。作品的人身权是不能够继承和转让的，尤其是作品的署名权，以此来保持作品的完整性。随着网络的发展，学术界开始探讨作品人身权的部分转移或放弃，以促进作品的传播。

世界各国对作品财产权的可继承性均是毋庸置疑的，它可以被创作者的法定继承人、遗嘱继承人、受遗赠人继承或受遗赠。版权人属于自然人，作品的财产权可以继承是非常明确的，但是其他类型版权主体的作品的财产权，只能以非继承的方式进行转移。

（4）版权内容的多样性

由于版权保护对象的多样性和复杂性，决定了版权在内容构成上的多样性。版权的内容通常包括两部分：人身权和财产权。人身权包括有发表权、署名权、修改权、保护作品完整权等；财产权所包含的内容更多，如：复制权、发行权、出租权、展览权、表演权、放映权、广播权、信息网络传播权、摄制权、改编权、翻译权、汇编权（随着社会发展还有更多的其他权利）。相比之下工业产权就简洁得多。例如，专利权中，权利的内容主要是专有实施权；而在商标权中，权利的内容主要包括允许使用和禁止使用两种，权利内容构成上也比较简单。

（二）版权的主体和客体

1. 版权的主体

版权的主体即版权人，我国的著作权法规定，版权主体包括自然人、法人和非法人单位，在一定条件下国家也可以成为版权的主体，版权人依法对科学、文学、艺术作品享有版权。明确版权主体是实施版权保护的前提。确定权利的归属，便于作品版权的转让与许可，能够维护版权人合法权益，保证版权贸易的正常进行。

版权主体大致有如下类型。

（1）版权的原始主体

版权的原始主体：指在作品完成后，直接根据法律规定或合同约定，在不存在其他基础性权利的前提下对作品享有版权的人。一般情况下为作者，特殊情况下作者以外的自然人或组织也可能成为版权原始主体。

我国《著作权法》第九条规定："著作权人包括：（一）作者；（二）其他依照本法享有著作权的公民、法人或者其他组织。"作者和被视为作者的法人、其他组织等主体是原始主体，享有完整的或相对完整的著作权；其他公民、法人或其他组织在一定条件下，由于发生一定的法律事实，并通过转让、继承、接受馈赠等法律行为，可以取得特定的发表权和财产权，同时国家在特殊情况下也可以享有著作权中的财产权。

（2）版权的继受主体

版权的继受主体，指除作者以外的，通过受让、继承、受赠及其他法律认可途径获得全部或者部分版权的人。版权的继受主体可以是自然人、法人、非法人单位或组织，甚至是国家。与原始主体相比，继受主体的版权是不完整的，他们只能获得版权的财产权，而人身权是无法获取的。

继受主体的著作权取得主要通过以下两种情况：

（a）通过继承、遗赠等方式而取得版权。我国继承法中明确规定，公民作品的财产权可作为遗产，由继承人继承。我国公民可以通过遗嘱，将其作品的财产权赠给其他公民、法人、非法人单位，这就是遗赠。

（b）通过合同方式取得版权，主要包括两种情况：依委托合同取得版权，"受委托创作的作品，其版权的归属由委托人和受托人约定"。如合同约定版权由委托人享有，委托人即成为作者之外的"其他版权人"。版权的转让，版权人可将其享有的版权中的财产权利的全部或部分转让给他人，著作的财产权的受让人也是版权的主体。

（3）特殊作品的版权主体

演绎作品的版权主体。演绎作品是指通过对他人作品进行再加工或是以另外一种方式重新表现原著而产生的作品。演绎作品在原始作品的基础上进行了创新，演绎作品的作者凭借其在改编作品中付出的大量劳动，只要不侵犯原作品的版权，其作品的版权归该演绎作者享有，第三人在使用演绎作品时，应征求原作者和演绎作者的同意。

合作作品的版权主体。合作作品指两个人或更多人共同创作的作品。合作作品的版权由合作作者共同享有。合作作者，指有共同的创作愿望，他们对创作行为及后果有明确认识，目标一致，合作作者参加了共同的创作活动。如果没有参加创作，仅为创作提供咨询意见、物质条件、素材或其他辅助劳动的人不能称为合作作者。但合作作者未必是亲自进行创作的，合作双方的合作形式可以是多种多样的。

影视作品的版权主体。影视作品指摄制在一定物体上，由一系列有伴音或无伴音的画面组成，并且借助适当装置放映、播放的作品。包括电影作品和以类似摄制电影的方法创作的作品，亦称视听作品。影视作品著作权由制片者享有。但导演、编剧、作词、作曲、摄影等作者享有署名权，并有权按照与制片者签订的合同获得报酬。其中的剧本、音乐等可单独使用的作品可由其作者单独行使著作权。

计算机软件作品的版权主体。我国《计算机软件保护条例》中明确规定，计算机软件的版权归软件开发者所有。

2. 版权的客体

版权的客体，指由一位或者是多位作者通过自己的思考和劳动创作出来的，以某种物质形式存在的科学、文学、艺术作品。版权的客体是作者思想、观点的具体表达形式，作者创作了作品，他们就拥有以该作品为基础而产生的版权，这种具体的形式是版权存在的依托。版权的客体通常能以某种物质复制形式表现的智力创作成果，属于文学艺术和科学领域的作品。版权只保护作品的构思、文字组合等外在的形式，对于作品中所包含的思想内容是不予保护的。

版权客体的种类：

（1）文字作品

文字作品是指用文字形式、文字符号所做出的作品。书写符号包括文字、速记符号、电讯符号、数字等。如：小说、诗歌、散文、论文等都是常见的文字作品。

（2）口述作品

口述作品是指用口头语言，表达而产生的作品。如：演说、授课、法庭辩论。但按照事前准备的文字作品朗读而不是口述作品。

（3）影视作品

影视作品包括电影、电视、录影作品。影视作品指摄制在一定物体上，由一系列有伴音或无伴音的画面组成，并且借助适当装置放映、播放的作品。

（4）音乐作品

音乐作品指通过旋律及节奏等表现手段所表达产生的作品。音乐作品总体上可分为声乐、器乐、戏剧音乐（包括歌剧音乐、舞剧音乐、戏剧配乐等）三类。从另一个角度划分，音乐作品也可以分为乐谱和乐曲两种。

（5）戏剧作品

戏剧作品指以文字形式表达出来的剧本、舞谱以及对灯光、道具、服装的要求，而不包括表演本身。

（6）曲艺作品

曲艺作品指相声、快板、评书、大鼓等以说和唱为主要表演形式的作品。这类作品指的是对说唱词和演唱曲谱的创作，而不包括表演本身。

（7）舞蹈作品

舞蹈作品指以舞谱或未以舞谱表现的，通过人体动作、姿态等表达的作品。舞蹈作品的作者只指舞蹈的编导者，而不包括表演者。

（8）美术作品

美术作品是指作者以其智慧和技术在有型载体上通过形状、色彩等表达其思想、感情并给人以美感的作品。美术作品通常是指绘画、书法、雕塑等以线条、色彩或者其他方式构成的平面或者立体的造型艺术作品。

（9）计算机软件

计算机软件是指计算机系统中的程序及其文档。计算机程序，是指为了得到某种结果而可以由计算机等具有信息处理能力的装置执行的代码化指令序列，或者可以被自动转换成代码化指令序列和符号化指令序列或者符号化语句序列；文档，是指用来描述程序的内容、组成、设计、功能规格、开发情况、测试结果及使用方法的文字资料和图表等，如程序设计说明书、流程图、用户手册等。

（10）图形作品

图形作品指反映地理影像、说明事物原理或者结构的图形或者模型，包括地图、示意图等。

（11）法律、行政法规规定的其他作品

法律、行政法规可以根据需要和发展，增列作品的种类，但是地方法规无权规定或者改变作品的范围。

此外，我国的著作权法根据民间文学艺术作品的特点，还规定："民间文学艺术作品的著作权保护办法由国务院另行规定。"

不能成为版权客体的作品如下：

（1）法律法规等官方文件

这些文件体现的是政府和国家的意志，是要让公众了解并贯彻执行而公布的，不属于某个人。如果赋予版权保护，必然会影响宣传以及公众的贯彻、执行。

（2）时事新闻

通过报纸、电台等传媒报道的对于某件事情的消息。如：新闻联播、实事直通车、报纸新闻等的内容。这些新闻内容本身是客观存在的，报道的根本目的是让公众和社会尽快了解，因此，就没有保护的必要。

（3）依法禁止出版和传播的作品

对于作品进行版权保护的目的是为了建设社会精神文明，丰富大众生活，有些作品，因违反国家法律法规、违背社会道德、不利于我国的文学艺术和科学技术事业的发展，被依法禁止出版和传播。这些作品不会受到法律保护，自然也不能成为版权保护的客体。

（4）标语、表格、日历、科学定律等常识性作品

标语、表格、日历、科学定律等常识性作品，早已进入了公共领域，为的是推动公众利用和社会进步，因此，是不受版权法保护的。

（5）超过版权保护期而进入公共领域的作品

这些作品版权的财产权已经失去了版权法的保护。对它的使用可以不用经过许可。但是，这些作品的精神权利是永存的，不可侵犯的。对于这类作品的使用，要以尊重作者为前提。

（三）版权与工业产权的比较

版权与工业产权虽然同属于知识产权，但是两者之间存在很多区别：

（1）版权和工业产权的保护对象及其所属领域不同。版权保护的对象主要是科学、文学、艺术作品，属于人类的精神生活领域，它的作用主要是为了丰富人类的文化生活，满足人类在精神层次上的需求；工业产权保护的对象主要是专利、商标、服务标记等，属于人类的物质生活领域，它的作用是为了满足以及丰富人类的物质生活需要。

（2）版权和工业产权在获得权利的法律程序上存在着差异。版权的获取采用的是自动产生的原则，各国的版权法均认为，只要作者是独立创作，无论内容是否相同，都可以获得版权，作者无须进行注册登记；工业产权保护的是知识产权的唯一性，所以，要获得工业产权的保护，发明人必须经过一系列的法律、技术程序，由政府的相关主管部门进行严格的文献检索和审查，来确定其权利人的地位。

（3）版权和工业产权在权利的获取标准上存在差异。版权要求作者创作的作品必须是独立完成的，在具体的表达形式上具有独创性。工业产权中

的专利权和获取标准，是发明物必须具有新颖性、创造性和实用性三个条件；而商标权并不要求具有独创性，但是必须具有显著性特征、便于识别，而不得使用法律所禁止使用的文字和图形，它获取的原则是谁先申请就授予谁。

（4）版权和工业产权在专有性上存在巨大的差异。版权保护的只是作品内容的具体表达形式，只有对于这种独创性表达形式的未授权的使用才会造成侵权，对于作品中所包含的思想是不予保护的。工业产权在专有性上要比版权强，对于同样内容的发明、创造或商标等，法律只保护其中一个，或是采取先申请的原则，或是采取先发明的原则，来确定保护的对象。

（5）版权和工业产权对未公开内容的保护存在差异。版权保护的作品包括已公开和未公开两种，未经作者允许，对于未公开内容以任何一种形式的发表和公开使用都是对作者的一种侵权行为；而工业产权中保护的是创作人在申请法律保护中公开申请的那一部分（商业机密除外），对于未公开的部分，法律是不给予任何保护的，任何人对未公开部分的使用，都不会造成对工业产权的侵权。

第二节　版权侵权

一、版权侵权行为的含义

通常，版权侵权行为是指未经作者或者其他版权人许可，又无任何法律依据，擅自对受版权保护的作品进行使用，或者通过非法手段侵犯创作者权利的行为。版权侵权行为是违法行为，根据其情节、危害后果以及承担的法律责任不同。

我国著作权法的制订，有效地保护了著作权人以及与著作权有关的权益，很好地推动了有利于社会主义精神文明、物质文明建设作品的创作与传播，促进社会主义文化与科学事业的发展繁荣。但是我国的著作权制度还不完善，关于怎样认定某一行为是否属于侵害著作权行为还存在分歧，对此，我们将重点针对侵害著作权行为的构成、类型及法律责任进行总结，以求能找到一个合适的方案，能有利于进一步认识著作权保护制度的缺点并加以完善，从而使著作权主体权利得到更好、更有效的保障，且能更好地提高人们著作权的保护意识，从而减少由著作权引发的争议。

我国《著作权法》对著作权的侵权行为采用的是列举式规定，把所有著作权侵权行为区分为两大类。

第一类是承担民事责任的著作权侵权行为。在《著作权法》规定有下列侵权行为的,应当根据情况,承担停止侵害、消除影响、赔礼道歉、赔偿损失等民事责任:

(1) 未经著作权人许可,发表其作品的;

(2) 未经合作作者许可,将与他人合作创作的作品当做自己单独创作的作品发表的;

(3) 没有参加创作,为谋取个人名利,在他人作品上署名的;

(4) 歪曲、篡改他人作品的;

(5) 剽窃他人作品的;

(6) 未经著作权人许可,以展览、摄制电影和以类似摄制电影的方法使用作品,或者以改编、翻译、注释等方式使用作品的,本法另有规定的除外;

(7) 使用他人作品,应当支付报酬而未支付的;

(8) 未经电影作品和以类似摄制电影的方法创作的作品、计算机软件、录音录像制品的著作权人或者与著作权有关的权利人许可,出租其作品或者录音录像制品的,本法另有规定的除外;

(9) 未经出版者许可,使用其出版的图书、期刊的版式设计的;

(10) 未经表演者许可,从现场直播或者公开传送其现场表演,或者录制其表演的;

(11) 其他侵犯著作权以及与著作权有关的权益的行为。

第二类是承担综合法律责任的著作权侵权行为。我国《著作权法》规定,有下列侵权行为的,应当根据情况,承担停止侵害、消除影响、赔礼道歉、赔偿损失等民事责任;同时损害公共利益的,可以由著作权行政管理部门责令停止侵权行为,没收违法所得,没收、销毁侵权复制品,并可处以罚款;情节严重的,著作权行政管理部门还可以没收主要用于制作侵权复制品的材料、工具、设备等;构成犯罪的,依法追究刑事责任:

(1) 未经著作权人许可,复制、发行、表演、放映、广播、汇编、通过信息网络向公众传播其作品的,本法另有规定的除外;

(2) 出版他人享有专有出版权的图书的;

(3) 未经表演者许可,复制、发行录有其表演的录音录像制品,或者通过信息网络向公众传播其表演的,本法另有规定的除外;

(4) 未经录音录像制作者许可,复制、发行、通过信息网络向公众传播其制作的录音录像制品的，本法另有规定的除外；

（5）未经许可，播放或者复制广播、电视的，本法另有规定的除外；

（6）未经著作权人或者与著作权有关的权利人许可，故意避开或者破坏权利人为其作品、录音录像制品等采取的保护著作权或者与著作权有关的权利的技术措施的，法律、行政法规另有规定的除外；

（7）未经著作权人或者与著作权有关的权利人许可，故意删除或者改变作品、录音录像制品等的权利管理电子信息的，法律、行政法规另有规定的除外；

（8）制作、出售假冒他人署名的作品的。

在著作权法的第四十八条中还规定侵犯著作权或者与著作权有关的权利的，侵权人应当按照权利人的实际损失给予赔偿；实际损失难以计算的，可以按照侵权人的违法所得给予赔偿。赔偿数额还应当包括权利人为制止侵权行为所支付的合理开支。

二、侵权行为构成要件

侵权行为构成要件，是指构成侵权行为的必要因素，是判定是否侵权的重要依据。我国传统版权侵权构成要件有四个：

（1）违法性。使用受到法律保护的作品，如果使用的行为是合法的，那么就不构成对版权的侵权。任何人在使用受到法律保护的作品时，都必须遵守版权法及其他相关的法律法规，如果行为人的行为违反了法律的规定，无论行为人实施的活动是否侵犯了著作权人的利益还是其实施的活动对著作权的利益构成重大威胁，在将来必然损害著作权人的利益，都构成了侵犯著作权的行为。

我国著作权法对侵害著作权的行为进行了列举式的规定，因此著作权的侵权行为必须符合这些列举式的规定，换言之著作权侵权行为是违反著作权法的行为，所以说具有违法性是著作权侵权行为的必备构成要件。

（2）损害事实。它通常是指侵权人所实施的行为客观上给著作权人带来了伤害。如果侵权人的行为给著作权人造成了损害且无法定的负责理由，则侵权人应承担法律责任。

关于损害事实问题。虽然大多数的著作权侵权行为都产生了损害事实，但是随着"即发侵权"理论的出现，使我们意识到，对于侵害著作权的行为，在损害事实发生之前制止它，对保护著作权是至关重要，因此，新修改的著作权法第四十九条规定"著作权人或者与著作权有关的权利人有证据证明他人正在实施或者即将实施侵犯其权利的行为，如不及时制止将会使其合法权益受到难以弥补的损害的，可以在起诉前向人民法院申请采取责令停止有关行为和财产保全的措施"。这条规定是英美法系的禁令措施与我国《民事诉讼法》诉前财产保全措施的结合，虽然是一种诉前的临时措施，但从立法上明确了著作权人享有制止"即发侵权"行为的权利。

（3）因果关系。只有当侵权人所实施的侵权行为与损害后果存在因果关系时，侵权人才承担责任。如果加害人虽然侵权违法行为，但受害人的损害与此无关，就不能令其承担赔偿责任。著作权的"即发侵权"案件，因果关系不再是侵权行为构成的必备要件。

（4）主观过错。过错是行为人决定其行动的一种心理状态，行为人在进行侵权行为时，主观上存在过错，行为人是故意的，有目的地进行侵权行为。主观过错构成了版权侵权的其中一个要素。

然而在行为人具有主观过错这一点上，目前是国内争论的焦点。我国学界意识到以主观过错作为侵权认定一大要件在实践中确有许多问题，例如对侵权人主观过错的证明存在较大困难，对于作为权利人的原告而言，在某些情况下，即使是举出证明侵权人主观过错的初步证据也有相当难度，而侵权人要证明自己无过错却很容易。因此，一些学者提出了"认定侵权无须看有无主观过错；判定是否承担侵权责任，要看有无主观过错"。以这种方式解释"过错责任"，比传统的"侵权构成四要件"理论在知识产权执法实践中应当说是进了一大步，也显得更可行一些，但在逻辑上仍有值得商榷之处。

关于这个问题不同国家的版权法的规定有不同之处，美国版权法的规定，根据美国的司法实践，侵犯版权不以故意或过失为要件。无论侵权者有无主观过错，只要非法复制他人作品，即构成侵权。原告只需证明被告侵犯了自己的版权，不必说明被告的侵权意图。英国版权法以列举方式列出个别侵权行为适用过错责任，未列出的侵权行为不以主观过错为要件。《法国知识产权法》在保护版权上是比较严厉的，它根本不讲对无过错之侵权人的任何免责。不论侵权者的主观状态，只要客观上行为构成对权利的侵犯，则在下禁令、在可获赔偿等项上，被侵害人均可提出请求。

三、侵权行为的种类

从版权的基本性质入手，侵权行为的种类可以划分为以下两类：

（一）对版权人人身权的侵害

1. 侵犯发表权的行为。发表权就是著作权人决定在何时、何地，以何种方式将作品公之于众的权利。应该说，发表权是作者一项重要的权利，侵犯发表权的行为就是未经作者同意，将作品公之于众的行为，通常表现为：出版发行、公开陈列、现场表演、媒体播送、上传网络等。原则上一部作品只有一项发表权，一经著作权人行使，该权利即为穷尽，因此侵犯发表权的作品，仅限为作者未发表的作品。但发表权是否行使，并不影响作者禁止他人侵犯其著作权的其他权利，因此有人说作者只有通过发表作品，才能实现其著作权的各项权能，是错误的。

在作者生前未得到许可的情况下，继承人在作者去世后将其未发表的作品予以发表，是否构成对作者人身权的侵害？已经废止的著作权法实施条例规定，如果作者在生前没明确地表示不发表，其发表权可由作者的继承人或者遗赠人行使。说明发表权可以继承，这与民事一般理论中人身权不可转让有矛盾，因此可以说，发表权既具有人身权的性质，也具有财产权的性质。著作权法规定，作者的署名权、修改权、保护作品完整权的保护期不受限制，而发表权与著作财产权有保护期的限制，也是基于这种考虑。

2. 侵犯署名权的行为。署名权就是作者在作品上署名的权利，著作权人通过行使署名权表明其身份，我国著作权法还规定，如无相反的证据，在作品上署名的人为作者。对一般意义上的侵犯署名权的行为，只要著作权的归属明确，是比较容易判断的，但是我国著作权法第四十七条第八项对"制作、出售假冒他人署名的美术作品"的行为，规定为侵权行为，是有争议的，我们认为，该条的立法本意主要是为制止临摹他人的作品并署名的侵权行为，但在实践中易引起误解，比如某人画了一幅画，后署上一位从未发表过美术作品人的姓名，这个人的行为是该条所禁止的行为，但是如果说他侵犯了著作权未免有些勉强，因为被侵害者从来就没有作品面世，何来著作权被侵害之说？但该人的行为侵害了他人的姓名权，应该不会引起大的争议，因此，著作权的这条规定，有值得商榷的地方。

3. 侵犯修改权和保护作品完整权的行为。修改权和保护作品完整权实质上是同一权利的两个方面，一方面著作权人有权修改其作品，另一方面，著作权人有权禁止他人歪曲、篡改其作品。上文所讲的不完全的复制，往往侵害了作者的保护作品完整权。应注意的一点是，作品的原件出售后，著作权人的修改权实际上是受到限制了，即著作权人未经买受人同意，不能对已出售的作品进行改动，否则会侵害了买受人对该原件的所有权。

（二）对版权人财产权的侵害

1. 侵犯作品使用权的行为。包括复制、剽窃他人作品，未经许可使用他人作品以展览、摄制电影和以类似摄制电影的方法使用作品，或者以改编、翻译、注释等方式使用作品的，和使用他人作品，应当支付报酬而未支付的行为以及未经许可汇编他人作品的行为。

剽窃他人作品是比较常见的侵权行为，是指未经著作权人的同意而将其作品的全部或者部分据为己有，老的著作权法还规定了抄袭行为，在新著作权法中删除了抄袭行为的规定，可能是因为两者容易引起混淆，剽窃行为往往是将他人的作品的形式或内容略加改动，作为自己的作品发表。通过创作性劳动而形成的新的作品或者赋予一种新的表现形式，是否构成剽窃学术界说法不一，但是在司法实践中应慎重地对待这个问题，只要能判断出是在原有作品的基础上创作出的，而且未征得原作者的同意，通常侵权是成立的。值得说明的是，委托作品即使委托合同双方未约定著作权的归属，只要委托人依约交付了委托费用，就有权在合同约定的范围或者合理的范围内使用委托作品，不构成对作者著作财产权的侵害。委托作品即使在著作权归受托人的情况下，只要委托人履行了合同约定的义务，受托人著作权中的财产权利是受限制的，主要体现在两个方面：一方面受托人不能阻止委托人合理地使用委托作品，这是根据公平原则而作出的合理性解释。委托人在支付了委托创作的相关费用后，自然取得委托作品的合理使用权，否则难以体现民法的公平原则；另一方面，受托人也不能不诚信地将作品交付委托人的同业竞争对手使用。

2. 侵犯著作权人的作品传播权的行为。主要指发行、表演、放映、广播、通过信息网络向公众传播其作品等行为。

前几种方式属传统的传播方式，在此不再赘述，但通过网络向公众传播作品的行为，是著作权法新增加的侵权行为类型，这与作者的信息网络传播权是一致的，有关此类侵权的一个经典的判例是王蒙等六位作家诉世纪互联通信技术有限公司著作权侵权案，1998 年 4 月，世纪互联通信技术有限公司（以下简称世纪互联公司）成立"灵波小组"，并在其网站上建立了"小说一族"栏目，在该栏目中刊载了王蒙等六位作家《坚硬的稀粥》、《漫长的路》、《白罂粟》等作品。其中，王蒙、张洁、毕淑敏三位作家的作品是"灵波小组"成员从其他网站上下载后存储在计算机系统内，而张抗抗、刘震云、张承志三位作家的作品则是由他人以 E-mail 方式提供到世纪互联公司的网站上后再由"灵波小组"成员存储在计算机系统内，然后通过 Web

服务器在国际互联网上进行传播。法院审理后认为，作品在国际互联网上传播是使用作品的一种方式，著作权人有权决定其作品是否在国际互联网上进行传播使用，作品在国际互联网上进行传播，与著作权法意义上的将作品出版、发行、公开表演、播放等方式虽有不同之处，但本质上都是为实现作品向社会公众的传播使用，使观众或听众了解到作品的内容，作品传播方式的不同，并不影响著作权人对其作品传播的控制权利。世纪互联公司作为网络内容提供服务商（ICP），对其在网站上向社会公众提供的内容是否侵犯他人著作权应负有注意义务，且上诉人从技术上完全有能力控制是否将作品上传到互联网上，因此世纪互联公司在国际互联网上将原告的作品进行传播，是一种侵权行为。法院最终判定，被告的行为构成侵权。

关于网络内容服务商（ICP）的责任问题，有两种截然不同的观点，一种观点认为互联网的信息是海量的，过分加大 ICP 的注意义务，对 ICP 是不公平的，因此从有利于互联网的发展角度出发，应相应地减轻 ICP 的注意义务；另一种观点认为尽管互联网对作品的传播方式与传统的传播方式不同，但是对作品的保护并不能因传播方式的不同而减弱，不能使互联网成为侵权者的天堂，应给予 ICP 与传统的出版商同等的注意义务。我们同意后一种观点，但分两种情况，一种是上述案件的情况，ICP 未经作者的同意主动下载他人的作品进行传播或者明知提供作品的人不是作者本人而疏于审查，这种情况，ICP 有明显的过错；另一种情况 ICP 接受网络写手的原创作品，在这种情况下，除非著作权人向 ICP 明确提出警告，否则 ICP 很难尽到注意的义务，但是发生纠纷后，如果 ICP 向作者提供的供稿人的网络注册资料不真实或不完整，使作者无法找到真正的侵权者，那么 ICP 应承担侵权责任，反之，不构成侵权。

3. 侵犯邻接权的行为。邻接权来源于英文 Neighboring right 一词，是指与著作权邻接的一种权利，它是随着作品的复制、传播而产生的。我国著作权法称为"与著作权有关的权益"，这个称谓与 Trips 协议一致。我国著作权法所称的邻接权（与著作权有关的权益）是指出版者对其出版物的版式、装帧设计的权利、表演者对其表演活动的权利、录音制作者和录像制作者对其录音录像制品的权利以及广播组织对其广播、电视节目的权利之总称。我国著作权法中邻接权的主体有：表演者、视听制品制作者、广播组织以及出版者。应注意的是，上述权利主体在行使权力时，不得损害被使用作品和原作品著作权人的权利。

我国法律将邻接权称为"与著作权有关的权益"，表明了邻接权和著作权的关系，两者的相同点为都是基于作者智力劳动的产物，不同点在于：主体方面，著作权的主体是该作品的作者，而邻接权的主体是以其技能将作品表演或者制作出来使公众得以了解作品的人；目的方面，享有著作权时以产生作品为目的，而享有邻接权事宜将作品传播为目的；权利内容方面，著作权包括人身权和财产权，而邻接权除表演者享有身份表明权外，通常只有财产权。我国著作权法规定的侵犯邻接权行为主要有：未经电影作品和以类似摄制电影的方法创作的作品、计算机软件、录音录像制品的与著作权有关的权利人许可，出租其作品或者录音录像制品的；未经出版者许可，使用其出版的图书、期刊的版式设计的；出版他人享有专有出版权的图书的等。

第三节　版权贸易的主体与客体

版权贸易是以著作权（版权）为交易内容的商品交换活动。它是著作权人将其对作品拥有的部分或全部经济权利（客体）通过许可、转让等方式授权给使用者而产生的，是一种无形财产贸易。

一、版权贸易的主体

1. 版权人

版权人指作品版权的所有人，包括版权的原始主体和继受主体。版权的原始主体是指在作品完成后，直接根据法律的规定或合同的约定，在不存在其他基础性权利的前提下，依法对科学、文学、艺术作品享有版权的人。通常，版权原始主体是作者。在特殊情况下，作者以外的自然人或组织，甚至国家，也可以成为作品版权的原始主体。

版权的继受主体是指作者以外的，通过受让、继承、受赠以及其他法律认可的途径获得全部或者部分版权的人。继受主体的产生方式主要有依照合同产生、通过继承和受让方式产生和通过对作品的演绎而产生。与原始主体相比，继受主体获得的版权都是不完整的，其只能获得原始主体财产权的全部或部分，继受主体一般不能享有作品的精神权。

2. 出版机构

出版机构指进行图书、图画、杂志，报纸和电子物品等有版权物品的出版活动的组织。在出版实践中，出版机构成为版权主体的情况十分常见。在我国，出版社常常成为出版物的版权所有者，而在欧美的许多国家，作者通常是将作品版权中的经济权利授权给出版公司，由出版公司代表他处理相关版权事宜。

3. 版权代理机构

版权代理是作品的版权人将其所拥有的版权的某些经济权利，授权给某个个人或组织让其代表自己行使权利。版权代理机构是一种特殊的版权贸易主体，代理机构一般都具有联系广、人才专、信息快、协调能力强等优势。版权代理发展初期，其代理的内容仅限于文学作品，随着行业不断发展，今天的版权代理范围已经非常的广泛。版权代理机构搭建了沟通版权贸易双方的桥梁，在世界各国的版权贸易发展中起到了非常重要的作用。

版权代理机构最早产生于法国。首先出现在文学领域，一般称为文学代理人。1777 年，法国剧作家作曲家协会成立，它的建立开创了版权代理制度的先河。经过 200 多年的发展，随着世界各国文化交流的不断加深和世界大部分国家版权制度的建立，版权代理机制扩散到了世界大部分国家，尤其以欧美国家发展最为迅速。我国的版权代理机构出现得比较晚，20 世纪 30 年代的上海曾经有许多在电影和戏剧领域的经纪人在活动，但是没有有关文学或者出版方面的版权代理人的记载，正式的版权代理活动始于 20 世纪 80 年代的台湾地区。截至 2009 年，我国内地地区经国家版权局批准的版权代理机构共有 28 家，均属国有体制。除中国电视节目代理公司代理电视节目、中国电影输出输入公司和北京天都电影版权代理中心代理电影、九州音像公司版权部等代理音像外，其他 23 家代理机构均以图书版权代理为主，代理范围狭窄。除中华版权代理总公司等几家成立较早的代理机构外，多数代理机构仅仅向作品使用者提供版权法律咨询、代理收转版权使用费和图书代理等基础性服务，能够提供诉讼代理、调处版权纠纷的很少。由于代理范围狭窄、人才匮乏、经济效益差，加之国外机构的介入和国内出版社版权部门参与竞争，使得我国的版权代理机构面临重重危机，其生存状况仍不容乐观。

二、版权贸易的客体

版权贸易的客体，是版权人所拥有的作品版权中的财产权利（也称经济权利）。版权中的人身权由于不允许变更和交易，因此不能成为贸易的客体。开展版权贸易的目的，就是要获取这种对作品进行复制、翻译、发行等的经济权利。因此，这种经济权利作为客体，是版权贸易过程中不可或缺的重要组成部分。

西方版权中的财产权分为基本版权和附属版权。

1. 基本版权

基本版权就是作品的首次专有出版权，即作者许可某个出版社出版他的作品的权利。从广义上讲，国内作者将其作品许可给国内出版社，出版社支付稿酬或版税给作者，也是版权贸易。国际版权贸易的客体既有基本版权的贸易，更多的是附属版权的贸易。作者可以对一个作品的附属版权进行多次贸易。

2. 附属版权

附属版权主要指基本版权以外的一些其他相关权利。这些权利一般包括翻译权、重印权、影印权、改编权、报刊连载权、平装书版权、图书俱乐部版权、书中形象使用权、网络传播权。下面我们来简单介绍一下几种常用的附属版权：

（1）翻译权

翻译权即将一种文字的出版物翻译成另一种文字出版的权利。翻译权贸易，简单来说就是引进方向原出版社和作者获取翻译权授权并为此支付相应的版权费。它与重印权一样都是图书版权贸易中最为传统的使用方式，今天也依然是图书版权贸易中最重要的形式之一，也是目前我国出版社与欧美等国版权贸易中使用最多的方式。在翻译权贸易中，作者可获取版权收入的50%~80%。翻译作品大多是畅销书，如小说、教材、少儿读物、财经类和电子科技类学术著作。

（2）重印权

重印权是对作品以同一种语言在不同地区重新出版的权利，它主要在使用英语、西班牙语以及汉语的不同国家或地区间使用较普遍。例如，英国出版公司可以将其所出版图书的重印权分别授权给美加、澳新及南亚的印度、巴基斯坦等国出版公司在各自地区复制并销售。由于美国是一个与欧洲有特殊关系的大国，读者众多，所以美国市场（其实是北美，也包括加拿大）是欧洲国家版权贸易的主要市场，更是英国等英语国家的最重要的重印权市场，此即欧洲国家所谓"美国版权"的由来。而对于美国而言，其重印权主要是在英国、澳大利亚以及新西兰等国，这些地区是美国的海外英语版地区，随着英语使用人数的迅速增加，重印权的授权范围也越来越广泛。西班牙语作品的重印权贸易则主要在西班牙及美洲国家如墨西哥、哥伦比亚、阿根廷等国间进行。目前中国的外文出版、外语教学与研究出版等少数出版社每年也都从欧美国家取得一定数量的图书重印权来出版外文图书。中国内地与港台地区间的图书版权贸易从本质上看实际上也应属于重印权的许可使用范围。

（3）合作出版权

合作出版权主要是指图书版权人将书中的文字翻译权授权给合作人，允许其翻译成其他语言，同时授权其使用书中的原文及其他内容（主要是图片等），并对由此产生的新图书双方共同拥有版权，版权页上一般署双方出版社的名称，所得收入双方共同参与分配。合作出版权是英美出版社最梦寐以求的赚钱途径。但是并不是任何图书都适合做合作出版的，因此也不是任何图书都会有合作出版版权的。这种方式多用于参考书、具有国际影响力的健康健美、艺术类书籍，如合作出版的双语词典或插图百科全书。目前我国少数出版社出版的语言类工具书也有采用这一方式的，以英方与中方合作出版双语词典为例，英方提供英语词典的母本，中方将书中的英文词条翻译成中文，其他部分照搬。出版过程中，英方控制版权，词典的印刷数量、印刷商的选择等均由英方决定；词典利润分成为 5：5 或 6：4，英方占多头。这种方式对于翻译权的输出方来说更划算。此外，在欧美地区的同一国家内，也有采用此种合作方式的情况，一般是原书出版者将其中的附属权利拿出与其他出版社合作，然后，双方按协议约定，在各自的领域进行销售，再对收入进行分配。

（4）平装书版权

平装书版权的贸易在西方很是频繁，英美出版社对于图书首次出版的都是精装书，在精装书出版一年后，再将该书的平装书版权卖给另一家出版社，这与我国精装、平装均由一家出版社出版，且多同时出版有所不同。由此就产生了平装书版权之转让。每种图书都会经历从高潮到低潮然后再到高潮的抛物线式的生命轨迹。平装书的推出通常是在精装版本的销量即将出现下滑的时候，其目的是通过平装书的出版发行再创造出一个销售高潮，从而获得新的市场利润。许多大型出版公司如里德·艾尔希维尔、企鹅、兰登书屋等，在过去一般是将平装书版权出售给一些专营平装书的出版社，而现在则改为由自己出版，目前有些拥有海外分公司的出版社，甚至连翻译权也在"内部消化"。

（5）书中形象使用权

书中形象使用权主要是指版权人将图书中的人物、动物、景象等形象授权他人使用的权利。这种交易历史可以追溯到 20 世纪初的《弗洛伦斯·优普顿》中的人物形象的使用。这种使用方式少数仍然在出版领域，但更多的是在其他商业领域，如文具、玩具、服装、饮食等行业，所以过去也将此权利称为商品权。从实际情况看，被使用的形象常以动画作品居多，且许多是动物，如美国的加菲猫、史努比、米老鼠、绿巨人，日本的机器猫、忍者神龟、皮卡丘等。书中形象使用权所带来的版权贸易收入是非常可观的，往往要超过翻译权等其他权利的收入。如英国女作家 J. K·罗琳（Joanne Kathleen Rowling）出版的《哈利·波特》系列小说，被译成近七十多种语言，在 200 多个国家累计销量达 35 000 万多册。同名电影美国华纳公司投拍，现已上映前 6 部，累积总票房接近 50 亿美元。《哈利·波特》系列游戏由美商艺电等公司发行推出。同时，一些公司经其特许授权还生产了儿童玩具、文具、服饰等商品，甚至还出现了旅游等系列商业活动。为维护作品中相关角色的形象，在授予商家书中形象使用权的同时，版权人一般要保留对商家依此制作的产品形象的审查权，只有产品形象达到一定要求，版权人才会同意商家投入生产。

（6）图书俱乐部版权

图书俱乐部版权一般是指仅授权给固定的图书俱乐部读者阅读的书籍的出版权。欧美许多国家都有图书俱乐部，一些出版公司也组建有自己的图书俱乐部，他们会专门为自己的会员购买版权或直接出版俱乐部版图书，俱乐部会员可以以优惠的价格购买。俱乐部版图书一般要比市场上的图书价格优惠 20% 左右。这种现象在美、英、德、法等国家较为普遍。少数大型图书俱乐部会员会超过百万人，如美国的每月图书、英国的 BCA 与读者联盟、法国的 FRANCE LOISIRS 与德国的贝塔斯曼等。图书俱乐部版权价格一般都较低，但因为数量巨大，所以，依然有可观的收入。法国的 FRANCE LOI-SIRS，会员多达 450 万，其市场规模可想而知。在亚洲，此类俱乐部尚鲜见，但德国贝塔斯曼公司（其读书俱乐部在世界范围内拥有 2 500 万会员）在中国成立的读书俱乐部，曾经在短短几年，会员数量达百万左右，令人刮目相看。平装书版权是相对于精装书而言。

（7）报刊连载权

同一部作品在授权出版社出版图书以外，另授权报刊社连载的权利。在欧美，它一般以图书出版为界线而分为第一连载权（在图书出版前连载）与第二连载权（在图书出版后连载）。一般的报刊社在图书未有市场轰动之前，是不敢贸然行动的，因此购买第二连载权的情形较多，出版经纪人趋于保留第一连载权，收入归作者。对于第二连载权，出版社只能获取 10% 的收益，其他部分归作者所有。可连载权的使用在 20 世纪 60 年代至 80 年代相当普遍，现在使用则较少，收入也随之大幅减少。当然，个别畅销作品

（如人物传记）例外，一笔报刊连载权的版税可以达到 100 万美元，撒切尔夫人的《唐宁街岁月》以 65 万英镑成交，有关英国皇室丑闻的书籍依然是报刊连载的抢手货。与此相关的是摘要与编写权，如读者文摘公司，就经常会购买这种权利。

（8）影视改编权

影视改编权即将图书作品改编成电影、电视剧的权利。它过去利用的较少，进入 20 世纪 80 年代后期特别是在 90 年代利用数量开始增多，一些权利人因图书版权而得到不菲的收入。某个作品的改编一旦获得市场认可，其收入通常可以高达数百万美元，美国在这方面比较活跃，经纪人通常替作者保留这些版权，在许可图书出版时，不会把这类权利出让给出版方。因此，影视公司看中某个作品，并不会与出版社谈判这个作品的影视改编授权，而是直接与作者的经纪人谈判。作品的电影改编权一般通过拍卖的方式进行交易，版税则根据电影制作成本来提取。过去出让此附属权的购买者主要是影视公司，但近几年，为了争夺影视中的主角，一些美国影视演员也开始自己掏腰包购买图书的电影改编权。像描写美国中央情报局的书籍《镜中男子》就被电影演员汤姆·克鲁斯以 110 万美元买下，类似的书籍还有《马戏团打杂工》、《母亲》、《心灵的变化》等。

（9）多媒体版权

多媒体版权是近些年随着数字技术发展而产生的一种新的授权使用方式，主要指将图书内容的全部或部分授权给多媒体制品制作者或网络内容提供商使用的权利。现在，多媒体出版物产值达到国际出版集团出版物总产值的 15%～50%。因此，出版界关心多媒体版权的获取，作者、出版商和经纪人都在争夺作品的电子出版版权。如，里德·艾尔维斯保持多媒体产品的每年 33% 的增长。公司通过建立自己的内容资源库，获得库内作品的版权授权，以便为以后这些作品的多媒体（数据库）的出版赢得了版权。

20 世纪 90 年代之前，美国出版社的收入有两大块，一个是精装版和平装版的图书实物的销售收入，另一个是版权收入。版权收入中，依次为图书俱乐部版权、影视改编权、报刊连载权和海外版权收入，前三者为国内版权收入。现在，美国出版社的收入有两大块依然不变，但是结构和比重发生了巨大变化，版权收入显示了活力，而且海外版权收入增长率已经超过了国内的图书俱乐部版权、影视改编权、报刊连载权等的收入增长率，日益显示英美发达国家在合作出版权、翻译权、书中形象使用权方面与国外出版社的贸易频繁。

一本美国畅销书在日本的收入可达到 100 万美元，南美为 50 万美元，西班牙为 30 万美元，英国也可以较为容易地获得 50 万美元，一个小小的荷兰也可以达到 10 万~15 万美元，一部作品的海外收入就很可观。再如，托夫勒的《第二次浪潮》一书在日本的版权收入就超过了在美国本土的总收入。

图书的海外版权贸易已经成为英美法德荷等西方出版强国出版社的重要经济支柱，也是各国出版业的重要经济基础。许多小型出版社就是依靠海外版权贸易，不仅维持了生计，而且扩大了规模，赢得了国际市场；出版社在做选题策划时，不得不考虑国外市场，专门致力于国际性的图书选题，一位出版社负责人直截了当地说，"我们出书不是在国内卖书，目的是在海外卖版权"；美国出版社最喜欢 10 大国际书展，因为它们为版权洽谈提供了国际性舞台；国内市场基本饱和，需要开拓国际市场，亚洲是这些强国的首选目标。中国拥有 13 亿多的人口，潜在市场巨大，已经成为它们争夺的战略要地。

第四节　版权贸易的主要形式

版权是属于知识产权这种无形财产权概念范畴内的，与物权相比有许多独特之处，从事版权贸易工作，就必须了解清楚版权贸易的主要形式。版权贸易的交易过程比一般的物权交易相比复杂得多，贸易双方的交易形式通常也会比较复杂多样。进入版权贸易活动中的版权使用形式，是经过著作权人和使用方协商，最后由著作权人正式授权使用方对其作品的使用方式决定的。版权贸易的主要形式包括版权许可和版权转让两种。

一、版权许可

版权许可是版权贸易中最基本、最重要的版权交易方式。它是版权人以某种条件（通常是有偿的）许可其他人以一定的方式，在一定的时期和地域范围内商业性行使其权利的一种法律行为。版权许可一般有几个特点：一是许可方必须是版权人或经版权人直接委托的代理人；二是许可使用的作品必须是受到相关法律保护的作品；三是许可行为发生后版权主体不变，被许可使用的一方只享有被许可权利的使用权。

（一）一般许可

一般许可是版权许可贸易中最常见的贸易方式，主要包括以下四种形式：

1. 独占许可

独占许可，指在合同规定的时间和地区范围内，版权持有人给予引进方使用该版权的专有权利，包括版权人自己也不能在这一合同规定的范围内使用该版权，更不允许将该版权再授予第三方使用，这种权利拥有独占性和排他性。版权持有人授予引进方独占许可时，引进方要给版权持有人比一般许可更多的版权使用费。独占许可的最大优点是，在一定范围内，引进方可以独占的方式使用该版权，如果该版权作品畅销的话，引进方会获得较高的利润。因此，到目前为止，独占许可的使用相当普遍。

在签订独占许可合同时应该明确以下几个问题：

（1）签订的地域范围通常是使用同种语言的国家或地区，范围可以是一个国家也可以是多个国家，也可以是一个地区。在签订的地区范围内，被许可人有使用某项权利的专有权，许可人不可以向任何第三方授予同样内容（即同种权利）的许可。

（2）同样内容的许可是指同种权利的许可，版权是一种复合权利，包含十几种类型，常见的有八种，这些权利之间可以分开行使。例如，某一作品的翻译权可以单独许可某一国家的某一家出版社，该作品的书中形象使用权也可以单独许可该国的另一家出版社，这不是违约或侵权。

2. 排他许可

版权持有人授权给引进方使用其版权的同时，自己仍然保留在这一地域范围内继续使用该版权的权利，但不能在同一地域范围内再将该版权授予第三方使用，即排除第三方使用的权利，属于一种专有许可。

3. 非独占许可

在合同规定的时间和地区范围内，版权持有人授权给引进方使用其版权的同时，自己仍然保留继续在同一区域使用该版权的权利，也能将该版权授予第三方使用。

引进方获得的权利很少，多级竞争活力较小，因此付出的版税较少；对许可人的限制较小，可以多次多方授予，累计起来也是不菲的收入。

4. 交叉许可

交叉许可也称交换许可，指贸易双方将各自拥有的版权提供给对方使用。交叉许可是一种以版权换版权的贸易形势，其前提是双方都拥有对方感兴趣的版权，这是一种对交易双方都互惠互利的贸易形式。

（二）**集体许可**

某些作品和权利的四大使用范围很广也很频繁，如果采用一般许可方式，版权人可能需要就同一件作品签订成千上万的合同，这在实际操作中有时是很难做到的，这就要求在实践中使用一种新的贸易形式，即集体许可。集体许可主要有两种形式：

1. 一揽子许可

一揽子许可是版权持有人和引进方都以集体或组织的形式出现，在两个组织之间制定一个一揽子的许可协议。通过这个协议，转让方向引进方授予版权的使用权，并获得相应的报酬。引进方则获得版权的使用权，并支付版权使用费。例如，中国音乐家协会与 KTV 经营者协会签订的歌曲版权使用许可就是一种一揽子许可方式。

2. 中心许可

中心许可也称单项中心许可，是一种以组织对个人的形式出现的版权贸易形式，版权持有方以一种组织的形式出现，引进方以单个个体的身份出现，版权持有组织向单个个体授予版权，并获得报酬的贸易形式。这种许可方式多用于表演权、录制权、广播权等方面。

二、版权转让

版权转让是指版权人将他所拥有的版权的经济权利，包括复制权、发行权、出租权、展览权、表演权、放映权、广播权、摄制权、改编权、汇编权、翻译权、网络传播权等权利中的部分或全部地让与他人，是将权利从一个民事主体合法的转移给另一个民事主体支配的行为。由于作者的人身权与作者本人是密不可分的，因此版权的转让主要指的是版权中经济权利的转让。版权许可和版权转让是版权贸易中两种基本的贸易方式，与版权许可相比，版权转让在现实生活中并不是十分普遍。

（一）版权转让的类型

1. 根据版权转让中所转让版权是否完整，可分为全部转让与部分转让

全部转让是指版权人将其所拥有的版权的经济权利全部转让给他人的贸易形式，如果这种转让没有时间限制，就相当于对该版权的买断。对于版权的全部转让，应该考虑两个方面的问题：首先，这种转让可以只转让给一个人，也可以同时转让给几个人；其次，这种转让可以发生在不同国家或地区的法人或自然人之间，也可以发生在同一国家或地区的法人或自然人之间。版权能否买断，不同国家版权法有不同的规定。例如，突尼斯在其版权法中明确规定版权的全部转让是无效的；而法国，在版权法中虽然没有明确指出版权的全部转让是否无效，但是在相关条款中做了暗示性规定。

部分转让是指版权人将其所拥有版权中的经济权利部分转让给他人的贸易形式。世界各国对于版权的部分转让都是允许的。然而一些国家出于保护版权人精神权利的考虑，不允许部分转让的无期限，也就是说，版权的部分转让，必须是有时间限制的。有一些国家对转让的期限没有明确规定。

2. 根据版权转让是否有时间限制，可分为临时转让和永久转让

临时转让是指版权人在一定时间内，将其所拥有版权的经济权利全部或部分地转让给他人的贸易行为，超过转让许可期限，所转让的权利将会自动收回。在临时转让期间内，版权人不得就该权利再进行授权。

永久转让就是前面所说的买断，是指版权人将其拥有的权利全部或者部分永久转让给他人的贸易行为。

3. 根据版权转让是否需要付费，可分为有偿转让和无偿转让

有偿转让，版权拥有者在出让版权的同时，获得相应的报酬，而版权受让人在付出报酬的同时，获得版权中的一项或多项经济权利。在版权的转让中，绝大多数是有偿转让。

无偿转让，也称为无偿赠予，即版权拥有者将其所拥有的作品版权中的经济权利无偿赠予他人或者国家。

（二）转让与许可比较

版权许可与版权转让是版权贸易中两种主要的贸易形式，两者之间存在着很大区别。

1. 权利转移

版权许可贸易的对象是版权中的经济权利的使用权，被许可方获得的是对版权中经济权利的使用权，他无权对该版权做出任何超出合同规定范围的处置。版权在贸易过程中没有发生任何转移，仍归属于原版权人。

在版权转让贸易中，贸易的标的物是版权中的部分或者全部的经济权利，受让方获得的是版权中的经济权利。根据合同，受让方已经成为该项经济权利的新主人，他有权对该项经济权利做出任何处置。版权的经济权利在贸易过程中实现了权利交接，原版权人在一定时期内丧失了对该项权利的处置权。

2. 交易权利处置的差异

在版权许可贸易中，被许可人获得的只是对版权中部分经济权利的使用权而不是所有权，因此他没有权利对该项权利做出任何超出合同授权范围的处置。

在版权转让贸易中，受让人获得的是版权中的经济权利本身，他可以在

合同规定的期限内，对该项权利做任何处置。出让方在合同期内丧失了对该项权利的处置权，无权干涉受让方的行为。

3. 侵权的处理

在版权许可贸易中，一般许可的被许可人不能因权利受到侵害而提起诉讼，只有独占许可的被许可人才具有这个资格，但起诉的诉因只限于侵害许可权。

在版权转让贸易中，任何受让人都有权对侵害其财产权利的行为提起侵权诉讼，起诉的诉因则为侵害著作财产权。

第六章　版权代理与经纪

第一节　版 权 代 理

一、版权代理的基本概念和特征

当今图书版权贸易的发展越来越离不开版权代理。在一些综合实力很强的大型出版社中，一般都设有自己的版权部门，专门从事图书版权引进与输出的相关工作，如德国斯普林格出版公司就设有版权及版权许可部门。另有一些大型的出版机构，如汤姆森学习出版集团，在世界各地设立分公司、分支机构或代理处来打理版权的有关事宜。而另外一些规模、实力相对较弱的中小出版社由于缺乏专门的版权贸易人员，通常必须依靠版权代理公司来进行版权贸易业务。事实上，在工作中一些大型出版社也会和版权代理公司保持密切的联系。这是因为国外很多出版社已经把自己的图书版权委托给国内或国外的版权代理公司，通过它们来实现版权的联系与许可。要想获得这些出版社的图书版权，就必须首先与这些版权代理公司进行洽谈。此外，由于版权代理公司拥有相应的专业资源，在版权信息、对外版权贸易经验、人才、资源等方面具有很强的优势，一些小型的版权代理公司逐步成长起来，发展成为具有强大经济实力、庞大代理网络、极强推销能力的大公司。因此通过代理公司来开展版权贸易对版权使用者来说非常有利。随着图书版权代理制度的不断完善，版权代理已成为图书版权贸易市场中不可或缺的重要力量。

代理制度是随着社会经济关系的发展而产生、发展起来的。由于商品货币关系的发展，首先出现了委托合同，即一个人可以委托他人代为办理某种事项，如购置财产、偿还债务等。而到了现代社会，商品交换关系高度发达，社会化大生产所要求的合理分工、法律制度的日臻完善等，使代理制得到了很快的发展。尤其是在国际贸易中，许多业务工作都是通过代理方式即委托代理商进行的。在我国，代理制作为市场经济条件下出现的沟通产销的一种崭新的流通模式，具有独特的优势和强大的生命力。

代理不是行政上的概念，而属于法律范畴。对于代理的法律概念，我国《民法通则》第 63 条明文规定："代理人在代理权限内，以被代理人的名义实施民事法律行为。被代理人对代理人的代理行为承担民事责任。"因此，代理，是指代理人按照本人的授权，代表本人同第三人订立合同或进行其他法律行为，由此产生的权利和义务直接对本人发生效力。

所谓版权代理（copyright agent），是指在版权交易活动中，代理人接受作者或其他著作权人的委托，代表其就版权转让、版税收取、保证金等问题与作品使用方商谈，并以此委托行为人向著作权人收取报酬的活动。

从法律角度来考察版权代理，它具有以下三个方面的特征：

（1）代理人的代理活动必须以被代理人的授权为前提。版权代理机构必须事先取得作者或出版社的授权，即事先必须接受作者或出版社的委托，然后才能就某一项具体的版权业务开展代理活动。如果没有作者或出版社的明确授权，版权代理机构就不能贸然进行版权代理。

（2）代理人必须以被代理人的名义进行活动。版权代理机构作为版权交易的中介组织，它在版权交易中担当的是"纽带"角色，发挥的是"桥梁"作用，其本身并不享有版权，也不是版权的实际使用者；因此在交易活动中，它不能以自己的名义进行活动，而只能以委托人（作者或出版社）的名义进行活动。

（3）代理行为的法律效果直接归属于被代理人。版权代理机构的代理活动源于作者或出版社的委托，因此只要是授权范围内的正当行为，就对被代理人具有一定的约束力，其法律后果应由作者或出版社承担。

二、版权代理的源起和作用

版权代理最早源于 19 世纪中期欧美国家出现的文学代理人。以 1875 年苏格兰的小说家、诗人乔治·麦克唐纳邀请好友亚历山大·斯特拉罗出版社审稿人亚历山大·勃罗克·瓦特为其出售创作小说的著作权为标志。在当时由于著作权保护只限于图书的印刷发行，所以为作者找一个好出版社就是文学代理人的主要职责。20 世纪以后，由于科技的迅速发展、出版和传播工具的日益进步，同时著作权范围的不断扩大，法律所规定的作者能够获得的经济权利不断增加，为了能够专心从事写作，作者们就迫切需要寻找到代理人为其处理版权、授权使用等事项。于是文学代理人作为一个行业开始在欧美发展起来。

从事版权代理的既可以是版权代理公司，也可以是个体的代理人。一般来说，版权代理公司代理的著作权人的权利，著作权人也可以单独行使，只是出于集中精力创作的考虑，才交由版权代理公司代为行使。从原则上讲，版权代理可以代理著作权人享有的一切权利，尤其是自19世纪末20世纪初以来，随着各种新的传播方式的不断涌现，著作权人的权利范围正在逐渐扩大。为了适应这种形势变化，集中精力创作，著作权人便寻求代理人代为办理著作权授权使用、收取版税、提起法律诉讼等事务。从某种意义上来讲，版权代理是为著作权人谋利益，目的是使著作权人能够集中精力进行创作，避免繁琐的市场调查和谈判。只要著作权人将自己享有著作权的作品委托出去，就可以坐等自己的版税或稿酬。从长远来看，版权代理将为文化市场的繁荣和出版经济的增长起到重要的作用。

市场的发展与细分也对版权代理机构提出了更高的要求。近年来，随着出版专业分工越来越细，众多的出版社更加愿意集中社内的人力、物力和财力投入出版主营业务，而把版权的引进和输出交给专业版权代理机构来做。这样，一方面，出版社可以节省精力，降低成本，提高工作效率，充分发挥出版资源的优势，多出书，出好书；另一方面，版权代理机构可以随时把握谈判进程，协调各方面关系，平衡各方利益，避免不正当竞争，同时代理机构可以在此过程中不断积累资源，整合资源，更好地为出版社服务。

三、版权代理的现状

（一）国外版权代理现状

在国外版权代理业十分发达，目前欧洲已经建立了版权代理机构的国家有：英国、法国、德国、瑞士、瑞典、荷兰、意大利、奥地利、比利时、丹麦、芬兰、希腊、挪威、西班牙、葡萄牙等。各国拥有的版权代理机构数量也不尽相同，如英国目前有200家左右版权代理机构，而仅伦敦就有几十家，这些公司中大的有二三十人，少的仅有一两个人。在英国的一些版权代理机构除接受本国作家的委托外，还接受包括美国、法国、德国、意大利、澳大利亚、印度等国著作权人的相关委托。而版权贸易最为活跃的美国则有600多家版权代理机构，其中纽约就有代理机构300余家，而且数目还在不断增加。一些美国出版公司都拥有自己的版权代理商，在版权贸易过程中，这些版权代理机构发挥了很大作用。由于在海外获得图文使用权往往是很困难的事，比如图书封面的版权就很难获得作者的授权，因此通过代理机构，往往可以对海外图书的封面进行改进，而不需要使用原创封面；虽然封面作者收益会因此受到影响，但对此代理机构会与其进行沟通，提供合理的解释。另外，荷兰、意大利、西班牙、法国、德国、日本等国家在版权代理方面发展也很迅速。国外的版权代理已经形成一定的发展规模，在地域上构成了网络状布局，逐步发展成为版权产业链中的重要一环。由于国外从事版权代理的工作人员通常都具有较高的素质，他们不但拥有良好的专业素养、丰富的知识储备，同时还具有广泛的社会关系以及较强的公关能力和技巧。因此在实践中，著作权人想出版自己的书稿一般都会通过版权代理人员的推荐，之后推向市场。有的出版社甚至不接受未经代理公司代理的稿件。

目前，国外版权代理机构在中国主要有四大类，一是国外的出版机构的代表处，包括出版公司、出版社、出版集团、教育机构等，如贝塔斯曼、剑桥大学出版社、麦格劳-希尔出版集团、美国 Wiley 出版公司、汤姆森国际、英国的麦克米兰、英国的 DK 公司、日本倍乐生公司、日本的白杨出版社等；二是专业版权代理公司代表处，如英国安德鲁·纳伯格联合国际有限公司、韩国信元公司、大苹果公司等；三是外国律师事务所驻京办事处，如法国律师事务所驻京办事处；四是外国驻华使节的文化交流推动，如法国、俄罗斯、韩国等。

（二）国内版权代理现状及其问题

在我国正式的版权代理出现比较晚。20 世纪 80 年代初，台湾地区出现了从事专业版权代理的公司——大苹果公司。1988 年，国家版权局批准成立的中华版权代理总公司是以民间名义开展版权代理活动的中国内地第一家版权代理机构。截至 2002 年年底，我国经国家版权局批准的版权代理机构共有 28 家，其中 3 家影视代理、2 家音像代理，其余全部是图书版权代理。目前台湾地区有 4 家左右的代理机构，较为活跃的是大苹果股份有限公司和博达著作权代表有限公司。香港地区的版权代理机构相对较少，代理作家版权的主要是明河代理公司。

1. 国内的版权代理机构类型

目前国内的版权代理机构从性质上划分主要有以下几种类型：

（1）国家批准的版权代理公司。在经国家版权局批准的 28 家版权代理机构中，以事业单位为主的图书版权代理公司有 23 家，经营情况最好的应属中华版权代理总公司、北京版权代理公司、上海版权代理公司和广西万达版权代理公司。这 23 家代理机构的专业人才都比较匮乏，只有中华版权代理总公司、北京版权代理公司、上海版权代理公司和广西万达版权代理公司等少数几家的工作人员达到 10 人左右。其他代理机构的人员数量一般都在 2~3 人。累积起来，这 23 家图书版权代理机构的人员也不足百人。除此之外，许多省市也都有自己的版权代理机构，它们大多依附于当地新闻出版局（版权局）名下，代理当地与国外的版权业务，其中经营好的也向周边与全国拓展业务。其中中华版权、上海、广西万达、北京、陕西等代理公司相对比较活跃。

（2）民营企业的图书工作室。经过 20 多年的发展，一批民营企业的书商脱颖而出并逐渐走向成熟。他们消息灵通、决策灵活、人员精干，已经在国内的图书市场上站稳了脚跟，有的企业出版码洋已达数亿元。实力的增长使他们不满足于现状，纷纷开始涉足图书出版发行的各个环节。近年来引进版图书的热销使他们看到了一个有着光明前景的版权书市场。所以，图书的版权贸易越发成为民营企业书商关注的重点。

（3）国外出版社在国内设立的联络人员。随着中国的入世与经济的发展，越来越多的国外出版社开始看好我国国内的图书出版市场，均想涉足这一领域。但由于中国出版并没有对外资放开，国外出版公司不能在国内成立出版社，所以它们采取迂回策略，在国内设立联络处，或在中国物色代理人才，以促进版权输出与原版图书在中国的销售。例如，英国的 DK 公司（Dorling Kindersley Ltd）、日本的白杨出版社、培生教育出版集团等大型的出版社都在中国设立了联络处，并与国内的一些优秀出版社建立了稳定的联系。这些国外出版社的联络处主要进行原版教材的销售、版权的推介以及联络、市场服务的工作。他们会想尽办法推广宣传自己的图书，除了在各种图书博览会上与出版社进行洽谈之外，他们还会通过其他方法开展业务。例如，参加知名高校举行的原版教材巡回展，并在大学举行各种专题讲座，向大学教授推荐书目、寄送样书，听取他们的需求与建议。然后向出版社推荐，进行版权转让或合作出版，并协助出版社作好选题、质量、营销、售前售后的支持服务。这些出版社的联络处大多有非常明确的市场目标，它们主要是与自己业务相关且实力较强的大中型出版社合作。有的国外出版公司甚至只挑选一家合适的出版社与之合作，把自己所有的版权都交由这家出版社代理，同时也会介入这些引进版图书的编辑与制作工作。

由于外国联络处消息灵通，经营方式得当，所以都取得了较好的市场业绩。例如，培生教育与国内出版社进行版权贸易所获得的码洋已经高达 3.5 亿元，仅 2004 年经培生北京联络处达成的协议就有 740 种图书。但综合来看，这些联络处的利润并不是很高，甚至有些教育、科技、专业类的出版公司并没有从中盈利。对于这些国外出版公司的联络处来说，盈利并不是唯一的目的，开拓中国图书市场，考虑长远发展才是它们真正感兴趣的问题。

2. 我国版权代理机构存在的问题

纵观我国目前的版权代理机构现状，情况不容乐观，归纳起来主要存在以下问题：

（1）体制僵化，所有制和行业环境混乱。在现有的 28 家代理机构中大多是事业单位，只有个别几家是企业经营。这些代理机构大部分属于事业单位，受国家财政补贴，没有完全参与到市场的竞争中来。由于没有在真正意义上被纳入到版权贸易市场的竞争中，同时还有国家的财政支持，在经济上没有"后顾之忧"，所以，这些机构往往缺乏主动性和创造性，对市场的需求反应不够灵敏，仅仅满足于经营现有的图书代理、版权咨询等业务。并没有像国外的版权代理公司一样，把业务拓展到图书出版的各个环节，真正发挥版权代理的积极作用。离开国家政策的扶持，版权代理很难真正走向市场。同时相关的法律法规也没有对版权代理的法律地位作出明确规定和准确定位。除国有机构外，我国从事版权代理的，还有专业团体、文化公司和个人，但由于种种原因，他们很难发展成为市场竞争的主体。这就需要国家完善相应的法律法规，规范版权代理队伍，为版权代理创造一个公平、合理、规范的发展空间，同时形成一定的规模产业。

（2）经营范围狭窄。根据《著作权涉外代理机构管理暂行办法》（国家版权局、国家工商行政管理局于 1996 年 4 月 15 日发布）规定，版权代理机构的主要业务有：接受委托，开发作品使用市场；提供著作权法律咨询；代理签订转让或授权使用合同；代理收取版税或以其他形式支付的报酬；接受委托，代理解决著作权纠纷；代理其他有关涉外的著作权事务。

在我国，目前有些地方版权代理机构由版权管理部门的法律人员构成，其主要业务自然就集中在提供法律咨询和代理解决著作权纠纷上；也有的版权代理公司集中力量，专攻作家的代理，走西方文学代理人的路子。

28 家专业版权代理机构中除中国电视节目代理公司代理电视节目、中国电影输出输入公司和北京天都电影版权代理中心代理电影、九州音像公司版权部和北京汇宇国际版权代理公司代理音像外，其他 23 家代理机构均以图书版权代理为主，代理范围相对狭窄。除中华版权代理总公司等几家成立较早的代理机构外，多数代理机构仅仅向作品使用者提供版权法律咨询、代理收转版权使用费和图书代理等基础性服务，能够提供诉讼代理、调处版权纠纷的很少。中华版权代理总公司除了上述业务外，还在国内率先开展了数字化制品、数字图书馆的版权代理，并已着手研究信息技术条件下的文字、美术摄影作品的版权代理业务，积极开展非诉讼代理业务。目前这几项工作都已取得初步成效。

（3）版权代理人才的缺乏。版权代理机构最大的危机是人才的缺乏，尤其是精通外语，并熟悉版权贸易操作流程的人才。国家现在还没有出台任何关于版权代理人执业资格的相关规定，对版权代理人应该具备的素质、技能没有统一的考核标准，缺少相应的资格准入程序。这种情况很难保证图书版权代理人员队伍的高度专业化，致使一些人滥竽充数，导致从事版权代理的人员素质参差不齐。他们不仅无法在版权贸易过程中发挥应有的作用，甚至还会对版权贸易的发展造成不良的影响。这就需要代理机构提供给员工广泛发展的机会，用事业留人，用优厚的待遇留人，确立长期有效的用人机制。同时为使版权代理业能够健康发展，在业内逐步确立起版权代理人资格准入制度，将其版权代理资格分为国内代理和国外代理两类，以此来激发和促进从业人员业务素质的不断提高。

（4）市场份额小，经济效益不容乐观。据统计，2003 年我国引进版权12 516 项，输出 811 项。而落实到版权代理头上，按较活跃的中华、北京、上海和广西万达四家平均每家年度完成 300 项估算，版权代理机构一年完成的业务充其量也就在 2 000~3 000 项，占全国版权贸易市场份额的 1/3 左右。即使在版权贸易成交额逐年增长的情况下，版权代理机构的业务并不见涨。其余的业务，一是由出版社内设的国际合作室、版权部自行联系开展；二是被境外出版、版权代理公司以及它们的中国代表处分化；三是为异军突起、日益活跃的民营版权代理、文化公司和个人占有。

图书版权代理的核心收益来自向境内外出版社提供的专业中介服务，通常佣金是版税的 10%，还要扣除相关邮寄通信费用、公司 5.5% 的企业所得税、日常行政管理开支，所剩无几，公司也就谈不上什么积累。据调查，即使在最好的情况下，一家图书版权代理公司的年收益也就在 40 万~50 万元，仅靠这点代理佣金，用得好，可以维持正常运转，但很难有大的发展，更多的则是难以为继。大多数图书代理机构处于亏损的境地，有的甚至已经名存实亡，只有个别几家收入和支出刚刚可以持平，少有的几家保持微利。作为一种补充，目前能正常运作的版权代理公司大多实行一主多业，通过行政或市场手段，开源节流。

除了以上这些问题，从整个出版业来看，虽然中国的版权贸易在发展初期曾经一部分依赖版权代理机构，但后来随着贸易规模扩大以及代理过程中的种种问题，版权代理机构似乎越来越退居幕后。自己出面直接参与海外版权贸易对于出版社而言有不少优势，如开阔视野、培养人才、节约经费等，但其缺陷也随着这项事业的发展而日益显现出来，主要是各社之间的各自为政，都需形成一个小而全的体系，在人力、物力的投入方面都捉襟见肘。对于国际出版市场的信息搜集、趋势研究、客户服务等方面往往显得力不从心。特别是现在各社的版权贸易人员可以使用的外语主要是英语和日语，造成从事版权贸易时视野狭窄，基本仅局限于美、英、日等国家，而法、德、意以及阿拉伯等语种的优秀图书信息难以接收，其他小语种就更无暇顾及了。

随着整个世界的进步，人类需要资源共享，社会也要求专业分工，作者要做的就是全心全意去创作，出版商的工作就是出版赏心悦目的出版物，代理人则扮演着穿针引线的纽带角色，通过为作者和出版社提供良好服务，获得其应得的报酬。入世后中国在国际舞台上肯定会更活跃，中外交流更趋频繁，这为代理公司提供了一个良好的社会背景。新著作权法的颁布，也从法律上提供了良好的支持。只要各代理公司抓住机遇，把业务做好，还是相当有发展前途的。

四、版权代理机构介绍

（一）国内版权代理机构

在国内近30家的版权代理机构中，主要还是以中华版权、北京版权以及上海版权等几个代理机构的业务为主体，下面分别予以介绍。

1. 中华版权代理总公司。中华版权代理总公司（CAC）创建于1988年，是经国家批准设立的我国第一家版权代理机构，也是目前我国规模最大、代理版权种类最多的版权代理机构。1998年中国版权保护中心（CPCC）成立后，新闻出版总署（国家版权局）将公司划归该中心统一管理。在继续做好图书、音像制品等传统版权代理业务的基础上，公司大力扩展业务范围，积极开拓期刊、影视作品、美术摄影作品、电子出版物、数字化制品、动漫画、游戏软件和网络传输等方面的版权代理业务。

目前，该公司已与俄罗斯、美国、英国、德国、法国、日本、意大利、澳大利亚、乌克兰、格鲁吉亚、巴西等国及我国台湾、香港、澳门地区的多家版权集体管理机构、版权代理机构和出版公司建立了长期友好的合作关系。经过20年的发展，公司已拥有一批精通英、俄、日、法、德等语种、业务精湛、爱岗敬业的版权代理业务人员，形成了一整套科学、规范、有效的业务运作模式和经营管理模式，代理签订版权贸易合同 5 000 余项，积累了丰富的作者、作品、使用者资源和大量的国内外出版、版权信息。在国内外版权界、出版界享有良好的信誉，为中国的版权贸易工作的开展做出了应有的贡献。

该公司的主要业务有：代理洽谈签订版权转让或许可使用合同；代理版权纠纷诉讼并提供法律咨询服务；代理收转著作权使用报酬；组织国内外版权贸易洽谈；开展其他与版权代理相关的业务。

2. 北京版权代理公司。北京版权代理有限责任公司（英文简称：BIRA）是全国首家股份制代理公司，成立于 1998 年 8 月 28 日，其通过与北京版权保护协会、北京人民广播电台、北京电视台、北京科文集团、美国大苹果公司合作，以维护知识产权尊严，共享人类文明成果为宗旨，主要从事图书、音乐、广播、电视、电影、音像、多媒体以及网络出版等版权代理业务。到目前为止，该公司已与美国、英国、法国、西班牙、日本、韩国等30 多个国家及我国台湾地区的 500 多家出版社进行了版权贸易，为中国内地 300 多家出版社和公司引进、输出了 1 万多种优秀的选题。现有英语、日语、德语、法语、俄语、西班牙语、韩语等业务开展。公司下设国际部、国际二部、国内部、培训部、出版信息咨询部、影视代理部、翻译中心等业务机构，通过建立作者信息库、译者信息库、图片库，全方位、多层次的为著作权人及各类作品使用单位服务。目前正在逐步开展向各类出版社提供优秀选题，以及翻译、装帧、宣传、营销等延伸服务。

3. 上海版权代理公司。上海版权代理公司是华东地区第一家专门从事涉外版权贸易中介服务的机构。经国家版权局批准，1993 年 8 月成立于上海，受上海市新闻出版局直接领导，是自负盈亏的独立法人单位。主要经营国内外版权代理业务，即版权的转让或许可使用代理、代收代转版权使用费等中介服务。该公司已在德国设立了办事处，与欧洲、美国、日本等百余家国外出版社保持良好的合作关系。目前该公司已经成为美国企鹅公司下属的Vlking、DUTTON、PLUME、SIGNET、ROC/ONYX 中文版权的独家代理人，并成功地进行了海明威全部作品的全球中文版权代理等数百项中介活动。国内有近五十家出版社成为该公司的特惠客户。1996 年年底，受中国著作权使用报酬收转中心的委托，开始承担上海市报刊转载、摘编作品报酬的收转工作，并于 2000 年年底正式挂牌成立了"中国著作权使用报酬收转中心上海办事处"。

（二）国外版权代理机构

以英美为例，两国的版权代理人分别聚集在伦敦和纽约地区，他们的客户主要是小说或非小说类图书编辑、成人或儿童读物出版社，以及报纸杂志、电影公司、电视台等媒介组织。他们同自己的委托人签有合同，并代表作者许可或出卖版权给国内外各种各样的媒体。对来自国内市场上的收入，代理抽取 10%～15% 的佣金；对来自国外或非印刷品（如电影和电视）的收入，佣金为 17.5%～20%。通常，版税报表和版税由出版商交给代理，代理进行核对，扣除自己的佣金，然后将大部分付给作者。下面分别介绍几个国外的版权代理机构。

1. 英国版权许可代理机构（简称 CLA）。CLA 成立于 1982 年。其由作者许可版权征集协会和出版许可协会管理。它在伦敦的中心事务所只有很少几个专职人员。CLA 有以下六个方面的功能：①通过上述两协会为出版商和作者进行版权许可代理；②批准用户复制图书、杂志中的重要内容；③向获得许可的用户收费；④建立并保存一个用户档案系统；⑤向上述两协会缴费，并向与他们分享许可费的外国许可代理付费；⑥通过法律和其他形式保护版权所有者的各项权利。为扩大代理范围，他们还在澳大利亚、加拿大、法国、德国、新西兰、南非、西班牙、瑞典与美国相应机构建立双边互惠关系。CLA 主要根据版权、设计及专利法所规定的范围为用户进行代理活动。

2. 美国麦格劳-希尔集团。1888 年，美国人詹姆斯·麦格劳创立了麦格劳出版公司；3 年后，约翰·希尔创立了希尔出版公司。1909 年，两家公司的图书部首先合并，成立麦格劳-希尔图书公司；1917 年，两家公司其余部分也实现了合并联姻，成立了麦格劳-希尔出版公司，总部设在美国纽约。麦格劳-希尔集团的业务遍及全球 40 多个国家，以每年出版 3000 多种图书的规模、40 多种语言同步出版的优势处于世界出版业的领先地位。其出版物涉及大中小学教材、学术著作以及大众畅销书等各个领域。麦格劳-希尔集团设有 300 多个机构。自 1992 年以来，该公司的市场股本已翻了四番多。1997 年以来，股东总回报率年均增加 12.2%。2003 年销售额为 48 亿美元，2004 年达到 53 亿美元，2005 年高达 60 亿美元。1995 年，麦格劳-希尔出版公司改名为麦格劳-希尔集团，并进行业务重组，重新界定了自己的业务范围：图书出版与教育服务业、专业期刊与新闻服务业、金融服务与数据出版业三大板块。麦格劳-希尔集团的市场推广策略是首先从具有相近文化的国家开始，因此特别重视加拿大、澳大利亚、英国等国家市场需求，然后逐步推广到非英语的国家与地区。尤其近年来，亚洲地区已经成为它们的重点目标。对于非英语国家，它们的战略重点已从最初的版权贸易、作品的翻译，转变为出版本土化计划。麦格劳-希尔集团属于跨媒体、多渠道、多品种、多层次、多功能的综合性集团，其麾下拥有许多久负盛名的品牌，是美国教材出版与教育服务的最重要的机构之一，是世界出版界公认的教育专业出版三大巨头之一，同时也是全球著名的世界 500 强企业。2001 年，出版逾 500 种图书，包括近 150 种英文影印版图书。

麦格劳-希尔集团进入中国版权市场较早，1986 年，凭借与中国对外经济贸易出版社的合作出版了著名刊物 Business Week 的中文版——《国际商业与管理》(1993 年更名为《商业周刊/中文版》)，麦格劳-希尔成为与中国出版界合作最早的外国出版商之一。麦格劳-希尔集团属下的麦格劳-希尔教育出版公司于 1999 年在中国设立代表处，围绕着版权贸易与教育服务两条主线发展中国业务。

五、版权代理的业务流程

版权代理工作需要遵循相应的程序，一般来说版权代理的流程包括：

(1) 信息沟通，即向国内外出版商推荐商品（包括原版目录或原版样品），同国内外出版商联系，了解他们需要购买版权和可以输出版权的产品清单。

(2) 确定意向后，向版权输出方发电函提出购买版权的要求，核查该版权是否可以提供，并要求对方提供样书。

(3) 得到版权输出方答复，一般有两种情况：第一种情况为版权已经卖出，或暂不出售其版权，版权代理书面通知购买版权的单位。第二种情况为将样书以及一份样书认收单送至提出购买版权的单位，要求其认收样品，签字将认收单寄回，并收取立项费。无论版权交易最后能否达成，此项费用一概不退。

(4) 购买单位在对该项版权达成可能取得的经济效益作出市场调查后，应向代理机构提出拟制产品的第一批数量，当地的零售价和第一个 3 年（时间各个代理机构有所不同）预计的销售数量或生产数量。

(5) 版权代理与版权拥有者商议版权事宜，争取较低的版税率。

(6) 征得版权买卖双方的一致意见并代为签署合同。

(7) 要求买方将购买版权的各个有关款项的总额汇至代理公司的银行账户。

(8) 代理机构经协商已经征得卖方同意的情况下，从版税中扣掉一定比例（比如10%）作为业务代理费。

（9）版权合同达成后，代理机构参与的后期工作包括按合同期限要求督促检查买方生产的全过程直到产品的完全生产，按照合同要求督促买方按时进行每半年一次的结算，督促检查合同期限和续签工作等。

第二节　图书外贸中的出版经纪人

作为经纪行业的一个类别，在西方，出版经纪人及其经纪活动已为人们广泛认可，其行为也同样受到法律的制约与保护，作者、出版经纪人、出版社、销售网点已成为一个紧密联系的图书出版系统。

一、出版经纪人的概念及其产生与发展

（一）出版经纪人的概念

要了解出版经纪人的含义，我们首先必须了解经纪人的含义。经纪人作为中介的本质离不开市场经济。市场经济的体系结构决定了经纪人的类型和活动范围。市场经济的基本态势决定了经纪人活动的方向，可以说经纪业与经纪人队伍的发展壮大离不开市场的发展壮大。

经纪人是商品交换关系发展的产物。在古代，当农民把自耕自种的谷物和手工产品转化为商品进行交换时，常因不熟悉市场行情和不了解对方需求产品的要求而难以成交。双方为维护自身利益总是反反复复争执不下。这时候为了协调买卖，引导交换，专门为买卖双方牵线搭桥的中介人——经纪人产生了。

出版经纪人的发展同样离不开市场经济的发展。它是伴随着市场经济发展的深入、图书市场的发展和经纪行业的兴起而出现的一个专业化的新兴行业。从出版业发展进程来看，出版经纪公司正是图书市场发展到一定阶段的必然产物。它迎合了图书市场的需要，从经纪行业中发展而来。出版经纪人作为沟通者，沟通作者与出版社、出版社与出版社、出版社与发行机构，带有经纪行业的特点。因此出版经纪人又称作文学经纪人或者文学代理人（Literary Agent）。对于出版经纪人，《牛津英语大词典》（2002年版）是这样定义的"代表作者与出版社打交道的机构或个人"。由此可见，出版经纪人就是接受作者的委托代理作者作品版权及其他出版事宜，并向作者收取中介费的出版中介人，是介于作者与出版社、报刊以及其他媒体之间（因为著作的版权通常会涉及其他的媒体，如图书转载或被改编为电视剧电影）的

"第三实体"。

简言之，出版经纪人就是介于作者和出版机构之间的中间人，负责把作者的作品通过出版社的出版活动介绍给读者，并从中获得一定的报酬。

目前出版经纪业务主要有三类：（1）文稿著作经纪。以委托代理的形式为著作人寻找最佳出版单位，提供系列服务。（2）国家间的版权代理。促进出版物版权贸易的活跃，维护著作权人、出版单位的合法权益。（3）出版物发行代理。他们与出版单位的自办发行进行有机结合，为中小出版社提供发行代理服务，可拓展其流通领域，形成与出版集团规模经营相并存、相竞争的局面。所以说出版经纪人是伴随着书刊走向市场而产生的。出版经纪公司是介于出版机构与作者之间或出版机构之间代理出版、设计选题、协作组稿、代理版权贸易等收取佣金的经纪公司。

（二）出版经纪人的产生和发展

出版经纪人的产生是社会专业化发展和社会需要的必然结果。社会发展日益专业化，专以写作为生的专业作家、创作者也相继出现。当时的传统出版业中占主体的出版行为一直是由出版单位或出版商承担的。出版单位与作者地位严重失衡，作者处于弱势。出版者有选择著作出版并将其转化为出版物的权利，作者对出版者依赖程度很高。作者需要经常主动与出版社打交道，由于他们精力和时间有限，创作外的与出版商的交涉影响了专心创作。而且由于法律、营销和谈判意识的薄弱和创作精力的限制，作者从图书出版中拿到报酬，有时并不能让他们满意。因此出于专心创作的需要和获得更多经济利益和社会效益的考虑，作者迫切地需要能有专门的人能够为他们提供服务。这些人能够根据图书市场的热点和读者的阅读需求及时反映给他们，能够把合适的书稿送到最适合的出版商手中，并通过谈判、市场调研、宣传、策划和营销为他们争取到最大的经济利益，并使其作品最大限度地发挥社会价值。当社会的需求较为强烈时，一些出版商和作者凭借其对图书市场具有的敏锐洞察力脱颖而出，他们提供的服务受到作者的欢迎。而出版商也渐渐发现出版中间人的服务同样能够缓减他们工作的压力，提高他们工作的效率，客观上也符合出版商自身的发展要求。

（三）出版经纪人的主要工作

英美国家的出版经纪人在发展之初，除了代表作者就其作品出版事宜与出版公司进行商谈并收取一定的报酬外，尚不可能像今天的出版经纪人一样，介入到作品从创作到出版营销的全过程。今天的欧美出版经纪人必须劳心劳力，其付出的劳动不亚于作者创作过程中所付出的艰辛。现代欧美国家出版经纪人在代理作者及其作品的全过程中主要做这样一些工作：作者的挖掘和选题的开发；寻找合适的出版商；充当读者和编辑；向出版社推销出版项目；代表作者与出版社签订出版合同，并监督作者创作过程；参与图书营销；主持作品相关权益的转让；与市场调查公司保持长期的合作。

在欧美出版体制下，出版经纪人的运作方式比较规范。他们的客户主要是小说或者非小说类图书编辑、成人或儿童读物出版社，以及报纸杂志、电影公司、电视台等媒介组织。他们同自己的委托人以及作者签有合同，并代表作者许可或出卖版权给国内外各种各样的媒体。对来自国内市场上的收入，出版经纪人抽取 10%~15% 的佣金；对于来自国外或非印刷品（如电影和电视剧）的收入，佣金为 17.5%~20%。通常，版税报表和资金由出版商交给经纪人，经纪人进行核对，扣除自己的佣金后，将大部分付给作者。

一个优秀的出版经纪人手里往往有很多作者授权，越是有名的经纪人，作者越是愿意授权。当然，出版经纪人对作者的授权也是有自主选择权的。较有名气的经纪人由于业务量较多，对于一些名不见经传的作者的作品授权可能不屑一顾。另外，教育或学术出版的作者很少有经纪人，除非此类著作有大量的读者群。一般情况下，版权代理人更青睐于小说和非小说畅销作品的作者，他们能从较高的版税和预付款中抽取更多的佣金。一旦书稿出版后很畅销，经纪人也会声名鹊起。欧美出版经纪人之间的竞争也是相当激烈的，其中畅销书作者更是他们争夺的热点。

谈判技巧和策略是许多出版经纪人制胜的法宝，针对不同的作者和出版商，经纪人所采用的策略是不一样的。在选择与某家出版社洽谈作者的创作想法或手稿前，出版经纪人先从该公司的出版目录中了解它是否适合出版、出版社的形象、出版质量、推销能力以及准备支付多少预付款和版税率。有时，出版经纪人会与几家出版社洽谈同一个选题，要求他们进行版权竞标并提出营销策略。某些大型的名牌出版商出价可能不是很高，但它们的品牌较好，而且有较为有效的行销队伍和行销策略，可能很快会使作者的图书再版。出版经纪人往往选择这样的出版社而不一定与出价最高的出版社签订合同。

欧美出版经纪人的主要职责就是从商业角度出发，为其委托人及作者的作品寻找最适合的出版社，并代为管理版权的其他各项内容，如授权报纸杂志转载书中内容、授予他人将作品改编成电影或电视剧的权利等（这要视合同而定）。出版经纪人首先要承担编辑的部分工作。他们站在第三者的角度，对书稿做出较为客观的评价，将一些根本没有出版价值的作品加以淘汰，对于需要修改的稿件向作者提出修改意见，以便适应出版的要求，实际上是为出版社把了第一道关，充当稿件过滤器的作用。欧美的出版经纪人经常在作协会议和大专院校里寻找作者，通过浏览各类杂志及作品，发掘有潜力的作者，然后主动找他们并鼓励、引导他们从事创作。因此，从某种意义上讲，出版经纪人也不自觉地扮演了培养作家的角色。

此外，出版经纪人更重要的功能是同出版商或其他使用者签订合同，许可、出卖或保留作者的各种版权，在最大程度上维护作者的权益。由出版社起草的传统合同通常要求作者授予他们所有形式、在世界范围内、在版权全部有效期内出版该作品的权利。但近年来，随着全球不同地区市场的开辟，且新技术创造出了大量新的版权（如语音书、电缆和卫星电视、电子和多媒体出版物等），出版经纪人往往对某一出版商限制其使用某些权利，而保留其他一些权利给别的出版公司或媒介组织。比如，给予某个出版商如下使用权：出版精装本和平装本、转让或许可给其他图书俱乐部、重印再版、在报纸杂志上的连载权、引用权、汇编权、广播权等（当然作者要从中抽取部分版税收入）；出版经纪人也许保留了如下权利：翻译权、第一连载权、舞台表演权、电影电视版权、电子版权、商品化权等。

一个出版经纪人不是简单意义上的中间人。在欧美国家，任何人都可以成为出版经纪人，就像任何人都可以成立出版社一样。然而，他们必须具备同编辑一样甚至比编辑更高的素质：懂得出版程序、了解千变万化的市场，具有强烈的信息意识和良好的信息处理能力，在出版界有良好的人际关系，对书稿的优劣具有敏锐的判断力，了解版权、合同和经济的相关法律，并具有娴熟高超的谈判能力等。

二、出版经纪人制度的发展与运作

（一）国外出版经纪人的发展

1. 西方发达国家出版经纪人的发展

西方发达国家（主要指英美国家）出版经纪业的历史非常悠久。出版经纪作为一种现象，最早出现于18世纪的英国，当时英国著名作家狄更斯曾经委托他人与出版商商讨其作品的出版事宜，但这只是一种偶然、随机的现象。作为一种职业、行业，出版经纪人出现于19世纪的英国，这个人就是西方出版经纪人的始作俑者——英国人亚历山大·波洛克·瓦特。1875年瓦特先生的一个朋友请他出面跟伦敦的一家出版公司商谈出版合同事宜。

瓦特先生的这次代劳得到了作者和出版社的欢迎，三方受益，因此激发了瓦特先生的创业灵感，他当年便在伦敦成立了世界上第一家经纪公司——A. P瓦特有限公司，主要代理英国和爱尔兰作家的作品。它在成立最初的 30 年中是世界上最大的出版经纪公司，并且第一个明确提出了出版经纪人或者经纪公司的收费标准为 10%。1914 年瓦特去世，其子 A. S. 瓦特继承父业并发扬光大，曾将诸如赛珍珠、切斯特顿、格雷夫斯、毛姆、马克·吐温、内尔舒特、叶芝等作家、诗人收归自己旗下。这家公司现在还在运转，公司名为A. P. WattLtd，可谓历史悠久。

传统的图书出版业的生产机制，是依作者、出版、销售一体的纵向一体化的价值链竞争，从图书的生产—流通—消费，建构出一套完整的生产链。在这个价值链中，作者与出版商表面上是平等的合伙关系：作者写稿，出版商出书。但事实上由于资源和信息拥有的不对称，两者权利并不平等，作者为数众多，出版商数目有限，出版商的选择权利远大于作者；出版商身为出资者，也往往拥有书籍出版与否的决定权。此外，在版税制度正式采用前，作者的权利大多卖断，书籍无论成败，作者皆无过问的权利。因此，在作者与出版商的互动关系上，作者处于相对的弱势。正因为作者与出版商长期存在这种不平衡的权利关系，加上出版业日益专业、复杂，导致作家经纪人的出现。这些作家经纪人代表作者与出版商交涉，为作者谈判合作条件，并销售各种附属权利。由于作家经纪人出面为作者争取权利，减少出版商的利润，所以初期受到出版商的排挤与责难。

虽然在初期，出版商担心因出版经纪人出现会因此付给作者更高报酬而损害了出版社的利益，出版经纪人受到出版商的反感与敌视。但随着出版经纪人的经纪活动，出版经纪人的价值逐渐显现并发挥巨大作用。在不过一百年的时间里，现代作家经纪人已成为英美现代出版生产机制中不可或缺的一部分。随着一批出版经纪人和出版经纪公司的成功运作，出版经纪人不但被出版商和作者所接受，而且，图书出版找经纪人的做法很快就传遍了欧洲大陆，并传到了美国。现在出版经纪人扮演着现代出版业不可或缺的重要角色，并为越来越多的出版社和作者所接受。如今在美国的大众图书出版市场，超过 90% 的书是通过作家经纪人中介的，大部分作家逐渐失去与出版商直接接触的机会。今天的北美经纪人已成为书稿市场的中坚力量，也是平衡与天平两端的作者与出版商的重心。他们已成为知识生产的第一道把关人，取代了出版商的部分守门功能，并担任作家与出版商之间的润滑剂与缓冲器。

2. 经纪公司的成长

进入 20 世纪以来，英美两地出版经纪公司的数量稳定成长。在英国方面，19 世纪末，英国境内的出版经纪公司并未超过 6 家，根据《艺术家与作家年鉴》的资料显示，英国出版经纪公司在 1946 年时有 35 家，1966 年增为 55 家，到 1986 年出版经纪公司已增加到 84 家，到 1995 年时，英国的作家经纪公司的数目已超过 138 家。英国目前拥有出版经纪公司 200 家左右，居欧洲第一位。

在美国方面，由于两次世界大战都未在境内开打，出版业未受战火直接影响，反而借机对外扩张，逐渐取代饱受战火摧残的英国出版业，成为国际出版市场的新霸主。20 世纪的美国出版市场发展快速，作家经纪公司的数量也相对迅速增加，依据《文学市场》的数据显示，美国在 1965 年时有118 家作家经纪公司，1980 年时成长到 242 家，到 1999 年时作家经纪公司的数目已达到 1 046 家。由于具备相当声望或资历的经纪公司才会收录在《文学市场》中，因此美国境内作家经纪公司的实际数目应超过 1046 家。

国外的版权代理机构也十分发达，版权贸易较为活跃的美国有 600 多家，英国也有 200 多家。并且它们的版权代理形成规模发展，成为出版产业链的重要一环。

西方的出版经纪人发展十分完善，并形成了图书出版经纪人自己的行业组织。

3. 专业组织的成立

经过一百多年的发展，英美的作家经纪制度渐趋成熟。随着经纪公司的数量增加及功能发挥，作家经纪人开始往专业化方向发展，并先后成立专业组织。

在英国方面，当作家经纪人逐渐发挥重要性后，以保护作家权益为职责的英国作家学会便要求经纪人成立专业组织，以规范作家经纪人的活动。然而由于几家重要经纪公司始终拒绝加入，使得组织创建过程困难重重，最后经过多年努力，作家经纪人协会终于在 1974 年成立，但英国最大的经纪公司布朗恩集团至今仍未入会。专业组织对会员资格大多有所限定，作家经纪人协会即规定申请者必须拥有 3 年以上的相关经验，且经纪所得每年至少25 000 英镑。

在美国方面，作家代表人协会，简称 AAR，成立于 1991 年，系由美国两大作家经纪组织：作家代表人学会，简称 SAR，及独立作家经纪人协会，简称 ILAA，合并而成，属全国性的作家经纪人专业组织。AAR 规定必须从事作家经纪工作满两年，才有资格申请入会。

目前西方国家的出版产业几乎已经达到完全市场化的程度。在西方，图书出版市场的开放性和激烈的竞争性使得其图书的选题、策划、出版、印刷、发行等出版环节都呈现在自由竞争的环境之中。多种经济成分的出版投资、多渠道流通并行的图书发行、多形式掺杂的选题策划、多种规模并存的市场实体，使得繁荣复杂的市场竞争焕发出强大生命力的同时又逐步走向规范化。相应地，西方出版经纪业在自由竞争的自主的市场机制下，其运行机制已经日臻成熟，已经到了规范化的程度。

对于一个不懂复杂的出版流程的图书作者来说，寻找一个能全权代理自己出版业务的出版经纪人是自由市场机制下其必然的选择，也是市场经济规律所要求的必然趋势。对于出版商来说，同样如此。而开放和灵活的出版制度能够使市场机制更朝着市场规律的方向自主运行，如此，也就必然导致出版经纪业的产生和发展乃至繁荣。西方国家的出版制度的开放程度和灵活程度，就目前来说，可以说是世界上最开放和最灵活的。

（二）我国出版经纪人制度

1. 现状

我国出版经纪人行业出现比较晚，规模比较小，应有的作用没有充分发挥，与欧美国家相比有着较大的差距。

自 1992 年夏天中国第一家出版经纪事务所在西安成立以来，我国的出版经纪人已走过 13 个年头了。但由于人们对出版经纪人及其经纪活动尚存在或多或少的疑虑，出版经纪人尚处于萌芽状态。目前我国出版经纪人主要有三类：①文稿著作代理。以委托代理的形式为作者寻求最佳出版单位，提供系列服务。②中外版权代理。促进出版物版权贸易的活跃，维护著作权人、出版单位的合法权益。③出版物发行代理。他们与出版单位的自办发行有机结合，为中小出版社提供发行代理服务，拓宽其流通领域，形成与出版集团规范经营相并存、相竞争的局面。从严格意义上讲，后两者并不算真正的出版经纪人。依照我国《经纪人管理办法》规定，经纪人是在经济活动中，以收取佣金为目的，为促成他人交易而从事居间、经纪或者代理等经纪业务的公民、法人和其他经济组织。图书出版经纪人是图书著作者与出版者之间、为图书著作者出版图书提供中介服务的中间人。目前中国图书市场上的出版物很多都是由国营出版社和民营书商合作产生的，通过由出版经纪代理产生的出版物还很少，市场份额十分有限。

与版权代理机构的情况类似，目前中国出版经纪人的利润极其微薄。在出版经纪业比较发达和成熟的欧美国家，一个出版经纪人往往同时代理很多位作家的作品。比如说如果某经纪人手下有 10 位知名作家，他们每人每年的稿费收入总计达到 30 万元，那些经纪人一年的收入也就达到 30 万元，对一些畅销书作家的经纪人来说，这个收入还要高得多。但现在我国的情况就不同了，常常一年也就有一两位作家的作品可以代理，因为出版经纪还未得到广泛的认可，同时我国作家的稿酬也相对偏低，作为他们的出版经纪人，一年也就一两万元的收入。即使是畅销书，也因为盗版等问题，使作者实际所得大打折扣，经纪人所得也就减少了。

2. 我国出版经纪人发展存在的问题

从出版业发展进程来看，出版经纪人是图书市场发展到一定阶段的必然产物，随着我国出版市场的逐步规范，出版业的进一步发展，我国的出版经纪人也逐渐浮出水面，但是其发展依然缓慢，这说明我国出版经纪人的发展面临着各种各样的问题。从社会的宏观环境看，出版经纪业的发展缺乏良好的社会基础，人们的经纪意识、社会版权意识、契约意识的缺失、相关法律法规的滞后应该是我国出版经纪业不发达的主要因素。

（1）类似于出版经纪人的机构在功能上不尽完善。当前类似于出版经纪人的文化工作室、文化公司、版权代理公司等机构大多数是民营的，虽然他们都有相对固定的作者群，为了培养作者、培育市场，甚至不惜血本投入大量的资金，但他们还不是严格意义上的出版经纪人。因为其服务方式和作用与真正的出版经纪人不同。真正的出版经纪人并不仅仅在于为出版者和著作者牵线搭桥，把双方的需要撮合在一起，进行等价交换，实现服务目的，收取佣金，而是将版权代理与出版发行合二为一，既赚版权代理的钱，也赚出版发行的钱。

（2）出版经纪人发展的条件不完善。

第一，我国的出版社会化程度还不高。

我国出版业内，已经逐步实现社会化生产，已经有一些出版社实现了社外编辑、社外校对；一些出版社也与社外文化工作室、文化公司合作，推出了不少好的作品，取得了可喜的成就。如国际图书出版公司与主营励志类、经营管理类图书的北京读书人文化艺术有限公司合作，出版了《富爸爸和穷爸爸》系列、中信出版社也与之合作出版了《谁动了我的奶酪》，这两部书均在我国图书市场上大获成功；人民文学出版社与汉青文化信息公司共同联手，全方位运作推出了网络原创文学《风中玫瑰》等。但就出版业的整体水平来看，我国的出版社多数是大而全、小而全的企业，出版社的机构设置比较全，出版社仍然习惯于靠本社编辑自身的力量去发掘作者作品，只有在非常特殊的情况下才借助社外力量，其社会化程度还不高。

第二，我国出版经纪人的发展受到我国出版体制的制约。

我国在图书出版上实行的是审批制，且出版社均为国有事业单位，带有明显的"官办"色彩，而我国从事出版经纪业务的，如前文所述，除了为数不多的版权代理公司、少数出版社的部分部门外，主要是大量的民营文化公司和文化工作室，其性质为"民办机构"，因此在当前我国的出版体制下，经纪人与出版者之间的不平等关系使得其经纪活动无疑有些像"戴着镣铐的舞蹈"，其发展在一定程度上受到了制约。

第三，我国出版经纪人的法律法规建设严重滞后。

尽管我国出版经纪人已在出版物市场上出现多年，我国关于出版经纪人的法律法规建设仍然严重滞后，现行政策法规没有及时跟上，没有建立起系统有效的管理体系和管理规则，难以适应现实的发展。北京浩天律师事务所马晓刚指出，我国现行的《民法》中关于"公民代理"的规定，是指代理人以被代理人的身份从事各种商业活动；国家工商行政管理总局出台的有关"经纪人"的管理办法也仅仅提到房地产、保险、体育、文艺演出等行业，并未涉及出版业，以上的法律法规都没有给"出版经纪人"以相应的法律地位。

第四，作者和出版社的"经纪"意识还比较薄弱。

在我国，作者往往认为出版经纪人是从自己口中分走了一杯羹，这主要是因为我国作家的整体收入偏低，很难养得起专门的经纪人。据中国作家协会作家权益保障委员会的吕洁女士介绍，我国的稿酬标准一直就不是很高。在国外，作者一本书的稿酬就可以让作者生活好多年，甚至是一辈子。中国作协和各省市的作协登记在册的作家就达 10 万人之多，基数太大，而且目前的稿酬标准普遍在每千字 30～100 元，一本 20 万字的长篇小说，按每千字 100 元来计算，也不过 2 万多块钱，扣掉所得税后，再支付给经纪人 8%～12% 的费用，对作者不可能是很轻松的。在这种情况下，作者对出版经纪人的看法便可想而知了。如我国首次以出版经纪人身份出现的汉青文化信息公司，在其具体运作过程中，由于已经成名的作家有种种顾虑，对这一新兴事物不太能接受，因而它们现阶段只好从挖掘新手做起，逐渐树立企业形象。

在出版社方面，适应出版经纪人这一环节也需要一个过程。众所周知，我国的出版社是事业单位，有浓厚的"官办"背景，在出版物市场上，他们先天就没有出版经纪的意识，认为经纪人的介入迫使自己不得不支付更高的版税和承诺更加优惠的条件，从而造成出版社成本的增加，对出版社今后的发展不利。

第五，我国出版经纪人才严重缺乏。

在我国，真正懂书又懂市场、十分清楚出版商与作者之间的复杂关系、并能在处理这种关系中游刃有余的出版经纪人非常稀缺。出版经纪人需要丰富的书业经验、广泛的人际关系和较高的文学、艺术功底，同时还要具备营销知识；另外，如果作者有将作品介绍到海外或拍成影视和话剧等更高要求的话，那么相应地对经纪人的要求也会更高。像这种既具备很高的创作和鉴别能力，又是精明的商人，同时还是个谈判高手的出版经纪人才，在国内，目前实在是太稀少了。

第六，我国的出版经纪业起步晚。

自从 19 世纪末英国产生出版经纪人以来，西方出版经纪人的发展已经经历了一百多年，在实践中他们也早已形成了一整套完善的出版经纪人制度，而我国出版经纪人的出现才是最近十余年的事情，广大出版经纪从业者还在实践中慢慢摸索适合我国国情的出版经纪制度。

（3）我国出版经纪人自身存在的问题。

出版经纪人及组织自身存在的各种问题，也是出版经纪业难以发展的原因之一，主要表现在以下几个方面：

出版经纪人自身定位存在问题。在西方国家，出版经纪人的工作往往介入到从作品的创作到定稿、到订立出版合同、到出版营销的全过程，其付出的劳动不亚于作者创作过程中所付出的艰辛。我国当前的出版经纪人的业务范围大多还处于出版经纪人发展的初级阶段，其业务活动还停留在充当中介人角色的位置上。真正意义上的经纪人不能只是买进与卖出，或者单纯做中介，还应该承担更多的责任，因此，出版经纪业的发展需要出版经纪人准确定位，确定发展的方向，以适应未来出版经纪业的发展。这就要求他们抓住出版业改革的大好机遇，调整角色，在充分发挥中介桥梁和纽带作用的情况下，积极介入选题的策划、出版、宣传和市场营销，变单一的图书经纪代理为包括图书、报刊、音像、广播、影视、多媒体等全方位的经纪代理，把自己与出版社、著作权人的合作向深度、广度开发。

出版经纪组织自身能力不足。目前我国从事出版经纪业务的组织，无论是版权代理公司、出版社的某些部门，抑或是文化公司和文化工作室，面临的重大问题是自身掌握的作品资源严重不足。这种缺乏与其获得作品资源的能力、资金资源状况有不可分割的联系，我国的出版经纪组织在开展发掘、培养新人新作业务上尚有很大的欠缺，在培养优秀新人、新作方面缺乏资金，难以有大的投入，难以与作者建立起长期的业务联系。

出版经纪组织在业务操作上存在不规范的行为。一是出版经纪人收取额外的费用。在欧美等国，出版经纪人的佣金来自作者的版税，一般是作者版税的10%~20%，而我国有些出版经纪公司或个人存在两头收费的情况，既收取作者佣金也收取出版社的服务费用；二是业务不规范。如我国大量的民营文化传播公司、文化工作室，在出版经纪方面做了很多工作，大多数民营出版经纪人都有相对固定的作者群，一些民营出版人为了培养作者，培育市场，也投入了大量资金，但他们和传统的出版人没有什么大的区别，他们将版权代理与出版发行合二为一了。他们既赚版权代理的钱，也赚出版发行的钱，希望能够包揽一本书的全部盈利。这种行为在短期内也许有效，但放远眼光就会发现，这种不规范的经营和不确定的身份，很可能会给图书出版市场带来一定的危害；三是没有信誉。在出版界，市场经济尚未形成良性的、完整的产业链，出版经纪人的生产方式甚至还是手工作坊式的，打一枪换一个地方，赚得着就赚，赚不着就跑，甚至赚着了也跑，跑得作者找不见人，少付或拖欠作者稿费的事时有发生。更恶劣的是，许多经纪人和出版商向作者隐瞒印数，直接影响到作者的经济利益。

出版经纪人的素质有待提高。客观地讲，在从业人员结构上，我国当前出版经纪行业也聚集和锻炼了一批人才，在人员素质上也有了较大的提高。从20世纪90年代前期通过剪刀加糨糊拼凑出来"掘第一桶金"的暴发户，到90年代后具有商业运作意识，以商业操作进行出版活动的博士、硕士、记者、作家、诗人，以及从出版社下海的编辑等，在他们的经营活动中不仅有了商业的诉求也有了文化的诉求。但就总体而言，我国出版经纪人的整体素质仍然不高，还远未达到出版经纪人所要求的水平。做出版经纪人要具备：第一，要懂出版；第二，要了解市场；第三，要有经济常识、法律方面的知识和能力；第四，要有丰富的选题策划能力和经验；第五，要有比较广泛的社会关系和较高的文学、艺术功底，同时还要具备营销知识。更重要的，是要有眼光，有判断力和决策能力，有信誉和良知。钱是一方面，服务是更重要的方面，能不能服务到位，作者能不能满意，这是衡量经纪人是否合格的重要标准……像这种既具备很高的创作和鉴别能力，又是精明的商人，同时还是谈判高手的经纪人才，在国内非常稀少。

3. 我国出版经纪人发展对策

今天，类似于出版经纪人的机构不断浮出水面，并逐渐成为一支不可忽视的民间非正规出版力量，对出版业整体产生了越来越大的影响与冲击。如何正确地引导他们朝规范化的出版经纪人道路运行，培育中国真正意义上的出版经纪人，已经成为出版体制改革必须关注并回答的课题。

（1）必须加快现有出版经纪机构改革的步伐

在经济发达国家，出版经纪人已形成社会化行业。通常他们的产生和存在具有两个前提：一是代理对象即著作者必须是可以支配自己活动的独立从业者，亦即自由职业者；二是出版经纪人必须是经过注册登记的法人机构，能够独立承担民事责任。当前我国出版经纪人不仅不具备这两个条件，而且在出版经纪市场中还存在许多不尽如人意的现象，如经纪机构缺乏规范化管理等，所以对现有的出版经纪机构应采用以下管理的原则：

①按照市场经济优胜劣汰的原则，只要具备法人资格，同时符合现今有关政策、文件和有关出版经济机构在设施、专业知识、财务制度、注册资金等方面所需具备的条件所规定的，完全可以向集体或个人放开的，准许其合法成立，督促其守法经营。

②坚决贯彻执行国家有关文件精神，对于没有出版发行经营权、独立法人资格的出版经纪活动应该取缔，对各种偷税、漏税的行为要依法处理。

③有关出版经纪人及其经纪活动的法规要尽快完善，以保障合法经营、打击非法经营。

（2）培养一支成熟的、机敏的、高素质的、职业化、规范化、类型化的出版经纪人队伍

①诚实待人处世。诚实和信誉必须贯穿于经纪人业务的始终，包括对政府公开收入、守法纳税，对业务协作关系言行一致、一诺千金。

②有较高的审美能力。新人、新作、新选题的选择，都是以经纪人的审美情趣为依托。高雅的审美情趣能推出令人耳目一新、领导出版消费新潮的出版物。

③对社会新潮有敏锐的感觉。出版经纪人必须具备敏锐的洞察力，努力把握时尚的脉搏。凡能产生重大反响的选题和出版物大多能反映社会心理的变化和人们共同关心的社会焦点，经纪人必须善于捕捉，融会到所组织的选题和出版物活动中去，很好地烘托和提升这个主题，以收到良好的社会效益和经济效益。

④全面的专业知识。出版经纪人要懂出版、精通中介领域的专业知识，

只有这样他们才能与创作者有共同的语言，才能与他们建立良好的、长久的关系。出版经纪人不仅要了解国内外出版活动的整体趋势，还要对各类出版物的详细情况，如发展趋势、目前状况、市场反响以及出版物本身的特点做到心中有数。一般来讲，出版经纪人有许多就是文化圈、出版界中的人，具备这方面的专业知识和广泛的人际关系，这对他们从事经纪活动十分有利。

⑤具有很强的风险意识。组织出版是一项风险很大的活动，它的成功与否不仅取决于经纪人的内在因素，而且还取决于许多经纪人无法把握的客观条件，如出版物市场的变化、国家政策的调整等都可能使整个出版活动功败垂成，缺乏风险意识的人很难当此重任。

⑥高度的法律意识。在我国出版界，版权诉讼不断成为新闻媒介的一大热点，著作者和出版社纷纷为维护自己的正当权益而拿起法律武器。由于他们精力有限，常常需要经纪人出面，为其委托知名律师，关注事态的发展等。这就要求出版经纪人必须具备高度的法律意识，能运用法律武器为自己的委托人排忧解难。另外，作为一名守法的出版经纪人，不仅要在出版物出版发行完毕，按合同付给著作者应得的稿酬，而且还要负责让其按章纳税。

（3）出版经纪人在代理活动中必须树立职业化的服务理念

出版经纪人在代理活动中，树立职业化的服务理念是市场发展的要求。信息时代的社会分工、市场分工日趋细化，科学的高度分工使出版经纪活动更加专业化、系统化，专门从事出版经纪活动的经纪公司将会形成集导购、咨询、售后服务于一体的部门，所以出版经济活动的优势在于以良好的售前服务（如指导、咨询、参与），尤其是签约后优质的售后服务（如按时寄送样书、支付稿酬、协助有关部门打击盗版、坚决维护版权所有者的合法权益等），赢得并留住委托人。

中国出版经纪人肩负着继承延续祖国文化和打开西方图书市场的双重使命。面对国外图书出版机构的冲击，出版经纪人要充分利用自身条件，把我国悠久历史文化和优秀出版物推向世界，打开西方图书市场。同时出版经纪人也面临着最紧迫的历史任务——按照国际惯例保护祖国文化、抵御外来文化的消极影响，发展我国文化产业，努力提高国产文化商品的质量和市场竞争能力。

随着我国图书市场的逐步放开、图书贸易的快速发展，可以预计我国出版经纪人的经营层次和职能将会扩大，经营种类将会增加，经营水平和经营手段将会逐步现代化，经纪机构也将会更加规范化和组织化。在更长远的发展过程中，出版经纪人的业务重心将由代理图书出版事宜转移到代理版权贸易上来。总之，出版经纪人从事的业务将日趋扩大，发挥的作用更强，其对于图书市场的良性作用将日趋显著。

第七章　版权贸易的相关法律与争端解决

第一节　版权贸易的相关法律

通常认为，版权保护制度的确立标志着版权贸易的诞生，而国际版权公约的缔结则标志着版权贸易真正走出一国之门从而走向世界，进而发展成为当今国际贸易市场上举足轻重的涉外版权贸易。涉外版权贸易，又叫对外版权贸易或国际版权贸易，即以版权为标的的"跨国"贸易，是当今国际贸易与知识产权紧密结合的产物。随着版权产业与版权贸易在国民经济与对外贸易中的地位与作用日益提升，涉外版权贸易正成为国际社会和许多国家政府、产业界和学术界关注的一个新的焦点。由于涉外版权贸易不仅涉及不同国家的版权保护体系及版权的国际保护体系，还涉及不同国家版权交易市场运行机制与环境，所以本节先介绍相关法律知识。

一、国际公约

知识产权作为一种财产往往使人感到比较抽象，因为它是无形的。拿房产、地产对比来讲，它不能被当做价值尺度，不能像货币一样去交换等价物。因此，作为一张票据，它并不直接体现出财产的性质。但它代表着持有人能通过它取得商品的某一部分利润。

版权（即"知识产权"）的国际保护发展至今，大致可分为下面几种途径：

（1）单方面保护外国作品。法国在1852年，专门颁布了一项法令，声明作者复制权的涉外保护，不得受《法国国民法典》中关于互惠原则的约束。但法国在1964年版权法中已取消了这一单方法外保护规定。有些跟随在法国早年采用单方保护的国家（如比利时），取消得比法国更早。今天则很少见了。当时通过这种方式，曾在唤起其他国家保护外国作品、进而缔结版权保护的国际公约方面，起过积极作用。可这种方式在今天则显得既不可能，也不必要。因为在一个国家特别是发达国家经济收入中，版权贸易的收益及版权利用上的其他收益占有重要的比例。

（2）互惠保护。这种途径是部分国家在参加版权国际公约前，甚至在制定版权法之前，与其他国家之间开展版权保护的一种特殊途径。这在当代也已经是比较少见的，但也可以在现有的许多双边条约与多边公约中，看见一些互惠原则的痕迹。我国在未颁布著作权法的空白期里，有些行政管理机关、民间文化团体，曾通过互惠的途径与国外某些行政机关及公司，开展极其有限的版权贸易。

（3）双边版权保护条约。从历史上看，它是版权国际公约的起源，从现在来看，在未参加版权国际公约的国家之间及这种国家与公约成员国之间，以及公约成员国之间，都仍被广泛采用着。我国曾经与美国、菲律宾分别缔结过含有版权保护条款的双边条约。不过，由于这些条约中都不存在要求任何一方担负超越《伯尔尼公约》的义务。所以，在中国参加《伯尔尼公约》后，该公约即覆盖了这些双边条约，使它们至少在版权保护方面失去了实际意义。

（4）多边版权公约。多边版权公约也分为区域性的及世界性的。区域性公约（如欧洲地区的广播、电视协定），我国很少涉及。多边版权公约是指参与国家共同履行公约义务的协定。在我国，今后在版权国际保护方面，主要采取多边版权公约。对于我国广大作者、出版工作者及其他可能使用外国作品的人（自然人与法人），以及作品可能交外国人（自然人与法人）使用的版权人，尤其有必要了解。

我们所说的"版权公约"，其中的"版权"是在广义上使用的，包括作者权与传播者权（邻接权）两者在内。早在 20 世纪 80 年代初，我国就已积极考虑参与国际公约及相关问题。我国最终是在 1992 年 10 月 15 日、10 月 30 日先后成为《伯尔尼公约》和《世界版权公约》的成员国。随后又于 1993 年 4 月 30 日加入了《保护录音制品制作者防止未经许可复制其录音制品公约》（简称《唱片公约》，也译为《录音制品公约》），2001 年我国加入 WTO 后也就自动接受了 TRIPS 有关规定。至此，我国成为国际版权保护体系中一个重要的成员。根据三个公约和 TRIPS 所规定的版权保护"国民待遇"原则，我国已经实现与有关成员国之间版权的相互承认与相互保护。此外，我国还与一些国家就版权保护签订了双边或多边协议。比如，《中国政府与美国政府关于保护知识产权的谅解备忘录》于 1992 年 1 月 17 日颁布实施；1995 年国家版权局与泰国商业部签署了《版权和邻接权合作谅解备忘录》，1996年双方进一步签署了《版权和邻接权合作行动计划》。这些协议明确了我国与所签约国之间互相给予版权保护，使得双方之间版权贸易的开展更加广泛而深入，为我国涉外版权贸易的开展提供了广阔的发展空间和有力的法律保障。

在众多国际公约和双边及多边协议中，《伯尔尼公约》和《世界版权公约》对涉外版权贸易的影响最为重要，它们的主要内容使我国与其他各国在平等互助的前提下相互开展版权贸易活动。这里我们主要介绍一下《伯尔尼公约》、《世界版权公约》、TRIPS和其他国际公约的相关规定。

（一）《伯尔尼公约》

《伯尔尼公约》于1886年9月在瑞士首都伯尔尼签订。它的全称是《保护文学艺术作品伯尔尼公约》。这个公约于1887年年底生效，是世界上第一个著作权国际公约。到2003年2月4日为止，成员国数量已达150个，我国于1992年10月加入该公约成为第93个成员国。

《伯尔尼公约》的主要内容由三项基本原则与其他一些对公约成员国国内法的最低要求组成。

1. 三项基本原则

一是国民待遇原则，即所有成员国国民的作品，或在某一成员国首先发表的作品，在其他任何成员国内部享有该国法律给予本国国民作品的同等保护；二是自动保护原则，即享受国民待遇的作者，在成员国获得的保护，不需要履行任何手续；三是版权独立性原则，即成员国按照本国著作权法保护其他成员国的作品，而不论该作品在本国是否受到保护。

2. 最低限度规定

各成员国给予著作权人的保护水平不少于公约规定的标准。具体规定有：《伯尔尼公约》规定保护文学、艺术、科学领域的一切作品，而不论其表现形式或表现方法如何；《伯尔尼公约》规定的财产权利总的来说包括经济权利和精神权利两个方面。经济权利具体有翻译权、复制权、表演权、改编权、广播权、公开表演权、制片权等；精神权利包括作者署名权、作品修改权；精神权利的保护期在作者死亡后仍然有效，至少在其财产权利保护期届满为止。经济权利的保护期，一般作品保护期为作者有生之年加死亡后50年，电影作品为作品放映或完成后50年，实用艺术作品和摄影作品的保护期不得少于创作完成后25年。

3. 对发展中国家的规定

为了使发展中国家在不过分增加其经济负担的情况下获得对外国作品的

合法使用,《伯尔尼公约》规定了对发展小国家的优惠条款,即翻译和复制的强制许可使用。但是《伯尔尼公约》在规定强制许可时,附加了许多限制条件,使这项制度基本上属于名义上的,并无太大实效。

(二)《世界版权公约》

《世界版权公约》于1952年9月在瑞士日内瓦签订。到2003年3月15日为止,已有99个成员国,我国于1992年10月加入该公约。《世界版权公约》的主要内容为《伯尔尼公约》所覆盖,且保护水平略低于《伯尔尼公约》。但由于《世界版权公约》明文规定了受保护主体之一是作为法人的版权人。而我国的作者及出版者在今后与英语国家的版权人打交道时(无论许可对方使用我国作品还是取得对方授权使用外国作品),又在多数场合要与"法人"进行谈判;谈到"避免侵权"也多是避免侵犯这些"法人"的版权。故在本节对目前已不起主要作用的《世界版权公约》作一些简单介绍。这个公约也是由三项基本原则及一些其他最低保护要求构成,其与《伯尔尼公约》的区别主要表现在:

1. 国民待遇原则

该公约规定,缔约国可依据本国法律,将该国有惯常住所的任何人视为本国国民,但是是否给予国民待遇,该缔约国有选择的权利。公约兼用"人身标准"与"地点标准"。不过这个公约里对于非成员国国民所要求的,严格说来应是"户籍地",亦即"住所地"而不仅仅是惯常居所。

2. 非自动保护原则

当初美国及大多数泛美版权公约的成员国不参加伯尔尼公约的原因之一,是这些国家不实行版权的自动保护制。《世界版权公约》为在这些国家与伯尔尼公约成员国之间寻求平衡,采取了"两迁就"的办法。它没有要求以登记、交费或其他程序作为获得版权的前提,也没有确立自动保护原则,而是要求作品在首次出版时,每一份复制品上部标有"版权标记",即标有英文"C"并外加一圆圈(表示"版权保留"),版权人名称,出版年份三项内容。只要标上了版权标记,任何在国内法中要求履行任何手续的成员国,就必须视其为"已经履行了应有的手续"。这就是《世界版权公约》的"非自动保护"原则。

3. 权利的主体与客体

该公约规定,著作权主体为"作者及其他版权所有人",而《伯尔尼公约》限定为作者。该公约客体的范围较为笼统,未像《伯尔尼公约》那样详细列出受保护的作品种类。

4. 权利内容与期限

该公约未明确保护作者的人身权利，是否保护由各国立法决定，对财产权利也未详细列举。此外，该公约规定的保护期较短，一般作品为作者有生之年加死亡后 25 年，实用艺术作品和摄影作品的保护期不少于 10 年。

（三）TRIPS

TRIPS 即《与贸易有关的知识产权协议》，这个文件将会成为知识产权保护的国际标准。1993 年 12 月 15 日获得正式通过，作为世界贸易组织范围内的一个分协定，于 1995 年 1 月 1 日生效。

TRIPS 的独特之处在于它广泛地表达了工业产权和著作权（其第二部分第一节第 9~14 条是关于著作权和邻接权的规定），同时包括了实体法和执法程序的内容，它将知识产权的对象都纳入了国际贸易法的体制之中。出于它是《建立世界贸易组织协定》的强制性附件，这迫使许多过去对国际知识产权保护没有兴趣的国家不得不接受它，否则他们就不能享受世贸组织带来的自由贸易的利益。正因为如此，TRIPS 将很有可能成为最具世界意义的知识产权保护协议。它的主要内容有：

（1）基本原则。TRIPS 的基本原则是最低保护标准原则、国民待遇原则、最惠国待遇原则。

（2）TRIPS 对著作权的保护。协议明确了本协议与《伯尔尼公约》的关系，要求缔约方必须遵守《伯尔尼公约》的规定，但该公约第六条关于著作人身权的规定排除在外。

（3）TRIPS 对邻接权的保护。协议规定，缔约方对邻接权保护的义务只限于协议规定本身。

（四）其他国际公约

以下公约属于"版权公约"，其中的"版权"是在广义上使用的，包括作者权与传播者权（邻接权）两者在内。其中版权邻接权，是指那些传播版权作品的媒介的权利。像表演者、广播组织、录音制品（如唱片录音磁带）的录制者，都是这种媒介。在这里，表演者是自然人；录制者可以是自然人，也可以是法人；广播组织是法人。这些媒介在传播作品时所产生出的成果，也是一种知识成果，也需要享有类似作品那样的保护。我国参加了录音制品公约；至于另几个公约，其发展趋向尚不明朗。

（1）《保护表演者、录音制品制作者与广播组织罗马公约》（简称"罗马公约"）；

（2）《保护录音制品制作者防止未经许可复制其录音制品公约》（简称

《唱片公约》，也有译为《录音制品公约》）；

（3）《印刷字体的保护及其国际保存协定》；

（4）《关于播送由人造卫星传播的载有节目信号公约》（简称"卫星公约"或"布鲁塞尔卫星公约"）；

（5）《避免对版权使用费收入重复征税多边公约》；

（6）《视听作品国际登记条约》（简称"视听作品条约"）。

此外，世界知识产权组织在开列广义的版权国际公约时，还列入了《保护奥林匹克会徽条约》与《集成电路知识产权条约》。其中"会徽条约"更接近工业产权领域。

二、版权贸易相关法律制度

涉外版权贸易是以版权为标的的一种跨国贸易方式，其核心元素是版权，贸易方式是跨国贸易。所以涉外版权贸易的法制环境也可以从这两个角度划分，即分为版权保护法制环境和版权贸易管理法制环境。

（一）我国现行关于版权保护的法制环境

中华人民共和国成立后的近30年，由于历史原因，我国版权保护法律制度基本上是一片空白。1979年，时任中共中央秘书长、中宣部部长的胡耀邦同志在国家出版局上报的关于制定版权法、建立版权管理机构的报告上批示尽快草拟版权法，从而拉开了我国建立现代版权制度的序幕。1985年7月25日，国务院批准设立国家版权局，主管全国的版权管理工作，协助立法组织起草版权法和有关法律、法规，并负责监督实施。这极大地推动了我国版权立法进程。自20世纪90年代，我国涉外版权保护立法进入了一个迅速发展的阶段。现阶段我国涉外版权贸易的法制环境既包括国内版权保护和版权管理法律法规，也包括我国参加的国际公约或缔结的双边（多边）协议。

1. 版权法律和行政法规

我国1982年制定的《中华人民共和国宪法》的部分条款规定了公民享有从事创造性活动的权利，1986年《中华人民共和国民法通则》的部分条款则进一步规定了公民享有著作权，1990年9月，第七届全国人大常委会第十五次会议审议通过了《中华人民共和国著作权法》，并于1991年6月1日颁布实施，由此改变了新中国成立以来在版权保护方面长期没有专门法律的局面。1991年，国务院又相继颁布实施了《中华人民共和国著作权法实施条例》、《计算机软件保护条例》。1997年7月，第八届全国人大第五次会议审议通过的新修订的《中华人民共和国刑法》新增了侵犯著作权犯罪的内容。这些法律和行政法规的颁布实施，不仅奠定了中国版权法律制度的基础，而且标志着中国现代版权法律体系架构基本完成。2001 年，适应我国市场经济体制改革和全球经济一体化发展的需要，我国政府对有关版权法律法规进行了全面的修订。修改后的著作权法及与其配套的实施条例，完善了著作权人的权利，加强了著作权法的保护和执法力度。随着《互联网传播保护条例》的出台，我国版权法律的 6+1 体系日臻实现，我国的版权保护从形式到内容将更加完备和成熟，更加符合我国社会主义市场经济和国际贸易规则的要求。

2. 版权规章

中国国家版权局在对版权进行管理的过程中，先后制定了一些部门规章以弥补我国法律法规的不足，对著作权实行尽可能的全方位保护。刚实行著作权法不久，我国为实现对著作权的有效管理，制定了著作权登记制度。如为贯彻《计算机软件著作权登记办法》，促进我国软件产业发展，增强我国信息产业的创新能力和竞争能力，国家著作权行政管理部门鼓励软件登记，制定了《计算机软件著作权保护条例》，并对登记的软件予以重点保护；为维护作者或其他著作权人和作品使用者的合法权益，1995 年 1 月 1 日起《作品自愿登记试行办法》开始实施，这有助于解决因著作权归属造成的著作权纠纷，并为解决著作权纠纷提供初步证据；1996 年 9 月 23 日，根据《中华人民共和国担保法》有关著作权质押合同登记的规定，制定了《著作权质押合同登记办法》。1999 年 6 月 1 日，为保护文字作品作者的著作权，维护文字作品出版者的合法权益，促进文字作品的创作与传播，制定了《出版文字作品报酬规定》。为规范著作权行政管理部门的行政处罚行为，保护公民、法人和其他组织的合法权益，根据《中华人民共和国行政处罚法》、《中华人民共和国著作权法》和其他有关法律、行政法规，2003 年 7 月 24 日，国家版权局公布了新修订的《著作权行政处罚实施办法》。为了加强互联网信息服务活动中信息网络传播权的行政保护，规范行政执法行为，国家版权局与信息产业部联手制定了《互联网著作权行政保护办法》。这一系列部门规章的制定与实施，使我国版权保护工作在具体实施过程中有明确的章法可循，可以让著作权所有者都能公平地得到版权法律的最终保护。

3. 司法解释

在我国，司法解释相对于法律条文更能具体、清楚地体现法理的追求，所以在司法实践中司法解释常常为执法者直接引用为法律依据。目前涉及著作权的司法解释主要有 3 个：为了正确审理涉及计算机网络著作权纠纷案件，根据民法通则、著作权法和民事诉讼法等法律的规定，对这类案件适用法律的若干问题，我国颁布了《最高人民法院关于审理涉及计算机网络著作权纠纷案件适用法律若干问题的解释》（2000 年 11 月 22 日最高人民法院审判委员会第 1144 次会议通过据 2003 年 12 月 23 日最高人民法院审判委员会第 1302 次会议《关于修改〈最高人民法院关于审理涉及计算机网络著作权纠纷案件适用法律若干问题的解释〉的决定》修正）；为了正确审理著作权民事纠纷案件，根据《中华人民共和国民法通则》、《中华人民共和国合同法》、《中华人民共和国著作权法》、《中华人民共和国民事诉讼法》等法律的规定，就此类案件适用法律若干问题，我国于 2002 年 10 月颁布了《最高人民法院关于审理著作权民事纠纷案件适用法律若干问题的解释》；为依法惩治侵犯知识产权犯罪活动，维护社会主义市场经济秩序，根据刑法有关规定，就办理侵犯知识产权刑事案件具体应用法律的若干问题，我国于 2004 年 11 月颁布了《最高人民法院、最高人民检察院关于办理侵犯知识产权刑事案件具体应用法律若干问题的解释》。从上述版权保护法律法规、规章和相关的司法解释可以看出，这些国内版权法规为我国涉外版权贸易的开展提供了必要的前提和法律保障。

（二）我国现行有关版权贸易管理的法规

版权管理是指国家有关机构或社会有关组织采取与本国国情相适应的管理模式和管理手段对版权行使过程中的授权、侵权、救济等行为进行宏观协调和监控管理，以保护作者、版权人以及与版权相关的出版者、表演者等作品传播者的合法权益，从而保证版权法被切实有效地贯彻执行，维护国家法律的严肃性和完整性。有效的版权管理客观上能为版权贸易尤其是涉外版权贸易的健康发展创造一个良好的外部环境。

涉外版权贸易作为我国出版产业的一部分，自然要受到《出版管理条例》（2001 年 12 月 12 日国务院第 50 次常务会议通过，2002 年 2 月 1 日起试行）和于 2003 年 7 月 16 日新闻出版总署第 2 次署务会议通过的《出版物市场管理规定》（2004 年 6 月 16 日新闻出版总署第 2 次署务会议修订）的约束。同时由于版权与邻接权的密不可分，《音像制品管理条例》、《广播电视管理条例》和《电影管理条例》也对涉外版权贸易的管理有重大影响。而根据《中华人民共和国著作权法实施条例》的规定，具体管理由国家版权局负责著作权涉外管理的工作。鉴于涉外版权贸易与国家文化交流、经济发展的重要性以及涉外版权贸易的复杂性，国务院、国家版权局和其他国家行政管理部门陆续根据形势的变化与要求针对其贸易行为制定了一系列管理法规。这些管理法规与版权保护法律一起构成了约束和规范我国涉外版权贸易的法制环境。现行涉外版权贸易的有关管理法规主要有：

1. 对外合作出版的规定

对外合作出版只能由国家正式批准的出版社进行，任何非出版单位和个人，均不得同国外进行合作出版；对外合作出版项目，应按不同的情况履行报批手续。这些精神体现在 1981 年国务院批转国家版权局《加强对外合作出版管理的暂行规定》的文件中。

2. 涉外版权贸易合同的规定

涉外版权贸易合同必须经著作权行政管理机关审核并登记。相关规定如：国家版权局经国务院批准以"（90）权字第 3 号"发出的《关于认真执行对台、港、澳版权贸易有关规定的通知》；1990 年 5 月，国家版权局颁发《关于版权贸易合同审核登记问题的补充规定》；1994 年 9 月 30 日国家版权局颁发的《关于对复制境外音像制品委托合同进行登记的通知》；1999 年 6 月 8 日的《关于出版境外音像制品著作权合同登记工作有关问题的通知》进一步完善了涉外音像制品著作权合同登记和认证工作。1995 年 1 月 15 日国家版权局颁发的《关于对出版境外音像制品合同进行登记的通知》和 1995 年 1 月 15 日国家版权局颁发的《关于对出版外国图书进行合同登记的通知》，1999 年 6 月 8 日的《关于出版境外音像制品著作权合同登记工作有关问题的通知》等。这些规定是为了明确国家版权局代表国家处理涉外版权关系、负责版权涉外管理工作、审核登记贸易合同为其涉外版权贸易管理工作的重要内容。任何单位、个人签订的对台、港、澳地区图书和音像版权贸易合同，必须送国家版权管理机关审核登记，未经审核登记的合同一律无效。

3. 海关保护措施

关于包括版权在内的知识产权海关保护措施，1995 年 7 月 5 日国务院颁布《中华人民共和国知识产权海关保护条例》及其实施办法明确规定：凡与进出境贸易有关并受我国法律、行政法规保护的版权可受我国海关保护。目前，我国版权海关保护只适用于已备案的与版权有关的进出口货物，而对涉及备案版权的过境货物、转运货物合同与货物，我国海关不采取保护措施。

4. 国外著作权认证机构的设立

1996 年 12 月 30 日国家版权局、国家工商局联合颁发了《国外著作权认证机构在中国设立常驻代表机构管理办法》，其主要精神是：申请在中国设立常驻代表机构的国外著作权人及有关权利人的组织，必须是国家版权局已经制定的认证机构，其申请在中国建立常驻代表机构必须经国家版权局批准。

5. 涉外版权代理机构的设立

1996 年 4 月 15 日，国家版权局和国家工商行政管理局联合发布了《著作权涉外代理机构管理暂行办法》，要求设立著作权涉外代理机构或开展著作权涉外代理业务必须经国家版权局和国家工商行政管理局批准，并遵守管理办法的各项规定。2001 年年底中国在"入世"承诺中表示：在版权贸易的法律服务中，允许外商、外国法律事务所在华成立代表处，从事营利性活动。商标和专利的代理已纳入我国司法部律师的代理活动当中。中国只保留版权贸易行政审批权，即成立涉外版权贸易机构要行政审批，但从事版权贸易的单个项目，各出版社都可以做，包括国外代理机构。1997 年 6 月 23 日国家版权局又颁布《关于加强涉外著作权贸易代理机构管理的通知》，重申对未经批准从事涉外著作权贸易代理活动的单位，各省、自治区、直辖市版权局应由本省、自治区、直辖市工商行政管理局依法予以查处，并报告国家版权局，抄报国家工商行政管理局。

6. 经济贸易管理的规定

作为对外贸易的一种方式，版权贸易要受《中华人民共和国对外贸易法》(1994 年 7 月 1 日颁布，2004 年 7 月 1 日修订) 的约束。该法在 2004 年的修订版中增加了知识产权贸易作为法律管理的范围。版权贸易的经济性质，还需要涉及一些涉外经济法律的约束，这主要来源于营业税和所得税的收入。与版权贸易相关的主要有：《中华人民共和国外商投资企业和外国企业所得税法》、《全国人民代表大会常务委员会关于外商投资企业和外国企业适用增值税、消费税、营业税等税收暂行条例的决定》和《中华人民共和国营业税暂行条例》。根据《中华人民共和国营业税暂行条例》第 5 条，纳税人的营业额为纳税人提供应税劳务、转让无形资产或者销售不动产向对方收取的全部价款和价外费用。营业税率因不同税目不等。其中以版权贸易相关的转让无形资产，包括转让专利权、非专利技术、商标权、著作权等，按 5% 征税。另外，《中华人民共和国外商投资企业和外国企业所得税法》第 2 条和第 3 条的规定，有来源于中国境内所得的外国公司、企业和其他经济组织都是该法律的执行对象，必须缴纳所得税。第 19 条规定，外国企业在中国境内未设立机构、场所而有取得来源于中国境内的利润、利息、租金、特许权使用费和其他所得，或者虽设立机构、场所，但上述所得与机构、场所没有实际联系的，都应当交纳 20% 的所得税。依照前款规定缴纳的所得税，以实际收益人为纳税义务人，以支付人为扣缴义务人。税款由支付人在每次支付的款额中扣缴。因此，当我国交付版权费的时候，一般应征收境外单位或个人 5% 的营业税与 20% 的预提所得税。

7. 著作权的集体管理

国务院于 2004 年 12 月 28 日颁布了《著作权集体管理条例》，并于 2005 年 3 月 1 日实施。由于我国著作权集体管理制度起步较晚，同时缺少制度保障，发展比较缓慢。中国音乐著作权协会是我国成立最早的集体管理组织，该组织目前管理比较规范，运作良好，具有一定的社会影响和较好的信誉。另外，中国音像著作权协会已于 2005 年 12 月 23 日得到国家版权局批准成立，正在筹备中的著作权集体管理组织还有一家，即拟组建的中国文字作品著作权协会。随着《条例》的颁布实施和相关配套制度的逐步完善，我国的著作权集体管理组织必将有一个很大的发展。

可以说，自从中国于 1992 年先后加入了《伯尔尼公约》和《世界版权公约》后才开始了真正的国际版权贸易活动，而针对此，为了协调国际公约与我国著作权法的关系，国务院于 1992 年 9 月 25 日颁布了《实施国际著作权条约的规定》(1992 年 9 月 30 日生效)。根据这样一个规定，我国的国内版权法规与国际实现接轨。此后，TRIPS 作为 WTO 的一揽子协议为我国所接受，这个协议与其他国际版权公约和《著作权法》等国内版权法制为涉外版权贸易的开展设立了基本完整的版权保护法制环境。随着涉外版权贸易的发展，国家版权局等行政管理部门也制定了一些相应的管理规章，这些规章初步构建了我国版权贸易管理法制体系。总体来说，我国版权保护尽管仍存在一些问题，但整体上已经接近或达到国际水平，在仅仅十几年的版权保护立法过程中取得这样的成绩实在是难能可贵。而我国的版权管理制度尚处于初级阶段，仍有大量工作要做。

三、著作权法

在我国参加《伯尔尼公约》前后，甚至更早一些，在我国与美国签署知识产权谅解备忘录前后，有不少过去大量使用外国作品的单位，很急于了解被其使用的作品的来源国的版权法。这主要是因为担心日后在使用外国作品时发生侵权。在版权贸易中进行版权输出时，必须了解其版权贸易国的版权法，在进行版权输入时，必须了解我国的版权法。下面就分别介绍以下我国版权法律的保护制度和与我国进行版权贸易的几个重要国家的法律，当然主要介绍的是各国版权法中关于版权贸易相关的一些规定。

（一）我国的著作权法

我国于 1991 年 6 月 1 日著作权法及其实施条例的正式颁布与实施，改变了新中国长期没有专门版权法的历史。此后，在实施至今的十五年时间里，为了适应国内与国际形势变化，从技术和制度方面产生了对著作权法修订的要求，于 2001 年 10 月 27 日对著作权法及其实施条例进行了修订。为了配合修订后的著作权法，国务院于 2002 年 8 月颁布了《中华人民共和国著作权法实施条例》，2003 年 7 月 24 日，国家版权局公布了新修订的《著作权行政处罚实施办法》。修改后的著作权法，加强了著作权法的保护和执法力度，使中国的现行著作权法体系正在逐渐发挥它应有的作用，保护创造者和传播者的权利、推动中国不断向前发展。

我国著作权法是保护文学、艺术和科学作品作者正当权益，调整因创作、传播、使用作品而产生的各种法律关系的一部专门法律，主要内容有以下六个方面：

1. 保护的客体

简单地说，客体指的是作品。这种作品因蕴含创造性活动且符合法定条件而得到法律保护。我国著作权法对作品的要件和种类都有所规定，同时也明确指出一些不在保护之列的作品。

实施条例第 2 条：著作权法所称作品，是指文学、艺术和科学领域内具有独创性并能以某种有形形式复制的智力成果。所以著作权法所保护的作品需要三个要件：

（1）创造性：自己创作，不是抄袭或剽窃他人的作品；创造性程度的高低是鉴赏问题，与作品的构成无关；作者的能力、技巧、知识面、资料来源也与作品的构成无关。

（2）可感知性。这是要求作品必须以一定的客观形式加以体现。作者抽象的思维本身不是保护对象。如果作者智力劳动的结晶仅停留在创作者的大脑之中而未使他人感知，是不能成为作品的。

（3）可复制性：作品必须要有载体，如纸、录音带、录像带、光盘、计算机网络和一定的表达形式，口头、文字、图画、照片、数据库、雕塑、音乐等和一切出版物。

2. 作品的种类

《著作权法》第 3 条列举了九类作品，实施条例第 4 条对九类作品进行了解释。包括以下形式创作的文学、艺术和自然科学、社会科学、工程技术等作品受我国著作权法保护：（1）文字作品——小说、诗词、散文、论文等以文字形式表现的作品。（2）口述作品——即兴的演说、授课、法庭辩论等以口头语言形式表现的作品。（3）音乐作品——歌曲、交响乐等能够演唱或者演奏的带词或者不带词的作品。（4）曲艺、戏剧作品——相声、快板、大鼓、评书等以说唱为主要形式表演的作品和话剧、歌剧、地方戏等供舞台演出的作品。（5）舞蹈作品、杂技艺术作品——通过连续的动作、姿势、表情等表现思想情感的作品。（6）美术作品——绘画、书法、雕塑等以线条、色彩或者其他方式构成的有审美意义的平面或者立体的造型艺术作品。（7）摄影作品——借助器械在感光材料或者其他介质上记录客观物体形象的艺术作品。（8）电影作品和以类似摄制电影的方法创作的作品。（9）建筑作品——以建筑物或者构筑物形式表现的有审美意义的作品。（10）图形作品——为施工、生产绘制的工程设计图、产品设计图，以及反映地理现象、说明事物原理或者结构的地图、示意图等作品。（11）模型作品——为展示、试验或者观测等用途，根据物体的形状和结构，按照一定比例制成的立体作品。（12）计算机软件——计算机程序及其有关文档。

3. 不受保护的作品

《著作权法》第 5 条规定：依法禁止出版、传播的作品不受本法保护。同时，明确规定我国著作权法不适用于以下三类作品：（1）法律、法规，国家机关的决议、决定、命令和其他具有立法、行政、司法性质的文件，及其官方正式译文。（2）时事新闻。（3）历法、通用数表、通用表格和公式。这些表格、日历等常识性作品，早已进入了公共领域，为的是推动公众利用和社会进步，因此是不受版权法保护的。另外，超过版权保护期而进入公共领域的作品也不受版权法保护。

（二）保护的主体

版权主体是版权人，即依法对科学、文学、艺术作品享有版权的人。我国《著作权法》第 2 条规定，版权的主体包括自然人、法人和非法人单位，在一定条件下，国家也可以成为版权主体。同时，实施条例第 3 条明确著作权法所称创作，是指直接产生文学、艺术和科学作品的智力活动。为他人创作进行组织工作，提供咨询意见、物质条件，或者进行其他辅助工作，均不视为创作，因此也就不能成为版权的主体。

（三）权利和内容

《著作权法》第十条规定，我国著作权的权利内容包括人身权和财产权两个方面。

1. 人身权利

（1）发表权

发表权是版权中的首要权利，即决定作品是否公之于众的权利。它是指作者有权利决定在作品完成后是否发表以及以什么样的方式、形式发表的权利。我们可以看出发表权有两个鲜明的特点：一是一次穷竭原则，二是发表权无法转移和不可继承。

（2）署名权

署名权即表明作者身份，在作品上署名的权利。署名权是法律上确认作者身份的重要途径，是指创作者拥有的在作品上署名，以表明其作者身份及不署名的权利。作者有权利在作品完成后，行使自己作为作者的权利，并禁止其他非作品创作者在作品上署名。署名权不可以转让和继承，对署名权的保护也是永久性的。

（3）修改权

修改权即作者修改或者授权他人修改作品的权利。修改权属于作者本人，未经作者许可的任何修改都是违法行为。修改权通常是针对已发表的作品而言的，在一定情况下也可以是未发表的作品。

（4）保护作品完整权

保护作品完整权即保护作品不受歪曲、篡改的权利。保护作品的完整权是永久性的，作者在世时由本人进行保护，离世则由其继承人、受让人负责保护。

2. 财产权利

（1）复制权

复制权，即以印刷、复印、拓印、录音、录像、翻录、翻拍等方式将作品制作一份或者多份的权利。复制权是版权人专有的，他人未经允许不得对作品进行复制。

（2）发行权

发行权，即以出售或者赠予方式向公众提供作品的原件或者复制件的权利。所谓发行就是面向社会大众以实现经济利益为目的的行为。

（3）出租权

出租权是从著作权派生出来的权利，即著作权人可以向特定经营者或社会公众出租自己有著作权的作品，从而获得经济利益。图书没有出租权。

（4）展览权

展览权，即公开陈列美术作品、摄影作品的原件或者复制件的权利。这种权利作者可以自己行使，也可授权他人对其作品进行展示。展览是面向社会公众的，展示的作品既可以是原作，也可以是发表的和未发表的。这项权利限于美术作品和摄影作品。

（5）表演权

表演权又称公演权、上演权。它即公开表演作品，以及用各种手段公开播送作品的表演的权利。

（6）放映权

放映权即通过放映机、幻灯机等技术设备公开再现美术、摄影、电影和以类似摄制电影的方法创作作品等的权利。电影的放映权由制片人行使，他人要放映电影时只需征求制片人的同意即可，无须再征得各有关部分作者的许可。这项权利涉及美术、摄影、电影作品。

（7）广播权

广播权，即以无线方式公开广播或者传播作品，以有线传播或者转播的方式向公众传播广播的作品，以及通过扩音器或者其他传送符号、声音、图像的类似工具向公众传播广播的作品的权利。

（8）信息网络传播权

信息网络传播权，即以有线或者无线方式向公众提供作品，使公众可以在其个人选定的时间和地点获得作品的权利。

（9）摄制权

摄制权，又称影片摄制权，即以摄制电影或者以类似摄制电影的方法将作品固定在载体上的权利。著作权人可自行也可授权他人进行摄制。

（10）改编权

改编权，即改编作品，创作出具有独创性的新作品的权利。改编作品中应包含有原作的内容，但同时要在原作的基础上有所创新。改编权是著作权人的权利，著作权人有权自行改编，也有权许可他人改编其作品并获得报酬。

（11）翻译权

翻译权，即将作品从一种语言文字转换成另一种语言文字的权利。翻译主要针对文字作品。翻译的对象也可以是口头作品。翻译权是一项重要的财产权。在国际版权贸易中，涉及最多的就是翻译权转让的问题。由于翻译权是著作权人的专有权利，任何人要翻译作品，都应事先取得著作权人许可并付报酬。

(12) 汇编权

汇编权，即将作品或者作品的片段通过选择或者编排，汇集成新作品的权利。汇编权是著作权人的权利，版权人有权自己或授权他人依法行使。但在汇编过程中，汇编人要对作品进行整理、加工、排列，需要付出大量的创造性劳动，因此汇编者对汇编所形成的作品应享有著作权。

（四）保护期限

关于作品的起始保护日期，实施条例第 6 条规定著作权自作品创作完成之日起产生。通常认为作品定稿之日为完成之日。由于权利内容和权利主体的差异，相应权利的保护期限亦有所不同。对著作权的限制有合理使用和法定许可使用。

（五）邻接权

(1) 表演者

《著作权法》第 37 条规定：表演者有表明身份、保护表演形象不受歪曲（即表演者人身权），许可直播和公开传送现场表演，许可录音录像，许可复制、发行录有其表演的录音录像制品，许可信息网络传播的与著作权传播有关的权利。第 36 条规定表演者、演出组织者负责取得许可，支付报酬。保护期为 50 年。

(2) 录音录像者

《著作权法》第 41 条规定：录音录像者可以许可他人复制、发行、出租、信息网络传播其录音录像制品，保护期为 50 年。同时规定，被许可人还应取得著作权人、表演者的许可。

(3) 广播电视组织

《著作权法》第 44 条规定，禁止转播公共广播，还禁止录制及复制其广播，保护期为 50 年。

(4) 出版者的版式设计权

《著作权法》第 35 条对版式设计权作了规定。这项权利适用于图书、期刊。版式设计是指对版心、格式、用字、行距、标题、引文、标点符号等的确定。保护期为 10 年。

（六）权利的利用

权利的利用形式包括著作权的许可使用和转让，利用应以书面形式，报酬标准可以由当事人约定，也可以按照国务院著作权行政管理部门会同有关部门制定的标准支付酬劳，当事人约定不明的，以后者为准。

四、西方各国的版权法律制度

（一）美国的版权法

美国现行的版权法是 1976 年制定的。它是前版权法的修正本。其主要特点是：对著作权保护对象的范围大为增加；注重对著作权人经济权利的保护；承认"权利穷竭原则"；放弃了严格的著作权标记和登记制度。美国加入的著作权国际条约主要有：《世界版权公约》、《伯尔尼公约》、《墨西哥城著作权公约》、《布宜诺斯艾利斯公约》、《日内瓦公约》。

美国版权法的主要内容有：

（1）保护的客体。受美国版权法保护的作品必须是"用现有的或将来制造出来的任何物质表现形式固定下来。直接或借助于机械装置，能被人们觉察到、复制或用其他方法传播的原作"。主要有文字作品、音乐作品、戏剧作品、哑剧作品和舞蹈作品、图片绘画作品及雕塑作品、电影作品与其他视听作品、录音制品、建筑作品。口头作品未经固定，不受保护。著作权的保护范围仅限于作品的表现形式，而不扩及其思想内容。

（2）著作权的所有人。第 101 条规定"著作权的所有人"，是指著作权中包含任一特定专有权利的所有人。可见，在美国，著作权人既包括作者，也包括其他依照本法规定享有著作权中包含任一特定专有权利的人。

（3）著作权内容。第 106 条（A）规定，可观赏艺术作品的作者享有两项排他性的精神权利，即作者身份权和保护作品的完整权。经济权利则主要由复制权、演绎权、发行权、演出权、展览权等。采取自动保护主义，登记仅与侵权诉讼有关，即登记仅作为对某些侵权行为提出起诉的条件。一般作品的保护期限为作者有生之年及其死亡后 50 年。

（4）邻接权。直接将录音制品、广播节目等列为著作权保护的客体，赋予其制作者如同著作权人一样的专享权利。在此基础上，又做了一些特别的限制。例如，第 114 条"录音制品的专有权利的范围"即强调录音制品的专有权利仅限于复制、编写、演绎和传播其复制品，且该专有权利不是用于通过公共广播系统所播放的电视教育和广播电视教育节目的录音制品。

（5）权利限制。美国对著作权的权利限制，有合理使用和强制许可。合理使用的规定集中体现在该法第 107 条之中，该条不仅列举了批评与评论、新闻报道、教学活动及学术研究等传统的合理使用范畴，而且还列出了判断合理使用与否的四条标准。对于强制许可使用的规定比较详细，有通过有线广播系统的二次播送（第 111 条）；制作和传播非戏剧的音乐作品的录音制品（第115条）；通过自动点唱机公开演奏的非戏剧的音乐作品（第116条）；使用某些与非商业性广播有关的作品（第118条）等。

（6）著作权的利用。著作权转让在美国是作为一项动产转移的，一般遵循自愿原则。组成著作权的任何专有权利，均可依法全部或部分转让。作者和其他特定继承人对转让可行使终止权、予以终止。转让应通过书面形式，并应由被转移的权利所有人或其他正式授权的代理人签字，否则无效。转让费用由转让方和受让方协商确定。

（二）俄罗斯著作权法

俄罗斯现行的著作权法是于1993年7月9日颁布的《俄罗斯联邦著作权和邻接权法》。特点是：现行法从《民法典》中分离出来，而成为民事特别法；现行法将著作权与邻接权相提并论；俄罗斯著作权法规定内容全面，在保护对象、权利内容、合理使用、集体管理等方面较以前的法律有较大的差异和突破，比较贴近著作权立法现代化的趋势。

俄罗斯著作权法的主要内容有：

（1）保护的作品。保护条件是受保护的作品必须是创作活动的成果，作品必须以客观形式存在方能受著作权保护，著作权保护不及思想内容本身；保护作品的种类有文字作品，戏剧、音乐，电影剧本作品，舞蹈作品、哑剧，带词或不带词的音乐作品，视听作品，绘画、雕塑、线条艺术作品、工业品、艺术设计作品、图解故事、连环画和其他造型艺术作品，装潢使用艺术作品，舞台美术作品，建筑作品、城市建筑作品和图形艺术作品，摄影功能作品和以类似摄影的方法得到的作品，地理图、地质图及其他地图、平面图，与地理学、测量学和其他科学有关的造型作品。

（2）著作权所有人。作者，即以其创造性劳动创作出作品的自然人；其他著作权人，包括作者的继承人、受赠予人、受让人，以及职务作品中的雇主都可以成为著作权的主体。

（3）著作权内容。人身权：俄罗斯称为人身非财产权，包括作者身份权、署名权、发表权、保护作者名誉权。财产权利：包括复制权、发行权、进口权、公开展示权、公开表演权、无线播放权、电视公开传播权、翻译权、改编权。权利的产生基于创作事实，不需要登记及履行其他手续。有效期限是除发表权的人身权永远受保护，财产权为作者终生加死亡后50年，并对特殊作品的保护期作了专门的规定。

（4）邻接权。表演者权包括：署名权；保护表演和演出免受任何歪曲或其他有损于表演者名誉和人格之损害的权利；以任何形式使用表演或演出的权利；包括因表演或演出的每一种使用方式获得报酬的权利。唱片制作者包括对于其制作的唱片享有以任何形式使用唱片的专有权利和获得报酬权。无线电播放组织权包括对于其播放的节目享有以任何形式使用和发放使用许可的专有权利和获得报酬权。电缆组织权包括对于其播放的节目享有以任何形式使用和发放节目使用许可的专有权利和获得报酬权。

（5）著作权的限制。它包括合理使用和法定许可。

（6）著作权的利用。

转让规则：财产权应该按照著作权合同转让，但也可以适用继承、赠予的转让方式。

转让的形式：主要采用书面形式。

转让的限制：作者将来可能创作作品的使用权不能成为转让合同的标的物，与本法冲突的著作权转让合同条件是无效条件。

（三）英国的版权法

英国现行的版权法包括 1888 年版权法、《外观设计与专利法》的第一编"版权法"。特点是把受保护的作品分成两大部类，这是英国与绝大多数国家版权法的显著区别。第一类作品属于一般意义上的文学、艺术作品，第二类作品属于特殊种类的作品。英国版权法还将工业品外观设计也作为著作权保护的客体，并规定了一些如女王著作权等特殊的著作权。英国基本上承认"权利穷竭原则"，对作者的精神权利也做出明确的规定。英国加入的国际公约有《世界版权公约》、《伯尔尼公约》、《罗马公约》、《日内瓦公约》。

英国版权法的主要内容有：

（1）保护的作品。将作品以永久形式固定下来是受保护的形式条件，"独创性"是作品受保护的实质条件。第一类作品有文字作品、戏剧作品、音乐作品、艺术作品，第二类作品有录音制品、影片、广播电视节目、版本的版面设计。此外，对标题、角色、实用美术作品以及政府作品是否受版权法保护也作了规定。

（2）保护的客体。作者包括作品的创作者和享受邻接权的人，其他著作权人包括作者的继承人、著作权转让中的受让人、国家或专门组织。

（3）著作权内容。精神权利共四项：作者或导演身份权，反对对作品进行损害性处理的权利；反对"冒名"的权利，某些照片与影片的隐私权。同时还规定了许多附加的条件和例外。财产权利包括：复制权，公开发行权，公开表演、放映或播放权，广播或将作品收入电视节目服务权，改编权。一般作品的保护期限为作者终生加死亡后 50 年。特殊规定除外。

（4）权利限制。规定了对作品的合理使用。现行法第 28 条规定，合理使用是"可以实施而不侵犯著作权的行为"，但合理使用限于法律明确规定的情形，"不应被引申为规定于被任何作品之著作权所禁止之行为的范围"。

（5）著作权的利用。著作财产权可以像动产一样以合同形式转让，或通过遗嘱处理，或执行法律的方式转移，转让需以书面形式。著作权不能全部转让，但可以转让将来的著作权。转让受公共秩序和合作作品著作权交易的限制。英国法院认为，出版合同在普通法上应该考虑公共秩序，同时，版权贸易也要考虑由于适用竞争规则（反托拉斯法）而产生的公共秩序问题。合作作品的作者在转让著作权时要征得全体合作人的同意。

（四）法国著作权法

法国现行的著作权法是 1992 年 1 月通过的《知识产权法典》之"文学、艺术产权"部分，加入的国际条约主要有：《世界版权公约》、《伯尔尼公约》、《罗马公约》、《日内瓦公约》。

法国著作权法的主要内容有：

（1）保护条件。保护作者对其创作的各种形式的智力作品的权利，而不论智力作品的种类、表达方式、价值、目的如何。

（2）保护的主体。作者只能是自然人，但集体作品的著作权属于以其名义发表的自然人或法人，其他著作权人包括通过受让或继承的方式成为著作权所有人。

（3）权利的内容。人身权利包括：作者有权使用其姓名、资格和作品受到尊重、发表权，反悔、收回权（即作者即使转让了使用权，甚至在作品出版之后，仍有对受让人反悔、收回的权利），结集出版权。经济权利包括表演权和复制权，绘画和造型艺术作品的作者享有追续权。所谓追续权，即作者即使全部转让了原作，仍有不可剥夺的权利分享该作品以公开拍卖或通过他人进行销售的收益，提取所得比例统一定为 3%，且适用于售价在规定数额以上的销售。此外，还对软件作品作者的使用权作了特别的规定。一般作品的保护期为作者终生加死亡后 50 年。

（4）邻接权。具体包括：

表演者权，即表演者享有的人身权利财产权。人身权是表演者享有要求尊重其姓名、资格和表演的权利，该权利可以转让给其继承人。财产权利包括：许可他人从现场直播其表演或许可他人为营利目的复制录像，并获得报酬的权利。

唱片制作者权。仅限于财产方面，除法定许可限制外，所有对唱片的复制，以销售、交换、租赁的形式让公众使用或向公众传播之前，都必须得到唱片制作者的同意。

录像制品制作者权。仅限于财产权，主要指所有复制，以出售、交换、租赁的形式让公众使用或向公众播放录像制品之前，都必须得到作者的授权。

视听传播企业的权利。复制并以销售、租赁或交换的形式让公众使用，以及无线传播或在需要购票进入的场所向公众传播视听节目，都需要得到视听传播企业的授权。

（5）权利的限制。对著作权的限制是合理使用，但对合理使用的规定比较简略。

（6）著作权的利用。

转让遵循以下规则：

转让的权利仅限于表演权和复制权这两种使用权；

全部转让未来的作品无效；

转让可以有偿，也可以无偿；转让应采取合同形式。转让的限制是：无形财产的所有权独立于对具体物品的所有权；作者享有对受让人反悔、收回的权利；绘画和造型艺术作品的作者享有延续权。转让费用的支付方式为：一般实行比例分成的支付方式；一些情况下可对作者的报酬进行一次性估计；年金式。

（五）日本的版权法

在日本，保护作者权利的法律依据主要有昭和四十五年（1970 年）颁布的著作权法，《著作权法实施规则》，以及为实施所参加的著作权保护条约而制定的具体法律。日本加入的国际条约主要有：《世界版权公约》、《伯尔尼公约》、《罗马公约》、《日内瓦公约》。

日本著作权法的主要内容有：

（1）保护的作品。作品是用来创作表现思想或情感并属于文学、艺术或音乐领域的原作，包括：语言作品、音乐作品、舞蹈和哑剧作品、美术作品、建筑作品、图形作品、电影作品、摄影作品、程序作品。还规定了派生作品、编辑作品享有著作权。

（2）保护的主体。作者是指创作著作物的人，其他著作权人包括作者的继承人、通过转让合同而成为著作权人、国家。

（3）著作权内容。人身权包括发表权、署名权、保持作品完整权。财产权利包括复制权、表演权、广播或播放权、口述作品权、展览作品权、公开上映或发行电影作品权、公开借贷作品复制品的权利、翻译或改编作品的权利。著作财产权的保护期为作者有生之年加死亡后 50 年，对于匿名作品和使用笔名作品或法人作品，著作权的保护期自该作品发表之日起 50 年，电影作品和摄影作品的保护期也自该作品发表之日起 50 年。

（4）邻接权。表演者权利包括录音和录像权、广播权和有线播放权、一次使用唱片权、借贷权。唱片制作者的权利包括复制权、商用唱片的二次使用权、借贷权。广播事业者的权利包括复制权、再广播和有线广播权、电视广播的传播权。

（5）权利限制。对著作权的限制有合理使用、强制许可、法定许可制度。

（6）权利的利用。著作权允许全部或部分转让，转让应以书面形式，且必须在文化厅著作权登录簿上登记。著作权其他利用方式有许可使用、著作权抵押、出版权设定（复制权所有人设定了以该复制权为标的物质权时，只要获得了拥有该物质权之人的承诺，即可设定出版权）。

第二节　版权贸易的争端解决

一、版权贸易的争端类型

版权贸易主要是通过对已有版权作品的使用而产生贸易的行为。它主要是通过版权许可使用合同和版权转让合同的方式进行的，因此，违反合同约定所引起的纠纷，是版权贸易争端的主要类型。在版权贸易实践当中，版权合同违约行为，往往又涉及侵犯权利人的著作权。因此，版权贸易合同纠纷，容易同时引起版权侵权纠纷。版权的特征决定了版权诉讼与其他民事诉讼所不同的特点，本节主要就版权合同纠纷和侵权纠纷这两种主要的版权贸易争端做介绍。

（一）版权合同纠纷

转让合同纠纷名目繁多，版权合同纠纷具体化则派生出众多类型纠纷。版权转让的标的均为财产权，而版权所有者的财产权包括复制、表演、播放、展览、发行、摄制电视、录像以及改编、翻译、注释、编辑等权利。上述每项权利的转让和使用均应签订合同，这在版权贸易中是司空见惯的。这些合同一方或双方不履行或者履行义务不符合约定条件的就构成违约。另外合作者之间也存在着侵权和违约纠纷。因此多为版权转让合同中的违约。主要有以下几种情况发生：

1. 在订立合同时发生的争议

我国合同法第 42 条规定：假意订立合同，恶意进行磋商；故意隐瞒与订立合同有关的重要事实或提供虚假情况；有其他违背诚实信用原则的行为。出现上述情形时，有过错一方应赔偿另一方的信赖利益损失，主要包括无过错方为订立合同支出的费用。

2. 关于合同是否无效的争议

我国合同法规定下列情形下的合同无效：一方以欺诈、胁迫手段订立合同，损害国家利益；恶意串通，损害国家、集体或第三人的利益；以合法的形式掩盖非法的目的的；损害社会公共利益，违反了法律、行政法规强制性规定。合同无效后，财产应当返还，有过错一方应赔偿对方的损失。出现争议时，需要判断合同是否无效，以及双方的过错责任问题。值得注意的是，我国现行版权涉外代理规定中也有有关知识产权涉外活动主体的民事权利和行为能力的规定。违反了这类规定，就会产生合同无效的结果，从而需要进行双方的责任确认。

3. 关于合同是否可以撤销的问题

我国合同法规定：当出现因重大误解订立合同或订立合同时显失公平的情况，当事人一方有权请求法院或仲裁机构对合同进行变更或撤销。一方如果以欺诈、胁迫手段或乘人之危，使对方在违背真实意思的情况下订立的合同，受损方有权请求法院或仲裁机构变更或撤销合同。此时双方责任的判断方式与上述合同无效的情况相同。

4. 关于签订版权转让合同或许可合同的出让人或许可人是否有相应权利的问题

在一些版权转让或许可合同中，当事人不具有相应的权利便进行转让或许可而产生的争议。处理这些情况下的争议，要判断责任，确定相应的赔偿责任。

5. 关于转让费、许可费的支付问题

在版权转让、许可合同中，受让方或被许可方的主要义务是支付转让费或许可费。由于各种原因，有时会出现不支付费用或延迟支付费用的情况，从而产生争议。此时，违约方应承担继续履行、采取补救措施或赔偿损失等责任。

6. 关于许可合同之外的第三人侵权的问题

在履行许可合同时，有时会出现在许可地域内第三人侵犯作为许可合同标的物版权的问题。此时可能会造成被许可方销售额或利润的下降，如果合同规定得不清楚，则会在许可方和被许可方之间产生谁负责制止侵权的争议。

（二）版权贸易中的侵权行为和违约行为

侵权行为是人类社会最古老的规范现象之一。对人身和财产的侵害，作为人类社会中最基本的冲突形式，一直是社会规范力求控制的对象。知识产权侵权行为，指因不法侵害知识产权权利人的合法权益，依法律规定，应对所产生的损害负赔偿责任的行为。在版权贸易活动中，履行贸易合同过程中的任何违反合同约定的行为，都应承担违约责任，例如转让人不按合同约定按时交付作品等。有人认为归责原则只能是一元的过错责任原则；认为侵权行为法的社会功能仅仅在于惩罚主观上有故意的或者过失的行为人。我们认为现代侵权行为法的归责原则应当是多元的（即过错责任与无过错责任并存），其社会功能也是多方位的，既有惩罚加害人、警诫社会成员的作用，更有确认新的民事权益、补偿受害人的合法利益、平衡当事人的物质利益关系的作用。大多是侵权责任和违约行为的竞合，即一次违法行为常常具有多重性质，同时符合合同法和侵权法中的不同的责任构成要件，从而导致两类责任的竞合。例如，受让人未按照合同规定的时间和数额向版权所有人支付版税，这在某些国家可能被视为违约，而在另一些国家则视为同时侵犯了版权人的经济利益。再如，受让人在合同约定的期限届满后继续使用权利人的作品，这种行为既是违反版权转让合同的行为，又是对版权人的侵权。

构成版权侵权只要具备：①他人擅自使用的必须是受版权保护的作品；②使用者使用受版权保护作品的行为必须是既未经作者同意也无法律上的根据，就应构成侵犯版权。版权侵权有其特殊性，有如下四点：

（1）违法性行为（加害行为）。传统民事理论认为，侵权行为是实施了加害行为的行为，即侵权人已经实施的行为具有违法性且直接对权利人造成危害。在西方一些国家的版权法中，侵犯版权的行为人，毫无疑问应承担法律责任。但是，对于侵犯版权行为尚未发生但不久可能发生的行为，能否认定为侵犯版权？例如，行为人购买了版权人的作品及印刷设备并准备实施非法复制行为时，只要行为人实施的活动侵犯了版权人的利益，必然构成侵犯版权的行为；如果行为人实施的活动对版权人的利益构成重大威胁、在将来必然损害版权人的利益，则也构成侵犯版权行为。

（2）损害事实行为。损害事实行为通常是指侵权人所实施的行为客观上给受害方带来了损害。在一些国家的版权制度中，如果侵权人的行为给版权人造成了损害且无法定的免责理由，则侵权人应承担法律责任。但是，如果侵权人实施了侵权行为而又未对版权人造成实际损害是否应承担侵权责任，则基本认定此行为属于侵犯版权的行为，原因是既未取得作者授权又无法律许可，侵权人行使了本应由版权人所控制的权利或妨碍了版权人权利的行使。

（3）因果关系。传统民事理论认为，只有当侵权人所实施的侵权行为与损害后果存在因果关系时，侵权人才承担责任。但是，在版权法中，有时不以损害的存在作为侵犯版权行为的构成要件，因此，无须讨论侵权行为与损害后果之间的因果关系。只有当存在损害结果，需要确定侵权人所应承担的责任大小时，因果关系的认定才有意义。

（4）主观过错。传统的民事理论认为，构成一般侵权行为的要件之一就是主观上应有过错，即加害人只有主观上存在故意或过失才应对加害行为承担责任。在侵犯版权的行为中，在适用过错责任的场合，主观上有过错的当然应承担责任，但在适用无过错的场合，主观上有无过错，就不应成为侵权行为构成的要件。

以上几点都体现了违约行为的复杂性和多重性，同时又反映了违约行为与侵权法相互独立、相互渗透的情况。由于侵权责任和违约责任在主观要件、责任形式、赔偿范围、举证责任、时效期限、诉讼管辖以及冲突规范等方面存在着许多差别，一个案件是确定为违约之诉，还是确定为侵权之诉，对诉讼当事人双方所产生的结果可能是大不相同的。

在目前立法尚不能完全消除竞合现象的情况下，如何处理责任问题，并给受害人适当的保护，是一项值得探讨的问题。在这种情况下，不法行为人违法行为的多重性，必然导致双重请求权的存在。我国法律也作了规定：在版权侵权与违约责任竞合的情况下，依照我国合同法第 122 条之规定，受损害方有选择权，即其有权依照合同法的规定，要求对方当事人承担违约责任，或者依据版权法的相关规定，要求其承担侵权责任。受损害方享有此种选择权对其而言，意义重大，需谨慎行使。选择违约之诉，则意味着需举证违约的存在，这相对容易，但获得的赔偿要少；选择侵权之诉，可以获得赔偿的范围大，但需要举证侵权人过错的存在，如举证不利，则可能承担败诉的后果。所以，受害方在提起诉讼时，一定要权衡利弊，选择对自己有利的诉讼方式。

二、版权贸易争端的解决方式

版权贸易争端的解决方式主要有四种：协商和解、调解、仲裁、诉讼。

（一）协商和解

协商和解是当事人自行解决版权贸易纠纷的方式，是一种非正式的争议解决方式。其优点在于程序简单，没有法定程序，需要付出的时间和费用成本较低，在协商不成的情况下，还可以采取司法保护措施。

协商和解有一个不可克服的缺点，就是效率低，没有强制力。当事人履行协议与否，完全取决于自愿，所以，和解有时不能彻底解决争端。

（二）调解

无论是版权贸易中的侵权纠纷，还是合同纠纷，当事人均可通过调解解决。调解是解决纠纷行之有效的途径。从实践来看，调解既有诉讼前的调解，也有诉讼中的调解，还有当事人自愿进行的民间调解。这里所指的调解，主要指当事人在调解组织主持下，自愿进行的和解。

版权贸易纠纷的调解工作，可以由著作权行政管理部门和其他部门主持进行。在调解进行过程中，调解组织应当做好说服教育的工作，促使双方当事人自愿达成调解协议，但不得以强迫的方式来达成调解协议。

调解不是解决版权贸易纠纷的法定必经程序，它不具有法律上的强制力，不能予以强制实行。因此，必须贯彻自愿原则，即必须是双方当事人一致通过用调解来解决纠纷，调解协议的达成和履行，也应当出自当事人自愿且内容合法。由于调解是在自愿和互谅、互让原则基础上进行的，因此，这种方式有利于迅速、彻底地解决纠纷，并可以减少纠纷，避免诉讼等。达成协议后，一方反悔，不同意按调解协议执行的，调解协议即失去效力，当事人可以通过诉讼来解决纠纷。

（三）仲裁

仲裁是解决版权贸易争端的常用方式。因为以仲裁方式解决纠纷与其他方式相比，具有独特的优越性。它时间短、费用低，由专业人士进行裁判，为当事人保密，能充分体现当事人意思自治的原则，可以得到国内和国外广泛的承认与执行。因此，在近代，尤其是在近几十年，仲裁作为一种解决争议的方式，得到了迅速的发展，世界上主要国家和地区大多设有仲裁机构。

仲裁的原则：

（1）协议仲裁的原则：当事人采用仲裁方式解决纠纷，应当双方自愿达成仲裁协议。没有仲裁协议，一方申请仲裁，仲裁委员会不予受理。

（2）或裁或审原则：当事人达成仲裁协议后，一方又向法院起诉的，法院不应受理。

（3）独立仲裁原则：仲裁依法独立进行，不受行政机关、社会团体和个人的干涉。

（4）一裁终局原则：仲裁裁决作出后，当事人就同一纠纷再申请仲裁，或向人民法院起诉，仲裁委员会或法院不应受理。

以中国国际贸易仲裁委员会为例，介绍一下仲裁的程序：

（1）仲裁申请、答辩与反请求。申请人根据仲裁协议向仲裁委员会申请仲裁，被申请人收到仲裁委员会的通知后，向仲裁委员会提交答辩书，也可提出反请求。

（2）仲裁庭的组成。仲裁庭一般应由三名仲裁员组成。由申请人和被申请人在仲裁员名册中各选一名或委托仲裁委员会主任指定一名仲裁员。第三名仲裁员为首席仲裁员，由双方共同选定或共同委托仲裁委员会主任选定。当事人可对仲裁员申请回避。

（3）审理与裁决。一般采取开庭审理方式仲裁，双方当事人不同意也可以书面仲裁。仲裁庭开庭审理案件时不公开进行。审理时，当事人按照"谁主张，谁举证"的原则提供证据。仲裁裁决依全体仲裁员或多数仲裁员的意见作出，仲裁庭不能形成多数意见时，裁决依首席仲裁员的意见作出。

（4）仲裁裁决的执行。仲裁裁决是终局的，对双方当事人均有约束力。当事人应依照裁决书写明的期限自动履行裁决；仲裁裁决书未写明期限的，应当立即履行。一方当事人不履行的，另一方当事人可根据中国法律的规定，向中国法院申请执行。若当事人仲裁裁决违法，可向法院申请撤销。

（四）诉讼

通过诉讼程序解决著作权纠纷，是我国著作权法所规定的主要程序。根据我国著作权法的规定，著作权纠纷案件，主要来源于：当事人直接向人民法院起诉的案件；当事人之间调解不成或调解达成协议后一方反悔的，可以向人民法院起诉的案件；执行仲裁申请的人民法院发现仲裁违法的，有权不予执行，当事人可以就合同纠纷向人民法院起诉的案件。

在我国进行版权贸易纠纷诉讼，适用民法通则、著作权法、民事诉讼法等有关规定。在当事人进行诉讼时，以下几个问题应当引起注意：

1. 著作权民事诉讼主体资格问题

在著作权转让和许可使用的贸易活动中，会存在确认诉讼主体资格的问题。在实行著作权转让制度的国家，其著作权法一般规定，受让人对侵权行为享有诉权，有权以自己的名义起诉，而转让人却不能成为诉讼当事人。在我国，有的当事人在不转让著作权的前提下，签订许可使用合同的诉权条款是无效的。被许可人无论如何只能以著作权人的代理人身份提起著作权诉讼，以维护著作权人和自己的合法权益。在著作权独占许可使用时，情况有所不同。此时被许可人取得的是一种准物权性质的权利，被许可人可以视为著作权人的"利害关系人"。在我国侵犯图书出版者享有的专有出版权的，图书出版社却是具有独立诉权的，这是因为我国图书出版者享有的专有出版权，不仅是通过合同约定的，而且也是法定的。此外，在特定的情况下，著作权人可以通过"诉讼信托"的方式，转移起诉权。这是对著作权诉讼中原告始终为著作权人原则的突破和发展，对维护著作权人的合法权益具有重要意义。这种情况常见于作者将诉权托付给著作权集体管理机构。

2. 诉讼的管辖问题

著作权诉讼案件所适用的诉讼管辖规则，各国规定不一。有的适用一般侵权案件的地域管辖原则，有的适用特殊案件的专属管辖原则。不过，在更多国家，著作权诉讼的管辖适用地域管辖的原则，以侵权行为或侵权人所在地的地方法院为一审法院，只是在级别上，有管辖权的法院大多并非地方上最基层的一级法院。对于这个问题，我国在《著作权法》"解释"中作了规定。其第2条规定：著作权纠纷案件，由中级以上人民法院管辖。各高级人民法院根据本辖区的实际情况，可以确定若干基层人民法院管辖第一审著作权民事纠纷案件。对于著作权侵权纠纷诉讼，《解释》第4条、第5条又有特别的规定。第4条规定因侵犯著作权行为提起的诉讼，由我国《著作权法》第46条、第47条所规定侵权行为的实施地、侵权复制品储藏地或查封扣押地、被告住所地及侵权复制品所在地；查封扣押地是指海关、版权、工商等行政机关依法查封、扣押侵权复制品所在地。第5条规定：对涉及不同侵权行为实施地的多个被告提起的共同诉讼，原告可以选择其中一个被告的侵权行为实施地的人民法院管辖；仅对其中一个被告提起的诉讼，该被告侵权行为实施地的人民法院有管辖权。

3. 举证责任问题

对于举证责任，一般实行"谁主张，谁举证"的原则，但为了切实维护著作权人的合法权益，许多国家在著作权诉讼中推行举证责任部分倒置原则，以使原告和被告举证责任分配趋于平衡。我国《著作权法》第52条规定：复制品的出版者、制作者不能证明其出版、制作有合法授权的，复制品的发行者或者电影作品或者以类似摄制电影的方法创作的作品、计算机软件、录音录像制品的复制品的出租者不能证明其发行、出租的复制品有合法来源的，应当承担法律责任。

三、典型案例分析

为了方便对本章内容的理解，笔者特别选取几个版权贸易典型案例。

案例一　著作权与法律保护

美国迪斯尼公司诉北京某出版社等侵犯米奇老鼠形象版权案

原告美国沃尔特迪斯尼公司（以下简称"迪斯尼公司"）。诉北京某出版社、新华书店总店北京某发行所（以下简称"北京发行所"）侵犯了米奇老鼠形象，大世界出版有限公司（以下简称"大世界公司"）是第三人。北京市中级人民法院受理了此案。

北京某出版社分别于××年8月、11月和第二年11月先后3次印刷出版的《善良的灰姑娘》、《白雪公主的新家》、《小飞侠的胜利》、《班比交朋友》、《白花狗脱险记》、《爱丽丝梦游奇境》等卡通形象与原告的英文原本完全相同，在几本书的封面上均有米奇老鼠的形象，并标有"迪斯尼的品德故事丛书"（以下简称"丛书"）字样。原告的《一本关于善良的书》、《一本关于助人的书》、《一本关于勇敢的书》于××年11月30日在美国进行了版权登记，米奇老鼠形象于××年9月2日在美国办理了版权登记，版权属于迪斯尼公司。

迪斯尼公司与英国麦克斯威尔公司（以下简称"麦克斯威尔公司"）于××年8月19日签订协议，约定："迪斯尼公司仅授予麦克斯威尔公司出版汉语出版物的非独占性权利，只能在中国出售以迪斯尼乐园角色为体裁的故事书，本协议所给予的许可权利不得以被许可方的任何行为或通过法律程序进行转让。被许可方不得再转让许可给他人，合同期限自××年10月1日到××年9月30日，自期满后有180天的全部售完期限。"经大世界公司介绍，麦克斯威尔公司与北京某出版社于××年3月21日签订了《关于：让迪斯尼儿童读物中文简体本出版合同》（以下简称《转让简体本合同》），双方约定："麦克斯威尔公司经迪斯尼公司授权，拥有迪斯尼儿童读物中的专有出版权，并有权代理该读物的版权贸易业务，麦克斯威尔公司将迪斯尼公司的授权转让给北京某出版社。"当天，北京某出版社与大世界公司落实

《转让简体本合同》签订了协议书，约定北京某出版社委托大世界公司将迪斯尼儿童读物文字进行定稿、发排、制版，大世界公司保证提供合格中文简体字彩色版制成软片，大世界公司负责向北京某出版社提供外方确认迪斯尼"丛书"的版权合同书，作为北京某出版社在中国境内享有版权合法依据。北京某出版社曾于××年3月11日将《转让简体本合同》送北京市版权局审核。由于未出具迪斯尼公司的授权书，该局未予办理登记手续，后来北京某出版社也未补办登记手续。北京某出版社与北京发行所于××年2月1日签订了一个工作协议，约定："属于包销图书，出版社要在版权页上注明'新华书店总店北京某发行所发行'，属于经销图书，出版社要注明'新华书店经销'字样。"此外还约定"出版国外作品或图书，出版社要与版权所有者签订出版合同，并将合同报版权管理机关审核登记，获登记号后再交北京发行所征订和安排出版，否则出现出版、发行、经销的一切涉外版权纠纷一律由出版社负责。""丛书"的版权页上写着"新华书店总店北京某发行所发行"，实际上应写为"北京某出版社总发行，新华书店经销"。

在本案审理过程中，被告北京某出版社要求追加大世界公司为共同被告，迪斯尼公司表示不追加。根据当事人不告不理的原则，法院未将大世界公司列为被告。但由于其与北京某出版社有法律上的利害关系，北京某出版社的侵权与其有直接的关系，故法院将其列为无独立请求权的第三人。被告北京发行所辩称：我们作为经销部门，没有义务审查图书的版权合法性，目前有关法律及国际公约也未规定经销部门应承担侵权责任，同时我们与北京某出版社有约定，发生侵权纠纷由北京某出版社负责，故我们不承担任何责任。大世界公司认为，我公司仅仅是根据麦克斯威尔公司的要求，代为联系国内出版单位转让版权并非转让版权的当事者，我公司与北京某出版社签订的合同仅限于购买软片和转付版权费，且该合同是在《中美备忘录》生效前一年签订的，这之后，北京某出版社从未向我公司索要过任何证明，我公司也根本不知道他们在《中美备忘录》生效后继续出版发行的情况，故我公司不承担侵权责任。

最终裁定，北京某出版社和新华书店总店北京某发行所于判决生效之日起立即停止出版、发行《迪斯尼的品德故事丛书》，公开道歉及赔偿。大世界公司不能履行合同约定的向北京某出版社提供麦克斯威尔公司确认迪斯尼公司版权合同书的义务，大世界公司应主动与北京某出版社协商，但其没有这样做，而是放任侵权结果的发生，应承担部分经济责任。

案例二　著作权与邻接权

某作家诉某广播电台擅自改编广播剧《秋海》侵犯作品播放权纠纷

某广播电台文艺部在 20 世纪 90 年代的某一时期播出了一部广播剧《秋海》，该剧是根据某作家的同名小说改编的。该剧播出后，该广播电台按规定向作家寄去了稿酬。不久，该广播电台收到作者的来信。作者在信中表示：自己早已公开声明"对于自己早期创作的作品，未经本人同意不得使用"，从而指责该广播电台擅自使用其早期作品改编成广播剧播出，侵犯了其著作权，要求电台停止再播放该剧。该广播电台对此不理解，认为作品已公开发表过，该台改编后使用是可以不经本人同意的，作者不应该表示反对。

作者一纸诉状将某广播电台诉之于法院。法院审理了此案，裁决某广播电台停止再播放广播剧《秋海》；通过广播电台适当时间公开向作者道歉并赔偿。

本案涉及作品播放权的法律问题。播放权是指著作权人或授权他人通过广播电台、电视台的无线发射、有线发射或类似技术设备传播作品的权利。播放方式目前可分为无线播放和有线播放。我国《著作权法》第 40 条规定："广播电台、电视台使用他人已发表的作品制作广播、电视节目，可以不经著作权人的许可，但著作权人声明不许使用的不得使用。"这条规定的一般情况下，某广播电台文艺部似乎没有侵权，因为它们使用的小说《秋海》是作者公开发表的作品，使用的方式是制作广播节目并播放，而且按规定向作者支付了报酬。但我国《著作权法》第 40 条还有特别规定，即使作品公开发表，作者仍有权做出声明，不许他人使用。本案中某广播电台使用的《秋海》尽管公开发表过，但作者已声明未经许可不得使用，因此，某广播电台的行为侵犯了《秋海》作者的著作权中的播放权。本案说明，应当全面理解法律规定，如果一知半解，就可能造成侵权的后果。

案例三　网上作品著作权

计算机网络域名纠纷案——石家庄福兰德公司诉
北京弥天嘉业公司计算机网络域名纠纷案

原告诉称自己于 1997 年 3 月申请注册了"PDA"商标，该商标自己已使用两年，为公众所熟悉，已与原告的形象和产品紧密相连，原告准备申请与商标相同的名称"pda"为域名。但被告恶意抢先注册该域名，该域名和其公司或产品无任何直接关系。原告认为，注册商标受法律保护，任何单位及个人不得擅自使用和销售该商标产品。被告未经原告许可，使用原告注册商标为其产品进行网络宣传，已经构成商标侵权。请求判令被告停止使用互联网络"pda. com. cn"域名，停止对原告注册商标的授权行为，并赔偿原告经济损失 500 元，承担本案诉讼费，律师代理费。

被告则辩称，互联网络域名是自己依法从中国互联网信息中心（CNNIC）合法注册的，并拥有 CNNIC 颁发的域名注册证。"PDA"系原告注册商标前已在的通用名称，原告对其不应享有专用权。原告无端指控自己侵犯其注册商标，没有任何事实和依据。

最终经审理查明：原告为"PDA"商标的注册人，该商标核定使用商品为第 9 类（电子计算机及其外部设备、中英文电脑记事本等），未超过注册有效期。由原告所举证据，原告于 1996 年起相继注册了不同使用类别的"小秘书"商标，该商标包括"小秘书"文字、图形及英文等。原告为"小秘书"商标进行了广告宣传。原告表示其"PDA"商标为"小秘书"的取自英译的缩写。原告未能证明其商标的知名度及影响范围提供证据。根据被告所举证据，在学苑出版社出版的《标准英汉汉英计算机详解辞典》、《英汉微机小百科辞典》等公开出版物中，均将"PDA"解释为英文"personal data assistant"个人数据助理的缩写，是一种轻巧的掌上型计算机。被告的网址主要为介绍和销售"掌上电脑"的网站。该网站网页上使用了"PDA"标志，该网站介绍及销售的产品均为其他厂家的掌上电脑产品。最终裁决结果，驳回原告石家庄福兰德公司之诉讼请求。

第八章　版权贸易合同与版权价格

第一节　版权贸易合同的基本知识

鉴于合同在版权贸易中的重要地位，因此，要做好版权贸易，就必须对版权贸易合同有一个全面、详细的了解。在这里，我们首先介绍一些版权贸易合同的基础知识。

一、版权贸易合同的相关概念

版权贸易合同，是指版权所有人或代理人与作品使用人之间，就实现某部作品版权中的一项或几项权利（作品使用权）的有偿转移而达成的书面协议，其中规定了双方的权利和义务。也即是说，版权所有人（代理人）以订立合同的方式，允许使用人在一定期限内享有对作品中的某些权利的使用权。

版权贸易合同的主体，即签订和执行合同的当事人，一方为供应方，又称输出方，是作品权利的所有人或其代理人；另一方为需求方，又称输入方、引进方或受让方，是作品权利的需求人。供需双方可以是自然人，也可以是法人，但由于版权贸易合同关系到某种权利的使用权的转移，比普通的商品买卖合同要复杂得多。因此，在目前的版权贸易中，合同的主体大部分都是法人，而非自然人。在实践活动中，也有一些国家的政府机构，作为主体参与版权贸易。

版权贸易合同的客体，又称合同的标的物，主要是指作品财产权，即作品的使用权。至于版权当中的精神权利或作品的人身权，比如署名权、发表权等，还未见有关国家规定，可以在版权贸易中成为合同的客体。

二、版权贸易合同的种类

根据不同的划分标准，版权贸易合同可以分为多种类型。

(一) 标准合同与具体合同

这种分类以合同制订主体为标准。标准合同文本是指供需双方的版权局或出版协会，根据各自情况，共同协商所制定的用于指导双方出版机构进行版权贸易活动的规范合同样式。

具体合同是指实际从事版权贸易的出版机构或版权代理公司，在标准合同的指导下，结合本次版权贸易的实际情况所签订的合同，每一次版权贸易，都会产生一份具体的合同文本。

(二) 许可合同与转让合同

这种分类以版权贸易所涉及的权利性质为标准。许可合同是指版权所有人将其享有的专有作品财产权中的一项或多项内容许可他人使用的法律形式，包括独占许可合同和普通许可合同两种。

转让合同是版权贸易双方为实现作品的专有使用权在法定有效期内转移而签订的合同，理论上包括全部转让合同和部分转让合同。

(三) 一揽子合同与单一合同

这种分类以合同涉及的版权数量为标准。一揽子合同是指版权贸易双方，就一系列作品版权转让或许可而缔结的合同。

单一合同指仅仅就一种作品的版权转让或许可使用而签订的贸易合同。在版权贸易实务中，这两种合同形式都非常普遍。

(四) 国内版权贸易合同与国际版权贸易合同

这种分类是以版权贸易的标的物是否跨越国籍来划分的。贸易双方都是同一国籍的，签订的合同自然就是国内版权贸易合同；如果贸易双方不属于同一国籍，则称为国际版权贸易合同。

此外，还有多种合同类型，如根据合同的法律效力，版权贸易合同可以分为主合同和担保合同；根据文学、艺术作品的不同表现形式，版权贸易合同可分为出版合同、表演合同等。

三、版权贸易合同的基本特征

与普通商品买卖合同相比，版权贸易合同通常具有以下五个基本特征：

(一) 时间性

任何版权贸易合同都要规定一定的期限，即有效期。它是指被转让或被许可使用的版权在时间上的效力，一般来讲，版权贸易合同比普通商品合同周期要长，许多国家都对其期限作了一定的限制。

（二）地域性

地域性是版权贸易合同的一个重要特征，任何版权贸易合同都只能在其规定的国家或地区范围内发生效力。在版权贸易合同中，通常都要明确规定被许可或被转让的版权在地域上的效力，即规定地域性条款。

版权贸易合同的地域性主要体现在以下两个方面：

1. 当事人双方的权益要求

版权贸易合同涉及的是作品使用权的转移。对于供应方来说，首先要在一定的区域内具有这样的权利，才能向受让方授权。对于受让方来说，得到供应方授予的使用权后，目的是要利用这种授权去获取利益，受让方的利益也要受到地域的限制，只有当获取利益的地域与授予权利的地域一致时，受让方的权益才能得到法律的保护。因此，当事人双方的权益均要求版权贸易合同具有地域性。

2. 合同价格的要求

在版权贸易合同中，输出方出让著作财产权的目的是为了从引进方那里获取转让许可费，而转让许可费的高低，一般是与转让方允许引进方使用其著作权的地域范围的大小成正比的，即地域范围越大，需要支付的费用越高。因此，引进方就不能任意扩大其适用范围，在选择地域范围时，必须考虑自己的经济实力，尽量以合理的价格，得到较大的地域范围。从这个意义上说，价格是决定版权贸易合同地域性的重要因素。

（三）法律性

版权贸易合同具有严格的法律性。不论是合同内容，还是在执行合同的过程中，都会涉及诸多法律。从法律的渊源来看，涉及国内立法、国际条约和国际惯例；从法律部门来说，涉及合同法、买卖法、国际贸易法、知识产权法、国际公法和国际私法等。就我国而言，版权贸易合同可能涉及的法律，主要有《合同法》、《对外贸易法》、《著作权法》，以及涉及增值税、消费税、营业税、所得税等方面的法律。

（四）复杂性

版权贸易合同比一般有形商品贸易合同的内容更复杂，综合性更强，涉及面更广。常见的版权贸易合同，内容除了基本合同条款外，往往还涉及价格、税法、外汇等问题。

（五）多样性

由于不同国家对版权贸易所作的相关法律、规定不尽相同，合同涉及的版权种类也有许多，再加上作品使用方式的多样性和各国贸易惯例的不同，版权贸易合同呈现出多样化的特征。

四、版权贸易中的电子合同

网络在全球席卷，使得越来越多的交易在网上进行，电子商务受到了国际社会的普遍关注。电子合同是电子商务的基础与核心，它以其独特的订立方式对传统的纸面交易提出了法律、技术和监管等方面的挑战。

电子合同是通过计算机网络系统订立，以数据电文方式生成、储存或传递的合同。联合国《电子商务示范法》第2条规定："数据电文指经由电子手段、光学手段或类似手段生成、储存或传递信息，这些手段包括但不限于电子数据交换、电子邮件、电报、电传或传真。"我国新《合同法》也将数据电文列为"可以有形地表现所载内容的形式"。

电子合同具有以下特点：①订立合同的双方或多方是互不见面的。买方和卖方都是在虚拟市场上运作，其信用依靠密码的辨认或认证机构的认证。②无须订立书面合同。在电子商务中金额较小、关系简单的交易没有具体的合同形式，表现为直接通过网络订购，付款。这种形式没有发票，电子发票目前还只是理论上的设想。③表示合同生效的传统签字盖章方式被电子签名所代替。④以收件人的主营业地为合同成立的地点。

第二节　版权贸易合同的条款

一、一般性条款

（一）合同名称

合同名称应该能够确切地表明版权贸易合同的性质和类型，能够概括合同的内容，如"×××版权许可贸易合同"、"×××版权转让贸易合同"之类。如果是独占许可，或非独占许可，也可以直接表明许可的类型。

（二）合同签约时间

合同签约时间也就是双方正式签字日期。如果合同双方签字的日期不同，那么一般就是以最后一方签字日期为签约日期。但是版权贸易合同的签约日期不一定就是合同的生效日期，但与合同的生效有密切关系，可以是在签约后一段时间内生效，如"在签约×天后生效"。

合同的签约日期还涉及版权贸易合同的适用法律问题。如果该版权贸易合同是在一种新的法律公布实施日期之前签订的，一般使用原来的法律，或者经合同双方协商一致，适用新公布的法律；如在新法律公布实施之后所签订的，则无条件的适用新公布的法律。签约时间一般都在前言中表明，但有时也放在合同末尾各方签字下面。如果前言的签字日期与末尾签字日期不一致，则以末尾签字一方签字日期为签约时间。

（三）签约地点

版权贸易合同往往写明签约地点，签约地点可与签约日期连写，如"×年×月×日于中国武汉签订"。签约地点是法院或仲裁机构选择适用法律的依据，如果版权贸易合同中没有明确规定适用法律的依据，则根据国际私法的惯例，合同签约地的国家法律即为该合同的适用法律。例如，在我国签订的版权贸易合同，它的形式、生效、执行，就是按照我国的法律规定。法院或仲裁机构在解决版权贸易合同争议案件时，一般都是这样处理。

（四）版权贸易双方名称及住所地

由于版权输出方和版权引进方是版权贸易合同的主体，是合同当中所规定的权利、义务和一切法律责任的承担者，因此合同中的全部条款都是围绕这两者来制定的，也只有完整、明确地写明版权贸易双方的名称，才能表示出当事人是法人还是自然人，以及其作为法律实体的性质。

强调版权贸易双方住所地条款的意义有两点：第一，有利于识别当事人。在合同中写明双方住所地有利于区分签约的当事人是母公司还是子公司，这样便于函电往来和合同的履行；第二，关系到法律适用地问题，一旦出现版权贸易合同纠纷时，根据一些国家的法律规定和国际惯例，原告或被告所在地是确定法院管辖权和适用法律的重要依据。

二、基本条款

（一）转让或许可的性质

这是版权贸易合同中的授权条款。版权是一种复合财产权，因此它的授权可以是统一的，也可以是分开的，而在实践中往往是分开的；在版权贸易合同中许可或转让的作品财产权（经济权利）可以是一项，也可以是多项甚至是全部，因此，一定要明确双方约定的权利性质，是翻译权，或者是否包含平装书版权。其实，因为性质叙述不清而导致不必要的麻烦，都会增加双方的交易成本。

要明确规定允许对方以什么样的方式进行使用。例如，授予翻译权应该明确授予何种文字的翻译权，如果因为对方是荷兰的出版商，就以为对方就是以荷兰语翻译，而不对其翻译语种进行严格界定，那就要吃大亏。其实，它是国际跨国集团，往往用英语出版。

再如改编权授予，要明确到改编成何种作品形式，不然，它可以改编成电影剧本、电视剧本或舞台剧本。这些是可以分开授权的，可以获取各自的报酬。不然对方占了便宜，你只好哑巴吃黄连了。

在版权许可贸易合同中要明确许可使用的权利是专有使用权还是非专有使用权，这对许可人和被许可人都是十分重要的，由于这两种许可方式对于交易双方的权利和义务有很大的区别，所以，在签订许可合同时，一定要明确规定是专有许可还是非专有许可。凡是合同中未规定是何种许可方式，一律认定为非专有许可。只有在签订合同时明确约定许可权的性质，才能保障引进方的正当利益。

（二）转让或许可权利的地域范围和期限

在版权贸易合同中，版权供应方和受让方要对转让或许可使用的权利的范围给以限制，即规定其在地理区域上的效力，如作品的出版、发行的范围，翻译权的范围。如国外某畅销书，它给予中国内地出版社该作品翻译权，可能限制香港地区、台湾地区的发行，目的是在下一次授予台湾地区出版商该书翻译权时，保留与台湾地区出版商谈判和要价的资本。不然，与台商的交易价格就会大打折扣。

版权代理人一般不会将其作品的版权授予对方很长时间，一般 3 年，或 5 年，最多 10 年。目的是掌握对版权的主动控制。对某一作品使用期限到了后，代理人还可以将同一种权利授予同一国家的另一个出版社。而且，为了保证作品的权利创造很高的版税，他会在版权授予合同中设置诸多套路或陷阱，来收回他的版权，即使期限未到。如，出版发行时间、版税支付时间、销售额等都可以规定具体的数字约束对方，一旦对方违约，就中途终止合同，即使期限未到。

（三）报酬的确定和支付条款

这是版权贸易合同中的付酬条款，获得报酬是对版权持有者转让或许可版权时经济权利的一种补偿，是版权拥有者的经济权利，是其应该获得的。

版权贸易合同中，要明确版权引进方向输出方所支付费用的明确标准和方法。该报酬的确定和构成，与普通商品的价格构成相比，有很大的不同，两者的影响因素也有很大的差异，因此，在版权贸易合同中规定报酬金额时不能照搬一般商品的价格确定方法，要考虑到版权贸易本身的特殊性。在制定版权转让和许可合同中的支付条款时，要明确考虑作品的质量、替代作品的有无与数量、授予版权经济权利的多少、许可使用的方式如何、许可使用的地域范围和时间长短，以及市场竞争情况等。

关于报酬支付的具体方法，是现金支付还是票据支付、是一次总付还是分期支付等，也要根据贸易双方的意愿和实际情况，在合同中作出明确的说明。此外，如果采用货币支付方式，还要明确支付货币的种类是贸易双方某一方的货币还是可兑换的国际硬通货。如果采用票据支付，那么还要规定折算的标准。

版权代理人会站在作者的利益，使得经济利益最大化，版权使用者也会尽量讨价还价，以降低版权使用成本，版权定价需要博弈。

(四) 违约责任

违约，是指买卖双方中的一方没有履行合同中规定的义务，或是没有按照合同中规定的方式来履行合同中的义务，就构成了对合同的违约。

贸易合同是对双方当事人都有约束力的法律文件，合同中确立的权利和义务关系是受法律保护的，双方必须严格履行。但是在版权贸易实际活动中，往往是不可能避免当事人一方或者双方违反合同约定这类情况的发生。因此，在版权贸易合同中，应该包括违约条款，规定违约方应当承担什么样的法律责任，是进行民事赔偿、支付违约金、采取可能的补救措施，还是继续履行合同。规定违约责任，是保证合同签订双方履行合同的手段之一，能够在一定程度上防止违约行为的产生。在签订版权贸易合同时，双方通常要经过协商，确定违约金的支付金额和比例，以及违约赔偿金额的计算方式，而损失的赔偿，则要根据实际情况确定。

(五) 合同的适用法律

所谓适用法律即"准据法"，是指经冲突规范援用来确定涉外民事法律关系当事人权利与义务的特定法域的实体法。也就是双方当事人的权利、义务应以何种法律为准。由于版权贸易合同的主体是来自不同的国家或地区，因此，在签订合同时就有一个适用法律选择的问题，这就需要双方协商，是依照双方中某一方所在国的法律，还是采取某个中立国家的法律作为评判的依据。一般都争取用自己国家的著作权法等法律。当然最终的选择是双方一致认可，并且写入合同。

(六) 争议的解决方式

在版权贸易合同的执行过程中，当事双方难免发生争议。因此，合同中用来说明双方发生争议时的解决办法。一般来说，可以通过协商、调解、仲裁和司法诉讼。这与实物贸易相同，也是我国对外经济贸易中惯用的方法。

具体采取何种方式来解决争议，还要依具体情况而定，通常一些小的争议，往往是采取协商或者和解得到解决。如果合同双方存在较大的争议，协商和调节都不能起到作用，则可以向仲裁机构申请仲裁，或向法院提出诉讼。具体的协商和调解的方式，不需要在合同中作出专门的规定，可以由合同双方临时决定。而仲裁和诉讼则要按照一定的法定程序进行，在合同中要明确规定地点、机构、程序、结果的效力等。

三、签订版权贸易合同应注意的问题

（一）与国际接轨

由于我国已经加入了 WTO，因此，在开展版权贸易活动、签订版权贸易合同时，要遵守国际惯例，符合《伯尔尼公约》、《世界版权组织公约》、《与贸易有关的知识产权协议》等国际公约的相关规定。

（二）坚持预付版税

签订版权贸易合同时，版权的引进方应该向输出方预付一定的版税，这是国际惯例，它对于约束引进方顺利履约有很重要的作用。因此，我国出版单位在向外方输出版权时，应该在合同中写明预付版税的条款。一般来说，预付数额为应付版税的一半左右，如果对方违约，这部分预付版税不必退还。

（三）谨慎签订"一揽子"输出合同

为了有效地维护版权所有者的利益，在向外方输出版权时，最好是做到一份合同仅仅涉及一部作品的版权，不要签订"一揽子"合同。

（四）有效地保护原稿

在版权贸易过程中，由于会涉及作品使用权的转让，因此，会出现原稿的递交与归还的问题，从而涉及对作品原稿的保护。按照惯例，一部作品的原稿在对方不支付一笔保证金的情况下是不能完全交付的，并且，出版行为发生后，版权所有人应及时收回原稿，若原稿有坏损或丢失，应该要求对方赔偿。

（五）内容完整、一致

在签订版权贸易合同时，对合同内容要字斟句酌，保证其完整性。合同条款要具体、明确，文字要精练，条款之间、合同正文与附件之间的内容要一致，不能自相矛盾，给合同的履行造成困难。

（六）邻接权要明确

要明确合同所涉及的版权的哪些邻接权是可以利用的，如相应的电子出版物出版权、其他文字或语种的出版权等，这些邻接权最好一次与版权所有者或其代理人谈判商定，并在合同中写明。

（七）法律适用问题

签订版权贸易合同时，应该选择我国法律或者与我国有司法协助关系的国家或地区的法律作为适用法律，这对于维护我方的权益有十分重要的意义。如果采用其他法律，我方难免会因不熟悉其法律规定而遭受不公正待遇或产生损失。

第三节　版权价格的确定和支付

在版权贸易当中，版权价格是一个相当重要且复杂的问题。说其重要，是指价格条款是版权贸易合同的核心条款之一，直接关系到双方当事人的切身权益；说其复杂，是指版权作为一种特殊商品，有着独特的计价原则和支付方式。每一个合同谈判中争论的焦点问题之一无疑都会有价格条款，当事人双方能否在此问题上取得一致，往往成为能否缔约的关键。

一、版权价值的评估

什么样的版权价格是我们能够接受的，这个价格又是如何确定的？要回答好这些问题，我们首先应该做的就是对版权价值进行正确的评估。

所谓价值评估，是指通过一定的程序，运用一定的规则，对某项资产的货币价值进行评价，并给出意见。版权作为知识产权中重要一项，已成为一些企事业单位的一项重要产权，在产权的界定、变动中备受注目。版权价值评估有利于知识产权保护的实现，从而体现知识产权的价值，促进社会文化的进一步发展。对版权价值进行评估可以合理地确定版权的价值，从而完善我国的社会主义商品市场，促进社会资源的进一步合理流动。由于版权价值评估的基本原则和方法不是十分完善，因此，我们在对版权进行价值评估时，需要借鉴一些对知识产权进行评估的方法和原则。

（一）版权价值评估的基本原则

1. 供求关系原则

供求关系原则是我们在进行价值评估时首先要考虑的基本的经济原则。所谓的供求，包括供给与需求两部分。供给是指生产机构投放到市场上的产品数量，需求是指消费者准备、愿意和能够购买的产品的数量。需求不同于需要，需要是消费者想要购买的产品的数量，而需求则仅仅是消费者有支付能力的那部分。

市场是由卖方和买方，或可称为供给一方和需求一方共同组成的，产品的价格也就自然是由供给与需求双方的行为共同决定的。供给与需求是一对相反的作用力，当供给与需求达到了平衡且不再变动时，就形成了产品的价格。这个产品的价格与市场的供给成反比，与市场需求成正比。双方中任何一方的变动，都会带来整个市场价格的变化。价格上的变化，会直接影响到该种产品的获利状况，进而影响到对该产品进行的价值评估。

2. 替代性原则

所谓替代，就是指在市场上存在着两种或两种以上极为相似的产品，它们的功能几乎完全相同，并且能够在市场上相互取代。我们假设市场上只有两种可以相互替代的产品甲和产品乙，当其中甲产品的价格提高，根据供求原则，就会导致市场上对这种产品的需求下降，人们就会考虑选择它的替代品乙来代替它，此时，就会引起市场上对产品乙的需求上升。这说明，当市场上同时存在着几种类似的产品时，消费者往往会选择其中比较便宜的那一种。同理，也可以适用于版权领域。一个精明的买主购买一项版权的出价，决不会高于他在市场上获得其他同样能满足要求的类似版权的成本。如果在市场上有可供选择的相互替代的作品，版权的价值就会受到影响。

3. 期望原则

买方之所以愿意以支付高额版税的代价，来获得对版权的使用或拥有该项版权，其根本目的是期望通过对版权的使用，来获取收益。对版权能带来的未来收益的预期，是评估一项版权价值的重要依据。预期收益是对未来可能获得而现在还未实现的收益进行的估算，估算得准确与否，直接关系到出版社是否购买，会对该版权支付什么样的价格以及与版权人进行价格谈判时的立场、坚持的程度等。

4. 最大使用价值原则

市场对产品的需求是不断波动的，大多要经历投入期、快速成长期、成熟期和衰退期四个阶段。从长远看，当产品处于成熟期，得到最大、最彻底的使用时，它才能够实现其最大的价值。这对于版权作品也是一样的。因此，当我们在对一项正在投入期和成长期的产品进行价值评估时，应该充分地考虑到它在成熟期得到最大使用时所能够产生的经济效益，而不仅仅是看它现在的使用情况。

5. 变化性原则

该原则表明变化是不可避免的，并且是不断发生的，评估人员在评估时，要分析各种因素变化的规律和趋势，及其对版权获利能力的影响。

对知识产权未来收益的预测，是评估其价值的重要依据。预计收益是未来可能实现而现在还没有得到的收益。买者之所以愿意买，是期望其将来能提供经济收益。

6. 社会价值与商业价值兼顾原则

版权的实施，作品的发行，将能够给使用者带来一定的商业利润。在一定程度上，市场需求决定着版权的价值，市场需求是版权估价的依据之一。但是，不可忽视的一点是，文艺作品的传播，也将产生一定的社会价值。优秀文学艺术作品能够起到一种启发人、教育人、鼓舞人的积极作用，它所产生的社会价值是不可估量的。因此，在版权估价时，如果我们仅从版权的商业价值考虑，而不考虑使用版权所产生的社会影响和社会价值，将有悖于我们版权立法的初衷。就出版而言，现在的问题是，许多格调不高的通俗作品大量涌入市场，而许多具有重大社会价值的优秀学术作品却难以出版。对于这个问题，我们在讨论版权估价问题时务必引起注意。

版权估价不仅仅是给某一件作品使用权的价值作出评估，更重要的是通过这种评估能够最大限度地实现版权价值（商业价值和社会价值），繁荣创作，促进社会文明。在实际估价过程中，社会价值与商业价值兼顾，也是完全可以做到的。例如，在本文下面讨论的一种版权估价方法——综合商业指标排列法中，其中涉及的"补偿与形象"成本部分，可以视为在估价中兼顾版权的社会价值的一种可行方法。

以上是对版权进行价值评估的时候的主要原则，但是由于版权自身的复杂性，我们同时还要充分考虑各种影响因素。比如作者自身的情况，一部作品作为作者的劳动成果，与作者之间有着千丝万缕的联系。作者的声誉、知名度、学术水平、社会地位等都会对作品版权的价值造成影响。我们在进行版权价值评估时，需要充分地给予考虑。另外，对于同一部作品的利用方式不同，决定了应该对作品进行不同的价值评估，并且，评估出来的价值也会大相径庭。

（二）版权价值评估的主要方法

资产的价值可以定义为资产所有者所取得的未来收益的现值，估值的过程实际上是量化资产所产生的未来收益，然后计算其现值的过程。这些未来收益可能是以获取收入的形式，如投资的证券或不动产，或许可他人使用知识产权以获得收益；可能是以服务的形式，诸如应用专有技术加工设备或制造机器生产商品；可能是以使用的形式，诸如矿产储备或居住的建筑物；可能是以享受的形式，如精美的艺术品或珠宝。对于服务于企业的资产，其未来收益最好按获取收益的不同形式计量。

在评估方法中，我们要讨论与价值相关的评估折旧问题，需分析评估未来收益涉及的这些收益将延续多久，以及在这些收入实现之前需要经过多长时间。此外，还要考虑这些收益如何收到的问题，例如，收益是否在早期较大，然后逐渐减少，或是每年的收益是相等的？

人们常常提到评估程序这个问题时，似乎第一步骤就是计算价值，然后是计算折旧。实际上，这些步骤是不可区分的，它们必须共同考虑。

公认的评估方法有三个：市场法、成本法和收益法。

1. 市场法

市场法又称市场比较法、交易案例比较法、现行市价法等，是国际公认的一种常用的资产评估方法。该方法以活跃、公平的市场存在为前提，通过市场调查，选择若干与评估对象相同或类似的已交易资产作为参照物，将参照物与评估对象进行对比分析、调整差异，最后从参照物已交易价格修正得出评估对象的评估价值。

在市场法准确有效地发生效应的条件中，要求所考察的市场是一个信息完全的且完全竞争的市场。但在实践中，这种市场是根本不存在的，因此，我们在运用市场法进行价值评估时，往往要加入很多个人的主观判断，这在不同程度上影响了市场法的准确性和可靠性，这就使得我们想要运用市场法对版权进行价值评估时，存在着许多限制。

（1）活跃的市场

做市场类比分析时，理想的环境是有许多可供选择的版权交易案例，单个的交易不能构成一个市场。但在现实中，同类版权的交易案例常常不多。没有可比性案例的存在，市场法的准确性就要大打折扣。

（2）公开的市场

为使估值有用，需要了解和发现交易所考虑的因素。所交易的普通股票的价值每分钟都可详细知晓，而对于版权来说，了解交易价格比较困难。即使是不动产，由于卖主和买主之间的财务安排是非公开的，已公开的价格也可能会产生误导。对于企业经营方面的交易（如出售生产线）可能由于竞争的压力促使参与者对交易细节进行保密。因而，没有公开市场的评估是非常困难或不可能的。

（3）对比较因素差异的调整

对评估者而言，世界上最好的事无过于在评估前，发现与目标资产完全相似资产的伸手可及的销售资料。很不幸，当可比较的销售情况不能精确地比较时，不作出调整是不可能的。不动产评估者不断地抓住使其资产差异量化的问题，以使可比较资产的位置、密度、区域、面积、形状和地形能够等同于评估主体，以便提供价值上的参考。对于版权的评估，采用这种方法的分析人员同样面临着这些差异复杂的调整问题。

（4）对时间的调整

有时候需要应用非评估日期时间的销售信息。在这种情况下，评估者必须调整时期上的价值变动。这就需要在一个最近时期内对所在区域资产的价格变动进行专门的研究，以便得到一些适用的指数来对这些信息加以调整。

通过上面介绍，我们不难发现市场法的优点和缺点。当存在大量的类似版权交易并且这些交易的信息可以获得时，市场法能很准确地确定该版权的价值。当可比较交易的数量或可比较交易的信息较少，或者当缺乏可比性使得调整具推测性质时，这种方法就受到限制。

2. 成本法

成本法是指在进行版权价值评估时，以获取该版权所付出的货币成本（也就是成交价格）作为评估的基础，用它来代替评估版权未来的获利潜力。成本法成立的一个前提条件就是，假设取得的新资产的成本与这项资产的获利能力是相当的。例如，当某部作品的售价高于它能给买主带来的潜在的价值时，这部作品就无法销售；相反，当某部作品的售价低于它能给购买者带来的经济利益时，这部作品就会供不应求。市场的销售状况是成本法成立的最好证明，因此，在通常状况下，作品版权的售价应该与它的实际价值相当。

运用成本法进行评估时，还需要充分考虑到损耗的问题。这种损耗包括经济性损耗、物理性损耗和功能性损耗三种。因为运用成本法进行评估时，总是要考虑折旧对作品价值的影响，而折旧主要是由这三种损耗带来的。因此，运用成本法时，应该考虑这种影响。

成本法应用于版权价值评估，存在着一定的局限性。首先，在版权价值评估中，版权的损耗多是无形损耗，而无形损耗的数量是较难进行确定的；其次，在版权的构成成本中，作者的脑力劳动占有较大的比重，对于这部分价值也是比较难于评定的。当然，当版权的成本构成比较容易确定和比较明晰时，成本法还是比较适合用于对版权的价值评估的。

3. 收益法

收益法不考虑建造或取得一项新资产的成本，而是注重于考虑资产产生收益的能力。如何通过资产在使用年限内所获得的净收益（现金收入减现金支出）的现值来计量其价值将在后面研究。

运用收益法对作品进行价值评估时，首先，要明确货币的时间价值和货币的现状值这两个概念。货币的时间价值概念，简单地说，是指未来收到一元钱的价值低于现在一元钱的价值。现值是指未来收到的货币所体现的现行的价值。应用收益法时应考虑三个基本因素。它们是：资产产生的收益净流量的数额；收益净流量期限；与实现预测收益相关的风险。

这些因素的关系可以通过一个简单的公式 $V=I/r$ 来表述：

V——归属于版权收益净流量的价值。

I——运用作品版权所获取的收益，代表现金流入与流出的净值。

r——资本化率，它反映了所有经营的、经济的和政策的条件，这些条件影响着与运用作品版权和实现预期收益相联系的风险。

假设永续年金收入是 100 元，资本化率是 10%，则这项收入的价值是：

$$100（元）/10\% = 1\,000（元）$$

显然，这是最简单的例子，在实际生活中并不会发生。所有者不可能奢望一部作品会永久地产生收益，通常计算总是复杂得多，决定合适的资本化率，同样更加复杂。

一般而言，拥有资产最根本的目的就是获取投资回报，因此，收益法是分析这类资产价值最有效的方法。预计资产未来的收益量以及确定合适的折现率有很多方法，至于预测收益净流量的期限，则可以依赖某项资产的经济寿命来分析三种折旧形式（物理性损耗、功能性损耗和经济性损耗）来确定。

收益法最适合于评估下列项目：合同；许可和特许使用费协议；专利、商标和著作权；特许权；证券和企业整体等方面的资产价值评估。

成本法、收益法和市场法是评估资产的工具。从理论上讲，任何类型的资产都可以采用这些方法评估，因此，当我们要进行版权价值评估时，应该考虑综合使用这三种方法。因为通过上述分析我们可以看到，每一种评估方法都存在着一定的缺点和局限性，单独运用这三种方法对同一种资产进行评估，所得到的评估结果之间肯定是有差异的。综合运用这三种方法，会增加评估结果的准确性。

二、版权价格的组成

版权作为知识产权，对于它的价值评估要比对普通商品的价值评估复杂得多。一本书的成本较容易算出（印前+印刷+杂项与促销），所以价值和价格的计算不存在问题，但是版权的成本却难以计算，因此版权的价值和价格不是靠简单的扣除成本进行计算。在评估版权的价值过程中，主要考虑作品版权本身的经济寿命、基本费用和市场因素。

版权的经济寿命是指版权所有者将版权进行有效的使用或授权，并从中获取收益的延续时间。前提是版权必须有使用价值，丧失了使用价值，就不会有使用者提出版权转让或许可请求。各个图书版权的经济寿命有很大不同。大众图书、专业图书和教育图书市场各有千秋，都有比较长的个案。如大众图书中的文学作品，专业图书中的经典原著，教育图书中的一些品牌教材等，都有非常长的经济寿命。

经济寿命是指一项资产有效使用并创造收益的持续时间。经济寿命的结束是指使用一项资产不再获利，或使用另外一项资产可获得更大收益。经济寿命与使用寿命不同，资产的使用寿命是指一项资产从安置使用到最终报废的期间，而不管它是否能有效使用并创造收益。知识产权的经济寿命关系到知识产权价值及其持有者的利益。因此，经济寿命的分析是知识产权价值评估的关键。知识产权的经济寿命与有形资产的经济寿命相比更具有特殊性。

1. 知识产权的经济寿命由无形损耗决定

影响资产经济寿命的因素有两种：有形损耗和无形损耗。有形损耗是指有形资产在使用过程中逐渐磨损而产生的价值损耗。有形损耗既影响资产的使用价值，又影响资产的价值。无形损耗则是指某项资产在它的有效使用期内，由于技术的进步引起的贬值。这种贬值有两种情形：一是由于生产工艺和管理方法的改进，使得生产同样一项资产的价值，不影响资产的使用价值。当某项资产不论由于有形损耗还是由于无形损耗导致其价值为零时，该项资产的经济寿命便结束了。有形损耗和无形损耗对有形资产经济寿命的影响大小与该项资产的技术密集程度有关。技术密集程度低的资产，其经济寿命主要取决于有形损耗，而技术密集程度高的资产，无形损耗对它的经济寿命影响则更大。可以说，无形损耗与资产的技术密集程度成正比。近几十年来，计算机的市场价格下降到原来的万分之一，而纺织机械、农用机械等传统产品的市场价格下降却很少，反映了无形损耗对这种产品造成的价值损失程度较小。

当某项资产从物质载体完全脱胎成为纯技术资产以后，它的经济寿命完全取决于无形损耗了。因为纯技术资产是一种知识，它没有有形损耗。

2. 知识产权的经济寿命与法律或契约寿命不同

许多无形资产有确定的法律寿命或契约寿命。比如，专营权、特许权、租赁权、合同订单等是通过双方以契约方式来确定使用寿命的，我们称为契约寿命。契约寿命完全由契约双方谈判决定。而专利、版权、商标等则具有法律寿命，我们也称为知识产权的保护期限，确定保护期限的目的是用以解决社会利益和所有者利益之间的矛盾。知识产权的保护期限实质上是法律强制的经济寿命，即使某项知识产权还没有全面普及，它实际的使用寿命还没有终结，但保护期限一到，其经济寿命就由法律强制终结。知识产权的法律保护是为了维护其所有者的利益，以鼓励发明创造。规定适当的保护期限则是为了社会整体的利益，防止个人无限期地垄断技术。以专利法为例，各国均有适当的保护期规定：

中国专利法规定"发明专利的期限为 15 年，自申请之日算起"；

美国专利法规定发明专利"授予 17 年的专利期"；

英国专利法规定保护期限为 20 年；

日本特许法规定专利有效期"为申请案公告之日起 15 年终止"，但"自申请之日起不得超过 20 年"；

印度对发明专利赋以 14 年的保护期。

但是，尚有部分知识产权譬如专有技术还是没有受到法律保护，因此也难以通过法律的强制性来缩短其经济寿命。不受法律保护的技术是通过保密来达到自我保护的，它一旦泄密，其所有人就无权限制他人使用，它的经济寿命也告终结。最典型的一例就是美国"可口可乐"的配方和制造技术，该项专有技术自 1885 年至今，一直秘而不宣，其所有者也一直利用它获取高额利润，该项专有技术的经济寿命目前还在继续延续。作为有法律保护期的知识产权而言，在实际工作中，法律寿命往往比经济寿命要长。比如德国的专利保护期为 20 年，但统计数字表明，实际专利权平均保持年限为 9 年。在全部专利权中，只有 3.7%保持到 18 年。可以说，知识产权的经济寿命受到许多外部因素的影响，我们对知识产权进行评估，就必须充分分析和合理计量各种因素对其经济寿命的影响。

一般而言，实际上作品的经济寿命不是无限期的，不会超过法律寿命，如教材、专著、论文、大多数文学作品等，随着知识更新加快、社会阅读兴趣的转移，绝大多数会丧失其使用价值，就不会给版权所有者带来经济收益。因此经济寿命小于法律寿命，同时绝对大于契约寿命。

但是，版权的复合财产权特点，使得个别版权的经济寿命又可以超越法律寿命。

（1）书籍可以改编成电影电视，就会无限延长版权作品的经济寿命。例如著作《哈利·波特》系列，目前已经出了七部，其中有五部已经改编成了电影，被搬上了大荧幕。这部小说不但从第四部起开始逐步刷新人类出版史上的首发纪录，系列总销量也同样屡屡创下惊世骇俗的销量，而它的衍生产品所创下的利润恐怕已经超出了统计学的范围。而作为它的重要衍生物之一的改编电影同样也创下了巨额的票房佳绩，迄今为止已经改编的五部作品全部杀入影史总票房排行榜的前 20 位。一部作品能够在出版业和影视业同样登峰造极恐怕真是前无古人后无来者了。而 2007 年 7 月 11 日到 7 月 21 日，这短短十天时间，是哈利波特历史上最为浓墨重彩的十天。在 7 月 11 日，作为北美暑期票房大战的后三强之一的哈利波特系列第五部作品的改编电影《凤凰杯》隆重登场。在 7 月 21 日，《哈利·波特》这个神话篇章将落下帷幕，系列最后一部全球同步发行！

（2）书中的某个人物可能被广泛地使用在各种媒体、旅游服务或产品中，如《铁臂阿童木》，是日本漫画界一代宗师手冢治虫（1928—1989）的首部连载作品，于 1952 年至 1968 年于"光文社"的《少年》漫画杂志连载。但是随着时间的推移，这部动漫作品先后于 1963 年和 2003 年出现了动漫版，2009 年被拍成了动画电影。同时为了配合该片在 2009 年 10 月 10 日在日本的上映，日本 D3 Publishe 公司宣布，将在 PSP 主机上推出一款同名动作射击游戏《铁臂阿童木》，目前这款游戏已经于 2009 年秋季推出。此外铁臂阿童木的动漫形象还被广泛开发成各种产品，如在 2003 年动漫版阿童木问世之后，市场上一度流行阿童木公仔，铁臂阿童木手办人偶等系列玩具。

（3）很多年以前的一部作品、一部电影、一首歌曲，按照经济寿命规律计算他似乎早已丧失了经济效能，结束了经济寿命，但是很多年以后，它又可能被人们重新发现、再次使用，版权人又可以从中获利了。如林语堂的《京华烟云》，随着 2005 年 11 月 20 日，同名电视剧在央视上演大结局，该书也重新登上了畅销书排行榜。

3. 知识产权的经济寿命在不断缩短

随着人类社会逐步迈入信息与技术的时代，交通工具的发达，通信手段的丰富，人类智能的延伸，都正在改变着我们的社会结构、经济结构，除了人类自身寿命在不断延长外，人类的一切行为均在加速。虽然知识产权的所有者想方设法来延长知识产权的经济寿命，以获取更大的个人利益，但这一欲望终被社会的加速前进所打破，知识产权的经济寿命在不断缩短。造成这种局面的原因主要有两个：

（1）随着科学技术的进步，信息的大量产生，知识更新越来越快，从而使得知识产权的更新速度也大大加快。有人统计，16世纪自然科学的各种重大发现和发明总共不过26项；17世纪则有106项；18世纪156项；19世纪跃升为546项；20世纪前半叶则达到了691项。

电子计算机技术最能说明现代社会科技进步对知识产权的经济寿命的影响。自第一代电子计算机于1946年在美国诞生以来，大约经过12年被第二代所取代；第二代电子计算机大约经过7年就被第三代所取代；第三代电子计算机又经过约5年时间被第四代所取代。简言之，第一代电子计算机的经济寿命是12年，第三代电子计算机的经济寿命也就只有5年左右了。在此以后属于极限技术，即基本原理不变，但其参数向极限发展，代次界限不明显，然而，根据专家估计，今后每隔大约5~8年，计算机的运算速度将提高10倍，成本将降低9/10，体积缩小9/10。

（2）各国间技术转移速度的加快，缩短了知识产权的寿命。随着各种通信手段、交通工具的快速发展，大大缩短了各国间在时间和空间上的距离，也为各国间进行技术转移提供了许多便利，加快了技术转移的步伐。16世纪至19世纪上半叶，各国间技术转移的平均周期是100年，而从19世纪到现在，国际技术转移的时间已经在10年以下。技术转移速度的加快，使得一国开发出来的先进技术，会在很短的时间内传递到别的国家，从整体上提高了全球的技术水平，加快了全球技术更新的速度，促进了全社会的技术和社会产品的更新换代，客观上也加快了知识产权经济寿命缩短的节奏。

三、版权价格的确定

版权价格，就是受让方为取得版权使用权所愿支付的，供应方可以接受的使用费的货币表现，是版权贸易双方所达成的受让方向版权持有者支付的全部费用。对于版权持有者来说，是版权使用前的出卖价格；对于需求方来说，则是版权使用权的支付价格，即使用成本。版权价格对于双方来说都是极其重要的，它是双方能否盈利的一个重要基础。

（一）版权价格的特点

与一般商品的价格相比，版权价格具有许多自身的特点，具体表现为：

1. 版权的定价与创作成本关系不大

在一般商品的价格构成中，成本所占的比重很大，大到应能够弥补生产中的所有耗费，与成本相比，利润所占的比重就要小得多，仅仅是整个版权构成中很小的一部分。但是在版权价格构成中，前期费用或成本所占不多。

首先，版权向外授权之前，该作品的前期成本有可能已经在国内的销售中得到了部分或者全部的补偿，因此，无需通过对外授权来弥补成本；其次，版权是一种无形商品，无需批量生产就可以多次受让，即版权可以同时向多个引进方授权，每一个引进方承担了其成本中的一部分，而不是全部，因此版权输出方也没有必要从和一方的交易中收回所有的成本；再次，版权成本与版权定价是非比例关系，不是投入的成本越多，作品就越受欢迎，版权的定价就可以高。决定价格高低是作品受社会欢迎的程度，受欢迎程度越高，版权的定价就可以相应地提高，反之，版权的定价就降低。因此，版权的定价与创作的成本关系不大。

2. 版权价格的支付与一般商品不同，具有弹性

一般商品的支付，是采用固定价格的方式，贸易双方通过价格谈判，商定一个固定的价格，无论是总付费还是分期付款，购买方所支付的费用是固定不变的。而版权价格的支付，则一般是与引进方所获得的经济效益相挂钩，采用首付金加提成的方式。引进版权后的翻译书等销售数额越大，效益越好，版权持有人所获报酬越多。由于很难事先做出准确的估计，因此，引进方能获得什么样的经济效益，也就无法预期，版权的价格也就无法固定。

（二）版权价格的组成

版权是一种十分复杂的商品，具有非物质属性，它的价格不能直接反映它的价值。一般来说，版权价格的构成，主要有三个部分：

1. 基础费用

这是指创作版权过程中的各种消费和开支，这些消费和开支，应该包括作者在创作过程中投入的时间、体力、脑力和各种生活消费，出版商编辑、审定、印刷等各种费用。这部分费用主要发生在版权作品的创作期，在各种消费中它的数目最大，也是出版商在日后销售中最急于弥补的部分。

2. 为版权许可、转让而发生的直接费用

这部分费用主要包括可行性研究的费用、项目联络的费用、贸易谈判过

程中的各种费用。在这部分费用中，可行性研究费用的比重最大，出版商为了确定项目的获利能力，往往要进行详尽的可行性研究，会花费出版商大量资金。

3. 版权许可方的预期收益

版权许可方将版权作品许可、转让出去的目的，就是希望能够从中获得收益，在制定价格时，出版商会将自己的预期收益计算进去。而这部分的确定是没有固定依据的，是由供受双方在谈判过程中通过协商而定。

版权的价格通常可以理解为上述各种费用的总称。在我国，版权价格往往是采用入门费加提成的形式来收取的。通常情况下，版税率是在 7% ~ 15%，通常以 8% ~ 12% 的情况居多。而且在具体版权贸易过程中，版税率也不是一成不变的，通常是随着引进方印数的增加而逐渐上调。

（三）版权价格的影响因素

在版权贸易中，影响价格的因素有很多，即使是同种因素，在不同时期，也会有不同的表现形式。按照对价格影响的作用的大小，可以分成标的物本身因素、贸易环境因素、贸易双方因素三种。

1. 标的物本身因素对版权价格的影响

（1）作品的生命期：成长期——发展和成熟期——衰退期

同许多其他有形商品一样，版权也存在着成长、发展、成熟、衰退这样一个寿命周期。所以在引进版权的过程中，十分有必要对其所属的生命期阶段进行仔细分析。处于不同发展阶段的版权，其产生的效益不同，价格也会相应不一样。

成长期。一般而言，一部作品在市场上刚刚流通的时候，处于成长期，对该作品了解的人不是很多，品鉴的人也就相应地较少，这个时候处于一种萌芽阶段，商业价值不是很明显。此时，该作品的版权价格会较低，但是贸易的风险也非常大，需要对作品内容和市场前景有非常好的把握。

发展和成熟期。处于这一阶段的作品，价值逐渐被公众认识到，越来越多的人希望得到该作品。此时作品的发行量增大，相关的社会影响力也逐步扩大。这种情况会一直持续到成熟期。发展期和成熟期的作品，商业价值提高，此时作品常常被持有人垄断起来，以许可形式转移出一部分财产权利，版权价格要比成长期高出许多。

衰退期。成熟期过后，作品会逐渐进入衰退期，随着时间的推移，当这部分作品随着社会发展，逐步失去存在的意义，或者其中包含的知识已经被社会淘汰时，作品生命也就终结了。此时，作品的价格从成熟期的最高点不断下降，直到超过法律保护期，价格最终为零。各国的法律对作品的版权都有较长的保护时间，但事实上，版权产生经济效益的时间比法定的保护期要短得多。

从实际情况来看，并不是一切作品的版权交易价格都遵循这样一个由高至低的规则。比如有些版权作品在逐渐被人们淡忘的时候，又无意中被以其他方式重新利用，书籍可能被改编成电视剧，音乐作品可作为广播、电视节目的背景音乐，一本小说中的人物或故事可以成为电子游戏、旅游项目的主要内容等。这样，一部作品的版权贸易价格就会重新提高，作品本身也就获得了新生，其生命期也必然会随之获得一定的延续。另外，优秀作品是人类智慧的结晶，反映和表达的是人类永恒的话题，这些作品即使社会在不断发展，也仍然具有存在的价值，它们的生命期实际上非常长，价格也会存在某种程度上的刚性，很难下降。

（2）作品的创作和开发费用

作者在创作作品过程中投入的时间、体力、脑力和各种生活费用，出版商编辑、审定、印刷等各种费用，而且还要承担着巨大的市场风险。在各种费用中，这个数目最大最直接，作者急于得到弥补。因此，版权的原始持有人或称为最初的创作组织和个人，试图开出的价格总是包含大量的心理成本，实际上这时的价格已经远远高于作品的成本，只是心理因素在起作用。解决这个问题，需要耐心地谈判和一定的沟通渠道。

（3）版权贸易费用

版权贸易过程中耗费的人力物力财力，即交易成本。它包括转让、许可的基本费用：项目可行性研究、相关资料的收集整理、谈判的费用，接受人员采访、公共关系费用；例外性费用：贸易过程中的意外损失，如，某个作品与多个受让人接触，但最终只获得一项合同，或与某一受让人谈到了几个版权，但是也只取得单种版权合同，为达到预期收益，持有者就有可能将未实现的部分转移到本次版权贸易费用中。

2. 版权贸易环境对版权贸易价格的影响

贸易环境因素是影响版权贸易价格的外因。同种版权作品，会因为当时所处的贸易环境不同，导致价格发生变化。

（1）贸易双方政府的态度

一国政府出于国家利益与安全以及政府名誉、政治利益、税收等方面的考虑，可能会对某些作品的许可与转让予以限制，甚至是严格禁止，这样就会直接影响到价格的确定。

（2）作品交易的规范

不同的作品有不同的贸易规范，影响价格的主要是其中的"利润提成"、"索赔及罚款条件"、"过去参考价格"等几个方面。例如，从国外首先引进版权的人，肯定要比国内使用此版权的人对于利润有更高的期望值，从而最终影响交易价格。不同的作品，对于合同违约的制裁程度也有显著不同，有的作品前期投入小，因此违约的罚款数量也较少；而有的作品成本高，这种违约的风险，最终必然会加在价格条款当中。

（3）有关国家的政治、法律环境

引进方国家的政治、法律环境，对于版权价格的影响也是十分明显的。政治动荡、社会不稳定、政策多变的国家，版权贸易的风险比较大，版权所有人通常会要求较高的价格。另一方面，供应方国家的法律和政策，对版权贸易价格也会有影响，诸如政府实行的国别政策、严格的版权贸易限制等，都会使版权贸易的难度和风险加大，从而导致价格的提高。

（4）支付方式与支付货币

版权贸易费用的支付有不同的方式，一般来说，不同支付方法的现值是相等的，但是在实际支付时，一次性支付可使供应方获取现金，同时又可避免等待付款的风险，因而，供应方更愿意给一次性支付方式更大的优惠，以鼓励引进方采用这种方式付款。

货币在国际贸易当中是一个非常重要的方面，具体的贸易过程中选取何种货币，主要是依据其流通性、货币坚挺程度、汇率以及买卖双方的意愿，在通常情况下，受让方一般希望用本国货币支付，而供应方则希望用国际货币支付。版权贸易中因为汇率的变动、不同回避兑换中的附加成本，以及会计分录当中对于会计核算同种货币的要求等原因，会导致最终兑换成同种货币时价格的差异。基于上述原因，供应方会在版权价格中加上一定比例的折算系数。

3. 贸易双方的因素

（1）版权贸易双方的"品牌"因素

贸易双方中某一方在一定市场内具有较高的知名度或是作品的声望较高，在版权贸易中就会将无形资产融入最终价格当中，同时，还会影响买卖双方的议价实力，从而影响价格。就拿引进方来说，引进方的历史、业绩、信誉、专业水准以及出版质量，都对版权引进价格的影响相当大。如2002年上海译文出版社为引进米兰·昆德拉著作的中文翻译出版权而与作者进行接洽，鉴于这位文学大师的作品在全球热销，出版社设想对方会提出极高的价格，但事实上，昆德拉本人对上海译文出版社十分欣赏，认为其是一家讲求质量、有良好外国文学出版业绩的出版社，由上海译文出版社出版他的作品，让他感到很放心。至于版税，他没有提任何条件，最终这宗版权贸易以一个极其普通的价格成交。

（2）双方从事版权贸易谈判的经验

通常情况下，无论是供应方报价，还是引进方还价，双方都留着一定的讨价还价的余地，有时这种余地的幅度是相当大的。引进方总是希望在供应方可以接受的最低价格上成交，而供应方则希望在引进方可以接受的最高价格上成交。哪一方能在价格谈判中占据主动，以对方底价或接近底价的价格成交，在很大程度上取决于从事版权贸易谈判的经验和能力，例如，贸易双方对有关版权信息和市场需求的了解和掌握程度，谈判的经验与艺术，以及在谈判过程中应变和决策的能力等。

（3）有引进意向的出版单位的数量

一般来说，版权贸易的最终价格与欲引进方的数量及竞争状态呈同向变化。如果想引进版权的单位非常多，自然会形成竞争，版权所有者和代理商就会提高价格；反之，如果只有一方有意向引进版权，缺乏竞争，版权贸易价格自然要低得多。这种现象在版权贸易中是十分常见的，例如在1999年，我国的译林出版社向海外求购《魔戒》的中文版权时，大多数中国读者及出版业同行对这部作品和作者都鲜有所闻，国内没有一家出版社同译林出版社争购这部作品的中文版权，海外版权所有者及代理商根本无法抬价，最终译林出版社以非常低的价格，引进了该书的中文版权。

（四）确定版权价格的基本方法

经过以上的分析，我们可以看出，实际上影响贸易价格的因素有很多，同时各个因素之间的关系也非常复杂，单纯用一个或几个数学公式是很难计算出具体数值的，因此，想通过下面的举例，探索出一种简单的确定版权贸易价格的方法，为版权工作者提供一种参考。

已知某公司最近要进行一本美国图书的版权贸易。同种或类似图书版权A在此之前的价格是150万元，经过粗略分析，得出每个因素对其的影响，大致反映在下表"同种参考价格"一栏当中。再来看现在需要引进的图书版权B，此版权相对成熟，因此，将其变动结果大致估算出来，为"10万元×200%＝20万元"，计入下表"影响变动程度"栏第一行；同理，将B的"创作开发费用"、"转让费用"、"支付货币"等各个因素逐一与A的各因素进行对比，列出相应变动程度，用"×%"来表示。能够调研及测量的数据要计算，不能够查实的要请有经验的人士或咨询同业人员确定。最后，将表中"影响变动程度"数值纵向相加，可得 B 版权大略交易价格为 175 万元。

项目	价格影响因素	同种参考价格 （版权图书 A）	影响变动程度 （版权图书 B）
本身相关因素	生命期	10 万元	×200% = 20
	创作开发费用	100 万元	×110% = 110
	转让费用	2 万元	×100% = 2
	市场费用	1 万元	×150% = 1.5
	品牌因素	5 万元	×200% = 10
	其他因素	10 万元	×100% = 10
贸易相关因素	政府态度	0 万元	0
	作品规范	10 万元	×100% = 10
	支付方式	1 万元	×100% = 10
	支付货币	1 万元	×50% = 0.5
	其他因素	10 万元	×100% = 10
总计		150 万元	175 万元

四、版权价格的支付方法与工具

版权价格的支付方法，是任何版权贸易都会遇到的问题，它是版权贸易合同的重要组成部分，对版权贸易的顺利实施有重要的保障作用。价格的支付工具是指款的载体。这两部分有很强的实践性，在此仅作必要概括说明，以后分别在版权引进和输出中做进一步的具体分析。

（一）支付方法

1. 按印数付版税

目前海外大部分国家和地区都愿意采取这种支付方式，该方式的计算方法为：版权价格 =（翻译）作品定价×印数×版税率。如，接力出版社的《鸡皮疙瘩》，该书每本 16 元，8 万印数，版税率 15%，按印数付版税，那么版权所有者应得版税为 19.2 万元。

按印数付版税的支付方法一般有以下三种：（1）一次性支付，一般在合同签订之时（预付金）或是出售作品后一个月内付清。（2）分两次支付，合同签订之时付一部分（1/3，又称预付金）出售作品后一个月内付清，（3）分三次支付，签订合同时与版权交割时各付 1/3（预付金），余额在出售作品一个月内付清。

2. 销售数额支付

海外大部分国家和地区愿意采用版税这种方式，因为它们在国内版权贸易上也是这样执行的。

采用机动计算方法，销售数额是重要指标，数额越大，版税率越高，如销售 1 万~2 万册，版税率为 10%，2 万~5 万册，版税率为 15%，超过 5 万册版税率为 20%。

支付方法，首先签订合同时预付一笔预付金，一般为 1/3，然后每年分两次结账，引进方向输出方分别报告上、下半年的销售数据，计算版税，通知并及时电汇到国外作者的账户。6 月 30 日和 12 月 31 日为区段点。一般应在 1 个月内汇出。

3. 扣除成本后利润平分

这种多用于合作出版中，因为这时输出方控制着版权，不是直接将版权授权给对方，相当于输出方拿出自己的版权入股。计算该书的翻译费、编辑费、印刷费、合作过程中的交易费用（来往接待、工时）、增值税、物流费用（一般印刷在第三国，国际运输和保险费用，如 CIF）等成本，用销售收入减去成本就是利润。一般 5∶5 分成，或 6∶4 分成。输出方得大头。

4. 以其他作品或作品形式、实物顶替版税

交叉许可的支付方式。由于版权的一方支付外汇困难，或在一方要求下双方商量的变通办法，条件是双方价格大致相当，同意达成协议。

（二）支付工具

根据国际结算惯例，版权价格的支付，常用到以下工具。

1. 硬通货

硬通货是指国际信用较好、币值稳定、汇价呈坚挺状态的货币。由于各国的通货膨胀程度不同，国际收支状况以及外汇管制程度不同，当一国通货膨胀率较低，国际收支顺差时，该国货币币值相对稳定，汇价坚挺。在国际金融市场上，习惯称其为硬通货。如英镑、美元、欧元等。采用硬通货支付版权价格，是贸易双方都乐于接受的理想方式。但是在具体贸易中，往往受

到贸易双方政府对硬通货实行的外汇管制的限制，而不得不采用双方商量的其他货币。如双方本国货币，如中俄、中新、中加、中韩、中日之间，也会直接使用双方之间的某个货币支付。

2. 汇票

（1）汇票的定义

汇票是国际结算中最常用的票据。关于汇票的定义，各国的法律规定并不统一。大陆法系国家一般在法律中不规定汇票的定义，英美法系国家则大多在法律中对汇票作出规定。例如英国于 1882 年颁布的票据法第 3 条规定：汇票"是一人向他人出具的无条件书面委托，由出具人签名，要求对方即日或定日或在未来的特定期间内，向特定人（或按特定人的委托），或向持票人支付一定的金额"。我国票据法则对汇票做了如下的定义："汇票是出票人签发的，委托付款人在见票时或者在指定日期无条件支付确定的金额给收款人或者持票人的票据。"

汇票也是版权贸易结算中最常用的支付工具，是由引进方（出票人）签发，委托付款人（银行）在见票时或在指定的日期内无条件支付确定的金额给版权所有人或持票人。

（2）汇票的分类

汇票从不同角度可以分为以下几种：

按出票人不同，可分成银行汇票和商业汇票。银行汇票，出票人是银行，付款人也是银行。商业汇票，出票人是企业或个人，付款人可以是企业、个人或银行。

按是否附有包括运输单据在内的商业单据，可分为光票和跟单汇票。光票，指不附带商业单据的汇票。银行汇票多是光票。跟单汇票，指附有包括运输单据在内的商业单据的汇票。跟单汇票多是商业汇票。

按付款日期不同，汇票可分为即期汇票和远期汇票。汇票上付款日期有四种记载方式：见票即付；见票后若干天付款；出票后若干天付款；定日付款。若汇票上未记载付款日期，则视作见票即付。见票即付的汇票为即期汇票。其他三种记载方式为远期汇票。

按承兑人的不同，汇票可分为商业承兑汇票和银行承兑汇票。远期的商业汇票，经企业或个人承兑后，称为商业承兑汇票。远期的商业汇票，经银行承兑后，称为银行承兑汇票。银行承兑后成为该汇票的主债务人，所以银行承兑汇票是一种银行信用。

（3）汇票的主要内容

按照票据法规定，汇票必须具备形式要项。有必要项目齐全、符合票据法规定，汇票方可成立有效。各国票据法对汇票内容的规定不同，一般组成应包括下列基本内容：

①载明"汇票"字样。票上注明"汇票"字样的目的在于与其他票据如本票、支票加以区别，以免混淆。《英国票据法》不要求必须注明汇票字样。但从实际业务出发，注明汇票字样，便于辨明票据关系。

②无条件支付命令条款。该记载事项在票据法理论上称为支付文句。我国票据法将支付文句规定为绝对应记载事项。这样规定的必要性在于，汇票是一种委付证券，是由出票人委托他人付款的，如果允许付款人的支付委托可以附加条件，就可能影响到汇票金额的支付，危及票据权利人的利益。这就需要在法律上加以规定，出票人的支付委托，必须是无条件的，如果附有条件，则汇票无效。只有这样，才能保障票据付款的确实、可靠，保护票据权利人的票据权利。

③确定的金额。汇票是一种金钱证券，其支付的标的必须是金钱，而且金钱的数额必须确定。按照英国票据法的规定，如果在票据法载有利息条款、分期付款条款、汇率条款或在分期付款的情况下规定如果有一期不按时付款则全部金额应视为立即到期，都不影响汇票金额的确定性，都是有效的。《日内瓦公约》也认为，见票即付或见票后定期支付的汇票，出票人可以规定利息。应付利息的利率应在汇票上载明，如未载明者，该项规定视为无记载。但日内瓦公约不允许采取分期付款的办法。

如果汇票上的金额以文字和数码字来记载，而两者金额不符时（如文字记载为壹万元，而数码字记载的金额为 100 000 元），按照英美法系和《日内瓦公约》的规定，以文字记载的金额为准；《日内瓦公约》还规定，如汇票金额以文字或数码字记载在一次以上，而先后有不符时，则应以较小的数额为付款数额。我国票据法规定确定的金额是汇票的绝对应载事项，并且大小写应一致，否则无效。

④付款人名称。各国票据法都要求汇票必须载明付款人的姓名或商号。付款人的姓名或商号是一绝对应记载事项。出票人可以指定银行或其他受托人为付款人，也可以以自己为付款人。当出票人以自己为付款人时，这种汇票称为"对已汇票"。对于"对已汇票"的性质、各国有不同的看法，英美法认为，对于这种票据，持票人有权选择把它作为本票或作为汇票处理。其他国家的法律有的把它视作本票，有的则把它视为汇票。在我国，是否有对已汇票，票据法未作规定。

汇票的付款人一般是一个，但也可载明一个以上的付款人。在这种情况下，任何一个付款人均须承担支付全部汇票金额的责任，不能仅就金额的一部分负责；当其中一个付款人付款后，其余的付款人即可解除付款义务。

⑤付款地点。它是收款人或持票人提示票据请求承兑或付款的地点，也是不获付款时作为拒绝证书的地点和发生票据纠纷时付款地法院有管辖权的重要依据。我国票据法规定，汇票无付款地记载时，仍然有效，可以付款人的经营场所、住所或者经常居住地为付款地。可见，付款地点属非绝对必要记载事项。

⑥付款时间和付款期限。即到期日，是指支付汇票金额的日期。它既是付款人应该履行付款义务的日期，也是收款人或持票人行使付款请求权的始期。由于汇票是一种信用支付工具，除见票即付汇票之外，汇票金额都是在签发汇票后经过一段时间才支付。因此，需要在汇票上记载付款日期作为依据，以明确收款人或持票人应在何时向付款人请求支付，付款人应在何时向票据债权人履行付款义务。

⑦收款人的名称。汇票收款人是指出票人在汇票上记载的受领汇票金额的最初票据权利人，是汇票的基本当事人之一。汇票收款人又称抬头人。汇票抬头有不同的记载方式，它决定了汇票可否流通、转让，以及转让的形式。

⑧出票日期和出票地点。出票日期是指出票人在汇票上记载的签发汇票的日期。记载出票日期的作用有：确定出票日后定期付款汇票到期的依据；确定见票即付汇票付款提示期限的依据；确定见票后定期付款汇票的承兑提示期限的依据；判定出票人于出票时的行为能力状态的依据。

出票地点是出票人签发票据的地点，是出票行为所在地。它是确定用于出票行为的准据法的依据，也就是说，出票行为应该适用哪一国的法律，或一国境内哪一区域的法律，才能有效成立。

⑨出票人签章。出票人签章是指出票人在票据上亲自书写自己的姓名，或加盖本人印章。只有在票据上签章的人，才能承担票据上的责任。换言之，签章是确定票据债务人的身份及其必须承担票据责任的根本依据。尤其是出票人的签章，不仅是出票人向收款人表示承担票据责任的依据，而且还是出票行为有效成立的一个非常重要的形式条件。我国票据法将出票人签章规定为绝对必要记载事项。

3. 本票和支票

本票是指出票人承诺于到期日或见票时，由自己无条件支付一定金额给收款人或持票人的票据。当事人两个，出票人和收款人，无需银行。

我国票据法对本票的定义，是指出票人承诺于到期日或见票时由自己无条件支付一定金额给收款人或持票人的票据。拿到一张本票后，这张本票是否生效，根据《中华人民共和国票据法》规定，这张本票要求具备以下的必要项目：标明其为"本票字样"；无条件支付承诺；出票人签字；出票日期和地点；确定的金额；收款人或其指定人姓名。

本票是出票人签发的、承诺自己在见票时无条件支付确定金额给收款人或持票人的票据。本票按其出票人身份为标准，可以分为银行本票和商业本票。银行或其他金融机构，为出票人签发的本票，为银行本票。银行或其他金融机构以外的法人或自然人为出票人签发的本票，为商业本票。

我国票据法对支票的定义是：支票是出票人签发的，委托银行或其他金融机构在见票时无条件支付确定金额给收款人或持票人的票据。支票是以银行为付款人的即期汇票，可以看作汇票的特例。支票出票人签发的支票金额，不得超出其在付款人处的存款金额。如果存款低于支票金额，银行将拒付。这种支票称为空头支票，出票人要负法律上的责任。

该定义的含义是：

（1）与汇票一样，支票是委付证券，有三个基本当事人：出票人、付款人和收款人；

（2）付款人仅限于办理支票存款业务的银行或其他金融机构；

（3）支票的付款日期形式仅限于见票即付。

支票的出票人必须在该银行有存款，并且和付款银行有支票协议，如在该银行账上无钱，就是空头支票，持票人也收不到款。支票一律即期付款，因此无需注明付款期限。

第九章 引进图书版权的程序与合同

第一节 如何获得国外图书信息与申请版权

明确引进信息的获取渠道，是版权引进的首要问题，选择正确的版权信息来源，能够为版权引进的顺利开展，创造一个良好的条件。

一、版权信息的重要性

纵观版权交易的程序，一个完整的版权贸易流程主要包括信息源的获取、信息确认、获取样书和选题论证、通过选题、报价或询价、报价认可、合同草本的审定与合同签订、合同登记以及出版人出版及履约等。很显然，对信息源的把握，构成了整个版权贸易流程的起点，可以毫不夸张地说，版权信息的获取在此过程中处于一种"牵一发而动全身"的地位。比尔·盖茨说过：您怎样搜集、管理和使用信息将决定您的输赢。所以，对于国内的出版社来说，争取版权引进的成功，首先就要争取版权信息把握的成功。

无论是从理论上讲，还是从实践上来说，版权贸易对于版权信息的质量要求都非常高，也非常严格。获取并利用好一定的版权信息，可以促成一次版权贸易的成功。甚至可以以"滚雪球"之势带动起出版企业后继的版权贸易的成功。缺乏准确性、有效性和适用性的版权信息，抑或出版企业对于胜券在握的版权信息利用不利，都会导致某项版权贸易的失败，甚至会因此而丧失其他一些版权贸易的机会。所以说，版权信息的有效获取和利用，对于版权贸易的成功是至关重要的。

二、如何获得国外图书信息

（一）出版商的在版书目及其他信息

在版书目是各国现在仍在印刷发行，或在一个国家内、一种语言范围内有出售和有库存，可以买到的图书目录。它一般由大的出版公司、出版协会等汇编出售。通过它不仅能了解各国图书出版情况，而且还能知道图书的存货、缺售或绝版，以及价格变动、书商名称，并附有出版名录。目前，全世界大约有 90 多个国家出版在版书目。它一年只出一次，报道较迟，且著录也比较简单。

另外，出版商的书目，也是获得定期而且具体信息的途径。比如中国图书进出口总公司、中国教育图书进出口总公司等从事原版图书进出口贸易的公司提供的进口图书出版信息较为全面，它们编发的新书征订目录也应该是我们重要的版权贸易信息参考资料。

此外，国外出版社发行图书时编制的新书目录，以及由国外同行寄赠的书刊目录，同样也是我们直接获取图书出版信息的较好渠道。比较著名的有《美国在版书目》、《英国在版书目》、《德国在版图书目录》以及《国际复制出版物目录》等。

《美国在版书目》1948 年创刊，年刊，美国鲍克公司出版。简称 BIP。原为《美国出版商目录年报》（*Publisher's Trade ListAnnual*）的索引本。1966年起，分成两部分：《美国在版书目：著者》（*Booksin Print：Author*）和《美国在版书目：书名》（*Books in Print：Title*）。每年 10 月出版，1973 年起，翌年 4 月出版其补编本，分别按著者、书名和主题排列，反映最新的书目变化信息。1990/1991 年版为两部分共 8 卷，收录 27 000 家出版商的 81 万种图书。各款目著录事项有：出版者、著者、书名、价格、国会图书馆目录号、ISBN 等，简明扼要，对了解一书的基本情况极为有用。如需了解详细情况，可查母本及其他目录。1957 年起，增出《美国在版书目主题指南》（*Subject Guide to Books in Print*），由于国会图书馆主题表中无小说、诗歌、戏剧、《圣经》的主题标目，因此除这些书外，它将 BIP 中所有图书均按国会图书馆主题表排列，以便从主题角度选购图书。该指南 1990/1991 年版为 5 卷本。1977 年起，BIP 采用计算机编制，20 世纪 80 年代初另发行缩微胶片版（Books in Print on Microfiche），每月一批，约 170 张。现已制成光盘，每季更新一次，还与书评资料结合，制成《美国在版书目：附书评》（*Books in Print with Book Review Plus*）光盘。内容范围更广，报道更及时，利用更方便。另外还生产许多副产品目录，如《美国绝版书目》（*Booksout-of-Print*）、《平装书在版书目》（*Pa-perbound Books in Print*）、《在版中小学教科书目录》（El-Hi *Textbooks in Print*）、《美国丛书子目》（*Books in Se-ries in the* U.S.）等。所有这些书目，对选购图书、参考咨询工作极有助益。

《英国在版书目》通称 BBP，英国出版商目录总汇。1874—1961 年名为

《近期文献参考书目》。1874—1932 年，每 4 年出版 1 次，1965 年改为现名。英国惠特克公司出版。本刊初版于 1874 年，书名、副书名几经变化。现每年 10 月出版，记录前一年 4 月底以前的在版书。按著者、书名、关键词字顺混合编排。提供的书目信息包括：著者、书名、编者、译者、出版年、版次、页码、插图、价格等。1971 年起用计算机进行编制。1985 年共收 1 万家左右出版社出版的约 35 万种图书。正文前有使用说明、缩略语表、出版商名录和代号，以及国际标准书号、索引等。由于美国出版商在英国有分支机构和发行商，因此，本书目的内容与《美国在版书目》多有重复。

其次，版权代理机构，中外版权代理机构是出版社获得版权贸易信息的又一个重要渠道。它们一般都掌握有一定的作者和出版者的相关信息，甚至还经常拥有一些作品在某一地区授权的优先权。我国目前经国家版权局批准成立的版权代理机构现在已经达到了 28 家，它们一般可向国内外（包括我国港、澳、台地区）著作权人和作品的使用者提供有关版权转让和版权许可的咨询服务，同时还向社会各界提供版权信息、资料和法律咨询服务等，例如辽宁版权代理中心定期发布相关的版权贸易信息，与之联系便可得到某本书的详细信息及样本，它还可以根据要求，提供相应的版权信息。

再次，知名网上书店也是获得国外图书信息资源的重要来源，所谓网上书店是指借助于电子信息技术和互联网技术，并且综合利用了互联网的信息技术，将出版者、作者、读者以及其他相关的环节，诸如物流、银行支付系统等结合在一起，进行图书、期刊、音像制品等出版物的零售或批发业务的机构或企业。

知名的网上书店有美国的亚马逊书店和我国的当当网上书店。如美国的亚马逊书店（amazon. com），它是世界上销售量最大的书店，可以提供 310 万册图书目录，比全球任何一家书店的存书要多 15 倍以上。亚马逊书店根据所售商品的种类不同，分为三大类：书籍、音乐和影视产品，每一类都设置了专门的页面。它提供了各种各样的全方位的搜索方式，有对书名的搜索、对主题的搜索、对关键字的搜索和对作者的搜索，同时还提供了一系列的畅销书目、获奖音乐、最卖座的影片等的导航器，而且在书店的任何一个页面中都提供了这样的搜索装置，方便用户进行搜索，引导用户进行选购。亚马逊网上书店和当当网上书店都开辟有网上书评和读者论坛服务，这些都是我们获取图书信息的重要途径。

（二）国际图书博览会

在现代出版业中，连接国内市场和国际市场的直接形式就是国际图书博览会和国际书展，它们已经演变为促进图书市场全球化的主要形式，版权贸易历来是国际书展的主要目的之一，而书展在现实中也已成为版权贸易的重要场所。参加书展，不仅可以探测世界出版气候、沟通出版信息、开发图书贸易市场、了解出版界的最新行业动态以及预测国际出版趋势，而且还可以获得丰富的出版与版权贸易信息。这些书展为我们获得西方出版社的书目信息提供了理想的机会，参观者可亲自翻阅原著，先睹为快。

德国法兰克福，意大利波罗尼亚，美国的美国书展（BEA）是世界三大版权贸易场所。

德国的法兰克福国际图书博览会是目前世界上规模最大的出版行业盛会，也是世界各国出版界人士一年一度的聚会。国际版权的 80% 是在这里谈妥的。法兰克福书市历史悠久，可追溯到 500 年前，即 15 世纪初在此地集市上出现的书籍抄写员和书法艺术家。第二次世界大战后，考虑到法兰克福不仅是传统的图书贸易场所，而且地处欧洲中心，交通十分方便，所以政府决定在这里建立图书贸易中心。1949 年（歌德年）9 月，柯贝特等几位书商在圣保罗教堂举办了首届法兰克福书展，有 250 家本国出版社参加了书展，并获得成功。1950 年书展第一次出现了外国出版商。1960 年发展为具有全球性影响的图书博览会。1987 年第 39 届展商已达 7 100 家，其中德国展商 1 968 家，外国展商则有 5 132 家，规模空前。1990 年 10 月 3 日举办了第 42 届。博览会每年一届，每两年突出一项展览主题。1976 年是"拉丁美洲"，1978 年为"儿童和书"，1980 年是"非洲"，1982 年为"宗教"，这有助于博览会成为国际文化交流中心。博览会每年颁发一次的"图书和平奖"很受人们青睐，许多国际知名作家都以获奖为殊荣；博览会组织评选的"世界上最美的书"(最佳书籍装帧设计) 活动也得到广泛好评。法兰克福国际图书博览会作为出版商、书商和作家集会的地点，主要任务不仅是销售图书、版权贸易和转让，同时，它又是吸引成千上万德国和海外参观者、旅游者的重大文化事件。联邦德国政府对此特别重视，每年由外交部拨专款资助，以加强图书在国际交流中的文化使命，目前，联邦德国已成为世界上图书出版业高度发达的国家之一。

美国书展（Book Expo America，BEA）每年 6 月举行。其前身是 1947 年创办的美国书商协会会议与贸易展销会，由美国书商协会主办，从 1997 年开始，由美国书商联合会及美国出版商联合会主办，利得展览公司承办，是美国图书界最为盛大的一项活动，同时也是全球最重要的版权贸易盛会之一。2003 年美国书展在洛杉矶会展中心举行，参展人数约达 2.7 万人，有

650 位作家出席，书展期间还举办了许多不同的专业训练，包括儿童图书出版、独立书店营销、杂志出版、美国书商年会、拉美图书出版与作者讲座、有声读物出版、特种图书出版和销售，以及作者签字活动。本届书展的突出特色是关注细分市场。美国书展齐聚了来自世界 80 多个国家和地区的出版界业内人士，成为加拿大、英国、日本、澳大利亚、德国、荷兰、印度、韩国、墨西哥、巴西等国家的出版机构进行业务交流与合作的平台。同时，该书展也为各国参展商们提供了一个绝佳进入新闻出版市场的机会。

波罗尼亚儿童书展于 1964 年由波罗尼亚博览会公司创办，每年 4 月初在意大利波罗尼亚举行，为期 4 天。书展最初只是意大利出版界进行儿童读物交易的场所，后来逐渐成为世界上最大的儿童读物博览会。每年博览会云集了来自 100 多个国家的 1 400 家参展商（其中 1 200 多家来自意大利以外的国家），集中展示全球儿童读物的出版精华和热点。在书展期间常常举办具有非常大影响的活动，包括安徒生奖、波罗尼亚儿童图书奖、儿童读物插图展等。书展主办方希望书展有更多的文化功能和艺术功能。波罗尼亚儿童书展是全面俯瞰世界儿童图书出版动态的大看台。对于意大利以及世界各国的出版业者而言，通过博览会纵览国际相关出版业产品、多媒体行业的最新发展状况以及招揽世界顶级插图画家是他们最大的愿望。

美洲也有不少具有世界影响力的书展。如巴西圣保罗书展，该书展上主要展出葡萄牙语言出版物，阿根廷书展则以西班牙语出版物为主。

亚洲书展也有相当影响。

东京国际图书博览会，简称 TIBF，于每年 4 月在东京举行。日本是世界第二大出版市场，人均图书消费比率为世界首位，TIBF 的举办为来自世界各地的出版界人士进入日本出版市场创造了良好的机遇。

北京国际图书博览会是中国举办的大型国际书展。中国图书进出口总公司于 1986 年 9 月 5～11 日在北京展览馆举办。其宗旨是，发展我国与世界各国的图书贸易、加强各国出版界、书业界的友好合作、促进国际科技文化交流、增进各国人民的相互了解和友谊。首届博览会展出世界上 35 个国家、地区和国际组织的 224 个单位，代表 1 055 家出版机构的图书 5 万多种。参展外商以美国最多，有 318 家，其次为日本 144 家、英国 124 家，香港地区有 40 家出版社参展。世界上享有盛誉的美国、英国、苏联、德国、日本的大出版社如麦克劳—希尔图书公司、朗曼集团公司世界出版社、施普林格出版社等均来参加。中国参展的出版社有 179 家。该届博览会展览面积为 7 800 平方米，共设 361 个摊位。所展图书分为自然科学、工程技术、社会科学与人文科学四类。其展品的种数占当年世界出版物总数的 1/14。北京国际图书博览会每两年举办一次，截至 2010 年 10 月已举办了 17 届，规模日益壮大。

(三) 出版名录

国际出版业总信息的主要来源是出版名录。两大主要出版名录是《文学市场》(美国和加拿大的出版商)、《国际文学市场》(世界其余出版商) 都是由今日信息公司每年出版，可以从英国的 Bowker 有限公司定购，其地址是：Windsor Court, East Grinstead House, East Grinstead, WestSussex RH19 1XA, United Kingdom。名录上依次有出版社的名称、地址、联系电话、传真号码、主要人员的姓名及其出版方向。它们为鉴别、选择适当的外国出版社提供了良好的起点，不过定价太高：2003 年《文学市场》199 英镑，《国际文学市场》143.65 英镑。

正如读者买书需要翻翻目录看看内容一样，版权引进也很忌讳隔山买牛或"期货"的"诱惑"，海外书商，尤其是一些代理商，出于自身利益的考虑，会大肆炒作一些版权期货，人为地造成一种抢购或竞标的态势，这往往是始料未及的，也就需要出版社理性权衡了。

(四) 相关的外文报刊和贸易期刊

外文报刊是出版社引进版权信息的重要来源，通过它我们可以更快、更直接地掌握国外出版与版权贸易信息，这类报刊有美国的《出版商周刊》，英国的《书商》杂志，法国的《图书周刊》，日本的《出版月刊》，德国的《德国图书报》等。另外，《纽约时报》、《泰晤士报》等报纸的书评版也是较为重要的外文出版资讯载体。此外，美、英、法、德、日等国每年出版的《在版图书》也是值得参考的资料。我国的出版社应该对这些外文报刊有足够的重视，这样才能使获得海外版权贸易信息的渠道更加充分。

(五) 书评

在国外，书评被视为一种最有效的畅销书营销手段，据称，美国书评至少可以使一种书多销售 2 000 本。美国的书评历史悠久，已经有一百多年的历史。不管是全国性还是地方性的报刊，大多拥有专门的书评栏目，其中以《纽约时报书评》和《出版商周刊》为代表。以前者为例，1896 年《纽约时报》"星期六书评版"刊载书评，创办《纽约时报书评》。每年 16 位编辑选评 2 000 本图书，由于书评公正，所以在读者中有较高威信，经其评论的图书销量往往直线上升，成为美国相当部分畅销书的起飞基地。现在美国人已经养成了先看书评再买书、读书的习惯。《纽约时报书评》挑选书籍很严格，主要选的是社会科学类的书籍，且面对的是广大普通读者，而非专业人士。据悉，它上面的文章决不参与炒作，主要是从文化、学术的高度对书籍进行评论，并介绍一些新的思想和学术动向，使读者能挑选到好的书来阅读。因此，我们认为，在版权引进时，多注意参考一下国外的这些知名书评，对我们的引进有着一定的参考、引导和借鉴价值。

美国除了上述两种影响最大的综合性书评之外，还包括《华盛顿邮报图书世界》、《芝加哥太阳时报》、《洛杉矶时报书评》等。另外，纯书评刊物《图书目录》和《选目》，以及其他的一些出版物如《时代》、《新闻周刊》、《美国新闻和世界报道》、《华尔街杂志》和《人物》上的书评，都应是我们在引进版权时可以多加留心、研究、参照的信息来源。

（六）专家、学者的推荐

一些专家、学者经常出国进行学术访问或参加国际性会议，他们在探讨学术问题之余，通常也会交流专业文献出版方面的信息，互相推荐本专业的好书，并获取一些图书征订单。此外，他们一般都很了解本学科的历史、渊源、变迁、各国研究现状、发展趋势，以及本学科的学术带头人等，所以他们推荐的图书是比较有价值的。据此，常与一些专家、学者联系，是我们获取一些图书版权信息的重要的信息渠道。不过这条渠道也存在一定的局限性，那就是他们所提供的版权信息大多是有关学术方面的，因此，我们只应将它作为引进版权信息的重要参考，而不把它作为主要的信息来源。

三、版权引进的原则

各种优秀的文学艺术、科学技术作品，都有其产生的深刻的社会、地域和文化背景。在引进这些图书的版权之前，应该充分考虑这些作品的思想内涵是否能为我国的社会大众所接受，是否符合我国现阶段的基本国情。要经过认真的调研，实事求是的分析、研究，然后再决定是否引进。

在进行版权引进时，通常需要考虑以下几项原则：

（一）版权来源的多元性

对版权引进机构来说，在版权引进的过程中要充分利用各国的不同资源。在版权引进的来源上，不能仅仅局限于少数几个国家，而要开阔视野，确保版权来源的多元性。这样才能使我国的读者接触到世界上各个国家、各个民族的文化作品，不仅可以丰富国民的文化生活，还可以避免外来文化对我国精神、文化领域的控制。当然，无论从哪个国家引进版权作品，都应坚持择优引进的原则，要看其价格是否合理，内容是否进步，是否有利于我国的物质文明和精神文明建设。

（二）版权引进方式的多元性

在我国的版权引进贸易中，存在着多种贸易方式。版权引进方式的多样性，能够确保我国不同的出版机构可以根据自身的经济实力、出版特点等因素，选择适合自己的贸易方式，以保证每种贸易方式都能为适合使用的出版机构带来最大的经济效益。同时，由于任何一种贸易方式都存在着一定的缺点，因此，整个贸易体系所使用的贸易方式具有多样性，就能确保不会因为一种贸易方式的缺陷，而导致整个系统的非正常运行。

（三）正确地选择所要引进的版权作品

在选择引进的版权作品时，不仅要考虑版权内容的先进性，还应考虑所引进版权作品的兼容性。在版权引进之前，出版机构要对自己所面对的消费市场进行充分的市场细分，根据市场需求，来选择引进的版权作品。同时，还要充分考虑引进的版权作品中所包含的文化信息是否能为目标市场的消费者所接受和喜爱，能否在丰富大众精神文化生活的同时，促进我国民族文化的发展。

（四）版权引进方应量力而行

国内各出版机构在引进版权的时候应根据自身出版社的经济实力，量力而行。引进版权需要花费大量外汇，尤其是引进畅销书版权，当国内多家出版机构共同争取某一图书版权时，该图书的版权费用往往会水涨船高，大大超出其实际价值，这就会为版权引进方带来巨大的经济风险。如果出版机构强行引进超出自己经营能力范围的图书版权，不仅会给企业自身带来严重的经济负担，也会影响出版机构的品牌形象，更会造成出版资源的浪费。

（五）对引进版权进行充分的经济分析

出版机构要做好规划，结合本机构自身的情况和未来发展目标，有针对性地引进图书版权。版权引进的过程中要对引进的版权进行充分的经济分析，不仅要分析本机构的经济效益，还要兼顾国家的经济效益；不仅要考虑近期的经济效益，更要考虑长期的经济效益。在保证经济效益的同时，还要考虑其带来的社会效益。

四、谁是版权的控制者

这个问题一看，好像不是问题，很多人第一反应可能会认为当然是作者。其实，在西方，版权最终归作者所有，但是在很多情况下版权并不在作者手中，因为他已经委托给出版商或版权代理人。我们一旦确定了国外作品的翻译做选题，那么我们接着要搞清楚这个作品的版权在谁的手中，我们就知道与谁接触了。看来作者往往不是我们第一个要见面的。确定授权方的合法性是版权贸易成功的第一步。

出版商控制翻译权，教育和学术图书的作者很少有把翻译权委托给代理商，一般都授权给了出版商。一般西方教育图书和学术图书的版权页都可以看到出版社对作者该作品的翻译权的绝对控制。因此，我们如果做国外这方面的图书版权的引进，可能是最简单的，因为授权很直接。

翻译权和其他附属版权委托给版权代理商。在小说和畅销非小说作品领域，作品的版权为作者保留，但是一般不会自己处理版权谈判，而是委托给版权代理人，也有委托出版商的。例如，英国小说的翻译权委托给代理人，代理人更是控制着报刊连载权、影视改编权等。美国小说的翻译权委托给代理人，也有委托出版商的，但是代理人绝对控制着报刊连载权、影视改编权等。我们要看我们的选题需要的是哪种权利，是哪个国家的作品，就会少走弯路。

特定副代理的区域控制翻译权。许多西方出版商和版权代理人，因为手头的版权资源太多，业务太繁忙，往往将其手中的作品版权又进一步委托给海外的版权代理机构，该代理机构成为他的副代理，有权处理该区域范围内有意进行版权引进的出版商的接洽事宜。例如，台湾地区大苹果、博达版权代理公司，它们在中国内地设有办事处。

北京的中华版权代理、北京国际版权代理、上海版权代理、辽宁版权代理、万达版权代理、中国图书进出口公司版权部都有这方面的业务，也就是说，它们是西方出版商或版权代理人的副区域代理。

这样一来，我们在寻找联系选题作品的版权持有人时，千万别舍近求远，因为版权很可能就在国内版权代理公司的手中。谈判就可以在国内进行。

五、如何申请版权

（一）在代理人手中或在出版商手中，直接与版权经理联系

我们假设出版社是确定谁享有版权的第一站。申请版权的信函应寄送给版权经理；如果手头有《文学市场》和《国际文学市场》两本出版社名录，每个出版社条目中都列出了关键版权人员的联系方式以及该出版社总公司的地址和传真。许多西方出版社已经拥有成熟而丰富的网站，提供了如何申请版权的信息，或者提供版权人员的链接。

一些在香港地区有办事处或北京有代表的跨国大公司，或许会在当地任命人员处理中国出版社最初的版权申请，但其明智之举是审查每一家出版社与总部版权人员达成的优惠许可条件。只有总部版权人员知道版权所有的信息，每一选题目前的版权状况，是否该选题存在大量由第三方享有著作权的资料，而这会使许可不成立。

有时候我们在确定一个选题之后，准备申请其版权的时候，但是无法获得该出版社完整的地址，该国使馆商务部可能会帮助提供该出版社的地址，或者至少是该国出版社贸易合作者的地址，他们将转达申请，但这种申请方式非常慢。

（二）写好第一封信，包括版权是否可授予，索要样书；要获得的权利类型；提供自己公司简介；曾经获得该国其他出版商版权许可及经营情况，这一点很重要

如果版权申请者还没有机会评估该书，第一封申请信应该询问该书版权是否可以授予，并索要一本样书，出版社一般会免费提供样书。要明确说明想要获得的权利类型：翻译权，原语言影印权，或附加中文资料的双语版，例如英语课程或词典。如果与某家西方出版社是第一次签订合同，特别是如果这家出版社与中国市场做贸易没有经验，那么提供自己公司的介绍是大有帮助的：它成立了多少年，每年出版多少种图书、出版方向，以及提供一些曾经获得该国其他出版社版权许可的情况也很有用。如果申请翻译或双语版权时，还要说清楚中文翻译是以简体中文；一些西方出版社没有意识到中文简体和繁体的区别，它们在不同地域市场使用，有时会使合同授权不严密。

（三）选择权被授予，一般授予首先提出的出版社

如果权利仍可授予且由出版社控制，他们通常会寄出一本样书，并明确该项权利的选择期限，经常为3个月。如果选择权被授予，选择权享有人就有一个专有选择期（经常是3个月），在此选题转给其他出版社前评价此书及其中国市场前景。外方不满意，就会终止与你的谈判，不会授权。他会将专有选择权给予另一个中方出版商。

如果一个选题已经由一家中国出版社选择，第二选择也许被保留，或者外国出版社只注重利益，在可以授予版权时即与申请者联系。外国出版社给中国寄送样书的最安全途径是通过快递，但如果数量太大，费用会比较昂贵。当然有时外国样书会被中国海关扣留，尤其是图书似乎比较贵时。西方出版社提供的伴随样书的说明单可能会注明邮寄的样书是用以免费评估的，但标准的库房说明单也会注明该书在原国家的建议零售价；要求西方出版社避免这样做是不可能的，除非它们从自己的库房中分别定购每一本书，在寄给中国前重新手工包装。较大的出版社每年向中国出版社提供数以百计的样书，这种特殊程序对于它们是非常不切实际的。

也许应注意到，一些专门出版语言教学资料和词典的出版社不愿意将影印权许可中国出版社；这可能是由于担心这些版本会流入其他市场，特别是香港地区，它是从英国、美国购买原版图书的主要市场。

（四）有一种情况，外方将一部作品的专有选择权同时授予中国的几个出版社

这多半是时事性强，或具有国际性声誉的作品。如果一本书时事性很强，或是一位享有国际声誉作者的新作，一些出版商或代理商会决定不相继授予选择权，而是同时向几家出版社推荐，从而招得最高出价，这被称为"多重提交"；如果权利的最终期限和可以接受的最低出价被确定，这叫做"拍卖"，从而招得最高价格，对于外方来说，是最理想的。这也是一种西方出版界常用于大腕作家或重要项目的技巧。

1999年10月的法兰克福书展，"哈利·波特"不俗的表现已经受到了中国出版人的关注。随后在市场的迅速走红，引来了国外各报刊的密切关注，罗琳和她的小说多次出现在国外报刊和网络上，并在欧美畅销书排行榜上连续数月位居前列，我国的报纸如《中国图书商报》也有连篇累牍的报道。当预感到这部系列小说的销售潜质，人民文学出版社少儿编辑室的筹建人和"有心人"王瑞琴更是密切关注着"哈利·波特"的每一个信息；详细分析信息之后，计划引进"哈利·波特"的想法得到了全社的支持，不久王瑞琴从一个由英国回来的朋友那里打听到该书的出版社，于是比较迅速地开始了版权引进的联系工作。

在西方，畅销书的作者一般不会将版权转让给出版商，而是选择代理公司代为处理。人民文学出版社在这一点上绕了一些弯路。当出版社向英国的布鲁姆斯伯里出版社发出了一封信后，很久没有回音。直到2000年2月，收到该社传真回复："哈利·波特"版权在克里斯托弗·利特尔版权代理公司，人民文学出版社可以与利特尔先生联系，并在信中附上了该公司的E-mail地址和传真号码。

然而，人民文学出版社与版权代理公司取得了联系，对方要求进一步了解人民文学出版社的情况，要求获得出版社的历史、出版状况、人员结构，特别是外国文学的出版情况，包括印刷发行数量等详细的资料作为参考。"哈利·波特"的版权之争就好比拍卖场上的竞相报价，当时与人民文学出版社一同竞争的还有中国少年儿童出版社、少年儿童出版社、江苏少儿出版社、人民邮电出版社、译林出版社、光明日报出版社6家单位，竞争十分激烈。人民文学出版社的文学领域出版优势是显而易见的，具有绝对的优越性。于是，出版社向英方发去了长达几十张纸的传真，包括人民文学出版社建社45周年时的一份详细中英文介绍和厚厚的图书征订单，概述了人民文学出版社50年来在中外文学图书出版方面的辉煌业绩，其中着重突出了该社曾出版过的外国儿童文学作品。此后，英方代理及作者罗琳开始在参与竞争的几家出版社间进行详细的比较和调查。最终人民文学出版社凭借着自身的实力和诚意，在众多的竞争对手中脱颖而出。

第二节　合同条款谈判

一、来自外部资源的版权的支付

来自外部资源的版权问题，是相对中外双方所谈图书的版权而言，不是将要引进的图书版权本身，而是这本书中所包含的资料的版权问题。比如，如果所谈图书包含大量已经发表的作品的引文（如诗歌或故事选集，或包括许多引文的文艺评论），或者书中有许多插图，那么合同是否允许这些资料再次使用？通常情况下原出版社必须对自己作品中使用的资料获得许可并支付费用，被请求的许可（或实际授予的许可）或许已受到外界著作权所有者的限制。因此需要再次清理这些插图的版权是否得到许可，只有经过与外方核实之后，我们才可以允许中文翻译版图书继续使用这些图片。

例如，一家出版英国中学历史课本的英国出版社，很可能已经获得了授权，可以使用大英博物馆或商业图片代理公司的授权，但是一般用于英语版本，或英联邦国家，在其他国家翻译时，一定要得到大英博物馆或商业图片代理公司的再次许可。如果这套历史教材以另一种语言如在汉语版本中使用，我们就一定要问对方，贵社是否已经得到了这些插图作者的许可，您的报价是否全面，是否已经包含了贵社因此次中文翻译图书而向对方支付了费用。这种有限的"再次清理"是合理的，因为英语版本不可能在这些市场之外销售；如果要清理世界所有语言的版权许可，包括转让许可权都清理，将会使清理版权许可的成本翻倍。如果获得的是这种有限许可，英国出版社就无权许可他人再使用这些资料，而有必要再次清理许可并按外部版权持有者的要求支付额外费用。印在书上的对外部版权持有者的感谢是一种警告标志。

通常有两种处理方式，一种是由外方出版社代表我方与这些插图的版权持有者负责清理，并支付费用，包括少量管理费，随后一并计入总的报价。另一种是，外方出版社向我方提供这些图片版权持有人的名单和地址，从而使我方出版社能够直接与这些版权所有者联系，支付费用，取得授权。一般而言，第一种方式最理想。只要是有诚意的外国出版社，它们都会乐意帮我们进行这样的清理。我们所要清醒的是不能对外部资源的版权不予理睬，要在具体的图书版权贸易中，首先要有这样一个意识。

这些说明任何一本含有外部资源的图书的版权情况都必须被认真审查。

二、印刷软片的提供及价格

另外一个可能影响是否能达成协议的关键因素是复制软片和其他生产材料的价格——如果它们是必需的，例如一本多插图的书，或者以原语言影印的词典或语言课程方面的书。对含有彩色插图的书来说，材料几乎是必需的，对于含有彩色插图的图书或印有射线照片的医学书，有外方提供印刷软片和其他生产资料是非常必需而且重要，它是保证图书质量的根本。对于只有黑白线条图画的书也许不是必需的，但如果要求制作质量好，含有黑白照片的书仍需要。这样的话，生产材料的问题就应该在谈判的最初阶段讨论；如果软片无法提供或者价格贵得无法接受，最终可能就做不成交易。被许可方会被要求提供精确的技术说明单，以便外国出版社能对印刷材料获得准确的报价，外国出版社应当明确说明报价的有效期。

大多西方出版社不愿意将自己的原版软片借给被许可方，以防在运输中或被许可方占有时丢失或损坏。当原出版社需要重印自己的版本时若软片不在自己手中，也是一个问题。如果是因为软片无法提供或者价格贵得无法接受，最终导致做不成交易。那么按照惯例，通常有3种处理方式：

（1）少数出借原装软片而收取一定的租金，但一定会在运输途中和中方占有中给软片投保险；

（2）多数出版社宁愿为中方生产软片副本；

（3）对于贵重的软片，一些出版社在定制软片前，要求全额或部分预付款。特别是当他们和一个被许可方初次谈生意时。

此外，外方出版社也会在提供图书的电子文档时要求我方支付高额费用，尤其是有很多插图的图书，收费表示对创作成本的一定分担。是否购买软片和其他生产材料的问题必须在谈判的最初阶段澄清。如果报价超过中国出版社的承受能力，它们可能愿意直接复制原书中的插图。如果西方出版社觉得复制品的质量不够高，它们会不同意中国出版社这样做；一些出版社会在决定是否授权这样复制前，要求看一下复制的插图样本。这就要双方选择一个可接受的方案。

三、报价及付款

报价和付款应该说比较复杂，特别是当国外出版社或版权代理商对中国市场的出版环境不熟悉时，因此要因具体版权贸易中的具体情况而定，有的含有原版图书资源的版权费用和该书的软片费用，以及版税。当然版税是报价中的核心，也是原版图书作者和版权代理商的直接收入。这里重点看版税的支付方式。

西方习惯的付款方式为合同签订时支付预付款，接着按图书全额定价的一个百分比或图书销售价的更高百分比来支付版税。不论何种情况，版税总是根据图书在一定时期内实际销售数量计算，而不是按印数。销售情况一般按一年一次或一年两次计算。例如，一本书印刷 10 000 册，定价 60 美元，版税 10%，那么预付金（6/3＝2，一般 1/3）为 2 万美元。剩余的按每半年销售情况两次支付，或按一年销售业绩一次支付。如果按定价结算，百分比为 10%；如果按实际销售价结算（折扣后的价，即低于定价出售），这时作者就会要求一个高于 10%的百分比，绝对不是 10%了。

这种体制已在西方国家沿用多年，成为习惯。该体制依赖于出版商能够准确跟踪实际销售情况，包括由于图书被退货而不得不做的调整。大多数出版社自己仓储图书，使用稳定的发行系统和拥有计算机化的库存控制系统。

中国缺乏这样完善的库存和发行系统，加之出版社和书店经营人员对作者销售知情权的漠视，使得出版社和作者很难取得对销售数据的一致信任。同时，这也说明，要推行版税制，必须建立和完善基于出版业物流中心的出版库存控制和监测系统。

虽然近几年中国的库存和发行的整体问题发生了根本变化。一些出版社现在已能使用高效的库存控制系统，他们能够执行西方的预付款与定期按图书销售结算版税的体制，但是有些西方出版社和版权代理公司仍然很担心延期付款，所以宁愿选择商谈按一定印数一次性付款。一般情况下，合同签订时支付一半，图书出版时支付另一半或另行约定最后日期。小心谨慎的出版社和代理商会将每一次付款期限都确定到具体日期，这是害怕有些出版社不讲信用。

许多与西方出版社谈判的翻译许可是以终端消费者支付的全额定价为基础计算版税的（减去税收因素），最初的版税标准从5%（对一些儿童图书）到7.5%（对小说或学术书）。版税率一般从一个约定的销售数量起逐渐升高，如果预计销量很大，版税率可以多次增加：例如，5 000册以下按6%，超过5 000册按8%，超过10 000册按10%，超过15 000册按12%。英语影印许可的版税率可能比较高，因为被许可方没有翻译费，可能从10%起，然后增加到12%，重大选题甚至达15%。如果就某一约定印数协商一次性付款，一些出版社会在它们的合同中加入"防止涨价"条款，考虑到如果图书的最终定价高出合同谈判时的估价，出版时要支付一定比例的补充费用。例如，一本英语图书许可翻译中文，作者要求的版税从5%~6%起。但是，同样这本英语图书如果同样许可在中国内地进行原版影印的话，他要求的版税率会从10%起。然后增加到15%。因为，被许可方没有翻译费。

一些西方出版社和版权代理公司对中国市场抱有不切实际的期望，如果它们认为印数太少就拒绝交易；然而，不熟悉中国市场的出版社和代理商需要认识到，中国的出版社经常在一个与西方非常不同的环境中经营，以西方标准看起来很低的许可费可能对中国出版社是一笔相当大的投资。在西方出版社看来，预付款（即使比较少）是贸易进展中诚信的重要表示；大多数合同明确表示如果被许可方没有履行合同，预付款则不予退还，作为对作者和西方出版社的补偿。缺少最起码的预付款，许多出版社会拒绝许可，无法成交。

四、附加权利

中国出版社从西方引进版权，首先是翻译权许可，又叫中文图书出版权。这就表明中文版的附属权利自动地排除在本合同之外。如许可中国的杂志或报纸摘录权，许可另一家出版社的诗歌集或故事集收录的权利等都不在本合同内。换言之，如果引进该书翻译版权的中方出版社认为中文图书有这些方面的市场前景，就必须在谈判和合同中就这些权利予以提出，并且得到许可。许可方将从这些附属权利所获利益中获得一个很高的比例收入，从50%~90%不等。注意，这里不是中文翻译版图书的销售收入的百分比。

例如《富爸爸，穷爸爸》系列图书的引进。世界图书出版公司2000年2月与外方谈判达成该图书中文翻译权许可，签订了中文图书出版合同。原出版社获得10%的版税。

这本书讲的是，关于金钱和财富的问题。金钱的数量是衡量财富的唯一标准吗？人们如何管理自己的财富并获得财务的自由？你的财商如何？这本书还配有"现金流游戏"玩具。在国际市场，该书在教育培训和玩具市场上有很好的市场效益。于是，世界图书出版公司组织专家对于该书的玩具版权（又称书中形象使用权，商品化版权）做了风险项目投资调查。认为"现金流游戏"玩具和培训在国内有广阔的市场响应度，决定引进玩具版权。

2000 年 5 月，同国外出版社签订了玩具版权许可合同。世界图书出版公司就可以授权给某个厂商生产玩具，获得一笔版税收入，原出版社从该收入中获得 55% 的比例提成。

再如图书俱乐部版权。德国出版巨头贝塔斯曼集团，在许多西方国家都有图书俱乐部，现在贝塔斯曼集团也在上海建立了图书俱乐部，与中国出版社合作，这就意味着，中国的出版物也有图书俱乐部版权了。同样的书以两种不同的销售渠道和价格出现，中国出版社应该意识到其权利的含义。如果一家中国出版社从西方许可方获得专有图书出版权，许可方就不可能再对中国图书俱乐部版本单独授权。如果该书适合于图书俱乐部（图书俱乐部通常为其会员提供通俗小说或非小说读物），中国出版社应该要求合同中包括图书俱乐部权，以便将来与中国的图书俱乐部直接进行交易，中国出版社就能向图书俱乐部提供已印好的翻译版本。如果这些书以含版税的价格提供给图书俱乐部，那么约定的版税金额应支付给西方出版商；如果图书俱乐部向中国出版社单独支付版税，那么版税将按一定比例付给西方许可方（通常 50% ~ 80%）。

五、地域

中国出版社一般是获得简体中文版权，销售范围限定在"仅限中华人民共和国内地地区，不包括中国香港和中国澳门地区"。这就表明，该书的中文翻译图书不可能走出中国内地，不得进入国际市场，国际图书实物贸易中千万不能含有这些图书。中国香港、中国澳门和中国台湾地区用的是繁体中文，获得"全球中文版权"没有意义。中国台湾地区、中国香港地区的繁体中文图书引进到中国内地，出版中文简体，同样也是需要授权许可的。

英语影印版在中国的销售价格比原出版社要低得多，许可方特别关注这些版本不能出现在英联邦、美加、香港地区甚至更广泛的限定地区。特别是香港地区，它是英国、美国英语图书出口的大市场。

六、许可期限

许可期限需要谈判，合同可以约定一定印数，也可能通过原合同的补充协议规定任何重印事宜。然而，如果西方许可方准备在预付款与按实际销量计算版税的基础上，一年结算一两次，合同应明确说明许可期限。几乎没有西方出版商或代理商会将版权许可延续整个版权保护期，即使有条款规定当该翻译本脱销或被许可方违约时，翻译作品中的权利可以收回。更普遍的做法是，合同有效期约定为几年，会有续约规定，主要是付款条件的重新谈判。学术出版社可能不将许可期限定为一定年数，而是将许可仅限于当前版本。如果他们出版该书新版本，他们期待再谈判签订新合同。这样，如果中国出版社要求 5 年许可期，学术出版社可能会拒绝，因为在这个时期内原书的修订版也许会出版。

七、货币

在西方，许可方一般会明确以自己的货币付款，比如，英国出版社要英镑，美国出版社要美元，欧盟国家现在多用欧元等等。然而，由于美元在中国是首选外币，所以合同约定以美元付款会比较容易。在谈判时就应该查明许可方是否是美国出版社。中国的出版社经常在一个与西方非常不同的环境中经营，以西方标准看起来很低的许可费可能对中国出版社是一笔相当大的投资。中国出版社可能会有硬通货账户，或有人民币账户可以为境外付款购买硬通货。如果像许可合同一样，每一笔付款都要求付款通知单，许可方应当在谈判时注意这点，以便能够提供适当的文件、银行账户信息等。

第三节　影印版权许可和联合出版许可的特殊要点

以上第二节 7 项合同谈判是翻译版权许可的主要内容，同样适用影印版权许可和联合出版许可。不过要注意后两者有些特别之处。

一、影印版权许可的特殊要点

有时候中国出版社希望获得影印版权，就像原语言版本一样，如外语课本或辞典。其目的是想打造一个知名品牌产品，像中国市场上的牛津大学出版社的词典或朗文外语教学课本，其定价比原版低。对计算机领域的大学教科书影印版权的需求还在增长。

国外原出版社同意中方的影印版权贸易，其利益点在于可以进入没有自己直接发行机构的市场，或者进入图书贸易，或者进入教育部审批的国有学校课程体系，扩大其在中国的知名度。

然而，并不是所有的国外出版社愿意许可影印版本，主要原因是担心流入中国内地以外的市场，如香港和台湾地区，尽管有合同约定限制，当地被许可版本在书中和封底都会清楚地注明销售区域限制。当然，许可权不被授予还有可能是因为存在这样的情况，比如当今很多影印版权申请总是针对书目中的"明星"选题，如果西方出版社许可中国影印，可后来由于能够建立自己图书版本的发行渠道，那么它们有可能就会撤销许可。而且，中国的英语教学资料市场是巨大的，如果它们直接进入，只要采取中国人能够接受的定价，那么，它们销售自己的图书所得肯定比授权影印所得要高得多。因此，基于以上原因，不是中方的影印要求都可以得到答复，可能遭到拒绝。

如果影印版权被许可，其版税率很可能总是高于翻译版权许可的版税率，因为被许可方不需要任何编辑或翻译成本而仅需复制。而且原出版社因此而丧失了原版书在中国内地的销售机会，原出版社希望在此基础上得到补偿。如果结算版税是依据图书销售价格而不是定价，版税可能达到 10% ～ 15%。如果中国被许可方希望与国外出版社联合出版，或者使用"牛津""剑桥""朗文"等品牌，这必须经国外出版社同意，而且一些出版社会为其名称的使用单独收取费用。

二、翻译版权许可合同：联合（合作）出版

（一）联合出版许可的特殊要点

联合出版适用于国际图书市场中的配插图的儿童故事书、成人通俗非小说（健康、生活类图书），一些必须配有大量插图的艺术、烹饪、园艺、自己动手制作、大众健康、工艺品、旅游指南和说明书等优秀出版物，许多同时用多种语言出版。

（1）西方出版社把全部的业务放在协调多种语言版本的同时印刷，这样大规模印刷，可降低每个参与出版者的单位成本。此类出版社在销售前生产一些精致的资料，通常是包括几页样纸的"假书"，通过这种方式他们打算将版权再多卖给几家出版社，使首次印刷有尽可能多的版本。其他国外版本和再订购的图书可能由下一次印刷。这种图书的产生需要许多全球范围的多语种版本，以分担这些复杂的艺术作品或华丽的摄影图书的高额成本。如果有多种语言同时出版，就会被大家分担，对各种版本都有好处。

由于联合出版版本技术上的复杂性，这些出版社一般愿意直接与被许可方联系，而不通过当地副代理。

（2）为确保正式开机，就需要对联合各方的翻译、出版、印刷和交货时间有严格的限定。

那么其中最为重要的是，中国出版社要准时提供符合外国出版社规格说明的翻译文本的软片，编排好与每页上的插图对应。为此，外国出版社将提供原版工作样书，或提供每页排版格式。

（3）中方要告知印刷数量；并且要求双方确定定价是多少，定价是否包含版税、包装、保险和运输等费用。通用的是，外国出版社要求定价包含这些费用。

（4）因为要向被许可方交图书实物货物，联合出版介入了实物贸易中的一些因素，如运输费用、保险费用等，它们占去了图书实物价格中相当大的比例。因此需要双方协商支付这些费用。为方便管理，直接用价格术语约定采用哪种分担方式。每本单价包含进货成本、费用（保险费和运费）和利润。进货成本即编辑印刷纸张装订成本，这个比较清楚，关键是交货产生的费用，两者清楚后，利润就清楚，利润分成就好结算。

最经常用的是 CIF 港口到岸价格（被许可方所在国家，如中国的上海港到岸价格）。

所谓 CIF 是指出口地装运港成本加运费、保险费交货条件，俗称到岸价格条件。

（1）国际商会《1990 年通则》中规定 CIF 合同的卖方责任为：①负责租船或订舱在合同规定的装运日期或期限内在装运港将货物装上船，支付到目的港的运费，并给予买方充分的通知；②负担货物在装运港越过船舷为止的一切风险；③负责办理货物运输保险，支付保险费；④负责办理出口手续，提供出口许可证，支付出口关税和费用；⑤负责提供商业发票、可转让已装船提单和保险单等。

（2）通则规定的买方责任为：①负担除运费和保险费以外的，货物在海运途中发生的一切费用以及卸货费；②负担货物在装运港越过船舷时起的一切风险；③按照合同规定支付货款，收取符合合同的单据；④在指定目的港收取货物，自负风险及费用，办理进口手续。

为了明确 CIF 条件下双方对装卸费用、佣金、报关费等费用的支付责任，在实际业务中还按照具体情况在 CIF 条件后附加一些条件，习惯称为 CIF 条件的变形。

也可采用 exworks（印刷厂交货价），在印刷厂的每本单价就是成本，被许可方负责包装与运输费；

FOB（印刷厂所在国家港口的船上交货价格），许可方负责包装和到船舱的运输费用，被许可方负责接下来的运输和保险费用。

CIF 价＝进货成本价+（被许可方国家）国内费用+（许可方国家）国外运费+国外保险费+净利润

（被许可方国家）国内费用：加工整理费用；包装费用；保管费用；国内运输费用；证件费用；装船费、银行费用、邮电费、预计损耗。

国外费用主要有：国外运费（自装运港至目的港的海上运输费用）；国外保险费（海上货物运输保险）；如果有中间商，还包括支付给中间商的佣金。

FOB 价＝进货成本价+（被许可方国家）国内费用+净利润

CFR 价＝进货成本价+（被许可方国家）国内费用+（许可方国家）国外运费+净利润

（3）每本单价中包含版税对原出版社有利，因为这些图书印刷了，就是被许可方全部购买了，被许可方就会支付购买费，这样许可方实质就提前拿到了版税。这时被许可方一本书没卖。

（4）双方要为联合出版版本确定用何种币制计价，美元或人民币。

（5）支付方式，先交一笔预付金；下订单时支付一半，余额在图书装船时或在某个约定日付清。

（二）合同文本

本合同于××年×月×日由×××（中国出版社名称、地址）（以下简称出版者）与×××（外国出版社名称、地址）（以下简称所有者）双方签订。

版权所有者享有×××（作者姓名）（以下简称作者）所著××（书名）第×版的版权（以下简称作品），现双方达成协议如下：

1. 根据本协议，版权所有者授予出版者以自己的名义，以图书形式（简/精装）翻译、出版该作品中文（简体）版（以下简称翻译本）的专有权，限在中华人民共和国内地发行，不包括中国香港和中国澳门地区。本协议授予的权利不及于该作品的其他后续版本。

2. 出版者将向版权所有者提供一套××的（说明，如：软片、正面阅读、药膜面向下）具备作品版式设计的中文文本软片，以及××的（说明）翻译本封面/护封的软片。

3. 版权所有者应向出版者提供××册（数量）印有出版者标识的带护封精装版/平装版的翻译本，每本价格××（价格）。附交货条件（如：CIF，上海港到岸价格，包括版税和出口包装费）。翻译本的产品规格说明将在附录中列明。

4. 如果出版者在××（日期）前提供翻译本软片和所有包装与运送的说明，版权所有者应负责将上述数量的翻译本最迟在××（日期）左右运送给指定托运人。

5. 上述数量翻译本的全部费用××（金额）由出版社分两次支付；合同签订之时支付一半；自版权所有者出具上述数量翻译本出货发票时 60 日内，支付另一半。

6. 如果出版者对翻译本的质量不满，必须以书面形式提出，并在收到该翻译本成书后一个月内通知版权所有者。如果在此期间内未收到任何通知，版权所有者将有权认为出版者已满意的接受全部货物。

7. 若出版者需要订购更多数量的翻译本成书，版权所有者同意按双方约定的价格和时间提供货物。但这种"再订购"的数量不能少于××册（数量）。

8. 直至版权所有者收到第 5 条中所列第一笔款项，本合同才生效。

9. 出版者将负责安排一位合格的翻译者，保证准确无误翻译该作品，并将译者的名字和资历报告给版权所有者。未得到版权所有者的书面同意之前，不得对作品进行省略、修改或增加。

10. 如需要，翻译本出版者应取得原作品中第三方控制的版权资料的使用许可，为这些许可或权利支付费用，并保证在翻译本中给予适当承认。版权所有者保留向出版者提供翻译本成书的权利，直到版权所有者收到出版者书面确认——出版者获得了许可。

可供选择的表述：

如需要，版权所有者负责取得原作品中第三方控制的版权资料的使用许可。对于获得这些许可而支付的费用，由版权所有者再向出版所有者收取额外的行政管理费，具体事宜由双方另行协商。直到版权所有者获得许可，他才会向出版者提供生产资料用于复制该作品中包含的插图。

11. 出版者所有翻译本的封面、书脊、护封（如果有的话）和扉页上都必须醒目地印上作者的姓名，并在扉页背面注明下列版权声明："© （原书版权详细信息）"以及下列声明："此××（书名）的翻译权由××（外国出版社名称）许可出版"。出版者将向版权所有者提供作品翻译文本的版权行，印在翻译本中。

12. 出版者应告知版权所有者该翻译本的确切出版日期和定价。

（1）如果出版者未能在××日前出版该翻译本，该合同中的所有授权将由版权所有者收回，而出版者向版权所有者支付的或应付的任何款项不受影响。

（2）当翻译本在许可合同有效期内的任何时候绝版或在市场上脱销，出版者在接到版权所有者再订购翻译本的书面通知后，6个月内仍未作出相应安排，版权所有者将有权终止合同，该合同中的所有授权将由版权所有者收回，而不影响出版者向版权所有者支付的或应付的任何款项。

13. 未事先征得版权所有者的书面同意，出版者不能处分该翻译本的任何附属权利。

14. 出版者每年应在××日期前制作翻译本的销售情况说明，内容如下：

（1）本会计年度初期若有库存，其具体册数；

（2）本会计年度内销售的册数；

（3）本会计年度内免费赠送的样书的册数；

（4）本会计年度末库存册数。

如果本合同规定的任何款项逾期3个月未付，本合同许可的所有权利立刻丧失，所有转让的权利无需另行通知，自动收归版权所有者。

15. 版权所有者应向出版者保证其权利和能力签订本合同，根据英国法律该作品决不会侵害任何现存版本，或违背任何现存协议，该作品中不含有任何内容会引起刑事或民事纠纷造成损失，否则因此而给出版者造成的损失、伤害或开支，版权所有者应给予赔偿。

16. 未得到版权所有者书面同意之前，出版者不得将所获得的版权许可转让或惠及他人，也不能以出版者以外的任何名义出版该翻译本。

17. 除本合同中明确授予出版者的权利外，该作品的其他所有权利由版权所有者保留。

18. 出版者应将翻译本的详细情况向中国国家版权局登记以得到证实批准，在中华人民共和国范围内以相应法规尽一切努力保护翻译本的版权。出版者还同意对侵犯该翻译本版权的任何个人或组织提起诉讼，费用自理。

19. 如果出版者宣布破产，或不遵守本合同的任何规定，且在接到版权所有者书面通知（用挂号信寄到本合同第一段所写地址）后的第一个月内仍不纠正，本合同即自动失效。授予出版者的版权许可将收归版权所有者，而不影响出版者向版权所有者支付的或应付的任何款项。

20. 本合同规定的应付给版权所有者的款项都应按支付当天汇率以英镑/美元支付，不得扣除税款、兑换或代办费。付款可以支票或银行汇票支付，寄至×××（外国出版社财务部门的名称和地址），或直接通过银行转账，汇至版权所有者的账号×××（外国出版社银行的名称与地址）。如果出版社依法应扣税，它们应声明并提供相应代扣税凭证。

21. 本合同受中华人民共和国法律约束，双方因本合同而发生的任何争议或分歧，将提交中国国际经济与贸易仲裁委员会，该委员会的裁决是最终决定，双方必须遵守。但本合同任何条款不限制版权所有者采取必要措施，包括提起诉讼，以防止该翻译本在合同第一条所限定的市场范围外发行。

22. （1）如果版权所有者全部或部分业务被收购，版权所有者可以不经出版者的同意转让本合同。（2）本合同包含了双方充分而完全的共识和理解，取代了之前就本合同有关事宜达成的所有口头的、书面的协议与承诺，除经双方书面协商，不得改变。（3）只有出版者在本合同制定之日×星期内签字，本合同才被视为具有法律效力。

出版者代表签字……………………

版权所有者代表签字………………

附录（样本）

作者姓名	彼得·约翰逊
书名	建筑学史
供货数量	2 000 册
页数	332 页另加 2 页正文前书页
开本	234mm×156mm
纸张	60 克　机制非木纤维纸（附纸样）
装帧	锁线，精装，人造布面书脊粘连，外附护封
包装说明	包装机包装，10 本一包，放在货盘上，装在板条箱里

（三）合同注解

序言：这部分给出了合同双方的名称和地址，以及翻译作品的详细资料。对于一部很快会被修订的非小说作品，西方出版社通常会将版权许可仅限于当前版本。

第 1 条

这一条说明了被授予的专有权在语言和地域方面的规定。由于中国出版社将按实际销售量支付版税，所以没有对印数的限制；同时该条也明确说明了本合同不适用于该作品的任何修订版。

第 2 条

这一条规定中国出版社要向国外出版社提供符合特定规范的中文翻译文本的软片。

第 3 条

本条概括说明了联合出版贸易：为中国出版社印刷的翻译本册数，每本定价以及该价格包括版税、包装费和运费。运输方式和外国出版社交货的最终目的地，都应事先认真协商并达成协议。

一些出版社会为促销免费提供少量精装书，这些具体情况应在合同中约定。详细的产品规范说明在合同附件中列明。

第 4 条

本条为装运规定了时间，它取决于中国出版社是否能在要求的最后期限内提供软片和运输工具。一些西方出版社也许对延误交付软片规定了处罚条款，如除了支付印刷费和给另一联合出版者造成的任何额外费用，还需提高单价。

第 5 条

本条规定了中国出版社为联合出版版本付款的时间。一些西方出版社为逾期付款加收利息。

第 6 条

外国出版社需要尽快知道他们印刷的翻译本是否存在问题；这便于他们向印刷商提出产品的质量问题，向托运人提出运输中造成的损害。

第 7 条

这条说明了中国出版社如何再订货的手续。如果未能就定价或时间达成一致，可以讨论是否提供软片；一些西方出版社可能不愿意这样规定，因为这将中国出版社从联合出版合伙中排除。如果中国出版社后来的确购买了软片，许可方也必须将属于中国出版社的翻译文本的软片取回。

第 8 条

只有首笔款项被支付，本合同才发生法律效力。

第 9 条

本条旨在确保翻译应由一名合格的译者准确地翻译。未经许可不得修改，这样使外国出版社能够控制修改情况；为使本书更符合中国市场，作者对省略或增加资料没有异议。这种修改应当在谈判之初尽早提出，以便许可方与作者就这些修改商议。这条还规定外国出版商可以要求一份译稿以审查批准。必须提到的是，中国出版社提出的任何政治性的修改都可能危及此次交易——如果作者认为这些审查无法接受。

第 10 条

对于简单的翻译合同，被许可方应当注意事先查明哪一方将负责获得必要的外部版权许可并支付费用。本合同样本中，此义务在于被许可方，但一些外国出版社可能会负责这项工作，要么向被许可方单独收费，要么将其包括在联合版本每本书为单位成本中。

第 11 条

原作者的姓名必须得到适当的认可，原版图书的版权信息必须印在扉页背面并对原出版社予以承认。这是有必要的，因为版权也许是作者的名字。如根据英国法律对作者主张其精神权利的规定，一些英国出版社可能要求被许可方做下列声明："根据 1988 年版权、设计和专利法案，（作者）再次声明其享有精神权利。"中国出版社还需要注明其对中文文本的版权所有声明。

第 12 条：这条规定翻译本的具体出版日期和最终定价等具体信息。

第 1 款，本条第 1 款规定了一个现实的出版时间。实践中，如果中国出版社确有原因延误了出版，并适当提前通知，大多数出版社会考虑延长期限。但是，定期更新版本的图书（如教材）出版社可能会担心中文版的出版是否耽误，原书新版本是否即将出版，所以他们希望协商将许可转到新版本。

第 2 款，这一款规定在翻译本脱销后，如果中国出版社继续订购翻译本或从国外出版社得到一套翻译本复制软片，该合同则继续有效。每当有计划再订购时，国外出版社就应当提醒每个合伙出版者。

第 13 条

该合同第 1 条已将授权限定为图书形式，转让中文版的附属权利被自动排除。如果像平装本或俱乐部图书出版权等附加权利被授予，它们必须在谈判最初的阶段讨论，任何版权收入以何种比例与外国出版社分配都应达成协议。

第 14 条

本条规定了结算报告的形式。同时规定合同可以因为逾期不付款而被取消。一些西方出版社和代理商也许会对逾期未付金额收取利息作为对逾期付款的处罚。

第 15 条

这一条是对中国出版社的保证和损失赔偿条款。这项保证是根据外国法律而做出，因为我们不能指望外国出版社了解中国立法的具体情况。关于立法的表述要根据不同的版权许可国家而调整，如美国、德国等。

第 16 条

未经国外出版社的事先同意，本许可不得转让。

第 17 条

许可仅限于第 1 条中列出的权利。

第 18 条

中国法规要求被许可方到中国国家版权局登记许可合同，此程序至少需 7 个工作日；向那些不熟悉中国版权许可的外国出版社解释这一点是明智的。版权登记是中国被许可方能够对在中国市场同一选题的任何未获授权版本提起诉讼，并得到中国国家版权局的帮助。

第 19 条

这条说明了合同取消的几种情况：被许可方破产或违约。很少有西方出版社会自动提供一条相应的适用于他们自己的条款——如果许可方破产或违约，该合同取消。当然，此条款可以要求。

第 20 条

本条规定了汇款的实际操作。付款货币种类应与国外出版社约定。一些出版社可能希望在本条中插入收款部门的准确信息；大型出版社有专门版税部门，可能位于总公司之外的不同地址。如果通过文字作品代理商获得版权并付款，那么有必要插入此代理商的名称和地址等信息，并说明该代理商的委托费已被扣除。需要提供银行扣税文件，以便外国出版社能在自己国家要求归还已扣除的企业所得税。是否应对版税付款扣税取决于中国与该许可方国家适用的税收协定。如对英国出版社授予中国出版社版权的版税收入，中国现扣除 5% 的营业税，然后再就此余额扣除 10% 的所得税。支付公司税的英国出版社可以通过从他们每年缴纳的公司税中抵扣所扣所得税，但无法重新获得营业税。

第 21 条

这一条说明本合同在中国法律下执行，适用中国仲裁程序。这种规定是与众不同的，因为在世界版权许可中的惯例是使用版权输出方国家法律，也可能遭到不熟悉中国市场的西方出版社的反对。尤其是美国出版社经常要求合同应当受到他们公司所在国家的法律约束。

第 22 条

当许可方的全部或部分业务被收购时，本条允许许可方转让许可合同，这在西方是经常发生的。本条还规定该合同必须在指定期限内签订——西方出版社之间一般为 6 个星期，但对中国的许可也许 12 个星期更合适，因为中国被许可方要办理许多登记手续。

附录

它为联合版本提供了更具体的产品说明。

三、同种语言影印版权许可：一次性付款

本合同是直接从外国出版社购买同种语言影印版权，由被许可方负责制作。付款在约定的印数基础上一次性支付。影印版本主要适用于词典和英语教学资料，但过去两年里中国出版社也影印一些在中国大学以英语讲授的课程用书，如计算机课本等；而西方原版图书的定价对于课堂教学太高，难以购买。

（一）合同文本

本合同于××年×月×日由×××（中国出版社名称、地址）（以下简称为出版者）与×××（外国出版社名称、地址）（以下简称为版权所有者）双方签订。

版权所有者享有×××（作者姓名）（以下简称作者）所著××（书名）第×版的版权（以下简称作品），现双方达成协议如下：

1. 根据本协议，版权所有者授予出版者独家许可，准许其以该出版社的名义，以图书形式（简/精装）制作、出版该作品英文影印版×册（以下简称影印本），限在中华人民共和国内地发行，不包括香港地区和澳门地区。在许可影印本封底和扉页背面要清楚地注明该限定发行区域："仅限在中华人民共和国内地地区销售，不包括香港和澳门地区"。未经版权所有者的书面同意，出版者不能复制版权所有者对该作品的封面设计，也不能使用版权所有者的标识、商标和版权页。本协议授予的权利不及于该作品的其他后续版本。

2. 对于出版×册影印本的权利，出版者应按照第 18 条的规定一次性支付版权所有者费用，版税按影印本定价的百分之×计算，并以下列方式支付：

（1）合同签订时支付××美元；

（2）影印本出版时或××日期之前支付××美元，以时间早者为准；

如果在该协议履行期间，出版者有任何过错，此款项不予退还。

如果出版的影印本实际价格高于原估计××元人民币，版权所有者将按一定比例提高收费，相当于影印本定价增加的部分，该部分费用用于出版时支付。

3. 直至版权所有者收到第 2 条所列款项，本协议生效。

4. 出版者将准确无误地影印该作品，在未得到版权所有者的书面同意之前，不得对作品进行省略、修改或增加。

5. 如需要，影印本出版者应取得原作品中第三方控制的版权资料的使用许可，为这些许可或权利支付费用，并保证在影印本中给予适当承认。直到版权所有者收到出版者书面确认——出版者获得了许可，版权所有者才会向出版者提供生产资料用于复制该作品中包含的插图。

可供选择的表述：

如需要，版权所有者负责取得原作品中第三方控制的版权资料的使用许可。对于获得这些许可而支付的费用，由版权所有者再向出版者收取额外的行政管理费，具体事宜由双方另行协商。直到版权所有者获得许可，才会向出版者提供生产资料用于复制该作品中包含的插图。

---

6. 出版者应确保影印本的印刷、纸张和装帧质量，尽可能达到最高标准。

7. 出版者所有影印本的封面、书脊、护封（如果有的话）和扉页上都必须醒目地印上作者的姓名，并在扉页背面注明下列版权声明："©（原书版本详细信息）"以及下列声明："此××（书名）的影印版由××（外国出版社名称）许可出版"。出版者也将对翻译本进行版权声明。

8. 影印本出版后，出版者应向版权所有者提供×本免费样书，并说明该影印本的实际出版日期和定价。

9. 如果出版者未能在××日期前出版该影印本，该合同中所有授权将由版权所有者收回，而出版者向版权所有者支付的或应付的任何款项不受影响。

10. 未事先征得版权所有者的书面同意，出版者不能处分该影印本的任何附属权利。

11. 如果本合同中所规定的款项逾期 3 个月仍未支付，授予的许可将立刻失效，转让的任何权利将收归所有者，无需进一步通知。

12. 版权所有者应向出版者保证其权利和能力签订本合同，根据英国法律该作品决不会侵害任何现存版本，或违背任何现存协议，该作品不含任何内容会引起刑事或民事纠纷造成损失，否则因此而给出版者造成的损失、伤害或开支，版权所有者应给予赔偿。

13. 未得到版权所有者书面同意之前，出版者不得将所获得的版权许可转让或惠及他人，也不能以出版者以外的任何名义出版该影印本。

14. 除本合同中明确授予出版者的权利外，该作品的其他所有权利由版权所有者保留。

15. 出版者应将影印本的详细情况向中国国家版权局登记以得到正式批准，在中华人民共和国范围内依相应法规尽一切努力保护影印本的版权。出版者还同意对侵犯该影印本版权的任何个人或组织提起诉讼，费用自理。

16. 当影印本已绝版或市场上已脱销，出版者应当通知版权所有者，则所有权利收归版权所有者，除非双方达成协议，出版者则享有优先权对该影印本进行重印；但在得到版权所有者书面同意或达成协议前，出版者不得自行重印。

17. 如果出版者宣布破产，或不遵守本合同的任何规定，且在接到版权所有者书面通知（用挂号信寄到本合同第一段所写地址）后的一个月内仍不纠正，本合同即自动生效，授予出版者的版权许可将收归版权所有者，已付款项不退回，应付款项仍需支付。

18. 合同规定的应付给版权所有者的款项都应按支付当天汇率以英镑/美元支付，不得以兑换或代办费为由扣除。付款可以支票或银行汇票支付，寄至×××（外国出版社财务部门的名称和地址），或直接通过银行转账，汇至版权所有者的账号×××（外国出版社银行的名称和地址）。如果出版社依法应扣税，他们应声明并提供相应代扣税凭证。

19. 本合同受中华人民共和国法律约束，双方因本合同而发生的任何争议或分歧，将提交中国国际经济与贸易仲裁委员会，该委员会的裁决是最终决定，双方必须遵守。但本合同任何条款不限制版权所有者采取必要措施，包括提起诉讼，以防止该影印本在本合同第 1 条所限定的市场范围外发行。

20. （1）如果版权所有者全部或部分业务被收购，版权所有者可以不经出版者的同意转让本合同。

（2）本合同包含双方充分而完全的共识和理解，取代之前就本合同有关事宜达成的所有的口头的、书面的协议与承诺，除经双方书面协商，不得改变。

（3）只有出版者在本合同制定之日×星期之内签字，本合同才被视为具有法律效力。

出版者代表签字……………………

版权所有者代表签字…………

（二）合同注解

如果中国出版社要获得原语言影印版权（如英语词典），其许可合同与前面提供的翻译合同很相似。

要记住的特殊要点：

第1条

可能中国出版社希望与外国出版社合作、以两者的名义出版该影印本，或许外国出版社要求中国出版社这样做，以维护自己出版物的品牌，如词典。以共同名义出版必须事先征得外国出版社的同意，一些出版社已经对被许可方在影印版本上使用其名称收取额外费用。

本条含有对销售区域的限制，这对阻止影印本流入其他市场非常重要。英国和美国的出版商尤其担心这些版本流入香港地区，因为香港有很强的能力购买和进口原版英语图书。

或许一些西方出版社希望通过时间和印数来约束这种合同，这在飞速变化的市场环境中也可以理解，因为国外出版社希望定时回顾和审查自己的许可政策。这样，就可以加入下面一条：

"根据第9条、第11条和第16条，该许可合同将自出版者首次出版该影印本之日持续×年有效，到期后由双方共同协商是否续约。如果版权所有者依据本条通知终止合同，出版者将有权自收到该通知之日起12个月内，通过正常贸易渠道处理其库存书。"

第十章　销售图书版权的程序与合同

第一节　向国外销售的基本程序

与版权引进的繁荣景象相比，中国的版权输出的确令人十分沮丧。虽然短期内业界人士并不对版权输出抱太多的奢望，但有条不紊地将原创图书以外语形式引入到国外非华人区域，仍是众多出版人努力的方向。那么究竟如何展开版权输出贸易，才能成功地占领海外的哪怕是那一小片市场资源呢？

一、挑选具有版权销售潜力的选题

中国出版社的第一任务是，以客观的现实的眼光看待现有的和将来的出版项目，以鉴别出具有国际潜力的选题。

所谓版权销售潜力，是指图书具有输出价值，能够获得国外目标市场的认可。其关键因素在于能否被国外目标读者群体接受。成功的版权输出贸易是策划者对国际市场中同类产品的熟悉程度，甚至包括非常精确的目标读者数据分析等能力的考验。

怎样具有版权销售潜力，这包括题材内容和表现形式两个方面。

（一）题材

由于欧美地区的语言、文化背景、思维习惯、审美情趣与中国差距甚远，因此接受范围十分有限，这也是中国版权输出难以逾越的瓶颈。体现中华民族传统文化的吸引力和一些具有时代性的作品在西方易于被接受。其中既包括饮食、建筑、服装、习俗、风景等在内的具有民族特色的民俗文化和风土人情的作品，也包括反映当代中国现状的满足涉足中国经济的外商和研究中国的外国机构所需的作品。比如外国读者对于中国底层人民的生活十分关注，中国企业家和研究者对自己市场和管理收获的分析被认为是很好的研究对象。领袖人物类、传统文化类、现当代文学类、中医中药类、保健按摩类和语言辞书工具书类图书在版权输出贸易中占较大的比例。近两年少儿书籍也得到了一定开发。这类输出比较成功的作品有：在俄罗斯发行的辽宁人民出版社的《我的父亲毛泽东》；"茅盾文学奖"获奖图书输出到美国、加拿大、日本、韩国等多个国家的阿来的小说《尘埃落定》；上海人民美术出版社与南斯拉夫评论社合作出版的有英、日、法等版本的大型画册《中国》；中国对外出版贸易总公司、中国摄影出版社与澳大利亚合作出版的有中、英、日、法等版本的大型画册《中国——长征》；科学出版社与美国利通教育出版社合作出版的《中国古人类画册》；文物出版社与日本平凡社合作出版的《中国石窟》（20卷）；人民美术出版社与日本出版社的《中国工艺美术丛书》（40卷）；《中国陶瓷全集》（34卷）；人民美术出版社与日本讲谈社的《中国的旅行》（5卷）；外文出版社与美国耶鲁大学出版社合作出版的《中国绘画三千年》中、英文版（英文版在海外半年销售16 000册，获1997年全美艺术图书最高奖）；山东科技出版社的《针灸治疗疑难病症》、《中医食疗学》被朗文出版公司译成英文；《保健按摩图解丛书》被西班牙、俄罗斯、意大利买走翻译权。

（二）表现形式

由于语言思维和文化背景的差异，从中国输出到西方国家的图书大多是一些用简单浅显的语言叙述的画册，比如上文提到的《中国》、《中国——长征》、《中国古人类画册》等。这也将是今后版权输出的主要形式之一。

眼球经济的时代，任何东西都要讲求新颖性，尤其在文化差异明显的异国之间，眼睛更成为第一手的交流工具。中国的很多作品未能吸引对方的注意力，首先在其外在形式，装帧设计缺乏新意，未能把握现代潮流，而失去了竞争力。21世纪出版社的"手脚书"却在这方面有很好的突破。这是一套开发幼儿智力的玩具立体书，其特点是：书的外观像一个"蔬菜小人"的身体，书边嵌有塑料质地的"手脚"，柔软可扭动，生动有趣。在博洛尼亚国际儿童读物展中被法国、意大利、荷兰的3家公司看重，购买了版权。

此外，除了传统的纸制图书形式，国内出版社也可以尝试开发电子出版物和网络出版。由于其中涉及一些国际尚存争议的著作权的归属和技术问题，仍不是国际版权贸易的主流产品，出版社在进行版权贸易时也要谨慎处理。

二、熟悉西方出版市场，开始销售版权

如果说版权引进贸易必须熟悉海外出版市场来选择判断引进图书的选题的话，那么，在输出版权之前，充分了解国外出版市场，则是为策划图书输出选题打下坚实的信息基础，使整个选题过程做到有的放矢。了解海外的出版市场应当包括以下几个层面：①了解当前占领国外图书市场的图书种类以及各自所占比例。②了解当前国外市场主流产品的出版方向和出版风格。③熟悉你所从事的专业领域的发展动态和出版情况，包括对它的出版侧重、出版形式、出版语言风格等进行文本分析；比如，在科普读物的出版方面，目前国内的创作理念与国外具有一定差距，国外十分注重科学知识的普及作用，将之叙述成为极为生动有趣而又富于科学思想的普及性读物；再如欧美的中低端教材，也十分注重学习的趣味性与时尚性。④熟悉当前西方读者的阅读趣味、方向、审美习惯。在外国人眼中，中国是一个充满着古老神秘气质的遥远国度，他们往往会表示出对中国传统文化如饮食、建筑、服装、习俗、名胜古迹的强大兴趣。这在中国近些年的输出成果中都得到了成功的印证。⑤熟悉国外各大出版公司的出版优势以及开拓亚洲市场的能力，以指导国内出版社图书输出找到合适的合作伙伴和销售渠道。如主要出版科技、商业及经济类高等教育图书的美国麦格劳·希尔教育出版集团；涵盖各类学科的高等教育教材出版的美国汤姆森学习出版集团；出版教育、职业培训、科技和实用类图书的美国约翰·威利父子公司；从事医学图书出版的莫斯比出版公司；擅长科技图书出版的德国施普林格出版集团；擅长出版优秀科普读物的英国 DK 出版公司等。⑥熟悉国外的出版法规及与之相关的贸易法、经济法等法律条文。比如，不同国家的版权保护期限不同，受该国的国内版权法规定。一般国家的版权保护期为作者终身加 50 年，而欧盟和美国延长到70 年。在确定某一选题时，首先要核对一下该作者作品是否还在版权有效期内，如果已经进入公共领域，就没有必要去购买。又如目前世界上大多数国家都属于一个或两个国际版权公约组织，但还有一些重要的国家与地区没有参加。因此，只有有了双方版权承认的条件才可以放心地进行国际版权交易。版权有很多不同的类别，在我们日常版权贸易中常用到的有同文种地区版权、图书俱乐部授权、平装本版权、一次性期刊登载权、电子出版和多媒体版权等。

从目前实际情况来看，西方出版社都是私有的而不是国有的。一些较大规模的出版集团上市，人们可以购买其股份。它们的出版目的就是盈利——即使大学出版社现在也要求压缩那些非常专业的选题，多出版比较受大众欢迎的图书。每一个出版社都制定了自己的出版政策，适用于因不同原因而建立的领域——当出版社比较小时创始人的个人品位，多年成功经验证明的领域，等等。考虑到市场的变化趋势，出版社时不时在发展方向、扩展或减小规模方面有一些变化，但一个西方出版社很少从根本上改变其出版特点，比如，从出版学术教材转到大众市场的小说出版。

不难看出，西方出版社都有自己的特色，不会随意改变已有的经营特色，这样其实有利于我们研究各个出版社的选题范围，有针对性地推荐我们的作品。

在西方国家有很多不同的出版社在同一出版领域竞争出版：学校课本、大学教材、商务和计算机手册、文学小说、儿童图书、通俗小说和非小说读物，等等。就英语图书来说，英国和美国出版社在某些专业和许多海外市场竞争激烈，特别是在学术图书领域。由于文化品位的差异，他们在大众市场选题方面的趣味往往不同，尽管他们之间也通过版权贸易有跨越大西洋的协作。在高水平的科学、技术和医学出版领域，德国和荷兰的出版社与英美出版社相互竞争出版英语原版书。越来越多的大出版社成为跨国公司的一部分，在世界各地设有分公司。这就要求我们在必要时不要舍近求远，要学会就近寻找合作伙伴。

三、确定合适的买主

首要任务是开始了解在某一特定领域哪家出版社最强大。这不仅对中东欧的出版社而且对任何希望输出版权的出版社来说，都是一项巨大的、艰巨的和正在进行的任务。

信息可以从多处收集到。我们前面已经提到了由今日信息公司制作的两大国际出版名录：《文学市场》（美国和加拿大）和《国际文学市场》（世界其他市场），还有诸如英国的卡塞尔公司出版的《出版社名录》等本国性的出版名录。如果英国使馆或 Soros 基金会有这些名录，第一步的调查就可以开始了。各大国际图书博览会的书目对于提供外国出版社的出版兴趣信息也是无价之宝：每年的法兰克福书目特别有帮助，整个一年都可以用作参考工具书。法兰克福书展每年还制作"Who's Who"，它列出了报名参加书展的人员名单，尽管它非常贵（2002 年为 60 马克）。

了解在某一特定领域哪家出版社最强大，这需要做大量的调查研究，但是必须做。有许多获取信息的途径，如前面的引进图书版权，这些途径都是很有效的。

四、推销的基本途径

（一）通过邮寄推销版权

这将是展开版权输出贸易的前提。出版社对待版权贸易应该树立一个主动意识，这也是宣传自己的一个有效的方式。

希望从国外出版社购买版权的出版社应当给版权经理写信，而希望向国外出版社销售版权的出版社如果无法从名录中确定具体的联系人员，则应当给编辑部主任写信，这是推销版权的第一步。或者，如果他们正提供一个特定项目，就应当把信具体到"旅行指南编辑"或者"儿童图书编辑"，当该出版社规模很大、有很多不同专业编辑部门时，这是很有帮助的。

推销版权的第二步，最好不要尽力推销整个书目，而是挑选一个（最多两三个）看起来具有真正国外潜力的选题。推销的主题不是整个书目，而是一个或几个具有输出潜力的选题，并提供该书简介、清晰的信息，这些信息应当使外方编辑作出是否有意向的判断，其内容须包含以下一些关键点：出版社的名称和地址；该书书名；作者详细资料、地位及其相关出版物；该书详细信息、版式、装帧、页码、种类；插图的数量和种类；该书的详细介绍、读者对象、出版日期。也可以附上内文的插图，吸引对方。如果国内出版社能够用英语、德语、法语等语言准备同样的信息，瞄准所有国际市场效果会非常好。如果这样不可能，就用英语准备信息，它不仅适于英美的出版社，还有欧洲大陆、拉丁美洲大多数国家，以及日本。

在邮寄的信息单上应该附上一封信，主要内容是简明扼要地表示出寄信的目的，其中可以用一两句话概括对对方出版社的认识、推销的书名、作者和信中资料的类型，以及要求答复。如果该书已被翻译成其他语言版本出版，在自荐信中注明也是很有帮助的。

该信的内容应诚恳地使用这样的表达：贵出版社以出版××××见长，我想知道您是否喜欢×××作品，该作者在我国久负盛名，如果您感兴趣，我们乐意为您提供一本样本，并且提供部分章节的翻译本。

这样可以迅速地拉近与国外出版商的距离。

（二）在书展上推销版权

如第九章所述，书展对于版权的销售与购买是极其重要的场所，是版权贸易销售与购买极为重要的渠道，西方出版社一般参加的大型书展有法兰克福书展、伦敦书展、美国书展、波罗尼亚书展、东京书展、北京国际图书博览会等，其中法兰克福书展已经发展成为全球最大的版权交易市场。参加书展的最大优势在于，交易双方可以进行面对面的交流和了解，表达感情，无论是初次见面，还是合作过的老搭档。

输出或者引进版权谈判，宣传自己，寻找潜在客户，了解出版社等活动是每个参加书展的出版社的主要目的。国内出版社更应该利用这个难得的机会，做好充足的准备，往往一些出版社将书展作为与国外出版社第一次会面的场所。第一，会展资料准备：准备足够的名片和具有版权输出潜力的选题简介，其中选题简介需要使用多国语言版本。选题简介重点突出，特点鲜明，内容需展示其国际性出版潜力，让人一目了然。如果图书内含有许多照片和图画，可以放入简介中，并加以说明。当然，出版社参展人员要为即将洽谈的选题做详细的资料储备。第二，预约对方：如果出版社希望在书展中与意向合作者见面，最好在书展前 6~8 个星期给指定编辑写信询问是否可以在书展见面，以便对方安排书展日程。按照国际惯例，一般出版社派出的书展代表基本上是版权销售人员而不是编辑；所以你必须事先在预约信中询问对方是否出席书展，如果不出席，可否有其他的解决方法。第三，主动拜访：如果是第一次见面，双方的版权交易还出于一个兴趣意向和相互了解的阶段的话，出于礼貌，应当主动到对方展台相见，时间最好安排在书展前几天。第四，交流方式。洽谈者不仅仅具备流利的外语表达能力，还应该掌握灵活的应变技巧、耐力和忍受力。书展是一个体力活，尤其当你承担了国外出版社的调查任务。在会展约见现场，如果双方是第一次见面，在相互寒暄之后，应向对方介绍自己、出版社和出版项目；在现场很有可能遭受到对方对该项目的拒绝，版权洽谈者要根据谈话内容，随机应变，转移话题，转而推广某一特定主题的其他项目作品。第五，版权细节了解：如果双方在版权项目达成合作意向，我方应该对版权细节作进一步地了解，例如授权范围、翻译来源、图书内图片软片复制的管理费用以及详细联系方式、需要邮寄的资料等。第六，会展后续：①立即给每个与你会面的人写信表示感谢，信中措辞礼貌、委婉。②邮寄项目的资料、样书，授予国外出版社该语种版权的专有选择权，一般是 3 个月。③将每一家具有合作前景的出版社加入邮寄名单和客户资源库中，定期为他们提供他们感兴趣的相关项目的信息。

（三）通过国内外的版权代理人（公司）输出版权

中国目前的国有版权代理机构只有 28 家，除了从事 3 家影视代理、2 家音像代理外，其余主要代理图书版权，其中以中华版权代理、上海版权代理、广西万达版权代理和北京版权代理四家之外，其他的版权代理公司的交易额和版权资源都非常有限；由于这些版权代理机构与国外出版业交往密切，可以掌握很多国外的出版信息、出版渠道、作译者资源与世界著名的代理人（公司）信息，他们不仅拥有国外出版机构和个人的作品代理权，还为国内的作者承担输出代理服务，能给予出版社以专业化的咨询与指导。但是目前国内的版权代理机构更多的只是从事版权引进的工作，即使是最大的中华版权代理总公司每年输出的版权品种有二三十种，输出产品基本上是针对港台及其他华文地区。除了以上的国有版权代理机构之外，中国还有一些散兵游勇的经纪人承担版权代理业务，譬如阿来的《尘埃落定》在国外的版权代理就是由经纪人来办的。

海外版权代理人（公司）是中国出版社版权输出的主要途径之一，英美的版权代理业十分发达，中国如果在版权输出上不了解这些版权代理人（公司）的服务方式和业务范围，将会失去很多发展机会。英美的版权代理人分别聚集在伦敦和纽约地区，他们的客户主要是小说和非小说图书、儿童读物以及报刊、电影、电视等媒介组织。对来自国外或非印刷品的服务收入一般为 17.5%~20%，通常，版税报表和版税由出版商交给代理，代理进行核对，扣除自己的佣金，然后将大部分余额付给作者。判断一个版权代理人是否出色要看他手中的作者授权数量。一般来说，教育类和学术出版很少求助于代理人，其版权代理基本上通过出版社之间进行交易。中国在联系国外版权代理人（公司）的时候，需要了解他们的优势领域以及他们所代理的语言区域。因为语言障碍，中国的版权输出一般通过港台版权代理公司与国外展开联系，或者通过中国人在国外经营的版权代理机构联系。后者优势在于常驻国外，了解国外最新出版资讯，和许多出版社建立稳定的合作关系，推荐优秀的外文译者资源，最重要的一点是从中国的国情出发，能够维护中国的利益。比如现驻德国的海格立斯贸易文化发展有限公司就是这样一个例子。它于 1995 年成立，代理德语国家包括德国、瑞士、奥地利的 50~60 家出版社，以及波兰、匈牙利、丹麦、瑞典、挪威等国家的部分作家。不过，对这些海外版权代理机构而言，版权输出仍是一个崭新的话题，由于中国出版社还不太习惯委托代理人，双方还需要进一步沟通。

（四）通过与海外出版公司的合作输出版权

中国目前的版权输出，主要走与海外出版商直接合作的途径。这其中包括商务印书馆的港台出版社，它们拥有广大的国外版权资源和贸易渠道，以及欧美各大出版集团。有目标地选择合作伙伴是中国在选择国外出版社作为版权输出渠道的有效方法，其原则是挑选那些专门翻译国外文学作品，尤其是那些对中国作者感兴趣的西方出版社。首先，出版社应该在版权引进贸易过程中就广泛建立起"同道中"的海外合作伙伴关系，这种关系不仅仅是业务合作，还可以建立个人友谊，进行"有限的谈判和无限的联系"。例如以出版文学作品著称的人民文学出版社已经与 40 多家海外出版以及版权代理机构建立了业务联系，和世界几个出版大国的主要出版社都有着版权贸易关系，如英国的布鲁斯伯里出版社，美国的兰登书屋，法国的迦利马出版社，日本的文艺春秋社等，这些都是当地权威性的文学作品"生产基地"。其次，我方需要了解外方出版社的购买原则。不可否认的是，西方出版社是私有企业，它们的目的就是盈利，即使是大学出版社也不得不压缩一些非常专业的销售十分有限的选题，而转向大众化的图书。西方出版社虽然会根据市场的变化适当调整选题方向和类型，不过它们对自身的学科优势和品牌还是始终坚持如一的。而且，即使是擅长于同一领域的几家出版社，它们在选题的衡量标准和侧重点都是有所不同的。这需要国内出版社在输出版权之前作出详细的分析报告。再次，收集出版商的出版信息。对于我方输出资源有限的前提下，需要了解在某一特定领域各强势出版社的实力地位，如果选择得当，将会为出版社带来很好的收益和名誉。信息的收集方式多样：网络、代理商、出版社书目、国际书展以及一些出版社名录材料，如美国和加拿大地区的《文学市场》、世界其他地区的《国际文学市场》以及诸如英国本国性的《出版社名录》等资料。出版社可以通过邮购、使馆、基金会等方式得到。

版权输出的形式可以分为以下三种：①作品先在国内出版再由国外的出版商翻译出版，这一般适用于一些文艺类的原创图书。②制作"规模型对外输出终端产品"的双语读物，成品书直接由国外订购，直接出口，这一般适用于期刊的出版，如《中国国家地理》。③合作出版：国外出版商策划选题，国内组稿、编稿、定稿，外方购买负责印制发行。一些大型套书，浅显趣味性强的画册通过双方的合作实现版权输出。

目前，单纯的原创图书版权输出相对困难，而合作出版是使用最为广泛的方式。

（五）通过网络输出版权

网络可以跨越时间和空间的障碍，帮助国外出版商更好地了解中国图书信息。中国出版社可以利用自己的网站发布版权信息，还可以通过注册国际上知名版权交易网站如美国版权在线网，宣传版权输出产品信息。网站需要使用中、英双语（包括中文简、繁体），如果有条件和需要，可以作成其他如德、法、日等语言形式。专业公共网站中中国版权网（www. copyright—china. com）将会是一个很好的交流平台。网站拥有英、德、法、日语的翻译人才，可将中文图书译成多种文字上网宣传，以便中国的优秀作品以最快捷的方式被国外出版界了解；网络也可以将国内的优秀作品直接推荐给相关的国外出版社。国内的出版社可以充分利用有关窗口和渠道加强沟通，让更多的中国图书走出国门。

（六）建立自己的销售渠道

国外出版社能够了解到中国作家的作品，中国图书进出口公司在渠道上做了大量的工作，推荐了很多中国作品到外国。建立自己的销售渠道，直接打入对方"后院"，这与国外的出版集团在中国设立代表处的性质相同，是国内出版社梦寐以求的事情。目前这种情况十分罕见，科学出版社凭其实力和人才优势，输入输出堪佳，还在美国成立了办事处，另外中国图书进出口公司、新华社也在国外设立了联系点，成为我国出版界的一座桥头堡。

五、开展版权输出应遵循的原则

（一）认真选择可供出口的作品

作品版权的输出，不能损害国家的安全和国家的政治、经济权益，要根据平等互利、协商一致的原则，签订出口合同，并根据出口作品版权的经济价值，取得合理的报酬。

（二）慎重选择作品出口的时机

作品的出口，要结合国外图书市场的热点和当地的娱乐、文化、生活的需要来进行，针对不同时期的不同需求，选择不同的作品，进行版权输出。

（三）选择适当的版权输出方式

版权输出的方式应是风险小、版税高的方式。要选择好适当的方式，就必须对版权引进国家有较全面的了解。了解引进国（地区）政府对版权许可和转让的态度、对版权许可和转让的限制，能否允许出口方获得合理报酬，引进方有无引进的条件，引进方国家（地区）有无版权保护制度和保护版权的法律。

（四）安排好出口的作品在输出后的保护

向国外进行版权输出，必须寻求有效的保护，这不仅有利于维护我方的利益，也有利于维护对方的利益。否则，不但会丧失我方的经济效益，还可能使盗版大行其道，从而导致更大的经济和政治损失。

寻求对输出后的版权的保护，大致有如下两种方法：

（1）对于有版权制度的国家（地区）来说，要寻求版权法的保护，其前提是我国和该国（地区）已达成了关于版权保护的双边协议。

（2）对没有建立版权制度的国家（地区）实施版权输出时，一般是通过合同中的相应条款对版权进行保护，在合同中要明确规定引进方的义务，如引进方有义务对作品进行保护以防止盗版情况的发生，以及一旦发生了盗版，引进方应采取哪些行动来补偿损失。

六、版权输出策略

（1）提高对版权输出战略意义的认识

长期以来，我国的出口贸易主要是以有形商品为主。近年来，虽然我国出口商品的结构发生了很大的变化，但作为文学艺术、科技作品的版权出口，所占的比重还是相当小。随着科学、文化的发展，版权贸易的重要性将会日益突出，我们应充分认识到这一点，采取积极措施，逐步扩大作品版权的出口，以增加我国的经济活力。这无论在政治上，还是在经济上，都具有深远的战略意义。

（2）发展出版公司的跨国经营，建立出版界的跨国公司

跨国公司可以在版权的国际移动中起到非常重要的作用。跨国公司把版权转让给引进方，并与其进行合作出版，这不仅能使跨国公司获得极大的有形和无形的利益，而且也满足了引进方利用外来资金和引进技术的需求。由此可见，跨国公司在版权出口贸易中的作用，如果发挥好了，将是无法估量的。

（3）有效地利用作品的版权

有效地利用作品的版权，是获取最大利润的关键。所谓有效地利用，是指以成本、市场竞争和价格为考虑因素，如何运用一项作品的版权，使其利润最大化。

（4）在版权出口中，应加强版权的保护

既要出口作品，又不丧失该作品的版权，其关键是实行卓有成效的版权保护。对于有关作品，要及时申请版权保护，或通过合同的方式进行保护。

（5）重视信息工作

当今社会已进入了信息时代，信息成为国际经济贸易活动中的重要资源。信息不灵，不仅会导致决策失误，而且会错失良机。因此，应重视调查研究，加强信息工作，及时了解版权贸易市场的动态，以及各国（地区）的法规，做到知己知彼，抓住时机，采取措施，组织促销，扩大版权出口。

七、合同谈判

如果对方对你所推荐的图书表示很大的兴趣，并且在看过样书之后给予了要求谈判的答复，这就预示着繁琐的谈判拉锯战开始了。谈判要点如下：

（1）在谈判前充分了解对方出版社的历史、风格、出版重点等，这将

对谈判会有很大的帮助，会使对方感觉我们很重视他们。同时，对该出版机构的合作要求、版贸条款、付款方式等尽可能地多做了解。

（2）谈判之前，有关法律、法规及有关技术术语应了然于胸，这样才能从容不迫。这些法律法规包括国际版权公约、对方国家的版权法、相关的该国贸易法、税法以及一些经济常识，一些技术术语主要指因国内外语言的差异造成的术语生疏，比如版权有很多不同的类别，在我们日常版权贸易中常用到的有同文种地区版权、图书俱乐部授权、平装本版权、一次性期刊登载权、电子出版与多媒体权等。

（3）谈判过程中的洽谈的首要信息是对方计划中的首印数和当地预计销售价格。这个价格通常是指终端消费者购买的图书价格，而不是发行折扣价格。

（4）版税和预付款的谈判。按照国际惯例，版税是根据一定时期内图书的实际销售数量来计算的，版税率因销售册数的不同而变化。对于废除了图书零售价管制的欧洲国家如英国，它们的一些出版社可能要求版税按照从书商和批发商中收到的折扣后的价格为基础计算，一般精装书的折扣为 7.5 折到 6.5 折，平装书在 5 折以上。那么我方就应当要求商谈一个更高的版税率，以补偿折扣差额。预付金的支付按国际通行做法为 30%~50%。目前，我国对外的版权输出预付金和版税率都呈上升的趋势，从一册书不到 2 000 美元的预付到现在超过 3 000 美元的预付。

（5）版税的支付。合同生效后，对方应定期递交实际销售数量的版税报告，按照国际惯例，综合出版社一年两次，学术出版社为一年一次。初期的销售版税从已付的预付款中扣除，扣完之后按照销售额收取版税。版税报告的定时交付体现一个诚信的问题，因为习惯因素，中国对"预付款+版税"的模式还不熟悉，在版权引进过程中，总是忽略这个问题；当我们作为版权输出者来说，督促他人定期递交版税报告是对自身的负责。大多数西方出版社都采用计算机账目结算系统统计销售情况，意味着出版社能够准确计算图书销售和库存数量，这在国内许多出版社中是未能实现的。

（6）确定授权范围。授权范围的大小影响着输出版权图书的销售量、传播潜力和知名度的扩张。这对有些语种来说相对简单，比如意大利语、德语，还有一些运用地理范围相对小的语种，而西班牙语则涉及是授权西班牙大陆的出版社还是拉丁美洲出版社的问题；最为复杂的恐怕是英语语种，由于使用范围相当广泛，是授权英国本土领域的发行权还是全球版权可能会是天壤之别。一个出版社的实力、发行推广能力、销售渠道都将会直接决定版权范围大小的授权。一般来说，我国的国际发行力相对较差，如果授权一家国际大出版商负责较大区域全权发行，是有益无害的。目前，中国的版权输出是以语种为单位划分地理范围给予授权的。

（7）许可合同使用期限。一般授权方授予对方的许可合同期限不会少于首次出版之日起 10 年。但是一些学术出版社要求版权许可终止其版权保护期。这将根据图书的具体情况决定。

（8）附属权利的谈判。所谓附属权利是指授权精装本图书的平装本版权、为图书俱乐部以会员折扣邮寄业务提供图书的权利、同文种地区版权、允许出版前报纸和杂志节选的一次性期刊登载权、电子出版与多媒体权等。其中，大众图书的谈判中，对方出版社要求得到出版权以外的一系列权利，否则，它们将会拒绝接受合同。当然，这些附属权利的再许可所获得收益，它们将会按一定比例与我方分配，分配比例以所授权利的种类而定，其中第一连载权一般在 50%~90% 不等。

（9）认真检查合同。检查合同是一件十分琐碎而复杂的工程，但是又是版权贸易和合作出版的唯一法律依据，因此对合同的签订一定要认真，必须逐条细致地检查，尤其是签订外文版合同时，对每一个词语和句子都要吃透，最好聘请法律专业人士帮助核对，并将它翻译成中文，有助于领导和财务部门的工作。

第二节 向国外销售翻译权许可合同样本

版权输出合同形式一般都遵循国际惯例选择预付款和版税的形式。这种许可合同是向国外出版社销售中国作品的翻译权，由外国被许可方负责图书的制作。交易的基础是预付款和版税。当然最重要的是中国出版社按照合同有资格代表作者处理这些权利。

一、合同文本

本合同于××年×月×日由×××（外国出版社名称、地址）（以下简称出版者）代表自己、商业继承人和受让人与×××（中国出版社名称、地址）（以下简称版权所有者）双方签订。

版权所有者享有×××（作者姓名）（以下简称作者）所著××（书名）第×版的版权（以下简称作品），现双方达成协议如下：

1. 根据本协议，版权所有者授予出版者独家许可，准许其以该出版社的名义，以图书整卷形式用××（语言）翻译、制作、出版该作品（以下简称翻译本），并在××（地域）/全世界发行。本协议授予的权利不及于该作品的其他后续版本。

2. 根据本合同第 14 条，出版者应向版权所有者支付下列条款项：

（1）预付款××（金额）和根据本合同应当向版权所有者支付的任何款项，以下列方式支付：

①本合同签订之时，向版权所有者支付××（金额），该款项的支付是本合同发生效力的条件。

②该翻译本出版时，向版权所有者支付××（金额）。

（2）如果在该协议履行期间，出版者有任何过错，上述款项不予退还。

（3）根据出版者出版的该翻译本任何精装版本的零售价/建议零售价/金额，向版权所有者支付：

①销售前×千册，版税为×%；

②销售册数超过前×千册后，版税为×%；

（4）根据出版者出版的该翻译本任何简装版本的零售价/建议零售价/金额，向版权所有者支付；

①销售前×千册，版税为×%；

②销售册数超过前×千册后，版税为×%；

对用于评估或促销而免费提供的样书和以成本价或低于成本价销售的图书，不支付版税。

如果上述第（3）款和第（4）款中的版税按照该翻译本的零售价或建议零售价计算，则可以附加下面一款：

（5）如果出版者认为需要以零售价/建议零售价的×%或更高折扣销售该翻译本，则版税应当以出版者销售这些图书的实际收入计算，而不是以该翻译本的零售价或建议零售价计算。

（6）如果在海外单独订立了该翻译本的出版合同，该翻译本以装订本或书页形式提供，且收取版税，则版税应以出版者的实际收入计算。

3. 出版者将负责安排一位合格的翻译者，保证准确无误翻译该作品，并将译者的名字和资历报告给版权所有者。未得到版权所有者的书面同意之前，不得对作品进行省略、修改或增加。版权所有者保留要求出版者提交译稿样本的权利，在其同意后，出版者方可印刷。

4. 如需要，翻译本出版者应取得原作品中第三方控制的版权资料的使用许可，并应当为这些许可或权利支付费用。直到版权所有者收到出版者书面确认——出版者获得了许可，版权所有者才会向出版者提供生产资料用于复制该作品中包含的插图。

可供选择的表述：

如需要，版权所有者负责取得原作品中第三方控制的版权资料的使用许可。对于获得这些许可而支付的费用，由版权所有者再向出版者收取额外的行政管理费，具体事宜由双方另行协商。直到版权所有者获得认可，他才会向出版者提供生产资料用于复制该作品中包含的插图。

---

5. 出版者应确保翻译本的印刷、纸张和装帧质量，尽可能达到最高标准。

6. 出版者所有翻译本的封面、书脊、护封（如果有的话）和扉页上都必须醒目地印上作者的姓名，并在扉页背面注明下列版权声明："© （原书版权详细信息）"以及下列声明："此××（书名）的翻译本由××（中国出版社名称）许可出版"。

7. 翻译本出版后，出版者应向版权所有者提供×本免费样书，并说明该翻译本的实际出版日期和该翻译本的零售价和批发价。

8. 如果出版者未能在合同签订之日起×个月内出版该翻译本，该合同中的所有授权将由版权所有者收回，而不损及出版者向版权所有者支付的或应付的任何款项。

9. （1）本合同授予的许可有效期为整个版权保护期/自该翻译本首次出版之日起×年，由双方共同协商可以续约。如果版权所有者根据本条届时通知合同终止，出版者有权在收到此通知后 12 个月内处理库存翻译本，并根据本合同有关条款向版权所有者结算账目。

（2）如果任何时候出版者承认该翻译本已绝版或市场上已脱销，或者任何版本、版式或媒介的翻译本都无法买到，且出版者在收到版权所有者重印的书面通知后 6 个月内仍未重印，该合同中的所有授权将由版权所有者收回，但出版者在本合同终止之前与第三方正当签订的任何协议或谈判中的权利仍然有效，而不影响出版者向版权所有者支付的或应付的任何款项。

10. 考虑到出版者向版权所有者支付其××（语言）版权所得收入的下列比例，版权所有者在第 1 条规定的区域内将下列权利授予出版者：

（1）将大众市场平装版本许可另一出版社的权利：比例为×%；

（2）将影印权许可另一出版社的权利：比例为×%；

（3）引用权：比例为×%；

（4）选集权：比例为×%；

（5）杂志摘录权：比例为×%；

（6）图书摘录缩编权：比例为×%；；

（7）机械复制权：比例为×%；

（8）电子出版权：比例为×%；

（9）一次性期刊权：比例为×%；

（10）电台广播权：比例为×%；

（11）电视转播权：比例为×%；

（12）戏剧改编和纪录片权：比例×%；

（13）商品权：比例为：×%；

（14）第一连载权：比例为×%；

（15）第二连载权：比例为×%；

（16）为残疾人服务的非商业性权利：比例为×%；

11. 除本合同第 10 条所规定的版权许可再次转让外，本合同中授予出版者的许可不得转让或惠及其他任何人；未经版权所有者事先书面同意，该翻译本不得以出版者或被转让版权人之外任何他人的名义出版。

12. 除本合同中明确授予出版者的权利外，该作品的其他所有权利由版权所有者保留。

13. 每年××日前，出版者对翻译本的销售结算一次/两次，并自结算之日 3 个月内付清按合同应支付的款项。结算报告包括：

（1）在本会计年度初期若有库存，其具体册数；

（2）本会计年度内印刷的册数；

（3）本会计年度内销售的册数；

（4）本会计年度内免费赠送的样书册数；

（5）本会计年度末库存册数。

销售结算与版税要按照本合同第 14 条支付。如果本合同中所规定的任何款项逾期 3 个月仍未支付，授予的许可将立刻失效，转让的任何权利将收归版权所有者，而无需进一步通知。

14. 本合同规定的应付给版权所有者的款项都应按支付当天汇率以××（货币）支付，不得以兑换或代办费为由扣除。付款可以支票或银行汇票支付，寄至××（中国出版社财务部门的名称和地址），或直接通过银行转账，汇至版权所有者的账号（中国出版社银行的名称与地址）。如果出版社依法应扣税，他们应声明并提供相应代扣税凭证。

15. 版权所有者应向出版者保证其有权利和能力签订本合同，根据本合同有权代表作者接收所有收入。版权所有者保证该作品为原作，不会侵害任何现存版权或许可，不含有任何损害他人名誉的内容，且作品中所有陈述均为事实。若版权所有者因违背保证或所谓的保证，而给出版者造成的任何损失、伤害或开支，版权所有者应给予赔偿。

16. 版权所有者同意授予出版者优先得到本作品后续版本/该作者的下一本书的××（语言）版权，如果按作者与版权所有者的协议版权仍由后者控制。出版者同意在收到版权所有者提供的评估资料 90 日内决定是否行使这一选择权。

17. 如果出版者宣布破产，或不遵守本合同的任何规定，且在接到版权所有者书面通知（用挂号信寄到本合同第一段所写地址）后的一个月内仍不纠正，任何一种情况发生，本合同即自动失效，授予出版者的版权许可将收归版权所有者，而不影响出版者向版权所有者支付的或应付的任何款项。

18. 若出版者和版权所有者对该合同的内涵和双方的权利与义务理解有分歧，应提交给两名仲裁员（双方相互指定）或由双方同意的一名仲裁员仲裁，如果双方之间的纠纷不能通过仲裁或协商解决，将被提交到××法院。

19. 本合同受××（国家）法律约束，并以该法进行解释。

20. 出版者同意根据当地版权法采取必要措施以作者/版权所有者的名义对该作品进行登记，费用自理。出版者还同意在本合同第一条的授权区域内保护该翻译本的版权，并自费对在该区域内侵害该翻译本版权的任何人提起诉讼。

出版者代表签字…………

版权所有者代表签字…………

二、合同注解

下面，我们对此版权销售合同文本进行简单分析。

序言：这部分给出了合同双方的名称与地址，以及翻译作品的详细资料。对于一部非小说作品随后会被修订，所以一般将许可限定为当前版本，但许多西方出版社可能至少要求下一版本的优先出版权（见 16 条）。现在大多西方出版社要求该合同自动适用于他们商业上的权利继承人和受让人，因为在西方出版社经常被收购。

第1条：这一条说明了被授予的专有权在语言和地域等方面的规定。对于不止在一个地区使用的语言（如英语、西班牙语或葡萄牙语），又要决定是否授予该语言的全球版权或者仅在有限区域内。本许可合同未将权利限定为图书出版权，在第19条中列举了一系列附属权利。

第2条：这是有关付款的内容：先支付预付款，后按实际销售情况支付版税。在这种模式下，预付款分两次支付——合同签订时和翻译本出版时，但分期付款的数量可以协商。如果被许可方不履行合同，预付款即丧失。

第2条中的第（3）款和第（4）款说明了被许可方出版精装本和平装本的两种可能性，因为许多出版社（特别是在英国和美国）都有途径生产和发行两种版本。第10条也说明了被许可方向专门的平装书出版社转让平装书出版权的可能性。

该模式下，标准销售的版税率按照翻译本的零售价或建议零售价计算（如"按英国建议零售价"）；版税率伴随销售数量而递增的比例可以商谈。一些西方出版社可能要求所有的版税应当按出版社从发行商或零售商那里所得实际收入计算，这样版税率就会比较高。

第2条第（5）款规定了高折扣销售的图书应以其实际收入而不是以出版价为依据计算版税，这样就可以向发行商或图书俱乐部大批量特价销售。第2条第（6）款还考虑到了在约定地域内因转让联合出版权所得收入的版税，例如，如果第1条中的全球英语版权被授予了一家英国出版社，该英国出版社又与一家被转让版权的美国出版社联合出版印刷该版本，反之亦然。这两款的版税百分比与第（3）款和第（4）款规定的一样，对于免费赠送的样书、以成本价或低于成本价销售的图书不支付版税，这是惯例。

第3条：本条目的在于确保该翻译本有一位合格的译者准确地完成。未经同意不得擅自修改原文。

第4条：本条规定"再次清理"版权的责任和对第三方版权资料的付款义务由被许可方承担。如果他们同意，他们则需要相关版权持有者的清楚而准确的信息。然而，许多西方出版社期望在合同中包含这一规定。讨论这一点很重要。特别是根据中国版权法，中国允许未经同意或付款而相当自由地使用外部资料。如果该中国选题中包含了从西方引用的正文或插图，被许可方必须对此警惕。

第5条：本条要求出版物质量尽可能达到最高标准。

第 6 条：中国作者的名字必须得到准确的认同；必须复制原书的版权行与对中国出版社的声明。

第 7 条：本条规定了翻译本出版后必须提供的免费样书数量，同时还要提供出版日期和零售价或建议零售价等信息。

第 8 条：本条应就现实可行的出版时间达成协议。如果被许可方计划出版精装本和简装本，则简装本应在精装本一年后出版。

第 9 条第（1）款：因为本许可合同没有限定确切的印数，因此明确说明该合同的有效期至关重要。一些外国出版社可能会要求授权期为整个版权保护期，因为合同中有一条规定了如果翻译本脱销则合同提前终止。有一些可能会同意授权期限短一点，但最好不少于首次出版起 10 年，因为这会限制第 10 条中的再度转让许可的可能性（大众市场平装书出版社一般要求授权期至少 8 年）。本条考虑到在合同终止后给被许可方处理库存书的一段"从容时间"。

第 9 条第（2）款：本条规定：如果所有的翻译本已绝版，即如果被许可方不再积极利用该选题，权利将收回。然而，如果任何给予第 10 条再度转让的许可仍在继续，该许可仍有效。例如，如果被许可方的翻译本精装版已绝版，但经许可的大众市场平装本仍然可以买到并为被许可方和中国出版社盈利。

第 10 条：本条列出第 1 条规定的语言和地域范围内的一系列附属权利。如果说所谈选题是一本学术专著，被许可方或许不会要求所有权利，这可以讨论和谈判。任何想获得通俗小说或非小说选题权利的西方出版社肯定会要求大多数权利，因为他们能再度转让这些权利以增加该书的收入，然后与中国出版社分享。第一连载权（正式出版前在杂志或报纸上的节选）和许可第三方影印权分成比例可能从 50%（对于引用和选集权）到 80% 或 90%。

第 11 条：未经事先同意，本许可合同不得转让（除第 10 条规定的经授权的再度转让）。

第 12 条：本许可合同仅限于第 1 条和第 10 条的授权。

第 13 条：账目结算应按照西方模式进行，即按实际销售结算版税。一些学术出版社一般每年结算一次（截止于 12 月 31 日），而通俗读物出版社更希望一年结算两次（可能截止于 6 月 30 日和 12 月 31 日）。然而，会计年度和付款时间因公司而异，本书提供的合同样本要求应当在结算日起 3 个月内付款。这种模式要求西方出版社向中国出版社提供具体信息，大多数西方出版社都有计算机账目结算系统，应该能够提供这些信息。在每个会计年度的任何附属权利所得收入应该作为被许可方自己版本的版税，同时支付给中国出版社。

第 14 条：大多数国外被许可方希望以他们本国货币支付版税，如英镑、美元和欧元等。向中国支付版税是否扣税，取决于两国之间目前生效的税收协议。

第 15 条：本条为被许可方提供了一个保证和赔偿条款。一些出版社可能会要求更详细的保证，包括反对淫秽内容；美国出版社特别要求保证不会因出版该书而造成可能的诉讼。

第 16 条：对于非小说选题，许多出版社可能要求获得该书修订本的第一选择权。对于小说或其他选题，一些被许可方可能要求该作者下一本书的第一选择权，如果该书版权仍由同一家中国出版社控制。任何一种情况都不应该有事先的付款承诺，因为这将大大取决于该书该作者彼时彼地的情形。

第 17 条：本条规定了在被许可方破产或违约时合同的取消。也许西方出版社会要求一条规定中国出版社破产或违约的相应条款。

第 18 条：本条规定了双方的纠纷应提交仲裁。一些国家（特别是美国）的出版社可能不愿意接受在自己国家之外进行仲裁。一种折中的做法是规定任何仲裁将在中立区域，如斯德哥尔摩或依据国际商会的规则进行。

第 19 条：尽管从技术上讲，许可合同按惯例是依照许可方国家的立法操作，但一些西方出版社可能不同意，特别是当他们不熟悉这个国家的法律的时候。美国许多综合图书出版社坚持所有的合同——不论是购买还是销售版权，都以该公司所在州的法律为依据。一个折中的做法也许是规定该合同以被传唤方所在国家的法律为依据。如果双方在这一点上无法达成协议，版权贸易经常会失败。

第 20 条：本条要求外国出版社依照当地必要程序保护该书著作权，并对任何侵权行为提起诉讼。

注意：地地道道的按照西方的惯例来做，不然，会说你不懂版权贸易规则，让对方看不起。

第十一章　引进版图书的市场营销

美国市场营销协会（AMA）委员会于 1960 年对市场营销的定义是：市场营销是引导商品和劳务从生产者向消费者或用户的企业商务活动过程。图书是一种特殊的商品，图书营销的定义是：图书营销就是在瞬息万变的图书市场环境中，旨在满足读者和社会的需要、实现图书出版的社会目标和经济目标的一系列商务活动过程。

为了满足读者和社会的需要，实现图书出版的经营目标，图书营销应该贯穿在图书商品从出版社流向读者的整个过程中，包括图书选题策划、图书市场调研、市场定位、图书产品的装帧设计、售后服务和信息反馈等过程的方方面面，在出版产业链上，读者不仅是这个链条上的终点，而且是这个链条上的起点，图书营销活动贯穿整个链条的始终，既包括出版社在发行领域内进行的活动，又包括出版过程的产前活动和发行过程结束后的售后活动。

因而本章所讨论的引进版图书的市场营销应该先从产业链条的前端即"引进版图书的选题"来开始本章的讨论。

第一节　引进版图书的选题

随着出版业的出版改革与发展，我国的图书业在面临越来越激烈的市场竞争的同时，也不断意识到图书在市场营销方面的重要性。图书营销的观念已经从简单的流通环节，延伸到了前端的市场调研、选题策划、创作编写和后端的宣传推广、读者服务、售后服务等各个环节，我们将图书营销的观念植根于图书开发全过程，因而在最初的图书选题阶段就应该被植入营销的观念。在图书品牌的构建上，应该在图书的规划、策划阶段充分考虑品牌的建立、维护、延伸，将品牌真正地根植于图书开发全过程中。

一、引进版图书选题的概念

引进版图书选题，是图书选题的一种，但是具有较多的独特性，总体来讲，它是根据国外图书市场并结合国内图书市场的需求，在此基础上对搜集的信息进行综合分析，为适应读者阅读需求而提出的图书出版课题。引进版图书的选题一般是国内稀缺的出版内容，是在结合国内读者的关注热点抑或本着引导国内读者阅读关注点，在国外市场上寻求的图书出版课题。

引进版图书是在选题基础上经过组稿、编辑加工、印制等程序形成图书。选题是引进版图书成书之前对图书的内容和形式、特色和定位的一种勾画，每本图书都是从选题而来的，是选题内容的物质形态。选题是意识形态的图书，图书是产品形态的选题。因而，选题在图书出版活动中占据重要的位置。

在信息社会，信息呈几何级爆炸增长，以知识信息的产品生命周期不断缩短，图书作为这些知识信息的媒介载体，出版社不仅需要在时间上不断地更新知识信息，出版上百种甚至上千种图书，而且需要在空间地域上走出国门，不断引进有市场价值的图书选题。对于引进版图书选题，每一个图书品种都必须是一种创新，创新是图书成为畅销书和精品书的关键所在。

引进版图书的选题创新主要表现在以下几个方面：

（一）内容创新

内容创新，指新的选题与过去出版的同类图书在内容上具有创新性。内容创新可以开拓一个全新的知识领域，可以是传统知识的某一方面的突破，或从一种新的角度来组织传统的知识内容，内容创新是选题创新的重要方面，它直接决定了图书的内容和读者对象，因而内容创新本质上是一种市场创新。

（二）形式创新

所谓形式创新，即在图书有形产品方面的新的特点和创意。图书的有形产品形式是读者对图书的第一直观印象，同样的一种图书，由于形式的变化，可以有完全不同的销量。如在用纸、装帧、版式、字体等方面的变化，都可视为一种形式创新，它们体现时代的特征和读者的审美倾向，只有这样才能吸引读者的眼球。

（三）定位创新

所谓定位创新，指对现有图书品种进行新的市场定位，以新的形象重新出版。一般有两种情况需要定位创新：第一，原有定位不准确；第二，由于市场环境的变化，图书的读者对象发生了变化。

(四) 品牌创新

所谓品牌创新，指对现有图书品种给予或更换一个品牌，以新的品牌形象重新出版。

二、选题策划

选题策划，是指对图书选题的全面的设计和谋划。选题策划是图书出版流程的开始环节，所有的图书都要有出版之前的科学的选题策划过程，图书出版不过是选题策划的实施和落实。科学的选题策划是图书营销的重要内容。

选题策划是一个从寻求选题构思开始，一直到图书实现销售为止的一系列行为和过程。它包括以下几个步骤：

(一) 选题构思

它即形成有创意的选题。而形成有创意的选题是要建立在广泛搜集资源的基础上，一般地讲，选题构思来源于读者、同类图书品种、图书营销及发行人员、发行商、媒体和各种会议等。

(二) 选题构思的筛选

这一步主要是对收集来的选题进行筛选，以提出那些和营销目标或出版资源不一致的选题构思。因为来自于多种渠道收集的选题构思，只是编辑个人或其相关部门的个别看法，不一定符合出版要求。

(三) 形成品种概念

所谓图书品种概念，即对已经成型的图书品种构思，即对图书品种的主体或其主要的方面已有明确规划和描述，具有特定特性和针对性的品种形象。一个选题构思可以形成若干个图书品种概念，经过筛选后的选题构思，可以进一步发展形成更具体、更明确的图书品种概念。

(四) 拟订营销计划

选题策划部门在品种概念形成之后，必须拟订一个营销计划，营销计划主要包括以下四个部分：

1. 对目标市场的规模、结构、读者购买行为、图书品种的市场定位给予描述。

2. 对销售周期做出时间安排，并制定引入期的营销预算。

3. 对发行量、市场占有率、利润率做出预期。

4. 主要的营销组合策略。

（五）商业分析

商业分析实际上是投入产出分析，在拟订营销计划的基础上，对新品种从财务上进一步判断其是否符合营销目标，主要是预测销售额和推算成本及利润。

（六）组稿

所谓组稿，是指编辑为使品种概念形成稿件而落实作者与此相关的一系列活动。组稿是使品种概念变成图书产品的重要一环，没有切实有效的组稿活动，品种概念就难以落到实处，也不可能形成有价值的图书品种。

（七）编辑、出版印制

收到作者稿件后，就进入书稿的编辑阶段，这一阶段的关键是对稿件进行进一步修改。对图书有形产品形式的整体设计应反映品种概念，在风格上必须赏心悦目，具有时代风格，反映目标读者的审美倾向等特点。

（八）市场投放

在图书的市场投放过程中，应从图书营销角度考虑以下几个问题：

1. 发行时机

不同的图书，由于其面对的读者对象不同，所处的环境不同，市场投放的时机也不同，如果引进版图书品种具有较强的时效性，则应在消费旺季到来之前的某一时间投放市场。一般图书可以利用各种图书订货会、书市等推向市场。

2. 发行地区

图书发行区域的决策有两种情况：第一，针对某一地区市场集中发行，即集中开展推广促销活动，拥有一定的市场份额后，再向其他市场扩展；第二，面向全国市场，全面发行。全面性投放策略一般适合实力雄厚的大型出版社进行市场投放和时效性很强的图书品种的投放。而大部分出版社和地域性较强的图书，一般都还采取集中投放。

3. 图书营销组合

出版社要在新品种发行前制订详尽的营销组合方案，要有计划地组织各种营销活动，如新书发布会、作者巡回讲演及签名售书、媒体的广告宣传等。由于图书新品种不断推出，因而，并不是所有的新书都要进行营销组合，只是就其中重点品种实行营销组合，也可以就某一类新书实行营销组合，节约营销费用，强化规模效应。

第二节　引进版图书的市场细分和市场定位

一、引进版图书的市场细分

（一）市场细分的概念和意义

引进版图书的市场细分（market segmentation）是图书企业根据读者阅读需求的不同，购买行为和购买习惯的差异性，把整个图书市场划分成不同的读者群的过程。其客观基础是：消费者需求的异质性。进行市场细分的主要依据是异质市场中需求一致的读者群，实质就是在异质读者市场中求同质的读者群体。

引进版图书市场细分的目标不是为了分解，而是为了聚合，即在需求不同的市场中把需求相同的读者聚合到一起。

引进版图书市场细分的意义主要在于：

（1）有利于图书企业按目标市场的需要开发引进图书产品，将各种资源合理分配到目标市场上，做到适销对路；

（2）有利于图书企业按照细分市场寻找市场空缺，发掘和开拓新的市场机会；

（3）有利于图书企业根据细分的市场适时调整营销策略，制定合理的市场营销组合策略；

（4）有利于提高图书企业的市场竞争力。

（二）市场细分的标准

1. 以图书为对象的市场细分标准

（1）根据知识门类、学科分类

这是根据图书内容来划分的最基本的分类。依据《中国图书馆图书分类法》分为 22 类，也可以将图书分为哲学、自然科学、社会科学、技术科学、基础科学、应用科学等门类。

（2）根据图书内容的主题分类

它即以图书要实现的某个目的，或要研究或阐述某个问题或学说进行分类。按此分类的图书丰富多彩，层出不穷，往往是多学科的集合体，各体式的集合体。如股票类、期货类、市场营销实务类、都市女性类、老三届类、名人随笔类、科学哲学类、心理小说类、农村百事通丛书、烹饪类、邮票类、孩子成长类、领导者类等。

（3）根据图书的体式分类

它即从组织、表达图书内容的形式、体例、内容呈现的形态等角度去区分图书的类别。如将图书分为工具书、鉴赏、图画本、画册、博览、大观、语录、妙语、演讲、箴言、大全、年鉴、辞典、词典、手册、实务、概况、名录、政论、诗歌、小说、散文、小品、文库、系列、汇编等类别。

（4）根据图书的著述性质

它即图书内容的创造性程度及类型分类。图书可分为原创性图书、编著性图书、编写性图书、改编性图书、编译性图书、翻译性图书、资料性图书。

（5）根据图书的效用分类

它即从图书的具体编辑出版目的、图书的直接用途、使用目的和功能去分类图书。依此分类，图书可划分为思想道德教育、岗位培训、教材教辅、艺术修养、实用性、工具书、工作用书。

（6）根据图书所包含的社会影响力的因子分类

图书可分为名家图书、名著图书、品牌图书、获奖图书、畅销图书、必备图书等。

（7）根据图书的物质载体形式分类

图书可分为纸质图书、音像图书、电子图书、网络版图书、书配带（盘）图书。

（8）根据图书的制作形式和档次分类

它即从图书的装帧设计、物质载体的物理参数来划分。图书可分为精装本、软精装本、平装本、豪华本、彩色本、单色本、盲文本、玩具本、各种开本、合订本、分册本、套书丛书等类别。

2. 以读者为对象的市场细分标准

（1）地理环境因素

地理环境因素主要包括国家、地区、气候、人口密度、城镇规模等方面。处在不同地理环境的读者，有着不同的人文特征和风俗习惯，因而对于引进版图书这一特殊的商品来说，处于不同地理环境的读者是有着不同的阅读需求的。

（2）人口统计学因素

地理环境因素相对来说是一种静态的因素，比较容易区分和辨识，然而，处于同一地理环境的读者，比如居住于同一国家、地区的读者却有着不同的阅读需求，这就需要人口统计学因素来对读者进行进一步的细分。

根据读者对象也就是引进版图书消费群体的人口特征分类，即依据读者的年龄、性别、职业、收入、社会阶层、文化程度、家庭生活周期、家庭规模、民族或国籍等要素的差异，根据引进版图书的不同情况，对读者进行具体的分析，如把读者划分为以某一共性为凝聚剂的不同读者群体，将主要是为这些不同读者群体编撰出版的，以及主要是适合他们阅读的图书归成一类。如将图书分为幼儿读物、青年读物、老年读物、学生读物、妇女读物、律师用书、农村读物、学术专著、专业图书等。

（3）读者心理因素

以人口统计学特征进行市场细分，各个读者群体仍呈现出差别较大的心理特征，因此，引进版图书企业也可根据读者所属的社会阶层、生活方式、习惯、个性特点等心理因素对引进版图书读者进行进一步的市场细分。读者的生活方式在很大程度上是读者对引进版图书选择的一个重要影响因素，而对于引进版图书的营销又能培养读者的阅读习惯和影响读者的生活方式，以促进引进版图书的销量。

（4）读者购买行为因素

如果说以上三种细分标准因素是根据引进版图书读者的特征为依据来进行细分的，那么"读者购买的各种行为因素"则是根据引进版图书读者的反应为依据的细分标准。这些购买行为重要因素包括购买时机、追求利益、品牌忠诚度、使用者情况、使用率、态度等。

购买时机是指对于某一类图书读者总会在特定的时期被特定地购买。例如，少儿图书在寒暑假期间会有一个销售高峰。

追求利益是指读者在购买引进版图书时是追求不同的利益，图书企业可以将追求同一利益的读者群体细分到同一细分市场中，以制定相应的营销策略。

读者对于图书的品牌忠诚度是不同的，图书企业可根据将不同品牌忠诚度的读者进行细分，采取不同的营销策略。对于始终坚持购买同一品牌图书的读者，图书企业应制定一些对于老读者的 VIP 大幅优惠策略，以维系及深化读者的忠诚度；而对于经常在几个固定图书品牌中选择的不坚定的忠诚读者，图书企业应分析竞争图书品牌，对本品牌进行改进以吸引这部分不坚定的读者向本品牌图书进行购买转移，稳固其坚定性；而对于转移型忠诚读者，这类读者由偏爱某一种图书品牌转向偏爱另一种图书品牌，对于这类忠诚读者，图书企业应该高度重视，严格分析这部分读者转移的原因，并加以解决吸取经验；而对于无品牌偏好的读者，图书企业应重视这部分可塑目标读者，制定相应的营销策略以帮助这部分读者建立本图书品牌的偏好度进而培养其忠诚度。

3. 以出版者为对象的市场细分标准

根据引进版图书出版者的商业运作动机分类，图书可分为绝版书、珍藏书、礼品书、大众书等。这些书不具有内容上的分类意义，而只有形式上的分类意义。它主要体现在图书制作的用材、设计、工艺和数量上。

4. 以图书市场环境为对象的市场细分标准

（1）根据图书内容的地域需求情况的差异即市场范围分类

这是根据图书的内容对不同地域、区域、文化背景的读者是否普适及其大小所作的划分。据此，图书可分为普适性图书、区域图书。

（2）根据图书的市场生命周期分类

它即根据图书在市场上的销售情况及获利能力的变化分类，这里的生命周期是指市场寿命，而不是指使用寿命、内容的科学性变化。依此分类，图书可分为引入期图书、成长期图书、成熟期图书和衰退期图书。

（三）引进版图书市场细分方法

图书企业可根据实际情况，在上述图书的分类方法选择一定的细分标准对图书市场进行细分，它们分别反映了图书市场定位与细分的各个侧面，确定图书的一个市场需求点，就在于它们构成的一个多维空间的坐标点上，现实中的某种图书市场定位与细分，都是上述多种市场细分方法组合使用的结果，一个理想的细分市场是综合利用各个标准来确定的，若只用某一标准进行细分，则不够准确，甚至失去实践意义。一般来说，常用的细分方法有以下几种：

1. 单一标准细分法

根据影响读者需求的某一重要因素进行图书市场细分。

2. 综合标准细分法

所谓综合标准细分法，即以影响读者需求的两种或两种以上的因素为标准进行市场细分。

3. 系列因素细分法

系列因素细分法是指根据企业生产经营的需要，以影响消费者需求的层次为标准，各项因素之间先后顺序，由粗到细，由浅入深，由简至繁，由少到多进行市场细分。例如，图书企业对图书市场运用系列因素细分法就可按下列层次进行细分：先用地理因素细分方式把市场分成中国北方和中国南方两个子市场，再用人口因素细分方式中的性别和年龄因素进行第二次细分，最后按心理因素细分方式中的社会阶层因素进一步细分。

4. 主导因素细分法

一个细分市场的选择存在多因素时，可以从读者的特征中寻找和确定主导因素，然后与其他因素有机结合确定细分目标市场。

二、目标市场选择

（一）目标市场的含义

在图书市场营销活动中，为了取得较好的营销效果，图书企业都必须选择特定的目标市场，因为，企业自身资源的限制，无法提供市场内所有读者都需要的图书产品，为了提供图书企业的经营效率，企业的营销活动必须局限在一定范围内，因而图书企业应该选定能够获得良好经济效益的目标市场。

目标市场是图书企业的市场目标，是指图书企业在细分图书市场的基础上，决定要进入的市场，即图书企业所要销售的图书产品和提供服务的目标读者群。目标市场选择是市场细分的直接目的，是图书企业从渴望成为自己的几个目标市场中，根据一定的要求和标准，选择其中某个或某几个目标市场作为可行的经营目标的决策过程。

（二）选择目标市场

1. 目标市场的选择策略

（1）产品——市场集中化策略

图书企业的目标市场无论是从市场或是从产品角度，都是集中于一个细分市场。图书企业只生产一种图书产品，这种模式意味着图书企业只生产和经营一种标准化图书产品，只供应一类读者群体。采用该方式可能基于下述原因：资源有限只能覆盖一个细分市场，细分市场尚无竞争对手、该细分市场是未来扩展市场的突破口。这种集中策略能使图书企业深刻了解细分市场的需求特点，有针对性地采取产品、价格、渠道和促销策略，从而取得强有力的市场地位。但这种图书产品市场集中化模式，存在读者需求发生改变所导致的市场风险，为此图书企业要在适当的时机进军其他市场。

（2）产品专业化策略

产品专业化，是图书企业集中生产一种图书产品，并向所有读者销售这种图书产品。这种策略有利于图书企业创造专业化生产的优势，一旦其他品牌的图书产品或读者的阅读偏好转移，图书企业将面临巨大的威胁。

（3）市场专业化策略

即图书企业选择某一类读者群体目标市场，尽力满足这一部分读者群体的各种阅读需求。这种市场专业化策略可以帮助图书企业树立良好的专业化形象，多种类图书产品经营在一定程度上也分散了市场风险。相对于产品市场集中化策略，对图书企业生产能力、经营能力、资金实力提出了更高要求。

（4）选择专业化策略

有选择的专业化，图书企业选择几个细分市场，每一个市场对图书企业的目标和资源利用都有一定的吸引力。但各细分市场彼此之间很少或根本没有任何的逻辑联系，属于非相关的多元发展。这种策略能分散图书企业经营风险，即使其中某个细分市场失去了吸引力，企业还能在其他细分市场盈利。这种策略通常要求企业具有较强的资源实力及营销能力。

（5）全面覆盖

图书企业决定全方位进入各个细分市场，分别为这些市场提供不同的图书产品。只有实力雄厚的大型图书企业才能采取这种市场覆盖策略。

2. 目标市场的营销策略

（1）无差异市场营销策略

所谓无差异市场营销策略，就是把整个大的图书市场作为一个目标市场，不考虑读者的阅读需求差异，只满足读者的某些共同的阅读需求。图书企业只经营一种图书产品，实施一种营销组合策略来迎合最大多数的读者。

这种市场进入策略最大的优点是其成本的经济性，单一的图书产品降低了生产、存货和运输的成本，统一的广告营销策略节约了市场开发费用。但这种目标市场进入策略的缺陷也很明显，它只考虑读者的阅读共性却忽略读者阅读个性需求，停留在读者大众需求的表层，无法满足不同读者的个性需求，面对市场的瞬息万变缺乏弹性。

（2）差异市场营销策略

差异性市场营销策略充分肯定读者需求的不同，图书企业把整体市场划分为几个细分市场，并针对不同的细分市场分别策划不同的图书产品和营销组合，力图满足不同读者的不同的阅读偏好和需要。

差异性市场营销策略的优点很明显，图书企业同时为多个读者细分市场服务，有较强的适应能力和应变能力，经营风险也得到分散和减少。由于针对读者的特色开展营销，能够更好地满足市场深层次的需求，从而有利于市场的发掘、提高图书销售总量。这种策略的不足在于目标市场多，采用多种市场宣传策略，成本大，还可能引起图书企业经营资源和注意力分散，顾此失彼。一般实力雄厚的大型图书公司采用这种策略。

（3）集中市场营销策略

集中营销策略，又称密集型营销，是指图书企业在市场细分的基础上，选择一个或几个相似的细分市场作为目标市场，集中图书企业资源开展图书营销活动。采用这种市场策略的图书企业，遵循"与其四面出击不如一点突破"的原则，力求能在一个或几个细分市场上占有较大的份额，而不是从一个大市场中只得到小的份额。集中图书企业的优势力量，对选定的细分市场采取攻势营销战略，以取得在该市场上的优势地位。

这种营销策略，由于能够在较小的市场上切实满足一部分读者的独特个性需求，形成图书产品的经营特色，在市场上获得局部优势，因而能够在较小的市场上取得较大的成功。但是应该看到，采用集中营销策略也有一定的风险性，因为所选的目标市场比较狭窄，一旦细分市场发生突然变化，读者的阅读偏好发生转移，或出现强有力的竞争对手，这时图书企业如果不能随机应变，就会陷入困境，甚至会导致在竞争中失败。所以，采用这种策略，必须对市场有深刻的了解，对于可能发生的风险有比较充分的应变准备，为避免这种风险，企业可以将经营目标分散于几个细分市场之中。

三、引进版图书的市场定位

（一）引进版图书市场定位的概念

市场定位（market positioning）是 20 世纪 70 年代由美国学者艾·里斯提出的一个重要营销学概念，后被世界各地的营销学者和管理学者接受。

图书企业在做好图书市场细分并明确了目标市场策略以后，下面要做的就是要在目标市场上进行图书产品的定位。图书企业根据读者的不同需求将图书市场细分化并从中选择具有市场前景的目标市场，这时的图书企业仍处于单方面"一厢情愿"的寻找"靶子"阶段，那么图书企业和产品的市场定位则是令目标读者同样以本企业的图书产品为购买目标，是将"箭"射向"靶子"的关键。

所谓引进版图书的市场定位是指图书企业在竞争中决定把自己放在目标读者市场的什么位置，即图书企业根据市场特性和自身特点，确立本企业与竞争对手不同的个性或形象，形成鲜明的特色，在目标读者心目中留下深刻的印象，占据目标读者心中的位置，最终在市场竞争中获得优势的过程。

（二）引进版图书市场定位的意义

引进版图书的市场定位是图书企业执行全面营销战略计划的一个重要组成部分，市场定位有利于形成图书企业自身的特色，使本企业的图书产品有着与众不同的特质，既能使目标读者明确地感知到本企业的图书产品，又能与竞争图书产品区分开来，当定位与目标读者的阅读需求一致时，那么该品牌图书将会长久留驻在读者的心中，从而形成读者对该图书品牌的忠诚度。此外，市场定位是定制各种营销策略的前提，图书企业将特定图书产品定位在目标读者所偏爱的位置上，并通过一系列的图书营销活动向目标读者传达这一定位信息，在目标读者心中占据位置。

（三）市场定位的步骤

1. 明确图书产品的潜在竞争优势

这是市场定位的基础。在调查研究目标读者市场需求特点以及这些需求被满足的程度的基础上，对图书企业自身条件及其竞争企业的优势和劣势进行分析，以实现图书产品的差别化。

2. 选择图书企业的核心竞争优势

对企业来说，并非所有的竞争优势在市场定位时都有用，并非所有的差异化都值得推广。企业市场定位的成功与否，在于企业能否抓住最重要的优势，并加以有效传播。所谓核心优势就是与主要竞争对手相比（如图书产品开发、服务质量、销售渠道、品牌知名度等方面），在市场上可获取明显的差别利益的最重要的竞争优势。显然，这些优势的获取与企业营销管理过程密切相关。所以识别企业核心优势时，应把企业的全部营销活动加以分类，并对各主要环节在成本和经营方面与竞争者进行比较分析，最终定位和形成企业的核心竞争优势。

3. 有效地向市场传递引进版图书的定位观念

企业在做出市场定位策略后，需要采取一定的方法和步骤向目标读者群准确地传播图书企业的定位概念。企业可以通过制定明确的市场战略来充分表现其优势和竞争力，比如大力开展广告宣传传导图书企业的定位概念，使企业核心优势逐渐形成一种鲜明的市场概念，并使这种概念与顾客的需求和追求的利益相吻合，使目标市场读者对图书企业的定位选择有明确清晰的把握。

（四）市场定位策略

1. 填补空缺定位

这种定位策略又叫做"避强定位"策略，是一种在市场夹缝中求生存的图书企业所实行的市场定位，是把图书产品定位在其他竞争企业还未占领的目标细分市场上。它的优势特点是专门化，可以使企业在市场上立住脚，并在读者心中树立一定的形象，缺点是要这种定位意味着企业放弃了最佳的市场位置，并承担市场容量过小所带来的风险。

2. 对抗定位策略

对抗定位策略是图书企业将自己的图书产品定位在现有竞争者的同一位置上，与市场上占支配地位的、实力最强或较强的竞争者发生正面竞争，从而使自己的产品进入与对手相同的市场位置。通过与最强大竞争对手的直接较量提高自己的竞争力，赢得目标读者的认同。这种策略的缺陷是由于竞争对手实力很强，且在目标读者心目中处于强势地位，实施直接对抗定位策略可能引发激烈的市场竞争，因此有较大的风险。但另一方面，由于竞争者较强的实力，因此竞争过程往往产生所谓的轰动效应，目标读者可以很快了解图书企业及其产品，企业易于树立市场形象。

3. 重新定位策略

又称二次定位或再定位，是指图书企业变动图书产品特色以改变目标读者群对其原有的印象，使目标读者群对其图书产品新形象有一个重新的认识过程。企业实施某种定位方案一段时间之后，有可能会发现效果并不理想，或者没有足够的资源实施这一方案，这时，应该对产品进行更新定位。重新定位的目的是使企业的产品比竞争对手的产品更具特色，与竞争对手的产品拉开市场的距离。

第三节　引进版图书的营销组合

一、引进版图书营销组合的概念

市场营销组合是企业市场营销战略的一个重要组成部分，它将企业可控的基本营销措施组成一个整体性的活动，其最早是由美国哈佛大学教授尼尔·思·鲍敦于1964年首先提出的，并确定营销组合的12个要素，随后在1960年，美国市场营销专家，麦肯锡（E. J. Macarthy）教授在人们营销实践的基础上，提出了著名的4P营销组合理论，即产品（Product）、价格（Price）、渠道（Place）、促销（Promotion）。

而所谓引进版图书的营销组合，是图书企业通过市场细分，在选定的目标读者市场上，综合考虑图书市场环境、自身企业能力、竞争状况以及图书企业自身可以控制的因素，使它们互相协调，对它们实行最优化组合，以取得最佳市场营销效果。它包括引进版图书产品策略、引进版图书价格策略、引进版图书渠道策略、引进版图书促销策略等基本内容。产品（Product）就是考虑为目标读者市场开发适当的图书产品，包括图书产品的质量、品牌、服务等；价格（Price）就是考虑制定适当的价格，图书企业出售产品的回报，包括图书产品的售价、折扣、支付方式等；渠道（Place）是指如何通过适当的渠道把图书产品送到目标读者市场，包括图书产品流通的环节、仓储运输、物流等；促销（Promotion）就是考虑如何将适当的产品按适当的价格，通过适当的渠道通知目标读者市场，包括公共关系、营业推广、广告、人员推销等。

它之所以被称为营销"组合"，是因为在引进版图书营销活动中，上述策略并非孤立进行的，它们体现着明显的系统观念，系统整体功能大于各个部分功能之和，这些组合策略通过相互配合和协调来综合地发挥其功能作用，相互影响、相互依存、相互制约，以达到最佳的营销效果，实现图书企业营销的目标和任务。

二、引进版图书的产品策略

产品策略在引进版图书营销组合中占十分重要的地位，图书的价格策略、渠道策略、促销策略都是在产品策略的基础上衍生而来的。产品策略是指企业使自己的产品及构成顺应市场的需求动态变化的市场开发产品策略。而引进版图书的产品策略主要是指图书企业对引进版图书产品经营发展方向所进行的决策。

（一）产品的概念

图书产品是通过交换能够满足读者精神需求和利益的有形物体及无形服务的总和，它通常包括核心产品、有形产品和附加产品三大部分的含义。

1. 核心产品

图书产品的第一个层次是核心产品，它指图书所具备的对读者的使用价值即利益，是读者需求的核心内容。读者从图书市场上购买一本图书，不是仅为了获得图书的物质外形，而是通过购买它来满足自己的阅读需求，获得图书的效用。所以与其说读者是购买图书，不如说是购买知识及精神享受，因为图书能带给他这一切。所以，图书营销人员应该清楚地认识到，善于发现并创造读者需要的效用，并及时销售读者需求的这些效用，是极为重要的。核心产品是产品整体概念中最基本、最主要的部分。

2. 有形产品

图书产品第二个层次是有形产品，即图书产品的具体物质形态，包括图书的载体类别、品牌、包装、封面、插图、开本等内容。有形产品是核心产品的表现形式，它虽不涉及图书的内容实质，但与终端读者接触时，它是使终端读者对书产生美好第一印象的重要决定因素，通过它，读者才可便利地获得图书的内容，好的形式带给读者心理上的满足。随着社会的发展与进步，人们的经济条件的进一步改善，读者的鉴赏力不断提高，其对图书产品的形式也越来越挑剔。一种图书只有好的内容，没有看起来精美雅致、赏心悦目的形式往往也很难打动读者。因此，书业企业在图书营销过程中，不仅要重视图书的内在品质，而且也应重视图书的外在形式。

3. 附加产品

图书产品第三个层次是附加产品，指读者购买有形产品时所获得的全部附加服务与利益。如售前、售中和售后的各种服务，包括储运服务、信息服务、信贷服务等。附加产品在图书营销中占有重要的地位，企业是否善于提供附加产品，往往成为竞争成败的关键。

（二）引进版图书产品生命周期及其营销策略

1. 引进版图书产品生命周期的概念及其类型

引进版图书产品生命周期，是指引进版图书产品在市场上的销售周期，即引进版图书从引进、上市，在国内图书市场上由弱到强，从胜到衰直到被市场淘汰为止的全过程。图书产品的生命周期与图书产品的自然寿命或使用寿命不同，它实际上是图书产品的市场寿命或经济寿命，即图书产品从进入市场到销售不断扩大，之后趋于市场饱和，直至在市场上衰退的全过程。

引进版图书产品生命周期按照不同的分类标准有如下类型：

（1）引进版图书内容的生命周期

引进版图书内容的生命周期，是指由于引进图书的内容本身的时效性而形成的产品生命周期。每个社会阶段都有与这个社会时期相适应的不同的社会政治、经济、科学文化知识涌现。随着社会政治、经济、文化的不断发展，上个社会阶段的思想、文化和知识将逐渐过时，为下个时期的新思想、新文化和新知识所取代。

一般图书内容的生命周期为 5 年到 10 年。而且由于社会发展的曲折性，一些反映某个历史时期社会风貌和文化思想特点的图书内容，往往会在十几年或几十年后重获新生，成为畅销图书。如弗洛伊德的《梦的解析》初版只印了 600 册，8 年时间才全部售完，然而在十几年后，这本书却成为世界经典的心理学作品，常销不衰。

（2）引进版图书产品形式的生命周期

图书产品形式包括两个方面的内容，一是图书产品的物质形式，即材质，二是图书产品的具体形式，包括开本、版式、装帧设计等。

图书产品的每个历史时期所利用的材质是不同的，如甲骨、羊皮、简牍、纸张、电子介质等，都曾经或正在充当图书产品的物质形式，每一种新材质都会威胁传统材质，不同材质的变化形成图书产品不同的生命周期。

而图书产品的具体形式，如装帧设计、版式等都反映一定时期内人们审美情趣的风格。图书产品的具体形式的生命周期会随着人们阅读和审美风格的改变而形成不同图书产品具体形式的生命周期。

（3）引进版图书品牌的生命周期

引进版图书品牌包括某一品牌的图书和出版社品牌。一些著名的引进图书品牌，如商务印书馆的汉译世界名著，以及著名的出版社品牌，如商务、三联等出版社品牌，这些品牌的图书常常经得起市场考验，历久不衰。

（4）引进版图书品种的生命周期

引进版图书品种的生命周期，即具体的某一种图书的生命周期。由于市场竞争的激烈性，某一种图书在客观上只能在一定时间、一定范围内满足一部分读者的需要。当这一部分读者的需要被满足后，这本书的市场生命也就完结了。

2. 引进版图书产品生命周期各阶段特点及其营销策略

（1）引入期

所谓引入期，是指初版图书上市的时期。在这一阶段，图书刚刚引入市场，市场对图书的初期需求不大，很多读者还不了解初版图书，对图书的关注度不够，要让读者了解、熟悉、喜爱上新的图书品种仍需要一定的时间，因而在此时期难以形成读者购买，图书销量不大，销量增长缓慢。引入期是图书销售的重要时期，它不仅决定了该图书未来的前途，而且决定了图书将来的促销策略。

图书企业在引入期应进行一系列营销宣传，促使尽快进入畅销期。图书企业在这一阶段的主要营销策略应突出一个"快"字，出版发行企业应敏锐地把握市场变化不失时机地针对读者需要，抢先缩短出版周期、占领市场、取得优势；大力加强对图书的营销宣传工作，使新的图书品种尽快地为读者所接受，以缩短新品种图书的市场投入时间，尽快地进入成长期。

图书企业在这个时期还应重新审定图书市场定位和重新确定其目标读者，检验其最初的定位是否准确，进而明确图书宣传重点，加大对引进图书的宣传，鼓励和支持书店进行现场促销，迅速扩大影响力，培育广泛的读者群，激发读者兴趣，为图书产品快速进入成熟期打好基础。

（2）成长期

所谓成长期，是指图书产品经过引入期后，逐步为广大读者所接受，图书销量迅速增长的时期。这一时期的特点是新的图书产品逐渐被读者所了解、接受和喜爱，市场迅速扩大，图书销量表现为持续不断的增长。这一时期在图书产品的生命周期中非常关键，它是控制未来销售走势的重要时期，这一时期一定要注意采取多方面宣传措施来扩大影响，尽可能让读者来了解本企业的图书产品。

图书企业在这一时期可拓宽分销渠道，加大图书的分销力度，增加零售网点，使各地都能便利地购买到图书；还可开辟新的细分市场，开发新的读者；强化前一时期的宣传，合理安排促销和宣传推广，以促进更多读者成为该图书品牌的忠实读者；改善服务，力求以优质的服务吸引中间商和广大读者。通过以上策略不断把图书销售推向新的高峰，并保持和推动下一轮的销售高峰，实现图书的最大销量。

（3）成熟期

所谓成熟期，即是指图书产品经过较快的销售增长后，图书产品已被大多数潜在读者所接受，图书销量已达到顶点，市场需求趋向饱和，销售成长减缓的时期。在通常情况下，这一阶段持续的时间相对较长。要维持成熟期的销售量，图书企业必须采取多方面的措施以吸引新的读者和稳定中间商的分销活动。

这一时期可进行的营销策略有：对于一些在读者中有了较好影响的书，只是装帧设计所导致的需求下降时，这时，图书企业可改进图书产品内容形式；而对于形式没有过时、在原有细分市场上已经需求饱和的图书产品，图书企业可采取开发新的细分市场，寻找新的读者；还可综合利用价格、渠道、促销等营销组合策略来激发读者购买，如开展各种以促进图书销售为目的的宣传活动、向读者和中间商让利等，尽可能延长成熟期，避免过早进入衰退期。

（4）衰退期

衰退期，是指图书产品经过成熟期缓慢的销售增长后，销售量与利润急剧下降，只有少量的读者购买的阶段。图书产品进入衰退期的原因，一是图书产品的内容趋于老化，陈旧过时，而被自然淘汰；二是被同类内容的更新更好的图书产品所替代，使得读者"移情别恋"而被淘汰。对于图书企业而言，在一种图书产品进入衰退期后，重要的是要选择合适时机，用适当的方式退出市场，尽可能处理好库存积压产品，减少不必要的损失。

这一时期图书企业所有选用的策略主要有：收缩策略，即把图书企业的资源使用在最有利的细分市场、最有效的销售渠道上，尽可能以最有利的局部市场来赢得尽可能多的利益；持续策略，即当绝大多数企业选择退出市场时，少数企业可考虑留守一段时间，利用市场需求惯性，保持原来的细分市场，沿用原来的营销组合，来获得意想不到的盈利；撤退策略，即图书产品处于衰退期时，图书企业采取合适的措施处理库存积压图书，致力于新品种图书的开发引进，以避免不必要的损失。

（三）引进版图书的产品经营策略

书业企业图书产品经营发展方向定位的决策通常有以下几种：

1. 抢先型产品经营策略

抢先型产品策略是指图书企业根据图书市场需求和自身条件，尽早地购买国外出版社版权，争取在图书内容上进行创新，抢先上市并占领市场。

抢先型引进版图书产品的开发，出版企业应首先建立健全国内和国外的市场信息网络，全面系统地搜集国内和国外政治、经济、科学文化信息以及国外的出版社信息，及时分析国内外宏观市场信息和读者的需求动态信息，通过全面系统深入细致地国内外市场信息分析，把握国内读者阅读需求的变化，从而确定国外图书的引进。

抢先型图书产品策略必须突出一个"快"字，要填补国内市场图书品种上的产品空白，必须打破常规，缩短出版时间，尽快投放市场，加大宣传力度，造成先声夺人之势，赢得市场青睐。

2. 紧跟型产品经营策略

紧跟型产品策略，是图书企业围绕市场上出现的新的图书产品，迅速联系国外出版社，购买相类似的图书品种的版权，紧跟抢先型图书产品上市，并与先行图书企业的产品展开竞争。

紧跟型产品策略并不意味着是对抢先型图书产品的生硬地模仿，而是从抢先型图书产品中受到一定的启发继而购买国外有价值的图书版权，它可以是对先行上市图书产品在内容上的补充、完善，或侧重点不同，或更高一个层次。

3. 优势产品经营策略

优势产品策略是指图书企业围绕在长期的出版发行实践中形成的产品、渠道、市场等方面的优势引进出版国外图书的一种产品策略。一般而言，任何图书企业，同其他的书业企业相比总具有某些方面的优势，围绕自身的这些优势来引进国外图书版权，是图书企业引进国外图书产品的策略之一。

图书企业的优势产品形式主要表现为：

（1）传统优势产品

对于一些出版社，特别是历史悠久的名牌出版社，如"商务"、"三联"等，大多在长期的出版实践活动中形成了自己的优势领域，形成了自己的一些传统风格。对于这类出版社来讲，其图书产品引进应紧紧围绕自己的传统优势进行。例如，商务印书馆在100多年来的出版实践中形成了多方面的出版优势，其中，该社在汉译世界哲学、社会科学名著及中外文语言工具书等领域取得了重大成就，从而形成了自己的一大传统优势。因而传统出版是出版企业形象的标志，它是图书企业无形资产的一个重要方面，优势传统图书出版企业应结合自身出版优势，在自身优势领域内开发引进在相同领域内的国外图书，并在图书企业的营销策略中充分利用这一优势。

（2）特色优势产品

特色优势产品是围绕本企业所形成的特色开发出版选题，即是特色优势产品，我国也有不少出版社逐渐形成了自己的出版特色，如清华大学出版社、电子工业出版社的计算机图书，中国人民大学出版社的考研图书，金盾出版社的农业科技类图书，岳麓书社的古籍廉价读本等都已在读者中树立了良好的形象，具有鲜明的特色，因此，这类出版社应围绕这些特色领域开发引进在相同领域的国外的同种图书选题，这样既可以保证引进版图书的专业权威性，并且图书企业又可以在图书营销时利用这一特色优势。

（3）行业优势产品

行业优势产品，即利用出版社所属行业这一"地利"上的优势来开发引进国外图书，如专利文献出版社围绕"专利"开发引进国外出版图书。行业优势是图书企业在产品开发中可利用的一种相对稳定的资源，在国外图书引进过程中，这类出版社可利用其专业出版社的优势，熟悉国外的同类专业图书的出版现状，联系国外同类专业出版社、作者，开发引进国外专业类书籍的出版。同样，图书企业仍可在图书营销时利用这一行业优势。

4. 最低成本型产品经营策略

最低成本型图书产品经营策略，是指图书企业以其较低的生产费用、较高的生产效率、科学的经营管理和大批量的生产方式，用比市场同类图书产品较低的定价出售，以价格优势争取读者，夺取市场的一种营销策略。因为图书产品是一种需求价格弹性很高的产品，读者对图书价格的变动非常敏感，图书定价高低直接影响到读者的需求量，因而图书企业如果尽量降低成本，通过薄利多销来实现盈利，运用这种策略是非常有意义的，这正是图书产品的最低成本经营策略得以成立的基本依据。

图书企业可通过以下几个措施来降低生产成本：

（1）可在不影响其内容的前提下，适当地降低用于图书形式生产方面所消耗的成本，如根据不同层次读者的需求，分别出版不同档次的版本，以满足不同购买力读者的需求。

（2）扩大图书容量，缩小字号，使每一个出版单位（如印张）能够容纳相对多的内容。

（3）加大单行本的出版力度，适当控制图书规模的膨胀。

（四）引进版图书产品的组合策略

1. 图书产品组合的概念和要素

所谓图书产品组合，是指图书企业根据自身的实力和特长确定的全部图书产品品种和类别结构的构成方式，或者说图书产品开发与经营的全部产品线、产品项目的组合方式。而所谓产品线，是指图书企业所经营的图书的类别，即满足读者的某类知识的阅读需要的对应的一组图书产品的集合。一条产品线往往包含许多个产品项目，产品项目是与读者的某种知识需要相对应的一组图书品种的集合。一般来讲，图书产品组合主要有三个基本要素构成，即图书产品组合的深度、广度和关联性。

（1）图书产品组合的广度

图书产品组合的广度，指出版社所拥有的产品线的数量，或者说指出版社出版的图书所涵盖的图书类别。图书企业所拥有的产品线越多，其产品线的广度越大；反之，则越小。一般综合类书店要比专业类书店经营的产品线要广。

（2）图书产品组合的深度

图书产品组合的深度是指图书企业的每条图书产品线中所包含产品项目的多少。同一图书产品线中，所包含的产品项目越多，则该图书产品线的深度越深，同一个产品项目中，所包含的图书品种越多，则该图书产品线的深度也越深；反之，则越浅。一般专业类书店要比综合类书店经营的产品线要深。图书产品组合的平均深度，即出版社全部图书产品项目总数除以产品线总数所得的商，公式如下：

产品组合的平均深度＝图书产品项目总数/产品线总数

（3）图书产品组合的关联度

图书产品组合的关联度是指各条产品线在生产经营和满足读者不同需要方面的紧密程度，如各条生产线在目标读者、图书内容、出版发行方式、发行渠道、内容等方面的关联度。例如，一出版企业同时生产纸型图书、电子出版物、音像制品，这些产品线之间的各个产品项目在制作、发行、促销等方面都有很大的差异，因此，我们说该图书企业的产品线的关联性较小。而一家地图出版社，设有教学地图、交通地图、旅游地图三条产品线，因为这些产品线中的产品项目在制作、发行、促销等方面都比较接近，因此，我们称其产品线的关联性较密切。

2. 图书产品组合策略

所谓图书产品组合策略，指出版社根据图书的市场需求、图书企业的资源状况和经营目标，对图书产品组合的广度、深度和关联度等方面进行选择和调整的决策。

图书产品组合的广度、深度和关联度，是图书企业图书产品的结构和组成方式。不同的图书产品组合形成不同的图书产品模式，不同产品模式会形成不同的图书产品的整体的竞争力。在一般情况下，扩大图书产品组合的广度，有利于扩展图书企业的出版领域，分散投资风险，实现全面发展；挖掘图书产品组合的深度，可以开发更细的细分市场，有效满足读者的个性化，甚至碎片化的阅读需求；提高图书产品组合的关联度，有利于图书企业发挥发行渠道的作用，缩减成本，在某一特定市场内形成图书企业的竞争力。

因而合理地确定图书产品组合的广度、深度和关联性，准确地设计图书产品组合策略，对于图书企业的市场营销具有重大的意义。一般来讲，图书企业可以选择运用以下的图书产品组合策略：

（1）广深型图书产品组合策略

所谓广深型图书产品组合策略，顾名思义，即扩展图书产品组合的宽度，挖掘图书产品组合的深度，即向目标读者提供他们所需要的所有图书产品的全面化图书产品组合策略。

该策略主要适用于大型综合型的图书出版企业，对企业的综合实力要求很高，它要求出版社不仅在所有图书大类上都有所涵盖，而且在所有的细分市场上，在读者需求的所有方面都有可提供的图书产品。

（2）广浅型图书产品组合策略

广浅型图书产品组合策略是一种追求图书产品线的广度，而不追求其深度的一种产品组合策略。这一策略对于图书产品线的关联度要求较高，比较适合于在某一区域图书市场内提供内容广泛的各类图书，而非只限于某几个学科专业领域。就图书企业规模来讲，这一策略比较适合于一些中小型综合性书店。

（3）窄深型图书产品组合策略

这一策略主要是挖掘图书产品组合的深度，不强调产品线的广度，产品线较为单一的策略。这种策略一般只经营少数几条产品线，产品线间的关联度较高，面向不同的细分市场，只出版某一类图书产品，满足不同读者的同一类需要，它适用于一些专业分工明显的大中型的专业书店（如经管类、教育类、科技类、古籍类书店等）。

（4）窄浅型图书产品组合策略

这一图书产品组合策略，既追求图书产品线的深度，又追求产品线的广度，只经营一条或少数几条产品线的少数图书品种。对于图书发行企业而言，这种产品组合方式也只适用于个别极小的特殊图书发行企业，武汉市就有专营"小太阳"、"零岁方案"、"东方小太阳"三个小型图书专营店。

三、引进版图书的定价策略

（一）影响引进版图书定价的因素

1. 图书企业的营销目标

任何企业都不能孤立地制定价格，而必须按照企业的目标市场战略及市场定位战略的要求来进行。在图书企业中，根据其营销目标的不同，对引进版图书的定价原则也是不同的。假如图书企业的目标读者市场是面向高收入的读者阶层，采取图书产品质量领先策略，则引进版图书的价格应上升；假如图书企业以维持当前生存需要为目标，则引进版图书价格应尽量低；假如图书企业要争取当前利润最大化，则引进版图书的价格应上升。此外，还有一些图书企业的具体经营目标，如销售额、市场占有率等都会对图书企业的定价具有重要的影响。

2. 引进版图书的成本

图书产品的最高价格取决于市场需求，最低价格取决于图书产品的成本费用。引进版图书的成本主要包括：购买版权的费用、图书的生产成本、图书的流通成本、税金、利润等。从长远看，图书产品的销售价格必须高于成本费用，只有这样，才能以销售收入来抵偿生产成本和经营费用，否则图书企业是无法运营下去的。因此，图书企业制定价格时必须考虑成本。

3. 图书市场需求

市场需求是影响图书企业定价的重要的外部因素，它决定着图书产品的上限。市场需求对定价的影响主要考虑供求关系和需求弹性两方面。

（1）供求关系

一般情况下，市场价格是以市场供给和需求的关系为转移。供求规律是一切市场经济的客观规律、即图书产品供过于求时价格下降，供不应求时价格上升，在完全竞争的市场条件下，图书价格在供求规律的自发调节下形成，图书企业只能随行就市定价；在不完全竞争条件下，企业才有选择定价方法和策略的必要和可能。

（2）需求弹性

图书是一种需求弹性较高的产品，因而读者对引进版图书的价格的变化会非常敏感，图书企业在调整图书价格时应慎重。

4. 图书市场竞争状况

市场竞争状况是影响图书企业定价不可忽视的因素，图书企业必须考虑比竞争对手更为有利的定价策略，这样才能在图书市场竞争中占据有利地位。价格竞争是营销竞争的重要手段和内容。现实和潜在的竞争对手的多少及竞争的强度对产品定价的影响很大。竞争越激烈，对价格的影响越大。图书企业应把定价策略作为与竞争者相竞争的一个特别重要的因素来考虑。一般来说，如产品在竞争中处于优势，可以适当采取高价策略；反之，则应采取低价策略。同时，企业还要用动态的观点随时关注对手的价格调整措施，并及时做出反应。

（二）引进版图书的定价方法

1. 成本导向定价法

成本是图书企业在图书生产经营的实际耗费，是商品价格的最低经济界限。成本导向定价法是以图书产品成本为依据来制定图书价格的方法，这种定价方法是首先考虑企业能够收回全部的生产成本，达到图书企业最起码的经营目标，并在此基础上获得一定的利润，它反映了成本在图书企业生产经营中的作用和意义，对于图书企业加强管理、控制成本都有现实的意义。常见的成本导向定价方法有以下两种：

（1）成本加成定价法

这种定价方法是以图书商品的单位成本为基础，加上一定比例的预期收益来确定图书定价的一种方法，其公式为：

单位图书商品价格＝单价图书商品成本×（1+利润率）

例如，某图书商品的单位成本为5元，成本利润率为10%，那么，该图书商品的定价为：5×（1+10%）＝55元。

该定价方法操作简单易行，能够保证图书企业所消耗的全部成本得到补偿，并获得一定的利润，有利于保持图书产品价格稳定和图书企业利润的稳定。但是，这种方法只考虑成本因素，却忽视了市场需求和竞争对定价的影响，缺乏定价的灵活性和适应性，难以适应多变的图书市场环境。

（2）目标利润定价法

目标利润定价法又称成本比例定价法，是指在确定成本、利润和发行折扣分别在图书价格中所占的一定比例后，以成本作为基础来计算决定图书价格的一种定价方法。

图书价格主要由成本、利润、税金和发行折扣构成。在一定时期内，图书发行有一个市场平均的折扣率，国家的税率也是固定的。在税率和发行折扣率一定的前提下，根据价格的构成，按照预期的利润率来确定成本在价格中所占的比例，从而按成本的实际数额折算出价格。

这种定价方法把价格与利润的关系作为定价的两个制约因素，通过对利润的设定来确定价格，其定价的关键是目标利润率。

（3）按印张定价法

所谓按印张定价法，是指以一个印张作为定价标准来计算整本书的价格的一种定价方法。其方法是，先根据每个印张的定价标准，按正文的印张数计算出正文的价格，然后再加上封面和插页的价格，最终定出全书的价格。

2. 需求导向定价法

需求导向定价法又称顾客导向定价法或市场导向定价法，是以图书市场对图书产品的需求作为定价基础，根据市场供求状况、需求价格弹性、读者心理差异等来确定产品价格的方法。根据现代营销观念，产品价格的确定，关键不在于产品的成本高低、而在于消费者的需求，特别是消费者对企业产品价值的认知程度。需求导向定价法主要有理解价值定价法、需求差异定价法。

（1）理解价值定价法

理解价值定价法是根据读者对引进版的图书产品的理解价值而确定价格

的定价方法。理解价值，是指引进版图书在读者心目中的感受价值、认知价值。这种定价方法认为，图书产品的质量、服务、品牌、包装印刷等，在读者心目中具有一定的认识和评价。读者往往根据他们认识、感受或理解的价值水平考虑是否接受图书产品的价格，图书产品价格水平与读者对图书产品价值的理解水平大体一致时，读者就会接受这种价格；反之，读者就不会接受这个价格，图书产品就卖不出去。

图书企业往往通过运用各种营销策略手段，调整引进版图书产品在读者心目中的理解价值，影响读者对引进版的图书产品的认识，使之在读者心目中形成一种强有力的价值观念，然后图书企业再根据这种价值观念来进行定价。

（2）需求差别定价法

需求差别定价法是根据需求条件的差异及紧迫程度的不同，对同一图书产品确定不同的价格的定价方法。需求差别定价法主要运用有以下几种形式：

①以图书版次为基础的差别定价，即对一种图书的不同版次确定不同的价格。

②以不同销售地点为基础的差别定价，即针对同一种图书在不同的销售地理位置的市场上存在的不同需求强度，制定出不同的销售价格，如不少出版社的同一品种的图书在不同地点的图书发行折扣是不同的，一些在不同地点的零售书店的销售折扣也是不同的。

③以时间为基础的差别定价。对于同一种图书，在不同的时间，市场上对于图书的需求是不同的，需求会随着时间的变化而变化的，如一些书店在教师节前后凭"教师证"可以对教师实行9折优惠售书。再如教辅类图书在不同时期的批发折扣是不同的，一些饱和期以及滞销期的图书的销售折扣也是不同的。

④以读者对象为基础的差别定价。即对于不同的读者制定出不同的价格。如一些书店对忠诚的会员读者的购买价格实行优惠，而新的读者顾客就无法享受这种优惠。

3. 竞争导向定价法

竞争导向定价法，即图书企业不考虑成本和需求因素，而完全根据市场竞争的需要，以竞争对手同类图书产品的价格状况来确定图书定价依据的定价方法。其中最常用的定价形式是随行就市定价法。这种定价方法又称流行价格定价法，即根据市场同类图书产品的平均现行价格水平来定价的定价方法。

在成本难以衡量的情况下，现行价格反映了全行业的合理利润，行业的平均价格有着其相当的合理性，可以保证本企业获得与其他出版社相近的利润，如果另行定价，很难预料读者的反应，风险较大。因而这种定价方法是有其意义的。

（三）引进版图书的定价策略

1. 引进版图书价格水准策略

引进版图书的价格水准有高、中、低三个档次，因而，与之相对应的三种定价策略是撇脂定价策略、渗透定价策略和满意定价策略。

（1）撇脂定价策略

撇脂定价策略，是指图书企业以较高的价格推上市场，以便在较短的时间内获得最大经济效益的减少经营风险的高价格策略。这种定价策略适用于先行上市的应时图书、具有一定市场垄断性的图书产品和从内容到形式与同类图书产品相比有明显优势的图书定价。而对于一些大众图书和市场上同类图书产品较多图书产品，则不宜采用此种定价策略。

（2）渗透定价策略

渗透定价策略，是与撇脂定价策略相对的一种定价策略，是指图书企业利用读者的求廉心理以较低的价格将图书产品推向市场的低价格策略。这种策略能迅速打开市场、扩大市场销售量、占据较大市场份额，适用于市场容量大、同类图书产品品种多、市场竞争激烈、需求价格弹性高的图书产品的定价。

（3）满意定价策略

满意定价策略，也称中位定价策略，它是介于撇脂定价策略和渗透定价策略的中位定价策略。这种定价策略，一般是按照书业系统的平均价格水平来确定自己图书产品的价格，它既不像撇脂定价的高价位"掠夺"读者的利益，也不像渗透定价策略那样导致图书企业投资的低回报，读者和图书企业都相对乐于接受这种定价策略，但是这种定价策略也有一定的不足，突出地表现为该策略只能使图书企业被动地去适应市场，而不是主动地利用价格策略来应对和积极参与市场竞争。

2. 引进版图书定价的心理策略

在利用图书价格水准定价策略对图书的价格水准的大方向上确定以后，图书企业接下来要做的是要通过图书定价的心理策略来对这些价格进行微调。所谓图书定价的心理策略，是指图书企业根据读者购买图书的心理因素对图书价格进行微调的价格策略。它主要有以下几种定价策略：

（1）尾数定价策略

尾数定价策略，又称非整数定价策略，是指图书企业在为图书产品定价时，用零头做结尾，有意保留一个尾数的定价策略。如一本书的价格定位19.8元而有意避免定价20元。这种定价策略是图书企业抓住绝大多数读者都认为尾数定价比整数定价"看起来"要便宜一些的消费者心理，读者会认为带有尾数的定价是经过图书企业精心计算得到的最低价格，因而会乐意接受"貌似"便宜的图书价格，进而产生购买行为。

（2）整数定价策略

整数定价策略，是与尾数定价策略相对的定价策略，是指图书企业把原本可以采用尾数定价的图书商品价格定为高于或低于这个价格的整数，不带零头的定价策略。整数定价策略通常以"0"作为尾数，便于计算和找零，利于交易。它通常适用于高档、高价、高质量的图书产品的定价。

（3）声望定价策略

声望定价策略是根据图书产品在读者心中的声望、信任度和社会地位来确定其价格的定价策略。如在长期的图书市场营销中，有的图书作者品牌和出版社品牌在读者心中已经有了一定的声望，此时图书企业会采用高价位出售图书产品，以迎合图书品牌在读者心中的较高的威望。不过采用这种价格策略不利于图书企业提供图书发行量，而且这种策略一定要以图书的高质量做保证，否则会连累图书品牌业已形成的声望，从而失去已经占有的市场。

（4）谐音口彩定价策略

这种定价策略是图书企业根据读者图口彩、讨吉利的心理，尽可能使图书产品的价格发音与一些吉祥字、词发音相同或接近的一种定价策略。如一些带"8"字的图书定价非常流行，如一本书的定价为"51.8"，谐音为"我要发"。从营销角度来讲，这种定价策略读者乐意接受，有利于图书的销售，图书企业可考虑适当运用这一图书定价策略。

3. 引进版图书的折扣定价策略

图书折扣，是出版企业、批发企业和图书零售店对图书按定价实行折扣销售的实际让价比例，是图书出版企业、批发企业用以调动批发企业、零售书店和广大读者购买图书积极性的重要手段。图书折扣的定价策略，是各类图书企业灵活运用折扣手段、鼓励图书分销的定价策略。以下列举几种常见的图书折扣定价策略：

（1）现金折扣策略

现金折扣策略，指图书企业对在规定期限内以现金付款或提前付款者给予一定比例的价格优惠。这种策略的运用，卖方市场可以鼓励买方图书企业尽快用现金付款，加快卖方图书企业的资金周转，因为一般来讲，图书商品的付款时间越长，卖方图书企业面临越高的信用成本，坏账、死账、呆账的财务风险较大，所以卖方图书企业为尽快收回资金而给出一定的折扣是必要的。一般地，现金折扣比例应高于银行利率，这样买方图书企业即使向银行贷款也愿意尽早支付货款，这样才能起到对买方图书企业的激励作用。

（2）数量折扣策略

数量折扣策略，是指卖方图书企业根据买方购进图书数量的大小，来给定不同的折扣标准。这种策略主要是为了鼓励买方大批量购进卖方图书企业的图书。因为买方企业购进数量越多的图书，卖方图书企业的图书销量就会愈大、销售速度就会越快，资金的周转次数就会增加，流通费用下降，进而卖方总盈利水平上升，因而这种策略在书业界应用比较广泛。

（3）同业折扣策略

这种折扣是卖方图书企业，给予图书批销中心和零售书店不同的价格折扣。因为图书批销中心还要把图书批发给零售商，因而卖方图书企业给图书零售商的折扣要比给图书批销中心的折扣要少。这种策略可以鼓励批销中心大批量购买并经营该卖方图书企业的图书。

（4）季节折扣策略

图书商品的销售具有一定的季节性，也会表现出旺季畅销、淡季滞销的特征。季节折扣正是卖方图书企业对淡季购买图书商品的读者所给予的一种减价优惠。例如，几乎所有的书业企业都感到夏季是销售的淡季，针对这一情况，不少书业企业就打出"夏季折价销售"的促销牌，以扩大淡季的图书销售量。例如，美国的不少书店在每年6—9月都要推出夏日畅销书大行动，各书店根据其供应书目的种类以及展示和预先包装的数量制定自己的让利。在季节折扣和其他促销攻势的合力作用下，以往被称作图书销售淡季的6—9月，图书市场却火爆。

季节折扣比例的确定，也应考虑图书商品的成本、储存费用、资金利息等多种因素。实施季节折扣有利于减轻企业库存、加速图书流转、迅速收回资金，避免因季节需求变化所带来的市场风险。

四、引进版图书的分销渠道策略

分销渠道，指产品从制造商转移到消费者手中所经过的各中间商连接起来而形成的通道。图书营销渠道，也称图书分销渠道或图书流通渠道。它是指图书商品从出版企业向广大读者转移时取得图书商品所有权或转移其所有权的企业或个人的总称。它包括出版社及其自办图书发行机构、图书批发商、代理商、经销商及其零售商和广大读者。

出版企业要想扩大图书销售，就必须充分了解各种类型的图书分销渠道，积极同各种类型的发行中间商打交道，进行科学的渠道决策。

（一）引进版图书分销渠道的类型

1. 直接渠道与间接渠道

引进版图书的直接渠道也称零级渠道，是指在没有任何中间商介入的情况下，由出版社将引进版图书直接销售给广大读者的一种渠道类型。引进版图书的直接渠道由以下几种实现形式：出版社自设门市销售图书，如很多出版社都自设门市部或读者服务部，直接向读者销售图书；出版社推销人员向读者直接售书，如很多出版社都拥有大批的图书推销队伍；邮寄书目直销；读者用户直接向出版社订购、函购或电话购买图书；出版社通过网站设立网上书店直销图书等。

直接渠道减少了许多中间环节，一定程度上降低了图书流通费用，大大降低了图书商品在流转过程中的损耗，加快了图书的流转速度，而且在引进版图书直销过程中，沟通"产"和"销"的信息流得到了有效地传播，出版企业可根据读者的需求情况进行有效的促销活动。但是，直接渠道完全依靠出版企业自身的力量，容易分散企业的精力，冲击图书的出版业务，而且这种直销渠道在一定程度上会影响到广大发行中间商的利益，不利于发行中间商积极性的发挥。

引进版图书的间接渠道，是与直接渠道相对而言的，是指出版企业利用发行中间商来向广大读者供应图书的一种分销渠道。

一般来讲，间接分销渠道比直接渠道复杂得多，根据介入中间商数量的多寡、性质的不同，间接渠道主要有以下几种实现形式：

（1）买断分销。即介入图书流通中的各种中间商是以"买断"方式从出版企业获得图书商品进行经营的一种经销形式。在这种分销方式中，伴有图书商品所有权的转让。

（2）代理分销。这是指介入图书流通的中间商是以契约的方式从出版企业获得图书进行分销的，在这种分销方式中，中间商所经营的图书商品的所有权仍归出版企业所有。

（3）多环节分销。这是指图书发行代理商、批发商、零售商等多环节的中间商同时介入的一种图书分销形式。在这种分销方式中，处于图书流通各个环节的不同性质的发行中间商，必须做到分工明确，有效配合，以避免流转环节的增加而降低图书分销的效率。

（4）单环节分销。这是指只有一种性质的中间商（如批发商，或零售商）从一个环节上介入图书流通领域的一种图书分销形式。例如，零售书店直接从出版社进货并直接卖给读者就是单环节分销。

（5）密集分销。这是指在同一环节有大量中间商介入分销的一种形式。这种方式对于提高同类中间商的竞争性，扩大图书分销等都具有积极意义。图书零售环节通常实施的都是这种方式，而在批发领域这种方式则使用得较少。

（6）选择分销。这是指在同一环节（通常是批发环节）只有经过出版企业挑选的少数中间商方可介入的一种图书分销方式，这种分销方式常见于批发环节。

间接渠道有助于图书产品的广泛分销，可以在更大范围内充分满足广大目标读者对图书商品的需求，有利于促进图书出版专业分工与协作，有利于弥补出版企业的人力、财力、物力资源的不足。但是，这种间接渠道由于各层中间商的介入，会导致图书企业与广大读者间信息流的不通畅，出版企业对图书销售失控，过于依赖发行中间商，在图书营销环节陷入被动地位。

2. 短渠道与长渠道

根据图书介入图书流通领域中发行中间商环节的多少来界定，出版社可分别选择不同的分销渠道：长渠道和短渠道。短渠道是指在引进版图书流通过程中，只选择使用一个环节的发行中间商的渠道形式，如出版企业——图书零售书商——读者，或出版企业——特约经销商——读者；长渠道是指选择使用两个环节以上发行中间商来组织引进版图书营销的渠道形式，如出版企业——一级批发商——二级批发商——零售商——读者。

短渠道仅有一个中间环节，可以使引进版图书商品迅速流转到读者手中，节省了图书流通费用，降低了图书的营销成本。而长渠道涉及两个或两个以上的中间商，有利于图书产品的广泛分销，减轻了出版企业的图书分销的负担，但是，分销环节的增加，不利于出版企业与读者之间信息的沟通，并且带来了图书分销费用的上涨和分销效率的降低。

3. 宽渠道与窄渠道

图书分销渠道的宽窄，是指分销渠道每一个中间环节的中间商数目的多少，同一环节发行中间商数目越多，分销渠道越宽；反之，越窄。

4. 传统分销渠道与垂直分销渠道

传统分销渠道，是由完全独立的出版企业、批发商和零售商构成的一种渠道形式。在这种渠道中，每一个渠道成员均为独立的经济实体，各自都分别追求其各自利益的最大化。

垂直分销渠道，是由通过所有权、契约或其他方式为纽带紧密联系在一起的出版企业、批发商和零售商构成的一种渠道形式，它是一种实行专业化管理和集中集合的组织网络，它是一个企业联合体，或者是一个渠道成员拥有其他成员的产权，或者是一种契约关系，或者是一个成员拥有相当实力，其他成员愿意与之合作。这个渠道既可以由出版企业支配，也可以由批发商或零售商支配。在这种渠道形式中，各个渠道成员为了提高经济效益，都采用不同程度的一体化经营或联合经营。采用垂直分销渠道就可以达到控制渠道行为的目的，并为消除由于独立的渠道成员追求各自目标所引起的冲突创造条件。

（二）影响分销渠道选择的因素

1. 引进版图书产品的特性

根据不同的图书产品特性，应该设计和选择不同的分销渠道，如直接渠道可以节省发行成本，提高发行的有效针对性，一般引进版的专业类图书适合这种渠道。而间接渠道能够广泛地覆盖市场，畅销书一般使用间接分销渠道，以此来提升市场占有率。

2. 营销环境

从宏观营销环境看，分销渠道选择的一个重要考虑因素是宏观的经济形势。长而宽的分销渠道，因为其能够快速、大量地为市场提供图书，因而适用于读者购买力较强的经济繁荣时期。而在经济萧条时期，读者购买力下降，市场需求不足，此时长而宽的分销渠道不再适用，而须采用短而窄的渠道。

从微观营销环境看，出版社应尽量避免使用与竞争对手相同的分销渠道，因为当不同出版社的同一类图书使用同一分销渠道时，发行商的议价能力会提高，进而增加了发行费用，而且这时图书企业难以与发行商建立亲密的关系，不利于本企业产业链条的培养。

3. 图书市场需求

当读者市场比较分散，读者购买较频繁，要求近距离方便地购买时，一般适合间接分销渠道。而一般产业或集团市场因其批量集中地购买，为了节约流通费用，此时更适于直接分销渠道。

4. 图书企业的资源状况

图书企业的资源状况是指图书企业的资金、规模、声誉、销售条件、综合素质、可能提供的服务，如广告、宣传等方面。图书企业财力雄厚，具备管理发行业务的经验和能力，在选择中间商方面就有较大的主动权，甚至可以建立自己的发行公司，此时可选择垂直分销渠道，直接渗入终端零售市场。这种垂直分销渠道一般只适合于少数实力雄厚的大型出版集团，可以把渠道有效的控制在出版社的视野之内，严格地提升图书发行能力，节约发行成本，并减少了出版与发行之间信息沟通的障碍，加速信息传递，以利于提高整个产业链条的效率。

图书企业也要根据自身的产品结构来合理地设计分销渠道，一般专业化的图书企业的分销渠道选择较综合型的图书企业简单。拥有几个不相关产品线的图书企业的分销渠道相对分散和复杂，而只有一条产品线或相近的几条产品线的图书企业的分销渠道选择相对单一和集中。

5. 图书分销渠道成员构成特征

不同的图书分销渠道成员具有不同的发行特征，他们的市场覆盖能力不同，效率不同，发行费用也不同。这些都构成了渠道设计和选择的重要前提条件。图书企业根据分销渠道成员的不同特点，给予不同的组合，从而形成不同的发行渠道。

（三）引进版图书分销渠道的设计

所谓设计分销渠道，是指对分销渠道的长短模式和宽窄模式的变量进行合理化的安排和组合，以有效地实现图书营销的目标。设计分销渠道主要对以下两个方面进行决策：渠道长度决策、渠道宽度决策。

1. 渠道长度决策

不同的出版社会有不同的渠道长度，甚至对于同一出版社来讲，不同的产品线，也可以有不同长度的分销渠道模式。

确定渠道的长度，图书企业首先要确定采用何种类型的分销渠道，是直接销售还是间接销售，是一层渠道还是两层渠道，是利用中间商还是委托代理商等。一些大众化的引进版图书，适合于长而宽的间接分销渠道，而对于一些引进版的豪华本图书，则较多地适合直接分销渠道或较短的分销渠道。

2. 渠道宽度决策

渠道宽度决策，是渠道决策的重要内容。即对中间商数目以及中间商的能力进行评估，较宽的分销渠道中间商数目多或中间商发行能力大，宽的分销渠道可以在较短的时间迅速地把图书大量地推向市场。而窄分销渠道的中间商数目少或发行能力小，可以有针对性地把图书送达目标读者。

渠道宽度决策主要是对图书分销商数目的决策。在同一个渠道层次上，中间商的发行能力相差不大，因而中间商的数目是渠道宽窄的决定性因素。每一层次所需中间商的数目的确定共有三种策略：

（1）密集分销

密集分销，是指图书企业尽可能地通过更多的发行中间商为其推销图书。其特点是快速进入和开辟一个新的市场，迅速扩大市场覆盖面，随时随地为更广泛的读者提供图书服务。

这种分销策略一般选择那些发行能力强、发行速度快，零售网点分布广的发行商，通过他们的合作和推广，把图书广泛地推向市场。

（2）独家分销

独家分销，是指图书企业在某一地区仅通过一家中间商推销其图书。图书企业和发行商双方往往协商签订独家经销合同，规定发行商不得同时经营第三方特别是竞争对手的图书。其优势是图书企业便于控制市场，充分发挥发行商的积极性，避免发行商应经营多家图书企业图书而难以重点发行某一个图书企业的图书，进而保证图书有效地进入市场。

（3）选择性分销

选择性分销，是图书企业在某一区域，只选用几个经过考察的最合适的优质中间商为其推销图书。

引进版图书是一种知识产品，本身具有传播性，一个地区的热销会带动其他地区的销售，选择性分销是与其把所有资源用在全国范围内推广图书，不如把有限的营销资源集中地用在一个地区进行推广，成为该区域的畅销图书产品。其他区域发行商会闻风而动，主动要求进货，进而促进图书的销售。因而这种分销策略的优势是可以集中地在某一地区展开密集分销，把图书迅速地密集覆盖整个地区，造成该地区的轰动效应，进而向其他地区扩散，既减少了其他地区推广图书的费用，又增强了图书企业对发行商的议价能力。

五、引进版图书的促销策略

(一) 引进版图书促销策略的概念和作用

1. 引进版图书促销的概念

引进版图书的促销即图书企业为了诱导读者对引进版图书产生购买兴趣或购买行为而通过各种方式将有关图书企业及产品的信息传递给读者和用户的说服沟通活动。

引进版图书的促销活动主要包括以下几种，即图书企业为了有效地与读者沟通信息，通过广告传递关于图书企业及产品的信息；通过各种营业推广方式，让读者加深对图书产品信息的了解，进而促使其购买；还可以通过面对面的人员推销来现场为读者展示关于图书企业和产品的信息，进而促使其产生购买行为；还可以通过各种公共关系行为，来改善企业在公众心目中的形象。

这四种促销方式构成了图书促销组合，因为它们并非孤立使用的，只有相互配合使用才能达到更好的营销效果。

2. 引进版图书促销的作用

为实现图书企业的营销目标，引进版图书促销的作用主要体现在以下几个方面：

(1) 传递信息，指导消费；

(2) 刺激需求，扩大销售；

(3) 强化优势，形成偏爱；

(4) 树立形象，巩固市场。

(二) 图书促销策略组合

1. 引进版图书广告

引进版图书广告和其他的商品广告一样，指图书企业以付费的方式，通过一定的媒体将有关图书产品的信息、卖点传达到读者，进而实现使读者从认知产品到改变态度再到采取行动购买图书的过程。这就要求图书广告要为图书而量身定做，图书又有别于一般的商品，我们称它为既有文化属性又有商品属性的文化商品，所以图书产品的特殊性又决定了图书广告的特殊性。

这种促销方式可以传递关于图书产品的信息，指导图书购买和消费；刺激读者的购买需求，扩大图书销售；提高声誉，树立良好的企业形象；增强图书企业的市场竞争力。

（1）图书广告的四个要素

①广告主

广告主，即广告的发布者。一般情况下，广告主也是支付广告费用的人，是广告的受益者。图书广告主通常包括：出版企业、图书批发商及图书零售商，其独立承担广告的法定责任。

②广告媒体

图书广告要通过一定的大众媒介，如报纸、广播、电视、网络等媒体传播关于图书的广告信息。图书企业应针对不同的目标读者选择合理的广告媒体组合策略，因为不同的媒体对信息传播有着不同的特点。

③广告信息

图书广告信息，一般指图书广告所要宣传的内容，一般包括图书名称、版别、作者、内容简介、定价、出版日期、销售单位、装帧开本等。简言之，几乎各种商业媒体都可以为书业所用。

④广告费

广告费是指在各种媒体上做广告，广告主必须为使用广告媒体支付相应给媒体所有者相应的费用，同时，还要给广告制作者支付相应的设计制作费。

（2）广告策略

①广告时间策略

图书广告的时效性非常强，加之，引进版图书也有诞生、成长、成熟和衰亡的生命周期，图书广告的发布时间、持续时间、发布次数、各种媒体的广告发布顺序等应随图书生命周期各阶段的特点而不同，尽可能地把读者的阅读渴求转变为购书行为。图书在生命周期的不同阶段里，从市场到竞争战略都具有不同的特征，对广告促销的要求也各不相同，一般说来，图书广告需要与图书生命周期相适应，采取灵活的广告宣传策略。

A. 新书上市前的广告预热。

图书广告宣传的第一个步骤，在新书上市前在发行量较大的报刊上导入一些与此书的相关信息，一般在专业报纸上刊登一些信息类的文章，以引起读者包括图书批发商的兴趣。在这个阶段，如果出版社已拥有唯一的版权，出版社就可以大胆地作该图书的宣传广告，以引起读者的期盼心理，如作家出版社出版的《苏菲的世界》，《回顾》及人民文学出版社出版的《哈利·波特》等书，都是在此阶段大量地做广告，以引起读者的注意。

B. 引入期大张旗鼓地做广告宣传促销。

图书刚刚上市，读者不了解图书的内容、特征、价值及影响等，这一阶段广告宣传促销工作应利用读者强烈的好奇心理，采用多种媒体组合方式，强力宣传该书的特点、卖点，力争让更多的读者了解和熟悉自己的图书产品，争取在短期内最大限度地扩大新书影响，迅速打开市场。

C. 成长期的引进图书全方位、立体型的图书广告宣传促销。

在图书的成长期，在这一时期已有部分读者购买和使用该图书，图书的内容、价值及影响等已开始为较多的读者、中间商所了解。这一阶段广告促销的重点应是以提高图书商品的知名度、确立图书产品的"优质名牌"地位为目标。这个阶段的广告促销已由单纯的广而告之变成与各种促销活动结合在一起，由于促销对象从图书批发商、部分消费者转向一般读者，广告宣传模式应转向对读者直接引导和组织活动，从而形成全方位、立体型的图书促销模式，如图书企业可组织名人在书市、书店等场合进行名人现场签名售书，通常会形成明显的名人广告效应，可大大提高图书销售的效率，这也是书城、大型新华书店经常采用的方法。

D. 成熟期以防御型宣传为主。

在这一时期，引进图书已被广大读者所熟悉，同时，市场上同类选题的图书也明显增多，竞争对手同类选题中的优势产品更为广大读者所青睐，因此，此时图书广告促销的重点应是以防御型宣传为主，重点在于稳定市场，广告促销方式以费用相对较低的促销方式为主，重点在于稳定市场。

E. 衰退期的宣传促销应大幅度减少。

在这一阶段图书产品即将退出市场，同类选题中的优秀图书将会最终占领整个市场，这个时期的广告无需更多的投资，只是利用前面的广告宣传效应，维持最终销售。

②广告媒体选择策略

由于社会的信息传播方式和传播媒体呈现出的多元化趋势，各种媒体传播信息的方法、发行量和覆盖面的不同，传播效果自然也不一样，这些都直接影响到广告效益和读者对广告的接受程度。所以出版社和图书商家必须根据媒体特性、图书产品的特性、读者接触媒体的习惯等方面的因素，来确定图书广告应该使用的媒体以及怎样进行媒介组合来做图书广告。

不同媒体因其不同的特性受到不同客户的青睐。常见的电视媒体，它综合了视听功能，传播范围广，有很强的感染力，往往能引起受众的高度注意，但它的成本较高，传播时易受干扰，而且瞬间即逝，难以保留，广告的费用也高，时间短；报纸的优点是读者广泛、稳定，信息量大，费用低，但感染力较差，传阅率低。一般而言，针对图书经销商、图书馆的广告多刊登在出版业的专业媒体上，如《中国图书商报》、《中国出版》、《出版广角》、《全国新书目》等媒体。而面对读者的广告则要发布于各类大众媒体上，其中少儿读物可以考虑运用电视媒体来进行宣传促销，学术图书应选择在相应的专业期刊杂志上进行广告宣传，普通装帧的纯文字图书利用广播、报纸等费用相对较低的媒体，即可达到较为满意的宣传效果。

若不计成本，希望达到最佳的宣传效果，就必须采用立体的宣传策略。即在一个较短时间之内，综合运用多种媒体进行全方位的媒体宣传，给予读者最强烈的刺激。除了常见的媒体外，当前高速发展的网络已成为一种新的媒体。现在有很多专业的书业网站上就有很多图书广告。

总而言之，出版社以及图书发行商对广告媒介应该有所选择，尽可能地按照效益最大化原则来选择并组合媒介。随着时代的发展，互联网以及各种新兴电子媒介的普及，出版商在图书广告媒介选择上也应该有侧重点。

2. 营业推广策略

所谓营业推广，是指图书企业为了刺激读者需求，激发读者的购买欲望，通过图书的陈列、展览、价格优惠等非常规的推销活动，促进图书销售。其也称特种促销或者销售促进。其主要包括以下几种方法：

（1）图书展销

图书展销是图书企业营业推广的一种重要形式。一般地，每逢较好的图书销售机会，如节假日、大型社会活动、纪念日等，书业企业都会适时地组织图书展销活动。在这些书展上，一般都是由参展出版社和书店展出样书提供货源，供读者选购，它也接受销货店的订货。其促销功能主要在于它影响大、服务方便、消息灵通、品种多、针对性强。当然，要想充分发挥书展的促销作用，一般在办书展之前都应进行充分宣传，力求将书展的时间、地点、供应图书类别和主要品种等消息广泛地告之公众。

（2）图书陈列及橱窗布置

图书商品的陈列直接决定读者进入实体书店的视觉走向，科学、艺术的图书陈列，能够有效地吸引读者，激发读者的购买欲望。图书发达国家的零售书店除常规的图书陈列，如书架陈列、书台陈列、柜台陈列之外，通常还设有专门的推荐书台，专门陈列经过精心挑选的推荐图书，有意引导读者的视觉方向。这种推荐书台的陈列具有非常好的促销作用。

橱窗布置则是无声的商品广告，它既可以展示重点书、畅销书，也可以展示某一专题的系列图书，它是一门综合的艺术，其要求构思新颖、主题突出、布局美观，从而起到促进购买的作用。因此，图书企业也应尽量利用好橱窗的这种促销功能。

特别注意的是，随着网上书店的销售模式的成熟，越来越多的读者倾向于网上书店的图书购买，这时，与网上书店图书陈列相对应的是网上书店的网页内关于图书信息内容的设置和排列，网页的关于图书产品信息的排版会引导读者的阅读定位。据调查，网上读者阅读网页的热度呈现"F"型分布，即"F"区域是读者视觉的分布热度，图书企业可在这部分区域放置推荐图书产品的信息，引导网上读者的阅读。

（3）特价促销优惠活动

在一些节日或者纪念日，实体书店和网上书店都会实行短期的特价图书优惠售书，特别是网上书店会实行全场免邮费活动或者实行搭配购买可打折优惠几折等短期销售策略。通过特价促销优惠活动，可促进引进版图书的销售，并受到读者的欢迎，但也应严格把握特价销售和降价处理滞销书之间的区别，要选择优秀的图书进行特价促销优惠活动，不能降低档次，给读者造成处理滞销书的印象。

（4）赠送样书

即免费向经过挑选的读者赠送样品图书，赠送样书的促销功能主要是体现在通过这一部分读者的使用来带动与该读者相关的目标顾客对该书的兴趣，激发购买欲望，从而达到扩大销售的目的。要想充分发挥这种营业推广方式的促销功能，关键是要选好样书的赠送对象。一般地讲，样书的赠送对象必须对其周围或相关的顾客具有相当的影响力，甚至能够决定其他读者的购书行为。例如，向大中小学教师赠送样书，往往就可以起到很好的促销效果。因为教师对学生的阅读行为具有相当影响，教师推荐的图书，学生往往都有兴趣阅读。有时某些教师遇到值得学生认真阅读的图书，往往还会以其特殊的身份或地位号召学生集体购买。

此外，随着网络媒体的普及，把图书赠阅给社会各界知名人士或者著名专家学者以及大众传媒中的一些人士等，他们会通过博客或者微博等网络媒介工具有意或无意地向其圈子好友提及样书的阅读感受，从而隐性地为图书起到了宣传作用，进而提升销售量。

（5）有奖销售

它指对购买一定金额图书的读者或购买某类、某种图书的读者，按照一定的标准发给奖券，当奖券发售到一定数量时即可开奖，或者现购规模。这种营业推广方式对于刺激读者的购买欲望也能起到一定的促进作用，"有奖销售活动"一般可以与节假日、纪念活动、图书展销等其他销售机会结合起来使用，这样效果更为明显。有奖销售是现代图书企业营业推广活动中的一种普遍方式，它对于吸引读者，促进销售起到了很好的作用。

此外，一些常见的销售推广还有组建读者俱乐部、读书竞赛、建立图书排行榜等，而且随着未来发展，还将会涌现出更多新式的营业推广方式。

3. 人员推销策略

（1）人员推销的含义

人员推销是图书企业销售人员运用直接交谈的方式，向可能购买图书商品的顾客推销图书商品的一种促销活动。它主要有以下几个方面的含义：

①人员推销的主体是书业企业的推销人员，它包括出版企业的图书推销员、图书经纪人、图书流通企业的直销员及流通企业的图书营业员。

②人员推销的方式是书业企业推销人员与读者面对面的直接推销，它是一种针对性极强的推销方式，推销效果也比较理想。

③人员推销的对象是图书商品的可能购买者。一般地，推销服务对象都是由推销人员根据调查和经验来判断确定的。推销服务对象的选择是否得当，对人员推销效果的影响极大。

（2）人员推销策略

人员推销策略主要有以下几种：

①试探性人员推销策略

该策略也称"刺激—反应"型策略，它是指图书报销人员在事先尚不了解顾客的具体要求的情况下，通过与顾客的"渗透式"交谈，观察其反应，试探其具体需求，然后根据顾客的反应进行有针对性的宣传，以刺激其产生购买动机，引导其购买行为的一种促销策略。

试探性人员推销策略的特点是推销人员事先并不了解读者的需求，是通过"渗透式"交谈以了解读者的需求，并在交谈中根据读者的反应，抓住时机推销图书产品。

②针对性人员推销策略

该策略又称"启发—配合"型策略，它是指图书企业推销人员事先已了解到顾客的某些具体需求，针对这些要求积极主动地与之交谈，以求引起对方的共鸣，从而促成交易的一种促销策略。

针对性人员推销策略的特点是推销人员事先已了解到了顾客的需求；针对需求进行交谈，以引起对方的共鸣；力求使对方相信推销人员的话。

③诱导性人员推销策略

该策略也称"需求—满足"型策略，它是指通过交谈，引起顾客对所推销图书商品的需求欲望，并使顾客把满足其需求欲望的希望寄托在推销人员身上，这时，再以巧妙的方式说明自己能够满足其需求，使之产生兴趣，进而依靠推销人员来满足其需求的一种推销策略。

该策略的具体特点是它是有目的地与顾客进行交谈；交谈的内容必须与自己推销的图书产品有关联；在引起顾客的兴趣之后，使其将满足需求的希望寄托在推销人员身上；选择适当的时机承诺帮助解决问题。

4. 公共关系策略

（1）公共关系的概念

公共关系，简称公关，英文为 Public Relation，简称 PR，是企业利用传播的手段，促进企业与公众之间的相互了解、达到相互协调、使公众与企业建立良好的关系，树立起良好的企业形象，求得社会公众对企业的理解与支持，提高产品和企业声誉的一系列活动的总称。

（2）公共关系策略内容

图书企业公共关系工作主要包括以下几个方面的内容：

①开展新闻报道

这是图书企业公共关系活动的最基本的内容。通过新闻媒体向社会公众介绍图书企业及其出版发行活动，宣传重大的出版工程或出版选题，由于新闻报道或相关的专题节目不具有直接的功利目的，所以，其权威性更好，更受读者的欢迎和信赖。因此，抓住企业的各种具有宣传报道意义的活动或事件积极撰写新闻稿件，或向新闻媒体通报有关活动或事件以期各种新闻媒体的介入，并进行深入广泛的报道。一般地讲，图书企业进行新闻报道的题材主要有：第一，重要图书的出版发行；第二，本企业图书产品的获奖；第三，书业企业的重大纪念活动及重大营销活动；第四，书业企业的获奖情况；第五，企业员工，尤其是企业领导者所获得的各种荣誉。

② 加强外部联系

同政府机构、社会团体以及纸张供应商、印刷企业、图书批发商、零售商等建立公开的信息联系，争取他们的理解，通过他们的宣传，以提高企业及其图书产品的信誉和形象。加强同外部联系的方式主要有：第一，同重要的公共关系对象开展定期交流活动；第二，向公共关系对象赠送有关材料；第三，处理同公共关系对象的矛盾或摩擦等；第四，与公共关系对象开展联谊活动等。

③ 举办专题活动

这是创造机会扩大企业影响的重要方式，它包括举办各种庆祝活动，如社庆、店庆等；开展各种竞赛，如知识竞赛、劳动竞赛、有奖评优等。

④ 参与公益活动

通过参加各种公益活动或社会福利活动，回报社会公众，协调企业与社会公众的关系；如赞助公益事业，为社会慈善事业募捐，为希望工程招资，为贫困地区的学校捐赠课外读物等。

⑤ 策划公共关系广告

通过公共关系广告介绍宣传企业，树立企业形象。书业企业公共关系广告的形式主要有：致意性广告，即向公众表示节日致庆、感谢或道歉等；倡导性广告，即企业率先发起某种社会活动或提倡某种新观念；解释性广告，即就某方面情况向公众介绍、宣传或解释。

第十二章　网络版权保护与贸易开发

第一节　谷歌图书搜索引发网络版权话题

　　欧盟成员国工业部长近日作出决定，要求欧盟委员会对互联网搜索引擎巨头谷歌公司提供的图书搜索服务涉嫌侵犯版权一事展开调查。在 2009 年 5 月 28 日召开的欧盟工业部长会上，德国力主对谷歌图书搜索展开调查，并得到了英国、法国等其他欧盟成员国的支持。德国称，谷歌未经版权持有人事先同意，就从美国图书馆里扫描图书，以建立自己的图书数据库，这当中包括不少欧洲版权持有人的作品。德国认为，谷歌的这一做法违背欧洲版权保护的基本原则。

　　2007 年，作为全球最大的搜索引擎谷歌首度推出谷歌图书搜索中文简体试用版，并宣称以图书推广为宗旨。没想到的是，随着新产品的入世，对谷歌图书版权质疑也就此埋下伏笔。据介绍，这是一款提供全文检索的图书搜索产品，中文用户即使在不明确目标图书是哪本的情况下，也可以通过输入某些"关键词"，找到和这些"关键词"匹配的图书并购买。谷歌推出这款新产品的目标在于，帮助世界各地的用户在互联网上方便地找到、进而购买或借阅各类古今中文图书。

　　谷歌图书搜索对收录的图书每一内容页进行扫描，并通过 OCR（光学字符识别）技术把扫描的图像转换成可搜索的文字内容。这个数字化转换过程使尘封的经典图书不再因为时间、地理的限制而堆积在难以找寻的物理库存中，读者们将可以看到字字句句印在书中的原貌，出版商们的所有书目也因此拥有了一个永不下架的展示厅。业内人士表示，单纯地看，谷歌图书的出现满足了学者、学生、普通民众对古典文学和各类书刊的需要，但将这些推广书目扫描成数字信息，通过谷歌图书搜索进行全球推广的做法使得出版物全文都能在网络上搜索得到，却给作者的权益带来了较大的损失。

通过调查发现，我国目前已经有多家出版社与谷歌公司达成合作，在出版社与谷歌的商业协议中明确规定了仅有 20%的内容可以作为宣传之用，而非丧失版权那么严重。而且在这个过程中出版社不用出任何费用，就可以将新书出版信息送达给需要的用户，有出版社认为这一做法三方受益。但许多国内、国际出版商们仍坚持认为，谷歌无权全文扫描受版权保护的图书，并以此丰富自己的数据库。

全文检索是一种复制之后的行为，检索的同时可能就有拷贝下载甚至复制后进行发行的可能，这就上升到了侵权的地步。互联网上的版权是传统版权的一部分，但授权是在传统版权之外，现在不少出版社都会要求作者同时授予传统版权及网络版权，但是作者一般不会同时把两种版权都交给出版社。

截至 2009 年 10 月份，至少有 570 位中国作家的 17 922 种作品在他们毫不知情的情况下被 Google 的数字图书馆收录，这引来了中国作家们的集体声讨，谷歌迅速提出了一个和解方案，但该方案一出台就引发了众多著作权人的不满。

目前，在互联网应用中，网络版权侵权案例的高发地之一则是近几年开始流行的 P2P 技术及其软件。众所周知，P2P 技术采用的是端到端的传输，换句话说，在 P2P 技术所架构的平台上，没有一个中心服务器来存储这个平台上所传输的数据，而是由用户提供数据，在用户与用户之间分享。这样就很容易出现一种情况，用户 A 付费合法取得了具有版权的内容并免费分享给用户 B，那么用户 B 的使用就有可能存在侵权问题。如今盛行的 BT、电驴、迅雷等软件均采用了 P2P 技术。由于这些软件被广泛用来下载音乐、电影等资源，因此被冠上了"盗版"的恶名。

作为目前版权保护的重要阵地，网络版权保护越来越受到业内人士的关注。2006 年 7 月 1 日，我国网络传播领域的重要法规《信息网络传播权保护条例》经国务院公布后开始施行，互联网版权保护开始有了法律依据。不过，互联网版权保护的现状却并没有因此而变得轻松，反而因为 P2P 等新技术的广泛应用而变得更加严峻起来。

从《与贸易有关的知识产权协定》及我国的《版权法》等法律规定可以看出，版权法的直接目的就是保护智力成果的创造者等知识产权权利人的利益。如果没有对版权权利人的利益进行充分保护，那么版权法将失去重心和基础，也无法建立起版权保护制度。那么，网络版权保护的核心是什么？版权法首先是一种激励机制，只有激励知识产权权利人从事创造、创新的积极性，才能创造出更多的知识产品，促进科学、文化的进步和经济社会的发展。

版权法通过确认版权人的垄断权范围，对作品表达的形式予以保护，对作品体现的思想、方法、过程不受保护来划定版权权利人与社会公众之间的利益范围；通过确立合理使用制度和对版权财产权利的有期限保护制度，以促进文学、艺术的发展与进步并使文学、艺术接近于公众，来达到版权人与社会公众之间的利益平衡。因此，在版权人和使用者之间通过利益平衡机制的手段来实现利益识别、利益选择、利益整合及利益表达，不失为一种明智的选择，也是网络版权保护的关键所在。

"互联网改变了传统的知识创造和流通方式，传统版权权利约束的构成和格局面临着重组。"网络为生活带来了便利，但是网络具有双刃剑的性质，利弊总是相伴相随。如何在网络时代协调冲突、均衡发展，已成为知识产权的时代课题。每一次新技术革命，都极大地改变了财富的流通和分配方式，每一种新的传播技术的产生，都会将原来的平衡打破，需要用法律手段重新调整各方面的关系，直到实现新的利益平衡。网络技术的发展也是如此。对于网络版权保护来说，只有创造一个共赢的局面才是真正的出路，一是要让版权人不再担心权利被人剥削，失去正当收益；二是相关产业不断壮大，在这个前提下，该产业中的各个方面分配要相对公平；三是要让受众可以及时准确地得到所需要的资源和高质量的信息服务。当然，要实现这种理想的网络版权保护格局，还有很长的路要走。①

网络环境下的著作权保护问题，既具有国际性，也具有时代性。网络著作权是当代国际立法和执法的焦点问题。当今网络时代，"影视公司最揪心、网络公司最闹心、网络律师最开心"。② 因为我们生活在一个互联网的时代，互联网不仅给我们带来了便利，也使地球变成了地球村。同时，我们感受到了痛苦，痛苦来自传统信息生产者、传播者和消费者在网络环境下产生的纠纷，彻底改变了传统的利益格局。例如，如何处理视频分享、数字图书馆、搜索引擎所带来的版权纠纷，恐怕是一个国际性的难题，中国也不能例外。

---

① 余大伟. 谷歌们如何均衡网络版权利益 [J]. 法人杂志, 2010 (1)：48-49.
② 赖名芳. 吴汉东：探讨网络版权保护寻求中国答案具有特定意义 [N]. 中国新闻出版报，[2009-11-26]：005.

第二节 网络版权的获得与归属

从根本性质上看，网络作品的版权归属与传统作品的版权归属并没有本质的区别。但结合网络作品的特点与版权归属的基本规则，网络版权的归属问题仍有其自身特点：一是要清楚网络版权的获得方式；二是要明确网络版权的主体问题，即什么人以怎样的形式享有网络版权；三是要搞清楚网络作品版权的具体归属问题。

一、网络版权的获得方式

在知识产权的获得中，相对于专利权和商标权的获得来说，版权的获得要简单得多。这是因为，按照目前的国际公约和绝大多数国家的法律，版权都基于作品的创作而自动获得，不需要履行任何手续。版权自动产生于固定在有形介质上的原创性作品。

（1）版权的自动获得。版权的自动获得是指，版权自作品完成之时自动产生。版权的自动获得，是《伯尔尼公约》规定的版权获得方式，也是该公约的三大原则之一。特别值得注意的是，按照版权自动获得的原则，作品一经完成就可以获得版权，而不论有关作品是否发表或者是否提供给公众。从这个意义上说，作者是先获得了版权，然后才有可能行使发表权或相关的经济权利。版权的自动获得，对于未发表的作品来说，也许更有意义。而且，作者就未发表作品所享有的权利，不仅包括经济权利，而且包括精神权利。此外，理解作品的完成，既不应该理解为整部作品的完成，也不应该理解为作品的最终完成。作品已经产生，不论整体还是局部，只要符合作品构成要件，就自动产生版权。

（2）版权标记。加注版权标记，曾经是在很多国家获得版权的要件。根据《世界版权公约》和美国等国家的做法，版权标记由三个部分构成：①表示版权的（或 Copyright 或 Copr.）；②作品首次出版的年份；③版权所有人的姓名。当出版物是录音制品时，表示版权的是小圆圈内加 p（phonogram 的缩写）。加注版权标记，一般是在作品出版时在出版物或复制品上加注。近年来，已经很少有国家将加注版权标记作为版权获得的要件。加注版权标记，虽然在绝大多数国家已经与版权或著作权的获得毫无关系，但仍然保留了通告的作用。况且，加注版权标记也是一件非常简单的事情，只要权利人和出版者稍加留意就可以做到。

（3）版权登记。在历史上，曾经有一些国家实行登记获得版权或著作权的制度，作者或相关的权利人必须向有关的政府部门登记注册，才能获得版权。

作品版权的获得，我国法律一直采取自动获得原则。另外，对于作品的登记，也有相应的作品版权登记制度——在省级以上版权管理机构建立了作品自愿登记制度，但作品登记与否完全自愿，登记证书仅可作为版权权利的初步证明（证据效力需要司法审判机关或行政执法机关在具体司法或执法实践时审查核准），与版权的获得无关。应该说，网络版权的获得，基本还是采取自动获得原则，即不论何种类型的作品，也不论发表与否，都是自动享有网络版权的。只不过，这种对于传统作品比较适合的版权获得方式，在网络环境下不可避免地遇到了挑战。网络的交互性使得作者或者与作品没有任何关系的人，在网络上发表和传播作品极其方便和容易，如果不对这种不要求任何形式要件的发表和传播作品行为加以限制和规范，将使网络作品传播活动存在一些误区，既不利于作品版权人，也不利于作品使用者和传播者，还不利于整个社会的文化传播。

二、网络版权获得方式的改进

网络版权的获得，似乎与传统的版权获得方式并无二致，坚持版权的自动获得原则即可。网络环境下，在坚持版权自动获得的基础上，应该可以把网络作品获得与传统的版权标记以及网络作品的权利管理信息制度结合起来，实行一种全新的制度，从而开创出一种网络空间内的作品传播新秩序。具体说来，就是规定网络上传播的作品必须具有基本的版权标识或权利管理信息。要求网络作品的传播者（包括网络内容提供者和网络用户）必须对其传播的网络作品履行审核或标注版权标记的义务，否则，经权利人主张或有关管理机构直接介入，给予其相应的法律制裁。这样的规定，执行起来并不困难，可操作性很强，网络作品传播者只要稍加注意就可实现。当然，建立这样的版权获得制度，应是针对网络空间中比较正式的网络作品传播场合，例如，各网站中的网页以及网络链接等。对于一些作品传播行为不很正式的或比较特殊的网络作品传播领域，如 QQ，由于其传播网络作品行为的不正式性，可以不实行这样的强制性要求。作品传播行为的正式或不正式，其定性标准可依据该作品传播行为是否针对不特定的受众而论。执行这样的规定，显而易见能够大大改善网络作品传播领域的无序情况，并且，有利于保护作品版权人的利益，同时也方便网络作品的传播者和使用者。其实，要求网络上发表和传播的作品加注一定的版权标识与版权的自动产生原则并不矛盾，只是要求版权人对自己的作品履行了一个小小的义务而已，而这种举手之劳就可以完成的法律义务会给版权人今后行使版权权利和寻求版权侵权的法律救济带来很大的便利。

三、网络版权归属的基本规则

传统的版权原则可以识别其作者或原始的版权所有人。网络可能会带来新的版权归属问题，尤其是就全部在网络上创作的作品而言。参与网络聊天或讨论者可能会通过多边的交流方式创造出版权作品，此类作品的归属问题也很复杂。由于网络的匿名特征，作者的身份难以确定。按照版权法的有关规定，就网络版权的归属而言，一般情况下网络作品的版权归作者所有，法律有特殊规定的例外。这里所说的法律规定的例外情况，总结起来，大致体现为以下几个基本规则：

（1）改编、翻译、注释、整理已有作品而产生的网络作品，网络版权归改编、翻译、注释、整理人。

（2）两人共同合作创作的网络作品，网络版权归合作创作人共同享有。

（3）汇编形成的网络作品，其网络版权由汇编人享有。

（4）以摄制电影和类似摄制电影的方法创作的电影作品，一般情况下，其网络版权由制作电影、电视、录像制品的制片人享有。但是，电影、电视、录像作品的导演、编剧、作词、作曲、摄像等作者享有署名权，并有权按照与制片者签订的合同获得报酬。另外，电影、电视、录像作品中剧本、音乐等可以单独使用的作品的作者有权单独行使其网络版权。

（5）职务作品，除应归法人或者其他人享有的以外，其网络版权归职务作品的作者享有。

（6）受委托创作的网络作品，其网络版权由委托人和受托人在作为委托创作合同中约定；合同未作明确约定或者没有订立合同的，网络版权属于受托人。

另外，网络版权属于公民的，公民死亡后，其发表权、使用权、获取报酬权在保护期内依照继承法的规定转移至继承人享有；网络版权属于法人和其他组织的，法人和其他组织变更、终止，其网络版权的发表权、使用权、获取报酬权在法定的保护期依法转移至承受其权利义务的法人或者其他组织享有，没有其承受权利义务的法人或者其他组织，该网络版权由国家享有。

另外，网络版权的归属问题还应该包括网络作品传播过程中的邻接权归属。需要注意的是，网络作品的邻接权，是指特定的网络作品传播者在传播网络作品过程中对其创作性劳动成果依法享有的版权权利，主要表现为网络出版者、网络表演者、网络录制者、网络内容服务提供者及其他网络作品传播者所享有的专有权利。换一个角度说，因网络作品传播行为而产生的版权邻接权，如网页的版式设计权等，应归属于包括网络出版者、网络表演者、网络录制者、网络内容服务提供者在内的各种网络作品传播者所有。

四、网络版权侵权行为

我国《著作权法》第 46 条、第 47 条一共列举了 19 种受到禁止的版权侵权行为，现结合国际知识产权条约中有关网络版权保护的内容，推导出以下十种常见的网络版权侵权行为。网络版权侵权行为表现之一：未经作品权利人许可，擅自发表其作品。此种侵权行为主要有以下形式：①未经作者许可，将其创作的作品公开化；②违背作者意愿提前或者推迟作品的公开；③不按照作者授意的形式公开作品。

网络版权侵权行为表现之二：未经合作作者许可，将与他人合作创作的作品当做自己单独创作的作品发表。构成合作作者必须具备如下条件：①在创作作品过程中，有共同的创作愿望，如作品的构思、主题的设计等；②必须参加了作品的具体创作。需要注意的是，一些人对作品从事了服务性劳动，如打字，则不能认为是参加了作品的创作，亦不能成为合作作品的作者。

网络版权侵权行为表现之三：没有参加创作，为谋取个人名利，在他人作品上署名。

网络版权侵权行为表现之四：歪曲、篡改他人作品。

网络版权侵权行为表现之五：剽窃他人作品。

网络版权侵权行为表现之六：未经许可擅自以复制、展览、发行、放映、改编、翻译、注释、汇编、摄制电影和类似摄制电影等方式将作品用于网络传播。

网络版权侵权行为表现之七：将他人作品用于网络传播，未按规定支付报酬。获得报酬权是作品版权人所拥有的一项重要权利，是他们收回智力或金钱投资、获取利益的保证。在某些时候，行为人可能并未侵犯作品使用权，但却侵犯了版权人的报酬权。主要有以下情形：①经法定许可使用他人已发表的作品用于网络传播，但未按规定支付报酬；②依许可合同取得某作品的使用权，但未按约定支付使用费；③强制许可的使用人未依法向作品的版权人支付报酬。现实生活中，网站涉嫌侵犯权利人获得报酬权的情况并不少见。

　　网络版权侵权行为表现之八：侵犯版权邻接权的行为。邻接权有狭义和广义两种含义，我国著作权法的规定包含了广义邻接权的基本内容。网络环境下，侵犯版权邻接权的情形一般有以下几种：①侵犯出版者的权利。未经作品原出版者许可，使用其出版的作品的版式设计的。网络出版虽是一种全新的出版方式，但其操作主体的权利义务还是与传统出版主体的权利义务内容大同小异的，有关网络出版单位的权利义务的特殊规定也是比较少的。②侵犯表演者的权利。一是以不正当手段，改变、隐匿表演者姓名，将其表演用于网络传播；二是在网络传播中歪曲了表演者的表演形象；三是未经表演者许可，将其现场表演进行网络视频直播，或者对其表演摄影、录音、录像，或者复制其表演的录音录像，将其用于网络传播的。③侵犯录音录像制品制作者的权利。未经录音录像制品制作者的许可，复制发行其制作的录音录像制品，将其用于网络传播。④侵犯广播电台、电视台的权利。未经广播电台、电视台许可，将其播放的享有版权的广播节目、电视节目复制，用于网络传播。

　　网络版权侵权行为表现之九：规避或破坏保护作品版权的技术措施。美国1998年10月通过的"跨世纪数字化版权法（DMCA）"，全面、充分地给予技术措施以法律保护，其具体规定颇值得借鉴。对控制访问的技术措施，DMCA第12章之1规定：①禁止任何人破解有效控制版权作品访问的技术措施，上述禁止条款将在本章颁布之日起的2年期限的最末一日生效；②禁止任何人制造、进口、向公众推销、提供或者以其他方式从事下列任何技术、产品、服务、装置、零部件及其部分的交易。

　　网络版权侵权行为表现之十：破坏作品的权利管理信息。

　　网络版权侵权之例外情形：根据我国著作权法有关强制许可的规定，网页上传播的下列内容不受著作权法保护，即属于著作权法保护范围以外的作品：法律、法规，国家机关的决议、决定、命令和其他具有立法、行政、司法性质的文件，以及官方正式译文；时事新闻；历法、通用数表、通用表格和公式。我国著作权法还规定了合理使用的情形。作品的合理使用可以不经版权权利人和邻接权人同意，不向其支付报酬，但应当指明作者姓名、作品名称和出处，并且不得侵犯著作权人依法享有的其他权利。

　　根据著作权法的有关规定，下列网络环境下的作品使用情形，属于合理使用：①将电子公告服务系统中发表的言论转贴于其他电子公告服务系统中，著作权人声明不许转贴的除外；②为报道时事新闻，在信息网络中不可避免地再现或者引用他人已经发表的作品；③通过信息网络向公众传播其他媒体已经发表的关于政治、经济、宗教问题的时事性文章，著作权人声明不许以其他方式传播的除外；④通过信息网络向公众传播他人在公众集会上发表的讲话，著作权人声明不许以其他方式传播的除外；⑤公共图书馆通过本馆的网络阅览系统供馆内读者阅览本馆收藏的已经发表的作品，但该阅览系统不得提供复制功能，并且应当能够有效防止提供网络阅览的作品通过信息网络进一步传播；⑥为提供搜索服务而复制他人的网页，但不得破解权利人或者专有使用权人采取的技术措施，也不得提供复制功能；⑦将中国公民、法人或者其他组织已经发表的以汉语言文字创作的作品，翻译成少数民族语言文字作品，并通过信息网络向公众传播；⑧为非营利目的，在修理计算机等设备、系统、网络或者演示其性能的过程中使用计算机软件。此外，最高人民法院关于审理涉及计算机网络著作权纠纷案件适用法律若干问题的解释中规定：在报刊上刊登或者网络上传播的作品，除著作权人声明或者上载该作品的网络服务提供者受著作权人的委托声明不得转载、摘编的以外，网站予以转载、摘编并按有关规定支付报酬、注明出处的，不构成侵权。但网站转载、摘编作品超过有关报刊转载作品范围的，应当认定为侵权。

第三节　网络版权资源增值利用运作研究

　　广义的版权资源既包含版权的核心权利，也包含其附属权利。出版资源增值利用指版权资源在首次利用之后，通过再次或多次利用来增加其经济效益与社会效益。版权资源对于出版企业的意义不只在于它们可以被用来制成出版物，还在于它们可以通过被转让或许可使用而产生更大的价值。

　　出版机构的版权资源通过转让或许可实现增值的法律保障是我国《著作权法》。从出版行业自身的发展来看，出版集团的产生、出版产业链的形成和跨媒体经营的实现，也为版权资源的再次或多次利用创造了条件。

　　版权资源的转让或许可使用一般都是要收取费用或者目的都是为了营利的，都需要通过谈判和签约来完成，也就是说，它是通过交易来实现的，如果交易是针对外国或中国内地以外其他地区进行的，则习惯上被称作贸易。当出版企业把版权资源当做一种商品来经营，对版权的获取和销售进行整体运作时，又可以把这种活动叫做版权营销。版权资源的增值是贯穿于出版企业版权营销和跨媒体经营的各个环节之中的。

出版企业首次使用的版权一般都是复制和发行权，而再次利用的一般都是附属权利。根据出版企业自己再次利用版权，还是将版权转让或许可给其他企业使用，可以把版权资源增值利用的方式分为内部增值利用和外部增值利用。版权内部增值利用的主要方式有：除初版之外的其他纸质版本的出版、自办数字出版、自办网络出版、自生产衍生品等。版权外部增值利用的主要方式有：除初版之外的其他纸质版本出版权的转让或许可使用、报刊连载权的转让或许可使用、电子出版权的转让或许可使用、网络传播权的转让或许可使用、翻译权的转让或许可使用、改编权的转让或许可使用、影视摄制权的转让或许可使用、表演权的转让或许可使用、书中形象使用权的转让或许可使用等。版权销售的市场也可以分为国内和国外两个部分，出版企业销售版权的对象主要有国内外其他书刊报纸出版企业、音像出版企业、数字出版企业、广播电视行业、移动通信企业、电影制片公司、网络服务公司等。

一、版权内部增值利用的运作

1. 自办数字出版

图书出版企业除可以将自己拥有版权的作品印刷出版外，还可以将其制作成光盘出版或建立光盘数据库；报社也可将原创内容数字化，以构建自己的数字资源平台。传统出版企业原先以纸张为载体的内容资源通过数字技术处理之后，就可用其他新媒介为载体来传播，如光盘、手机、网络等。出版企业可以把这些数字化的内容产品单独的，或连同纸介质资料一起提供给媒体、数字出版商或图书馆，以实现版权资源的增值利用。目前，传统出版企业自身对数字出版的直接运用主要是制作并销售电子图书、电子杂志、电子报纸，或以书、刊为主体，通过配套的光盘，为书、刊提供内容更丰富、表现形式更形象直观的增值产品。

2. 自办网络出版

网络出版是以互联网为载体和流通渠道，出版并销售数字出版物的方式和行为，也就是对用数字储存的内容产品进行网络传播。网络出版既可以出版传统出版物的电子版，也可以直接出版数字作品。传统出版社要自办网络出版就必须进行内部组织结构的重组；自行开发网络数据库，即把获得作者授权的作品制作成标准电子文档，并将其存储到文件存储服务器中，然后上传到自己的网站上。读者可以通过点击付费查阅全文。出版企业提供电子资源服务的方式一般有：网上包库、按流量计费、按时间计费等。订购者需要使用账号和密码才能使用网络数据库。读者还可以通过在线下载的方式购买电子书（e-book），电子书可由纸质书的电子文档直接转换而成。通过自办网络销售电子书，可以满足读者对绝版书、短版书的需求，也可以使因为受到空间限制无法摆在书店销售的纸质非畅销书，通过更换载体达到可观的销量，实现版权资源的增值利用。"目前全国 e-book 市场的 90% 以上的份额掌握在四家非传统出版单位的 e-book 出版商手中"，几乎所有的传统出版社在网络出版中，扮演的都只是内容资源提供者的角色因而出版企业版权资源利用空间很大。

3. 其他附属版权的自利用

除自办电子或网络出版外，有实力的大型出版或传媒集团，还可以自行开发利用更多种类的附属版权，比如将作品改编并拍摄成电影，生产和销售书中形象的衍生品等。德国最大，全球第三的贝塔斯曼传媒集团就是集图书、杂志、唱片、影视经营为一体的。美国的迪斯尼公司在米老鼠与唐老鸭动画片获得成功之后，又推出许多带有米老鼠、唐老鸭标志的玩具、饰物等衍生品，其主题游乐园更是通过大手笔的市场化运作，获得了十分可观的收益。

4. 版权内部增值利用的成本与效益

如果出版企业获取的版权资源包括附属版权，但又将其闲置不用，或者在所拥有的若干附属版权中只有低层次的使用，就会造成版权资源的浪费。另一方面，如果一个出版企业要自己使用附属版权，就还必须具备相关的人员、设备和资本等。比如，除平面出版外，还要从事电子出版，如生产销售磁带、光盘、e-book 等，就要投资建立电子出版部门，引进人才，购买设备等。如果要从事网络出版，将作品以无线方式向公众传播，就要投资建设和维护自己的网站。出版企业自办网络出版的成本如果除去购买版权的费用（因为是再利用也可以不再重复计算），主要有购买计算机、服务器、网络等的费用，设备的维护、更新和折旧费，专业人员的工资和培训进修费等。

版权内部增值利用的成本较高，因为除其他纸质版本的出版以外，出版企业自行利用附属版权一般都需要重组机构、引进人才、添置设备，并因此而投入大量的资金，所以除了能够从事跨媒体经营的出版集团，而一般出版企业只使用少数投入较小的内部增值方式。可以说，建立出版或传媒集团是实现版权资源内部增值利用的前提。自 1996 年以来，《羊城晚报》等报业集团获准建立出版社或者是兼并出版社，这就给版权资源的内部增值利用创造了条件。中国少年儿童出版总社寻求开办少儿电视台或者少儿频道的目的也是想创建一个跨媒体经营的传媒集团。跨媒体经营，有利于系列化传媒集团围绕其主业，以内容为核心进行多种媒体的整合传播。

二、版权外部增值利用的运作

如果一个出版社的力量和资源有限，无法全部利用自己拥有的版权，而闲置又会造成浪费，那么，为了充分利用版权，增加经济效益，出版企业往往会把某些自己无法利用的附属版权转让或许可其他单位使用。比如图书出版社授权音像出版社出版相关内容的光盘，许可电影公司将小说改编并拍摄成电影，许可企业将作品中的人物或动物作为企业形象代言人等。此外，还可以采用合作的方式开发利用附属版权，实现版权资源的增值。

1. 版权外部增值利用运作的一般流程

出版企业可供销售的附属版权主要有除初版之外的其他纸质版本出版权、报刊连载权、电子出版权、网络传播权、翻译权、改编权、影视摄制权、书中形象使用权等。为了充分挖掘这些附属版权的增值潜力，出版企业应该成立专门的版权交易部门来从事版权的营销策划和实施，应安排专人负责版权信息发布、版权需求者搜寻、版权交易谈判签约、版权协议的监督执行等工作。

出版企业在图书出版之前，就可针对附属版权中的某一项，对可能感兴趣的客户寄发推广信函，如果对方表现出兴趣，则可以邮寄资料或电话沟通的方式跟踪客户，如果客户进一步报价，则安排会晤，进行谈判，直至签约。如果通过参加图书展览会进行版权交易，则应尽量争取在现场达成并签订协议。出版企业参与版权交易谈判的人应了解各项附属版权的潜在价值，合理地为其定价，明确版权转让或许可的内容、时间和地区限制，在合同中写明双方的权利和义务以及违约责任等。

2. 数字和网络出版权的许可使用

（1）许可给数字出版商

如果出版社没有条件自办数字或网络出版，也可以把从作者那里获得的数字或网络出版权许可给数字出版商使用。在这种情况下，出版社通常只是充当内容提供者的角色。

版权交易包括版权许可使用和版权转让两种形式，而在电子环境下，传统的通过购买而拥有印刷产品所有权的先例，正被通过签订许可协议获得使用权所取代。

出版企业在与企业化的数字出版商（也称"数字图书馆"）就电子图

书、电子期刊、电子报纸等数字内容资源签订许可协议时，应提出合理的定价标准和分配比例，此外还要注意保护自己的版权，维护自己的合法权益。

我国的数字出版商如超星数字图书馆、书生数字图书馆、中文在线等一方面通过与著作权人签订数字出版协议，为网络出版积累海量的数字资源；一方面又以发行读书卡或者集团资源包售的方式从读者那里获得收益。一些出版社之所以没有自办数字图书馆，是由于数字图书馆目前的经济收益还无法与传统出版利润相比；也是因为传统出版社缺乏精通网络出版的技术人员。

从传统出版到网络出版，虽然载体发生了变化，但内容或版权资源仍然是出版业的核心。在网络时代，出版社必须重视信息网络传播权的获取与积累，否则就无法自办网络出版，也没有与网络出版商交易或合作的资本。

数字出版商通过签订许可合同从图书出版社、期刊社和作者那里取得作品的网络传播权，并建立起自己的图书或电子期刊数据库，但目前出版社与数字出版商的关系却不够融洽。出版社一般认为，有些数字出版商未经授权就将处在著作权保护期内的作品进行数字化和网络传播，损害了著作权人的利益；数字出版商则认为，数字图书馆面对海量版权人掌握的海量权利，靠一个一个地签订合同来获得许可，在时间和经济上都是不可能的。

（2）许可给电信运营商

手机出版是以手机为信息终端，由电信运营商协同内容提供商等在无线互联网上进行的数字出版活动。目前中国最大的 WAP 网站是中国移动的"移动梦网"和中国联通的"互动视界"。手机出版包括无线音乐、手机游戏、手机读物、手机博客等。手机读物的形态主要有手机报纸、手机杂志和手机图书三种：手机报纸如《中国妇女报·彩信版》，手机杂志如《故事会》、《瑞丽》等的手机版，手机小说如《城外》手机连载等。读者通过手机上网阅读或下载所需内容并为之付费。手机出版不但可以给出版社带来经济效益，而且可以提高出版社和出版产品的知名度。

目前的手机出版，有的只是平面媒体内容和形式的翻版，有的则在版式上作了符合手机屏幕阅读的重新设计，或者进一步针对手机用户的特点增加了原创内容。虽然目前手机出版产品的读者群还不够大，发布区域也不够广，但鉴于手机出版产品获取的方便性和经济性，以及由此带来的广阔的发展前景，有条件的出版社应该积极进入手机出版领域。

出版社是手机出版的内容提供者，掌握着手机出版的核心资源。电信运营商则由于掌握着对于手机出版来说至关重要技术，而在目前处于优势地位。转让手机出版权，将内容提供给电信运营商，是出版社版权资源增值利用的方式之一，采用这种方式虽然简单，但出版社获利不大。更有利的方式不是一次性买断手机出版权，而是与电信运营商共同研究、开发手机出版，并掌握内容编辑制作的权力，至于利润如何分成，则由双方协商确定。

3. 产业链运作

出版企业与相关企业合作实现版权增值利用需要借助于产业链运作。"出版产业链是出版关联企业基于出版价值增值所组成的企业联盟，是独立的出版市场主体的自愿组合"。一般而言，任何一条出版产业链都是由一个或少数强势企业所主导的，而其他加盟企业则在主导企业提出的条件框架下确定自己在产业链中的位置。出版产业链中具有某一环节优势的企业，应将更多的资源集中于自己业已形成的优势环节，进一步凝聚核心竞争力；处于弱势的小型企业，更不能热衷于小而全的经营方式，而应该专注于某一环节的出版业务，融入到有利于自身发展的出版产业链中去。

参照喻国明对传媒集团的分类，出版产业链也可以分为三种：系列化产业链、一体化产业链和多元化产业链。出版系列化产业链是不同传播媒体单位基于内容资源增值利用而组成的产业链；出版一体化产业链是不同出版企业基于出版流程上下游业务关联而组成的产业链；出版多元化产业链是出版与非出版企业基于资本营运而组成的产业链。就版权资源增值利用而言，本文强调的是系列化产业链的运作。系列化出版产业链的建立，能够使图书、报纸、杂志、网络、影视等通过互动，实现对内容资源的多媒体立体开发、深度加工和增值利用。比如浙江日报报业集团与浙江移动、浙江在线合作开通《浙江手机报》，推出全国首家数字报纸，并与北大方正合作开发了"数字报刊与跨媒体出版系统"，实现传统报纸、数字报纸、光盘出版以及全文数据库产品一体化生产和多元化出版，使内容资源的增值得到了更好的实现。

4. 附属版权的对外销售

图书版权贸易包括两个方面：一是中国的出版社向海外的出版商出售出版权；二是中国的出版社从海外出版商或版权所有人手里引进和购买版权。这里仅从版权资源增值利用的角度，谈谈版权的外销。

我国目前的版权贸易主要是基于图书翻译权的转让或许可使用。出版社是版权贸易的主要参与者和具体执行者，在版权贸易活动中有着不可替代的重要地位。有实力的出版企业应积极申办出口权，并申请我国政府给予国内外出版机构的翻译费用资助。2006 年申请这种资助的国家有 19 个、出版机构 49 家，涉及 12 个文种，资助项目达到 210 多个、340 多册。

为了搞好版权的外销，出版企业要做好对外版权推广计划。国际书展是版权贸易的平台，世界上有影响的国际书展有法兰克福书展、东京国际书展、意大利波洛尼亚国际儿童书展等，很多图书都是在书展会上通过版权洽谈而销售到其他国家的。有实力的出版企业应该关注并参与海内外各种形式的图书展、博览会、学术论坛等国际文化交流活动，努力通过版权的外销来实现出版资源的增值利用。据统计，2006 年第 13 届北京国际图书博览会的版权引进与输出比例达到 1∶1.23，首次实现了贸易顺差；在 2006 年法兰克福国际书展上，中国参展团输出合同 820 项，引进合同 159 项，版权贸易再创顺差佳绩。

5. 版权外部增值利用的成本与效益

出版企业通过转让或许可使版权资源实现增值利用所需的成本主要来自两个方面：一是附属版权的获取，二是附属版权的销售或合作使用。

出版企业的附属版权有一些是通过协商谈判从其持有者那里特别购买的，还有一些是通过签订出版合同连同复制发行权一起获得的。出版企业附属版权的获取成本相对于核心版权的获取成本来说，一般都比较低。

附属版权交易成本主要有搜寻成本、谈判成本和执行成本。搜寻成本即寻找版权需求者的费用，如网上搜寻费、版权资料邮寄费等；谈判成本即用于谈判签约的费用，如谈判人员的差旅费、文件打印费等；执行成本即用于监督买方按照合同使用版权的费用，如调研费、诉讼费等。

版权外部增值利用的成本比用在书刊发行或内部产业链上增值利用的成本都要低，而它所带来的经济效益却很大，再加上这种低成本的增值方式在我国还没有得到充分的利用，所以潜力十分巨大，有待于深入开发。据估计，在我国目前情况下，如果附属版权的销售实施得体，"其收入应该可以占到出版社总收入的 15% 左右，也就是说，如果开展这一业务，出版社的利润可以在图书发行所得的基础上增长 15%。"

三、版权资源增值利用政策研究

（一）国内外版权资源增值利用的现状

1. 外国的版权资源增值利用

版权产业是指使用有版权作品作为主要经营内容，并依靠版权保护而生存发展的产业。世界版权组织（WIPO）2003 年发表的《版权相关产业经济贡献调查指南》把版权产业分为四类：核心版权产业、部分版权产业、边缘版权产业、交叉版权产业。核心版权产业是指那些主要目的是为了生产或发行版权产品的产业，包括报纸、图书、期刊、摄影、录音、音乐出版、广播和电视播放、商用及娱乐软件等。美、德、英、法、日、韩等国家在版权资源开发利用上已比较成熟，其出版企业一般都设立了版权部，版权经理对版权经营进行集中管理。国外的版权经纪人制度也比较健全，由于出版专业分工的细化，许多出版企业专注本身的出版业务，而将版权的引进和输出交给专业版权代理机构去做。版权的深度开发利用，使得版权产业链得以延伸。西方国家的出版企业都很重视有着广阔前景的国外市场，并通过版权输出或合作出版的方式来赢取出版利润。现在，全球图书版权贸易的收入，已大大超出了全球图书产品直接贸易的总收入。

《美国经济中的版权产业——2006 年报告》再一次证实，在对经济实际增长和整个国民经济增长的贡献方面，版权产业都超过了美国其他经济行业，而其中的核心版权产业又贡献最大。据统计，2005 年美国核心版权产业产值约为 8 190.6 亿美元，占美国国民生产总值（GDP）的 6.56%；而全部版权产业产值约为 1.38 万亿美元，占 GDP 的 11.12%。2005 年核心版权产业对美国经济整体增长的贡献率为 12.96%，全部版权产业的贡献率则为 23.78%。美国十分注意版权的保护，美国 2000 年修订的版权法对版权的确立及转让、版权的侵权及救济、版权的保护和管理体系等均作了详细的规定，美国还依据版权法成立了版权办公室。

在日本，动漫产业已经形成了较为完整的产业链，其上游是期刊原创作品的连载和单行本图书的结集出版，中游是电影或电视剧（动画片）的拍摄，下游是围绕动画片或漫画书中主体形象的衍品开发。比如，《机器猫》、《圣斗士》等都是如此。日本动漫的衍生品种类繁多，有人偶、模型、餐盒、镜框、电话卡、日历、钥匙链、音乐钟、相册、衬衫、手提袋、圆珠笔、纸巾、打火机等。此外，日本动画片中的形象使用权增值效果也十分突出，比如《口袋精灵》中皮卡丘的形象使用权，每年就能卖出 1 000 亿日元，超过了整个动画业的制作产值。

据估计，英国每年通过版权贸易在全球获得的收益高达 700 亿美元。版权和附属版权经营的价值，远远大于版权作品的市场价值。德国传媒巨头贝塔斯曼在世界各地开办图书俱乐部，主要经营各类图书的俱乐部版本。

2. 我国的版权资源增值利用

自改革开放以来，我国逐渐形成了图书、期刊、报纸、音像、电子和网络出版门类齐全的出版产业体系。2007 年我国共有出版社 579 家、音像制品出版单位 363 家、电子出版物出版单位 228 家。然而，我国一些出版企业至今仍然沿袭早期版权资源一次性利用的做法，即出版单一品种的平面印刷品，而很少顾及版权的再次或多次利用。

可庆幸的是，也有一些出版社认识到了版权增值利用的重要性，设立了专门的版权经营部门，调配了专门的附属版权经营人员，并开始对自身版权资源的开发与经营进行尝试。

上海版权部门通过上海外文书店开设了"上海版权贸易洽谈室"和版权交易网站"上海版权在线"，集中对外推介上海图书，同时大力建设上海版权交易会这一沟通和交易平台。现代出版社将《9.11 生死婚礼——我的爱情自传》的影视改编权，以 102 万美元的巨资卖给了好莱坞 20 世纪福克斯电影公司。人民日报出版社出版的《时光魔琴》，以 15 万美金被美国国际财富联合投资公司买走版权。小说《狼图腾》的德语版权以 2 万欧元预付金、11%版税成交，该书出版一年多就相继出让了韩、法、英、德 4 个语种的版权。中信出版社出版《水煮三国》一个月后，就成功转让了其繁体字版权和韩文版版权。

1988 年 4 月我国第一家国家级综合性版权代理机构——中华版权代理总公司成立，1991 年，国家版权局批准成立了全国第一家省级版权代理机构——陕西省版权代理公司，随后又批准成立了一批区域性和专业性的版权代理公司，我国的版权代理制也正在逐步建立和完善。

（二）我国在版权资源增值利用方面存在的问题

与国外相比，我国在版权增值利用方面还存在一些差距，主要表现在以下几方面：

1. 对版权资源的增值利用不够重视

目前我国还有一些出版社没有设置专门的附属版权经营部门，缺少版权经营的人才。相当多的出版企业仅仅满足于对版权主权利的使用，只注重纸质图书的销售，而没有充分挖掘和利用版权的种种附属权利。不管是电视、电影、网络媒体向图书媒介转换，还是一些畅销图书的影视改编，出版社一直被置于一种被动的状态。不能够自主掌握市场信息，不能积极主动地抓住跨媒体出版的主动权。

2. 很多出版企业不具备跨媒体经营的能力

我国现阶段具有跨媒体经营能力的大型出版或传媒集团还不多，大多数出版企业规模小，资金不足，版权资源经营范围狭窄。在计划经济时代，我国出版企业结构是按地区、部门、专业划分的。受计划经济的影响，长期以来，从图书、报纸、杂志到广播、电视、网络，不同的媒体由不同的主管部门管理，导致企业版权经营的单一。搞报纸的不能搞电视，搞杂志的不能搞网络，跨媒体经营人才匮乏。这种情况在实行出版体制改革以后虽然有所好转，但企业在内部实现版权多次利用的能力仍然很差。

3. 版权产业链还不够完善

我国版权关联企业为通过合作而实现出版资源增值的联盟数量还比较少，合作的领域也不够广泛，版权关联企业之间的关系还有待协调。一些出版关联企业在版权保护、市场准入、货款结算等方面还存在严重的失信问题。出版行政主管部门、行业协会、出版相关媒体等应加大对出版关联企业诚信建设的宣传力度，弘扬出版关联企业的诚实守信，力争早日建立诚实守信的良好出版市场氛围。

4. 在版权贸易方面重引进轻输出

我国的版权贸易长期处于逆差状态，从版权贸易引进与输出比率来看，1996—2004 年九年间，版权引进与输出比例平均大约为 10∶1；1999 年版权引进和输出之比为 15.5∶1，逆差为近年最大；2007 年引进与输出之比虽然缩小了，但仍为 4∶1。造成这种状况的原因除国内与国外对版权需求不平衡之外，另一个原因就是引进版权比输出版权的前期投入小，而且经济效益来得快；此外国家对版权输出的政策支持也小于版权引进，比如，引进版图书可以参加国家图书奖的评选，而输出版权的图书则没有相应级别的奖项可参评。国家对输出本国图书版权缺乏强有力的资金和政策扶持。

5. 版权营销的环境不够理想

在网络传播时代，由于数字化的信息和知识易复制等特性使得盗版侵权事件不断发生，据国家版权局统计，自 1997 年到 2006 年，全国各级版权行政管理部门做出行政处罚的案件共 58 825 起。仅 2006 年，全国法院共审结侵犯知识产权案件 17 769 件，其中涉及著作权案件 5 751 件。版权侵权违法行为扰乱了我国的版权交易市场，损害了版权持有人的利益，挫伤了其进行版权交易的积极性。以唱片的盗版侵权为例，本来《著作权法》赋予了录音制作者网络传播权，但"网络盗版"却使得唱片业通过行使网络传播权来获得利益的期望彻底落空。国内现有 7 000 多个音乐网站可以提供 MP3 下载，而真正合法的只有 20 家。"由于非法复制和非法网络传播难以得到有效遏制，《著作权法》赋予录音制作者的种种权利成为唱片业者眼中中看不中用的美丽泡沫。"又比如，数字化工具书能为读者提供更好的服务，但一般图书出版单位都"暂缓推出"，其原因也是被盗版的可能性很大。还有一些著作权人不愿意将作品上网出版，因为担心网络出版物易于复制，著作权无法得到保护，作者的经济利益会因此受到损害。

6. 版权代理机构不足

我国现有的书刊、音像、电子出版单位已有一千多家，与版权相关的企业如网站等也不在少数。出版单位拥有的版权（包括种种附属版权）数量和潜在的版权交易量非常巨大，如果所有的版权交易都要靠这些单位一个个自行处理，由于专业人员的缺乏，谈判的效率和交易的效益都会受到影响，因此，我国目前版权代理机构数量的不足，也是制约版权增值利用的一个瓶颈。

（三）关于完善我国版权资源增值利用政策和法规的建议

制定版权政策和版权法规，是政府从宏观上对版权经营活动进行管理的两种互为补充的手段。版权政策是政府部门制定的有关发展和管理版权产业的方针、原则、措施和行为准则，它经过行政途径下达，其基本功能是协调版权产业内部及其与外部环境的相互关系，起着导向的作用；版权法规则是国家立法机关批准制定的调节版权经营活动中人们行为规范的专门法律，由国家执法机关强制实施，其主要功能是规范或控制，它规定有关版权经营的管理问题、版权转让或许可使用中发生的利益关系问题、版权经营活动中的违法行为及其惩罚问题等。出版政策与出版法规的制定必须坚持效益原则，制定它们的目的是为了使版权资源得到充分的开发和利用。

由于我国的版权产业还处在初期发展，因而需要一系列倾斜性和保护性的政策和法规来扶持。出版企业首次使用的版权一般都是复制和发行权，而再次利用的一般都是附属权利。根据出版企业自己再次利用版权，还是将版权转让或许可给其他企业使用，可以把版权资源增值利用的方式分为内部增值利用和外部增值利用，因而，促进出版企业版权增值利用的政策也可以从两个方面加以阐述。

（四）促进出版企业版权内部增值利用的政策

1. 鼓励组建出版集团

国际上，能在企业内部充分实现版权增值利用的都是大规模、能从事多元化经营的出版传媒集团。我国的出版企业要在其内部较好地完成版权资源的增值利用也要走集团化、多元化经营的道路。这就需要对出版业进行跨地区、跨部门、跨行业的并购、重组，使原来分散的单功能的出版社变成多功能的经济实力雄厚的、内部调控能力强的出版集团。2006 年中共中央、国务院发出的《关于深化文化体制改革的若干意见》指出，要重点培育发展一批实力雄厚、具有较强竞争力和影响力的大型文化企业和企业集团，支持和鼓励大型国有文化企业和企业集团实行跨地区、跨行业兼并重组，鼓励同一地区的媒体下属经营性公司之间互相参股。有实力的出版和传媒企业要借助政策的推力，加快并购、重组的步伐，同时积极开展多元化经营，特别要注重内容的开发和多种媒体的传播，使宝贵的版权资源在集团内部得到尽可能多次数的利用，这样就能节约成本，提高效益，同时也使文化产品的社会效益得到充分的发挥。

2. 帮助出版企业融资

从事多元化经营的出版集团，运作资本需求量很大，即使发达国家的大型出版集团资金雄厚，也仍然要利用各种途径融资。我国的出版企业大多数自有资金不足，政府投资不够，融资渠道不畅，因此，要催生我国的出版或传媒集团，就必须制定开放的融资政策并建立畅通的融资渠道。

上市融资是发达国家出版企业获得资金的主要途径。2006 年，我国新闻出版总署公布的《关于深化出版发行体制改革工作实施方案》已经提出，要积极推动有条件的出版、发行集团公司上市融资。有条件的出版企业要充分运用这个政策，在总结上海新华传媒集团上市经验的基础上，争取本企业尽快打通这个重要的融资渠道。除上市融资之外，政府还鼓励出版企业采用其他多种形式来筹集资金。2005 年《国务院关于非公有资本进入文化产业的若干决定》指出，允许非公有资本投资参股出版物印刷、发行等国有文化企业。虽然出于文化安全的考虑，该决定提出了三个禁止（非公有资本不得投资设立和经营通讯社、报刊社、出版社，不得经营报刊版面，不得从事书报刊、影视片、音像制品成品等文化产品进口业务），但较之以前的政策，出版企业的融资渠道还是放宽了。

（五）促进出版企业版权外部增值利用的政策

所谓版权外部增值利用就是将版权资源部分地转让或许可给其他单位来获得更多的收益，它是通过版权交易来实现的，因此，为了促进出版企业版权资源的外部增值利用就必须建立健全的版权交易市场并维持良好的版权交易环境。在政策和法规方面，当前需做好以下几件事。

1. 完善法制建设，加强版权保护

版权产业是依靠法律保护而生存发展的产业。除适用《与贸易有关的知识产权协议》、《保护文学艺术作品伯尔尼公约》等国际公约外，我国涉及版权的法律散见于宪法、民法及其他法律法规中，包括著作权法、著作权实施条例等。"尽管我国已经颁布实施了一系列涉及版权的法律法规，但是总体来说这些法律过于抽象、粗糙，而且间接性强，很难在这些法律中找到明确、清晰、直接、针对性强的条文。"我们要借鉴国外比较完善的版权法律法规，结合我国的实际情况，出台比较详细、完善的版权法律，从法律上保障版权经营市场的健康发展。

在加强版权保护，打击盗版活动方面，应着重针对数字技术和网络传播环境下著作权人的权益向传播者和公众权益发生倾斜的情况，平衡三者之间的权益，完善版权立法，打击近几年来愈演愈烈的盗版侵权活动，为版权资源的开发利用创造良好的市场环境。为此，完善反盗版举报和查处奖励机制，加强数字版权的监管和保护力度是十分必要的。可以考虑加大对违法企业的处罚力度，提高盗版的违法成本。

2. 制定合理的版权税收政策

税收是各国政府管理版权产业的重要手段，采用不同的税率、税收减免和纳税环节，可以形成对版权经营活动的鼓励或限制政策，从而达到调节版权经营活动的目的。由于我国的版权产业还是一个新兴的产业，同时又是我国国民经济发展的一个新的经济增长点，因此有必要对其实行特殊的税收优惠政策以扶持其发展。具体可以从以下几方面来考虑：

（1）降低版权转让或许可使用的税率。根据我国现行税制，对个人或企业转让或许可使用版权不仅要征收营业税，还要征收所得税。根据《个人所得税法》，税率为20%；根据《企业所得税法》，税率为25%，与一些国家相比税率偏高。美国《国内收入法典》1231（b）中规定，持有固定资产一年以上出售方可享有20%资本收益税率，但对于版权等知识产权则不受限制，任意期间出售均可享受20%的优惠税率。我国的税法没有对版权转让或许可使用作类似的优惠性的规定，而作为一个版权产业远远不及美国的发展中国家，理应对版权产业的发展给予更多的扶持。

（2）根据现阶段不同附属版权转让或许可使用的经济效益拟定增值税。对转让或许可使用效益好的可以适当提高税率，对转让或许可使用效益不好的但又有必要扶持的可以适当降低税率，比如宣传中国传统文化的图书版权，即对不同种类的版权及其附属权利的转让或许可使用，规定不同的增值税率，以此来调节出版行业的资源配置，引导版权经营向着符合国家需要的方向发展。

3. 积极发展版权代理制

版权代理制是以版权代理人作为版权持有人和版权需求者的中介，为两者提供版权交易服务并再向委托人收取一定费用的制度。版权代理人具有版权专业知识和广泛的市场关系，由其代理版权交易，能提高交易的效率。目前我国经批准的版权代理机构已有几十家，但从数量和市场份额上看，还不能满足日益扩大的版权交易的需要。与版权产业发达国家相比，我国的版权代理公司规模小、数量少，为了促进我国版权代理业的发展，政府应采取扶持版权代理商的政策，允许跨地区组建资产多元化的股份制版权代理公司，减免版权代理公司的税费负担，适当放宽境外资金进入我国版权代理领域和设立中外合资的版权代理机构，也可以考虑将目前附属于版权行政管理机构的版权代理机构独立出来，进行企业化改制，使其成为真正的版权市场经营主体。除帮助版权代理公司做大做强，并形成产业规模外，为了确保版权代理的规范性，还应实施"版权代理人资格认证制度"。

4. 完善我国的版权登记与公示制度

目前，我国涉及版权登记的规定散见于《担保法》、《〈著作权法〉实施条例》、《计算机软件保护条例》、《音像制品管理条例》等法律、法规和规章中，显得比较混乱，且没有在《著作权法》中提及。版权登记的主体庞杂混乱，效力不明确、不一致。为了完善我国的版权登记与公示制度，在《著作权法》未来的修改中，应对版权登记做出规定，明确版权登记的内容，使版权登记与公示成为我国版权法制中的一项基本制度。建立全国统一的登记机构、登记簿以及相关的档案数据库，制定规范的登记程序、查询程序，并充分实现登记的数字化与网络化，真正发挥其应有的公开、公示、公信的作用和效力。建立版权登记与公示制度，可以方便版权购买方在进行版权交易时确认权利的归属，避免交易陷阱。以登记作为发生版权转让法律效果的凭据，可以减少版权纠纷，有利于对版权的保护。

5. 完善著作权集体管理制度

版权集体管理制度或称著作权集体管理制度，是指著作权人授权版权集体管理组织管理他们权利的制度。版权集体管理组织是以著作者及传播者为基本成员，在行业协会的基础上建立起来的，它的主要任务是与版权使用者谈判使用条件，发放使用许可证，监督版权的使用，收取使用费并在权利人之间进行分配。版权集体管理制度是在著作权人无法一一寻找使用者，使用者也无法一一面对著作权人的情况下，为节约双方的交易成本而产生的。版权集体管理采取的是将所有权利打包出售，然后再行分配的间接定价模式。

这种模式与版权个人管理的直接定价模式相比，版权交易的搜寻成本、谈判成本、监督执行成本都降低了。音乐作品集体管理协会是我国第一个版权集体管理组织。2008年，中国音像著作权集体管理协会、中国文字著作权协会、中国摄影著作权协会相继成立。这意味着我国符合国际规则的版权集体管理体系正在逐步建立。政府版权行政管理部门要加强对版权集体管理机构的指导和监督，并以此来实现对版权经营活动的宏观调控与间接管理。

6. 建立版权产业统计制度

应有专门的版权管理部门来承担并研究、制定和落实版权政策的任务，为推进我国版权产业的发展做好规划、咨询、协调、评估等具体工作。目前我国针对版权产业的研究和统计体系还不够健全，虽然对与版权相关的出版、电影、软件等行业进行了统计，但还没有建立包括各种附属版权的产值、它们分别在整个版权产值中所占份额等数据的统计指标体系。建立版权产业统计制度及完整的统计指标体系，有助于科学地跟踪监测和分析研究我国版权产业的发展状况，为正确地制定产业发展规划和政策提供可靠的依据。

（六）促进出版企业版权国外销售的政策

版权外部增值利用除版权的国内销售外，也包含了版权的国外销售，但由于版权的国外销售还有一些有别于国内销售的特点，所以，除上述促进版权销售的一般政策外，政府还应采取一些特别的政策来促进中国版权的输出。

1. 财政支持政策

目前，我国政府已经制定了一些支持图书版权输出的财政政策，比如给予版权输出以较优惠的税费、简化图书出口的退税手续、设立图书出口基金、为翻译费"埋单"等，但支持的力度还不够大，税种偏多，税率较高。

关税是保护本国产业的重要手段，德国、美国等分别对本国的出版产业实行了低关税率或零关税率政策。我国的版权产业还处在初期发展阶段，与发达国家的版权贸易，一直处于逆差状态。版权输出是一项前期投入大、见效比较慢的工作。根据业内人士计算，很多版权的收益是象征性的，又由于版权贸易中存在海关关税等支出，1 000美元的版权输出扣除各种费用后就只有10%的利润。为了提高我国版权企业输出版权的积极性，政府应该制定更优惠的关税政策。比如，对国家鼓励的版权输出免征关税，对一般的版权输出降低关税。

为了支持版权输出，德国设有多家基金会资助翻译出版，法国文化部、外交部设立了专门基金资助本国作品在国外的翻译出版。而就我国目前的状况看，出版基金来源较少、数量偏小，资助力度不够，无法发挥宏观经济调控的作用。国家一方面应该鼓励社会各界设立出版基金，另一方面还要进一步完善出版基金制度，增加输出作品翻译的资助额度。

上海市版权局设立三项版权输出奖励制度的做法值得借鉴。一是每两年开展一次输出图书评奖活动。二是每年资助出版 50 种输往欧美国家的图书，对于优秀图书在输出出版后给予最多 2 万元的奖励。三是由政府购买输往欧美国家的本市版权，无偿赠与开展图书输出业务的中外出版商、书商或版权代理机构。

2. 成立版权贸易协会

我国目前还没有涉及版权贸易的专门行业协会。成立全国性的版权贸易协会，建立信息完备的专业网站，有利于我国出版企业之间在版权贸易方面的信息交流，也有利于协调对外谈判的立场，避免无序竞争，维护我国出版企业的合法权益。此外，作为一个行业协会，还应建立自己的行业道德规范，要求协会成员在版权贸易中讲求诚信，出版企业的信誉在国际版权贸易中是十分重要的。

3. 建立全国版权贸易信息系统

由于我国的版权对外贸易采用的是分散管理的方式，各出版企业对我国版权贸易的整体情况缺乏全面的了解，不少出版企业的缺乏版权贸易的信息，推广版权的方式也不能适应国际版权贸易的需要。为了改变这种状况，建立全国版权贸易信息系统是很有必要的。版权信息系统就是一个许可超市，它可以全天候地帮助需要进行版权贸易的企业解决寻找作品与授权的问题，同时还可大大降低授权的费用。此外，我国的版权信息系统也将成为全球版权信息系统的一个重要组成部分。

参 考 文 献

[1] ［英］莱内特·欧文. 中国版权经理人实务指南 ［M］. 北京：法律出版社，2004.

[2] 乔好勤，高进录，宋广浦，等. 对外图书贸易学概论 ［M］. 北京：高等教育出版社，1993.

[3] 郑思成. 版权公约、版权保护与版权贸易 ［M］. 北京：中国人民大学出版社，1992.

[4] 吴汉东，刘剑文. 知识产权法学 ［M］. 北京：北京大学出版社，2003.

[5] 吴汉东. 西方诸国著作权制度研究 ［M］. 北京：中国政法大学出版社，1998.

[6] 张树栋，等. 中华印刷通史 ［M］. 北京：印刷工业出版社，1999 年 9 月.

[7] 徐建华. 版权贸易新论 ［M］. 苏州：苏州大学出版社，2005.

[8] 王雪野. 国际图书与版权贸易 ［M］. 北京：中国传媒大学出版社. 2009 年 1 月.

[9] 刘拥军. 现代图书营销学 ［M］. 苏州大学出版社，2003.

[10] 张美娟. 中外版权贸易比较研究 ［M］. 北京：北京图书馆出版社，2004.

[11] 李建伟，王志刚. 版权贸易基础 ［M］. 开封：河南大学出版社，2006.

[12] 白光. 版权纠纷管理法律实案 50 例 ［M］. 北京：经济管理出版社，2005.

[13] 俞兴保，朱厚佳，潘银，冯道祥. 知识产权及其价值评估 ［M］. 北京：中国审计出版社，1995.

[14] 徐璐，白力威，韩文霞. 国际结算 ［M］. 天津：南开大学出版社，1999.

[15] 比尔·盖茨. 未来时速［M］. 北京：北京大学出版社，1999.

[16] 王余光，徐雁. 中国读书大辞典［M］. 南京：南京大学出版社，1999.

[17] 陈远，于首奎，梅良模. 世界百科名著大辞典·社会和人文学科［M］. 济南：山东教育出版社，1992.

[18] 吴健安. 市场营销学［M］. 北京：高等教育出版社，2003.

[19] 王煊. 市场营销学新编［M］. 华中科技大学出版社，2009.

[20] 丛立先. 论网络版权的获得与归属［J］. 知识产权，2008（4）：22-29.

[21] 丛立先. 论网络版权侵权行为之表现［J］. 辽宁师范大学学报：社会科学版，2006（2）：29-31.

[22] 张大伟. 中国图书进出口的现状、问题与对策［J］. 甘肃社会科学，2007（2）：247-249.

[23] 王洁. 我国图书出口现状、存在问题及对策［J］. 新闻出版交流，2002（1-2）：30-31.

[24] 吴赟，杨闯. 中国出版产业国际化发展的现实与趋向［J］. 大学出版，2005（3）：25-28.

[25] 贺剑峰. 关于我国出版业国际化竞争策略［J］. 编辑之友，2001（2）：14-17.

[26] 宋晓冬，步建兴. 我国对外图书实物贸易逆差分析［J］. 出版经济，2003（8）：17-20.

[27] 陈生明. 中文出版物的海外市场——从海外中文书店说起［J］. 出版广角，2003（5）：69-72.

[28] 赵亚丹. 附属版权刍议［J］. 出版广角，2008（4）：53-55.

[29] 李红祥，汤伟武. 我国附属版权经营的瓶颈及其对策［J］. 出版广角，2008（4）：55-57.

[30] 邓志龙，黄孝章. 数字时代我国出版业版权资源开发利用状况思考［J］. 大学出版，2009（2）：53-58.

[31] 李新. 从"中国图书对外推广计划"看中国出版"走出去"［J］. 出版参考，2008（34）：26.

[32] 季峰. 西方版权贸易经验对中国版权贸易的启示［J］. 出版与印刷，2007（3）：11-12.

［33］ 余大伟．谷歌们如何均衡网络版权利益 ［J］．法人杂志，2010（1）：
     48-49.

［34］ 杨海鹏．谷歌图书搜索引发网络版权话题 ［N］．中国新闻出版报，
     ［2009-06-09］：003.

［35］ 赖名芳．吴汉东：探讨网络版权保护寻求中国答案具有特定意义
     ［N］．中国新闻出版报，［2009-11-26］：005.

［36］ 王志刚．涉外版权贸易法制建设研究 ［D］．开封：河南大学硕士论
     文，2006.

［37］ http：//www. china. com. cn/culture/zhuanti/61Frankford/2009-09/15/content_
     18532069. htm ［EB/OL］.

［38］ http：//www. cnpitc. com. cn/cmpyintro. asp ［EB/OL］.

［39］ http：//www. cnpeak. com/culture/cnpnav/intro/ztgk. htm ［EB/OL］.

［40］ http：// www. chuban. cc/syzx/gjcbygk/gjjt/200702/t20070213 _ 20902. html
     ［EB/OL］.

［41］ http：// www. shtong. gov. cn/node2/node2245/node4521/node29048/node
     29050/node29052/userobject1ai54454. html ［EB/OL］.